우리 교육의
잃어버린 차원들

| 오인탁 저 |

학지사

 대한민국의 교육제도와 교육학 이론의 토대를 닦아 놓은 천원(天園) 오천석 (吳天錫) 신생에서 1946년에 '이 아름다운 강산에 새 나라를 세울 기회를 가지게 된 것'을 기뻐하시면서『민주주의 교육의 건설』(재판, 정민사, 2009)을 역설하신 지 어언 70년이 지났다. 그동안에 우리나라는 엄청난 고난과 역경을 헤치고 성장에 성장을 거듭해 왔다. 그리하여 선진국의 대열에 들어섰다. 돌아보면 "교육의 길은 먼 길이요, 돌아가는 듯한 길이다. 그러나 이것이 곧 가장 짧은 길이요, 곧은 길이다."라고 하신 천원 선생의 말씀처럼 무지와 빈곤, 전쟁과 분쟁, 혼란과 갈등의 온갖 시련을 겪으면서도 우리나라를 오늘날 경제대국으로 우뚝 서게 만든 수훈은 교육이었다.

 그러나 지금까지 이루어져 온 교육은 필요에 의한 교육이었다. 국가와 민족의 보존과 발전에 필요한 인간자원개발(Human Resource Development: HRD)이, 민주사회와 산업사회의 시민양성이 학교교육의 목표이자 과제였다. 인간 개개인의 잠재가능성을 도야하는 본질적 교육은 각자의 성장환경에 맡겨져 있었다. 그래서 정치와 경제와 사회 등 교육의 외부로부터 교육에 쏟아져 들어오는 필요와 요청에 따라서 교육계는 학교교육의 내용과 방법을 결정하였으며, 계속하여 결정의 준거로 삼아 왔다. 이렇게 우리의 학교교육은 교육외재적 관심에 의하여 사실상 지배받아 왔다. 학부모의 교육열도 이러한 큰 테두리 안에서 준동하였다. 그 결과는 사교육의 공룡화와 공교육의 패리였다.

 이제는 학교교육을 바로잡을 때가 되었다. 바로잡는 길, 바른 교육의 길은 여전히 먼 길로 우리 앞에 놓여 있다. 무엇을 어떻게 교육할 것인가에 관하여서는 다양한 견해가 있을 수 있다. 그러나 어떤 길이 바른 교육의 길인가에 관하여 넓은 공감대를 형성하는 것은 그렇게 어렵지 않다. 교육은 삶의 전체적 현상이기 때문에 언제나 서로 대립적인 두 중심에서 갈등하고 있다. 예를 들면, 인간의 성장·발달의 큰 테두리 안에서 국가의 보존과 발전을 꾀하느냐 아니면 국가의 보존과 발전을 위한 인력자원의 개발을 교육의 절대적 과제로 삼고 그 안에서 개개인의 성장·발달도 가능하도록 놓아두느냐 하는 갈등이다. 인간의 성장·발달과 국가의 보존·발전이라는 두 중심의 조화로운 타원을 그리는 교육을 개발할 수 있으면 바람직하련만, 그것이 참으로 어렵다. 그래서 교육의 실제는 어느 한쪽으로 중심이 기울게 되어 있다. 여기서 '어떤 기초와 바탕 위에서 교육을 꾀할 것이냐?'라는 문제가 제기된다.

이러한 문제에 대한 해답은 교육의 본질과 기초에 대한 이해로부터 주어진다. 국가에 따라서 상이한 교육이해가 있고, 이에 따라서 교육정책과 실천의 상이한 얼개들이 있다. 우리나라는 역사적으로 제왕통치적이고 가부장적인 전통을 갖고 있다. 이러한 전통은 오늘날에도 여전히 우리의 생활문화를 지배하고 있다. 그래서 교육에서도 교육외재적 세력과 관심이 교육을 지배하고 있다. 교육학자는 이를 정당화하고 합리화하는 이론을 제공하는 기능을 주로 수행하여 왔다. 그리하여 이 땅에서 교육은 정치의 시녀로 존재하고 있다.

서양의 교육도 예전에는 그러했다. 서양도 전통적으로 20세기 중엽까지만 해도 가부장적·제왕통치적 구조에서 크게 벗어나지 못하였다. 그러나 그들은 교육에 관한 인식의 끊임없는 심화와 확대를 통하여 제도를 개혁하여 왔다. 독일의 예를 들면, 훔볼트는 대학이 정치와 종교로부터 온갖 간섭과 규제를 받음으로부터 오는 연구와 교육의 제약과 한계를 극복하기 위하여 공사립을 막론하고 대학의 재정을 국가가 전담하여야 한다는 행정을 폈다. 다시 말하면, 대학이 정부와 교회로부터 자유와 자율을 누릴 수 있도록 하기 위하여 국가는 대학의 재정을 부담하되 어떻게 사용하는가를 대학에 전적으로 맡기고 간섭하지는 않는다는 행정철학이다. 훔볼트보다 600년이나 앞서서 이미 중세기에 대학이 탄생하였을 때 교황은 대학에 자치권, 면세권, 학위권의 삼권을 보장해 주었다. 이러한 대학의 치외법권적 지위는 오늘날까지 서구에서 폭넓게 보장되고 있다. 그리고 이러한 바탕 위에서 서구는 학문과 산업의 찬란한 발전을 이루어 냈으며, 오늘날에도 여전히 세계를 지배하는 대륙으로 기능하고 있다.

우리나라도 이제는 교육에 대한 바른 이해로부터 학교교육의 개혁을 꾀할 때가 되었다. 교육내재적 관심과 원리로부터 교육개혁의 질서를 새롭게 세워야 할 때가 되었다. 그렇게 할 때 우리의 교육은 문제해결의 간단없는 악순환에서 벗어날 수 있을 것이며, 우리의 성장세대는 좋은 교육을 향유하며 각자의 잠재능력을 최적으로 실현하는 성숙한 시민으로 성장할 수 있을 것이다.

이 책에서 나는 최근 10년 동안에 발표한 15편의 논문과 강연을 모아서 크게 '교육이 바로 서야 국가가 잘된다' '기독교교육에서 배운다' 그리고 '지속가능하고 홀리스틱한 교육철학을 지향하자'의 총 3부로 꾸며 보았다. 두 편의 글을 제외하고는 모두 은퇴한 후에 쓴 글이다. 30여 년을 대학에서 학생들에게 교육철학을 가르치며 살아온 후에 돌아보니 이 땅의 교육은 여전히 본질로부터 멀리 벗어나 있었다. 우리 사회는 학자의 소리가 씨 뿌려져서 깊이 뿌리박으며 높게 성장할 바탕을 갖추지 못했다. 교육은 정치의 시녀가 되어 이리저리 끌려다녔으며, 성장세대는 그들의 잠재능력을 꿈과 끼를 통하여 마음껏 발휘할 수 없었다. 학부모는 기성세대의 잣대로 성장세대를 몰아세워 왔고, 이러한 와중에 사교육은 공룡화되어 버렸으며, 공교육은 여전히 정상화의 길을 못 찾고 있다. 이러한 현실에 직면하여, 우리 교육의 잃어버린 차원들, 즉 회복하지 않고는 교육의 정상화는 결코 이루어질 수 없는 본질적인 차원들이 나의 생각의 화두가 되어 은퇴 후에 강연을 할 때나 글을 쓸 때나 끊임없이 말과 글로 이를 강조하게 되었다. 다른 영역에서도 그러하겠지만 교육에서처럼 본질적인 것이 근본적인 것인 영역은 없을 것이다. 그럼에도 불구하고 우리의 교육현실은 본질에서 언제나 이미 벗어나 있었다. 뿐만 아니라 비본질적인 것들이 본질적인 것들을 억압하고 통제하며 패리시키고 있었다. 이를 나는 여러 강연과 글에서 거듭거듭 지적하였다.

독자는 여러 글에서 비슷한 내용이 강조되고 있음을 볼 것이다. 이는 이미 목차에서도 확인되고 있다. 교육에서 본질적인 것이 근본적인 것이다. 바른 교육, 철저한 교육은 본질적인 것에서 시작하고 끝나는 교육이다. 그렇지 못하기 때문에 나는 상이한 관점과 주제에서 거듭거듭 교육의 본질을 강조할 수밖에 없었다. 그 대표적인 예가 '존재의 예술'이다. 교육은 소유의 기술이 아닌 존재의 예술인데, 우리 사회에서 교육은 소유의 기술이 되어 버렸다. 이를 나는 스스로 깊이 반성하며 '소유의 교육과학에서 존재의 교육학으로'라는 제목으로 은퇴강연을 하였다.

은퇴한 후에 나는 오래전부터 고대 히브리 민족의 교육사상과 박애주의 교육사상을 비롯한 계몽시대 독일의 새로운 학교교육문화운동에 관한 문헌을 모으고, 읽고, 생각을 다듬어 왔던지라, 이 분야의 전문 연구서적들을 출판하는 작업에 몇 년의 시간을 할애하리라 생각하고 있었다. 그러나 한국기독교교육학회, 한국교육철학학회, 홀리스틱교육학회, 한국교육학회 같은 학회들과 내가 봉직한 연세대학교를 비롯하여 여러 대학의 연구기관들이 나를 이런저런 강연과 발제에 불러 주었다. 이렇게 하여 모아진 글 중에서 15편을 정선하여 이 책에 수록하였다. 따라서 하나하나가 모두 독립된 글이다. 그러나 모두 교육에 관한 글이고, 비록 제목과 관점의 차이는 있으나 나를 평소에 사로잡고 있었으며, 또 은퇴와 더불어 나를 더욱 사로잡은 교육의 몇 가지 근본적 개념들이 상이한 관점 아래서 자연스럽게 교육본질적 내용으로 강조되었다.

나는 이 책을 편집하면서 의도적으로 각 장의 원래 글 제목과 목차를 살렸다. 그렇게 하여야 독자가 글의 논리적 흐름을 함께 호흡할 수 있을 것이기 때문이다. 다시 말하면, 글의 흐름(Duktus)을 흔들어 놓지 않아야 각 글이 강조하는 내용의 논리적 전개가 무리없이 이루어지고 또 독서의 재미도 함께 주어질 것이기 때문이다. 그러나 이로써 세부적 내용이 부분적으로 중복되는 것을 피할 수 없었다. 물론 독자는 저자가 같은 개념을 다루고 있더라도 관점과 이해의 지평이 다름을 알게 될 것이다. 그러나 내용의 중복이라는 지적을 피할 수 없다. 그리고 저자는 이러한 지적을 감수하면서라도 강연이나 논문으로 작성한 각 글이 원래부터 갖고 있는 성격을 살리는 편이 더 좋겠다고 생각하였다.

목차의 순서에 따라 글의 출처를 밝힌다. 제1부 '교육이 바로 서야 국가가 잘된다'에 있는 글들의 출처는 다음과 같다.

제1장 '교육의 잃어버린 차원들'은 한국교육철학학회 2012년도 춘계학술대회에서 한 기조강연을 다듬어서 『교육철학연구』 제34권 제3호(2012. 10.), 73~85쪽에 실렸던 글이다.

제2장 '교육의 집을 재건축하자'는 한국교육철학학회가 '한국교육철학학회 50년, 시간과 공간을 넘어'라는 주제로 2014년 11월 15일에 열었던 창립 50주년 기념 학술대회의 기조강연으로, 자료집 9~21쪽에 실렸다.

제3장 '민족개조를 통한 국가개조'는 21세기경영인클럽이 주관한 2014년도 '21세기 제주포럼'에서 한 강연이다.

제4장 '민주시민을 교육하자'는 민주화운동기념사업회의 위촉을 받아 '민주시민교육론'이라는 제목으로 2016년 8월에 탈고한 글이다.

제2부 '기독교교육에서 배운다'에 있는 글들의 출처는 다음과 같다.

제5장 '한국의 기독교교육과 역사'는 한국기독교교육학회가 '한국 교회와 기독교교육: 역사 · 학문 · 목회'라는 주제로 2010년에 개최한 학회 창립 50주년기념 연합학술대회의 주제강연으로, 수정 · 보완하여 학회지 『기독교교육논총』 제26집(2011), 277~305쪽에 실렸다.

제6장 '한국 교회의 기독교교육, 어떻게 할 것인가'는 대한예수교장로회 전국은퇴목사회의 위촉으로 쓴 글로, 한국장로교출판사에서 2014년에 펴낸 『글로벌 세계, 한국 교회가 섬긴다』의 163~180쪽에 실렸다.

제7장 '기독교교육에서의 평등성'과 제8장 '기독교교육에서의 수월성'은 2013년에 총신대학교 기독교교육연구소 제54차와 제55차 학술세미나에서 한 발제로, 동 연구소가 2014년에 발행한 『기독교교육에서의 평등성과 수월성』의 7~31쪽과 85~104쪽에 실렸다.

제3부 '지속 가능하고 홀리스틱한 교육철학을 지향하자'에 있는 글들의 출

처는 다음과 같다.

제9장 '21세기 교육철학의 방향 모색'은 2004년도 한국교육철학학회 연차대회에서 한 기조강연을 다듬어서『교육철학』31(2004), 71~85쪽에 게재한 글이다.

제10장 '지속 가능한 사회를 위한 교육의 근본적 재설계'는 한국교육학회가 '광복 70년, 지속 가능한 사회를 위한 교육의 재설계'라는 주제로 2015년 8월 28일에 개최한 2015년도 연차학술대회의 기획주제 발제로, 자료집 41~63쪽에 실렸다.

제11장 '한국교육의 발전 및 정체에 대한 교육철학적 성찰'은 '광복 70년, 한국교육의 발전 및 정체에 대한 교육철학적 성찰'이라는 제목으로 한국교육철학학회, 한국교육사상연구회, 한국교육철학회가 공동주최한 2015년 전국교육철학자대회에서 행한 기조강연으로, 자료집 1~14쪽에 실렸다.

제12장 '홀리즘에 대한 교육철학적 성찰'은 한국홀리스틱교육학회가 '홀리즘의 철학적 기초'라는 주제로 개최한 2009년도 춘계학술대회에서 '홀리즘의 교육철학적 기초'라는 제목으로 한 기조발제를 다듬어서『교육철학』제46집(2009. 10.), 147~162쪽에 실었던 글이다.

제13장 '홀리스틱 교육의 본질과 도전'은 한국홀리스틱교육학회가 '홀리스틱 교육과 행복한 교육, 홀리스틱 교육의 본질과 과제'라는 주제로 개최한 2001년도 춘계학술세미나에서 한 기조강연을 다듬어서『홀리스틱교육연구』5-2(2001), 1~10쪽에 실었던 글이다.

제14장 '꿈과 끼를 살리는 새로운 학교교육문화'는 한국홀리스틱교육학회가 '꿈과 끼를 살리는 홀리스틱 교육 Ⅱ'라는 주제로 개최한 2014년도 추계학술대회의 기조강연으로, 자료집 3~17쪽에 실렸던 글이다.

제15장 '인성교육의 오래된 새로운 지평, 아동숲교육'은 '자연과 숲, 인성과의 만남'이라는 주제로 2016년에 개최된 한국아동숲교육학회 창립학술대회의 기조강연으로, 자료집 8~17쪽에 실렸다.

이 책이 많은 독자에게 우리 사회가 잃어버린 교육의 차원들을 보다 분명하게 밝혀 주고 교육의 본질에 대한 인식과 관심을 갖게 하여 교육에 대한 이해의 지평을 확대, 심화하는 계기를 만들어 주는 일에 조금이라도 도움이 되기를 바란다. 교육은 정치에 대단히 취약하다. 따라서 민주시민의 절대다수가 건전한 교육관으로 무장하고 있을 때 비로소 교육이 정치에 영향받지 않고 바르게 실천될 수 있다. 우리 사회의 고질적 교육혼란과 이로 인하여 빚어지는 교육참상은 우리 사회의 지도적 시민계층이 갖고 있는 교육에 대한 기본 이해와 관심이 바르지 않음에 기인하는 것이다. 그러므로 교육에 대한 기본 이해의 저변을 확대하는 일이 교육혼란을 극복하는 바르고 확실한 길이다. 이러한 의미에서 보다 많은 시민이 건실한 교육관으로 무장하는 날이, 다시 말하면 교육의 본질에 기초한 성숙한 교육관이 우리 사회를 지배하는 날이, 우리의 학교가 교육의 본질을 회복하는 날이 될 것이다. 그리하여 학교교육이 교육의 본질에 기초하여 바로 설 때 우리나라가 선진국으로서 지속 가능하고 확실하게 세계 속에 우뚝 서는 날이 될 것이다.

　머리말을 맺으면서 학지사의 김진환 사장과 편집부 유가현 선생에게 깊은 감사를 드린다. 학술서적의 출판은 다만 영리만을 목표로 삼지 않아야 가능한데, 김 사장은 학술서적만의 출판으로 학계에 크게 기여하였을 뿐만 아니라 출판사도 잘 키우셨다. 그리고 유 선생의 섬세한 편집으로 이 책이 완성도가 높은 아름다운 책이 되었다.

2017년 5월
일산 서재에서
오인탁

제1부

교육이 바로 서야 국가가 잘된다

제1장

교육의 잃어버린 차원들

1. 들어가는 말

'교육의 잃어버린 차원들'이란 주제로 교육철학도들이 학회를 연다! 참 흥미 있는, 곰곰이 되씹어 보면 의미 있는 주제이다. 의미의 스펙트럼은 놀이의 성격을 벗어나지 못하는 차원에서 본질의 변혁을 요청하는 차원까지 대단히 넓게 퍼져 있다. 학회가 춘계연차대회의 주제로 놀이의 차원을 선택하지는 않았을 것이다. 여기에는 필연적으로 교육의 잃어버린 차원을 회복해서 교육을 바로 세우든가 아니면 교육철학의 무력을 한탄하며 비교육(非教育)의 행진을 함께하든가 하지 않으면 안 되는, 실존적 위기에 대한 절감이 있었을 것이다. 그래서 먼저 '잃어버린' 차원을 반성해 보려고 한다.

잃어버렸다. 한때 가지고 있었던 것을 우리는 잃어버릴 수 있다. 그것이 없어도 되는, 별로 의미 없는 것이기 때문에 계속 가지고 있는 것과 새롭게 갖게 된 것들이 펼쳐 주는 세계에 만족할 수 있다. 그러면 잃어버린 것을 완전히 잊게 될 것이다. 그래도 아쉬울 것은 전혀 없다. 그것은 비본질적인 것이기 때문에 없어도 좋다. 뿐만 아니라 이미 의식의 밖으로 밀려나 버렸기 때문에 있어도 없는 것이나 다름없다. 아니, 없어서 오히려 본질적인 것에 더 집중할 수 있다.

잃어버렸다. 처음부터 의식이 없고 이해가 없어서 놓치고 있는 것을 잃어

버렸다고 할 수 있다면, 그것도 교육의 잃어버린 차원이 된다. 예를 들면, 서구의 문화권에서 서예라는 말인 calligraphy는 아름답게 쓰기를 의미할 뿐, 동양의 문화권에서 서예라는 말에 담겨 있는 주관적 미적 글쓰기를, 다른 표현으로 글쓰기의 규범 안에서의 주관적 미적 표현을 의미하지는 않는다. 또 다른 예를 들면, 김아타는 '존재하는 것은 모두 사라진다'라는 명제를 「월드컵 축구장」, 「타임스퀘어」 같은 작품으로 표현하였다. 이로서 그는 사진작가로선 세계에서 처음으로 사진에서 움직이는 모든 것을 사라지게 만들었으며, 만물은 소멸한다는 생각을 사진으로 표현하였다. 지금까진 이 세상의 모든 사진작가들은 움직임의 현상을 포착하는 촬영술에 몰두하였다. 전자는 문화권의 차이가 빚어 주는 교육의 잃어버린 차원을, 후자는 같은 문화권에서 빚어지는 교육의 잃어버린 차원을 보여 주고 있다. 우리는 의식의 저편에 있어서 교육에서 놓치고 있고 잃어버리고 있는 차원들을 발견하여 교육할 수 있다. 그러면 이는 교육의 확대와 심화로 드러날 것이다. 교육의 역사는 인간과 세계에 대한 이해와 더불어 교육이 이론과 실천에서 이러한 끊임없는 확대와 심화의 걸음을 걸어왔음을 보여 주고 있다.

잃어버렸다. 처음부터 있었던 것, 본질에 속하는 것, 중심을 이루고 있었던 것을 잃어버렸다. 그것은 처음부터 있는 것이기 때문에 잃어버렸다고 해서 없어진 것이 아니다. 다만 의식과 관심 밖으로 밀려나서 잊혔을 뿐이다. 그리고 밀려난 자리에 다른 낯선 것이 들어와서 중심을 차지하고 존재를 지배하기 때문에, 본래 존재의 중심을 이루고 있었던 것이 있으나 없는 상태처럼 되어 버렸다. 존재의 중심 밖으로 밀려나 버려서 중심이 다른 낯선 것들로 채워진 존재는 중심을 잃었기에 '얼'빠진 상태로 존재할 수밖에 없다.

여기서 잃어버렸다는 상태는 가치의 관점에서 보면 절대적 가치가 기초하고 있던 자리를 어떤 상대적 가치들이 대체하였다는 것이 된다. 그리하여 규범과 진리 같은 절대적 가치들이 결여된 환경 안에서 사람들은 필연적으로 형태와 색깔의 향연에 빠져들게 된다. 형태와 색깔은 모두 소유 가능한 상대적 가치이다. 자족감이 결여된 사람은 자기 자신의 주관적 내적 척도를 갖고 있지 않기 때문에 상대적 가치척도에 사로잡히게 된다. 그리하여 학연이나 유행 같은 형태와 색깔을 탐하는 노예가 되어 버린다. 따라서 그러한 자는 아무리 많이 소유해도 상대적 빈곤감을 떨쳐 버릴 수 없으며, 아무리 높이 올라가도 상대적 열등감을 극복할 수 없다. 아무리 동질적 가치들을 추구하는 존재들로 전후좌우 둘러싸여 있어도 절대적 소외감이 드는 것은 어쩔 수 없다. 절대적 가치가 결여되어 있기 때문에 그 자리를 어떤 상대적 가치가 대체해도 비본질적이기에 필연적으로 의미의 충족이 없는 상대적 경쟁을 무한하게 펼치게 된다.

그러나 상대적 무한경쟁의 구조로 존재의 집을 짓는 것은 끊임없이 새로운 문제를 만들어 내고, 문제를 해결하려는 노력은 또 다른 상대적 가치를 새로운 척도로 만들어 버리는 현상으로 전개되어 상대가치의 구조적 복잡화로 드러나며, 본질로부터의 괴리현상을 더욱 심화시킬 뿐이다. 그러다가 마치 독사가 심장을 물어뜯는 것 같은 경험을 통하여 잠자는 영혼이 눈뜨는 날, 그는 절대가치 앞에서 상대적 가치들의 세계 전체를 버리든가 그대로 존재의 집을 공허한 것들로 채우며 버티든가 하지 않으면 안 되는 선택의 기로에 직면하게 된다. 이것이 위기이다. 그래서 위기의 극복은 혁명(revolution)과 개혁(reformation)으로 드러난다. 혁명은 판의 바탕 자체를 바꾸는 것이고, 개혁은 판의 구조를 바꾸는 것이다. 이러한 과정을 통하여 상대적 가치들이 비로소 그 상대적 가치의 바른 의미와 기능을 갖게 됨으로써 그에게 이는 실존적 결단이요, 절대적 명령이다.

'잃어버린' 차원들의 목록을 우리는 계속할 수 있다. 그러나 앞에서 든 세 차원에서 일단 멈추고 이를 조망해 보면, 두 번째와 세 번째 차원이 우리 교육의 잃어버린 차원들로 의미 있게 다가온다. 그리고 두 번째 차원은 세 번째 차원이 바르게 재정립된 바탕 위에서 비로소 의미가 있기 때문에 우리의 잃어버린 교육의 세 번째 차원에 관한 반성으로 이 글을 가늠하려고 한다.

2. 교육의 잃어버린 차원의 성격

교육의 본질에 속하는 것, 처음부터 교육에 있었던 것, 거기서부터 교육이 시작하였으나 교육이 과학의 옷을 입으면서 점점 더 변두리로 내몰려서 잊힌 것, 그리하여 교육학의 대상에서 소외된 것, 이로 인하여 교육과학의 거대한 집은 지어졌으나 교육 자체는 패리(悖理)되어 간 것을 찾아보면 잃어버린 차원의 성격이 드러나게 될 것이다.

우리는 교육의 잃어버린 차원을 찾을 때 넓고 둥글고 깊게 보기를 고집해야 할 것이다. 그렇지 않고 현재 이루어지고 있는 교육을 대상으로 찾는다면 잃어버린 차원에 대한 인식 차제가 일차원적 관심에 체포되어 있어서 그것은 이미 철학적 접근이 아닐 뿐만 아니라, 잃어버린 차원을 더욱 심화시키는 결과를 초래할 것이다. 플라톤(Platon)의 표현을 빌리면 철학은 탐구의 대상을 그 근본으로부터 넓고 둥글게, 전체적으로 인식하려는 노력을 통하여 스스로 갖게 되는 "영혼의 희열"[1]이다. 이러한 절대적 희열은 인식대상의 근본을 확인하고 이 근본으로부터 대상을 철저히 이해하려는 깊은 생각으로부터만 도달 가능한 것이다. 왜냐하면 이는 대상을 그 근본에 있어서 새롭게 인식하는 현상으로 드러내기 때문이다. 이러한 "영혼의 전환"[2]에서 오는 존재의 희열에 교육의 잃어버린 차원이 자리 잡고 있다.

플라톤에게 교육의 대상은 인간이었다. 국가(polis)가 절대적 이데올로기였던, 그리하여 인간의 가치는 오로지 국가로부터만 가늠되었던 시대에 완전한 국가, 철인이 통치하는 정의로운 국가를 실현하기 위하여 그가 시도하였던 교육에 대한 깊은 생각은 인간 개개인에 대한 정의로운 교육이었다. 이를 위하

---

1) Platon, ΠΟΛΙΤΕΙΑ Der Staat. Uebersetzt von Friedrich Schleiermacher. Bearbeitet von Dietrich Kurz. Darmstadt 1971, 485d.

2) Platon, psyches periagoge. ΠΟΛΙΤΕΙΑ Der Staat. 521c

여 그는 태양(이념), 선분(인식), 동굴(교육)의 비유를 가져왔으며, 인간 개개인
의 완전한 교육을 가능하게 하는 정의로운 교육의 과정을 설계하면서 순전히
합리적 논리로 모든 정치적 · 경제적 전제를 배제하기에 이르렀다.

　우리는 인간을 교육한다. 인간을 교육하여 그로부터 그가 할 수 있고 될 수
있는 자아를 최적적으로 실현하도록 할 뿐이다. 그 결과로 그 자신의 삶이 의
미 있고 행복하며 동시에 그가 국가와 사회에 유익한 시민으로 생활하는 것
이지, 국가와 사회에 필요한 인력을 양성하기 위하여 인간을 교육하는 것이
아니다. 이는 전혀 같은 것이 아닌데, 우리의 교육에서 관심의 결여로 그 차이
가 대단히 간과되고 있다. 따라서 교육의 잃어버린 차원을 논의하기 위한 대
전제는 '인간을 교육한다'이다. 왜냐하면 이 전제로부터 잃어버린 차원들이
의미 있게 발견되고 밝혀질 수 있기 때문이다.

　인간을 교육하는 차원은 많다. 이를 탄생이라는 화두를 중심으로 살펴보면,
인간의 삶은 세포생명의 탄생으로부터 육체의 탄생, 심리의 탄생, 사회생활능
력의 탄생, 종교적 인격과 영성의 탄생의 다섯 차원으로 전개된다. 이에 따른
교육이 오래전부터 있어 왔다. 탄생의 관점에서 보면, 교육은 다음의 탄생이
성공적으로 이루어지기 위한 준비로서 생명의 탄생에서 시작하여 육체적 · 심
리적 · 사회적 탄생으로 진행되고, 종교적 탄생으로 완성되며, 죽음에서 끝난
다. 그런데 이를 세계관과 인생관에 따라서 사회적 탄생으로 완성된다고 보는
사람이 많다. 그러나 나는 인간은 영적 존재이기 때문에 종교적 탄생에서 교
육이 완성된다고 본다. 이는 신앙의 바탕 위에서 비로소 지덕체의 도야가 의
미 있게 실현될 뿐만 아니라 죽음까지도 '잘 죽는다'는 고종명(考終命)의 모습
을 갖출 수 있게 되기 때문이다. 다시 말하면, 죽음도 종교적 인격의 탄생과정
에서 교육의 대상이 된다. 그러므로 영성의 교육은 결혼을 앞둔 남녀의 교육
으로부터 태교에서 출생 이후 결혼에 이르기까지의 성장과정에서뿐만 아니라
사회생활과 자녀양육의 과정을 동반하면서 삶이 마무리에 이르기까지 지속적
으로 이루어져야 하는 교육의 바탕이자 중심이다.

　우리 민족과 유태민족은 우열을 가리기 힘들 정도로 우수한 민족이다. 그

러나 유태민족의 교육은 영성의 바탕 위에서 모든 다른 영역의 교육이 이루어지도록 되어 있다. 그래서 유태인은 누구나 '어떤 특별한 목적이 있어서 하나님이 나를 여기 이렇게 태어나게 하셨은즉 나는 나의 고유하고 특별한 능력을 갈고닦지 않으면 안 된다'는 인생관과 '나를 위하여 이 세계는 창조되었은즉 나는 세계를 함께 책임지지 않으면 안 된다'는 세계관을 갖고 있다(필자의 주관적 재구성). 여기서 이미 잃어버린 차원의 스펙트럼이 드러난다. 우리의 교육은 무엇보다도 생명교육의 차원과 영성교육의 차원을 잃어버렸다. 교육의 처음과 나중이 소외된 가운데서 교육은 소유화되어 버렸고 정치적·경제적 관심과 수단이 되어 버렸다. 그리하여 전체적으로 조화와 균형을 상실하고 표류하고 있으며 패리의 항로를 벗어나지 못하고 있다.

그러면 어쩌다가 우리의 교육은 그렇게 잃어버린 차원들로 신음하게 되었는가? 미군정기에 민주교육을 통한 민족중흥과 국가발전을 강조하면서 새로운 교육의 기틀을 만든 오천석 박사께서 우리의 미래를 위한 교육은 "입학시험을 위한 준비교육"밖에 없다, "이 얼마나 슬픈 일인가?"라고 통탄하신 지 41년이 지났다[3]. "행복은 성적순이 아니잖아요."라는 유서를 남기고 고등학교 2학년 여학생이 자살한 지도 31년이 지났다. 그러나 교육의 참사는 여전히 계속되고 있다.

우리는 지금까지 나라를 바로 세우기 위하여 숨 가쁘게 달려왔다. 언제부터 지금까지인가? 해방 후부터? 나는 개화기부터라고 해야 옳다고 생각한다. 왜냐하면 이 시기에 서구의 학교교육이 들어오기 시작하였기 때문이다. 그러나 오늘에 이르기까지 놀라운 발전에도 불구하고 학교교육제도의 근본적 정착이 이루어지지 않고 있다. '이것이 한국의 학교교육제도이다'라고 세계가 공인하고 국내의 교육세력 절대다수가 좋은 학제로 인정하는 공감대를 이루고 있어야 비로소 정착되었다고 할 수 있을 것이다. 그런 의미에서 우리의 학제는 아직 정착되지 않았으며, 끊임없는 갈등 속에서 개선과 개혁의 길을 걸

---

3) 오천석, 민주교육의 본질, 1975, 경기: 교육과학사, 2001, 372쪽.

어왔다. 서구의 학교교육은 국가를 부강하게 만들 도구로 기독교 선교의 통로이자 기관으로, 전통과의 단절 아래서 이 나라에 도입되었다. 그 후에 일제하의 식민통치, 군정기와 대한민국의 건립, 한국전쟁, 5·16, 유신헌법 제정 등의 정치적 격랑을 거치면서 오늘에 이르기까지 경제성장을 위한 교육입국의 길을 정신없이 달려왔다. 국민 개개인과 국가가 잘살기 위하여 요청되고 필요한 내용과 방법이라면, 깊은 고찰과 충분한 장기적 시도와 평가 없이 받아들이고 바꾸고 또 바꾸었다.

1960년대 초에 최빈국에 속하는 후진국이었던 대한민국은 반세기가 지난 지금 선진국으로 우뚝 서 있다. 세계는 '놀라운 국가'라고 칭송하면서 경이의 눈으로 한국을 바라보고 있다. 그 경이의 눈에는 한국의 교육에 대한 경이도 우리가 스스로 보는 평가와는 비교가 안 될 정도로 크게 작용하고 있다. 오늘의 경제성장을 이룩한 데에는 교육의 힘이 결정적으로 작용하였음은 분명하다. 그럼에도 불구하고, 아니 그렇기 때문에 이젠 숨 가쁘게 달려온 어제를 돌아보며 내일을 어떻게 달려가야 할지 깊이 생각하며 내다봐야 한다.

3. 교육의 잃어버린 차원들

우리 교육의 잃어버린 차원들이 너무나 근본적이고 너무나 많아서 그 지도를 그리고 목록을 만들기란 우리 교육철학학회가 한동안 이 일만 집중적으로 작업해야 할 만큼 엄청난 일이다. 여기서는 의미 있게 다가오는 차원들을 생각나는 대로 언급하는 데서 그치려고 한다.

우리 교육의 잃어버린 차원은 먼저 인간이다. 앞에서 언급했지만, 우리는 인간을 교육한다. 이로써 국가의 보존과 발전, 문화의 전수와 창달을 꾀하는 것이지, 그 역이 아니다. 그런데 우리의 교육은 국가발전을 위한 인간자원개발(Human Resource Development: HRD), 취직과 출세를 위한 전공선택과 대학입학, 시험과 석차 중심의 상대평가, 자발성이 아닌 수용성의 강조 등으로 만들어진 공고한 구조물이 되어 있다. 교육의 절대적 대상으로서 인간은 없고 경제적 가치로 단일화된 사다리만 있을 뿐이다. 그래서 교육은 모든 사람이 이 단일화된 사다리 위로 올라가는 경쟁의 수단이 되었다. 인간을 교육하는 곳에서 교육은 다만 목적일 뿐이다. 그러므로 인간을 교육하는 차원으로 교육의 틀을 새롭게 구성하지 않는 한 우리의 교육은 일차원적 시민과 국가를 양성하고 보존하는 한계를 극복하지 못할 것이다.

우리 교육의 잃어버린 차원 그 두 번째는 개인이다. 우리는 구체적 개인을 교육한다. 개개인의 잠재가능성의 고유성과 절대성에 기초한 교육, 이 바탕 위에서 사회인의 교육이 이루어져야 한다. 그런데 우리의 교육은 사회인의 교육이 절대화되고 그 안에서 개인의 교육이 상대적으로 허용되었다. 그리하여 교육은 절대적 규범과 척도가 없는 무한한 상대적 경쟁마당이 되어 버렸다. 교육은 본래 자신과의 경쟁이다. 그러므로 '자신과 경쟁하게 하라'는 것이 교육의 준칙이 되어야 한다.

우리 교육의 잃어버린 차원 그 세 번째는 영성이다. 영성은 물질주의적 인생관에서 벗어나 영적 · 정신적 세계에서 자신의 고유하고 충일한 삶을 찾고 실현하고자 하는 마음이다. 이러한 마음은 상대적이고 계량적인 가치로 구조화된 사회에서는 결코 싹틀 수 없고 배양될 수 없다. 영성을 중심으로 한 교육은 필연적으로 절대, 개인, 자유, 특수 등의 바탕 위에 상대, 집단, 방법, 일반 등의 교육을 접목하는 구조로 되어 있다. 그리하여 영성의 교육에서는 어떤 개인도 그의 신체적 · 감성적 · 지적 상태의 상대적 결핍 또는 탁월 때문에 상대적으로 평가되고, 교육에서 소외되는 일이 일어나지 않는다. 더 나아가서 모든 인간은 개인으로서 그가 갖고 있고 발휘하고 있는 유일성과 독특성에 대한 절대적 인정이 바탕이 될 때 자아실현을 꾀할 수 있다.

"여호와를 경외하는 것이 지식의 근본이다."(잠 1:7) 이는 하나님을 경외하는 것으로부터 모든 인식이 시작된다는 의미이다. 이 말씀을 서구의 기독교 국가들은 모든 문화의 기초로 삼고 있다. 교육도 여기서 예외가 아니다. 그러한 교육은 영성의 도야를 기본으로 한 인간 개개인의 전인적 성장과 발달을 도모하는 큰 틀 안에서 이루어지고 있다.

　우리 교육의 잃어버린 차원 그 네 번째는 자율이다. 그런데 우리의 교육은 정치의 시녀가 되었다. 그 단적인 범례가 2010년부터 전개되고 있는 조례와 등록금 정치이다. 전교조를 중심으로 교육과 관련된 각종 조례의 물결이 전개되고 있다. 전교조는 학생의 인권을 조례로 처리함으로써 교육을 자치단체의 행정에 종속시켰을 뿐만 아니라, 학교의 교육할 수 있는 능력과 권위를 근본적으로 박탈하였다. 이를 국가의 차원에서 보면 교육을 정치의 시녀로 만든 것이며, 이로써 교육의 자율성이 보장받을 수 있는 바탕이 상실되었다. 조례는 자치단체가 제정한다. 따라서 자지난제의 관심과 이해에 따라서 조례의 내용이 달라진다. 이미 학생인권조례를 제정한 자치단체들의 조례내용에서 그 상이함이 확인되고 있다. 뿐만 아니라 학교폭력예방조례, 교육공동체인권조례, 무상급식조례, 서울교권조례 등이 자치단체에 의하여 이미 제정되었거나 제정 심의 중에 있다. 앞으로 학생선발조례, 교실조례, 교장조례 등이 제정되지 말라는 법이 없다. 조례에서 전교조는 교육을 근본적으로 바로잡으려고 심사숙고하는 모습보다는 이념투쟁과 정책투쟁의 전선을 정치적으로 펼치고 있는 모습으로 드러나고 있다. 자율의 차원에서 보면 전교조는 교육으로 돌아오든가, 그렇지 않으면 해체되어야 한다.

　교육의 자율을 근본적으로 흔들어 놓고 짓밟아 버린 또 하나의 범례는 소위 '반값 등록금'이다. 2011년 5월에 한나라당의 황우여 원내대표가 이명박 대통령이 대선에서 공약으로 내걸었다가 폐기했던 '반값 등록금' 정책을 다시 추진하겠다고 밝혔다. 그러자 이 나라의 모든 언론은 대학의 등록금을 성토하기 시작하였으며, 민주당은 즉각 반값 등록금을 당론으로 추진하겠다고 나섰다. 그 후 오늘에 이르기까지 이 땅의 모든 정당과 언론, 정부의 모든 관련기관과 사회단체가 공사립을 막론하고 마치 대학이 우리 사회의 구조적 부패의 온상인 양 대학의 재정상황과 등록금 인상 내용을 파헤치고 난도질하기 시작하였다. 대학생들은 거리로 나섰다. 감사원은 대학을 감사하기 시작하였으며, 공정거래위원회는 등록금이 공정하게 책정되었는지 조사하였다. 이 땅의 모든 대학은 쥐 죽은 듯 말이 없었다. 대학교육협의회도 납작 엎드려 있었다. 교육과학기술부는 2012년 1월에 2012년도의 등록금을 동결하거나, 부득이한 경우에 3% 이내로 인상하라는 가이드라인을 제시하였으며, 모든 대학은 이에 따랐다.

무엇이 문제인가? 정치적으로 보면, 절대다수의 시민들에게 등록금 인하는 당장에 경제적 부담을 경감시켜 줄 것이다. 따라서 이러한 정책은 큰 환영을 받을 것이며 총선과 대선에 절대적 영향을 줄 것이다. 그러나 다시 정치적으로 보면, 오늘날처럼 고등교육의 질이 국가의 보존과 발전에 절대적으로 영향을 주는 시대는 없었다. 오늘날 교육의 힘은 곧 국력이다. 그러므로 대학의 기능을 최적적으로 다양화하고 대학의 질을 제고하기 위하여 필요한 재정을 충분히 지원하는 방향으로 정책을 개발한다면 대한민국의 대학은 분명 가시적인 기간 내에 세계적 명문이 될 것이다. 우리의 대학계는 정부가 연구, 교육, 개발의 영역에서 조건만 충족시켜 준다면 세계적 대학으로 발돋움할 수 있는 충분한 능력을 갖추고 있다. 대한민국의 국력은 이를 충분히 감당해 낼 수 있다. 그럴 수 있으면 좋으련만, 그렇지 못한다 해도 정부가 사립대학에 재정적 자율권을 부여해 주기만 하면 적지 않은 수의 사립대학이 짧은 시간 안에 세계적 명문 대학으로 발전할 수 있을 것이다. 그리고 대한민국은 과학과 기술의 강국으로서 세계를 계속하여 선도하게 될 것이다.

우리의 정치계는 이제 총선을 끝내고 대선을 향하여 숨을 고르고 있다. '반값 등록금'이라는 화두는 대선을 앞두고 다시 몰아칠 것이다. 앞서 언급한 '정치적으로 보면'에서 드러난 정치는 당장의 표심을 노리며 권력쟁취를 꾀하는 질적 미성숙의 결정판을 보여 주고 있다. 참으로 유감스러운 현상은 우리의 정치계 전체가 이 저질 판 위에서 뛰놀고 있다는 것이다. 그 뒤에 언급한 '정치적으로 보면'에서 드러난 정치는 국가발전을 위한 장기적이고 합리적인 고등교육 정책개발을 보여 주고 있다. 정당은 대학의 재정정책과 대학생의 장학정책을 함께 제시함으로써 성숙한 정치의 모양을 보여 줄 수 있었을 것이다. 그러나 그렇지 못했다.

후자가 전자보다 낫다. 그러나 이 둘은 보다 세련되거나 보다 거친 차이가 있을 뿐, 모두 교육을 정치의 시녀화하고 있다. 한국이 정치만 잘하면 경제, 학문, 예술, 종교 등에서 세계를 선도하는 국가로 확실하게 우뚝 설 수 있을 것이다. 잘하는 정치란 정치에 대한 교육의 상대적 자율성을 이해하고 인정하는 정치를 말하는 것이다. 그렇지 못할 경우에 한국은 구조적으로 항상 발전의 한계를 안고 있게 된다. 등록금 책정은 대학의 고유 권한임을 인정하는 정부와 그렇지 못한 정부 사이에는 교육에 대한 인식의 절대적 차이가 있다. 전자가 교육을 교육 자체가 책임질 때 교육이 가장 잘 이루어진다고 보고 교육의 자율성을 인정하는 정치를 편다면, 후자는 교육을 그저 정치적 수단으로 본다. 그러한 정치 아래서 교육은 정치의 시녀이며 국가발전의 수단으로 기능해야 마땅한 것이다. 그러나 등록금 책정은 대학에 맡겨야 한다. 대학은 투자하는 만큼 연구하고 교육하며 발전할 수 있다. 정부는 등록금이 없어서 공부하지 못하는 학생이 없도록 포괄적 장학정책을 펴야 한다. 이것이 성숙한 정치이다.

왜 우리의 교육은 이렇게 본질적 차원들을 잃어버리게 되었는가? 여기에는 여러 가지 원인이 있다. 그러나 가장 큰 원인은 교육하는 마음이 순수성을 상실한 데 있다. 교사, 학생, 학부모, 행정관료 그리고 시민 모두가 교육하는 마음을 갖고 있다. 바르게 교육하기는 어렵지 않다. 그러나 마음을 바꾸어 바르게 교육하게 만들기는 어렵다. '어떤 주제로 학위논문을 쓰면 빨리 교수가 될 수 있을까?' 하는 마음으로 학위논문을 쓰거나 어느 대학에서 무엇을 전공해서 출세하겠다는 마음으로 공부를 한다면 학위와 취직의 전선에서 성취할 수는 있겠으나, 자신과 경쟁하는 경험을 하고 이를 통해 순수한 학문적 성취의 경지에 도달하거나 삶의 충일한 행복을 맛볼 수는 없을 것이다.

모든 교육은 서로 연관되어 있다. 이 연관구조가 합리적으로 이루어져 있으면 교육은 빛난다. 그러나 불합리하게 구조화되어 있으면 교육은 패리되고 어두워진다. 이는 '섞으면 빛나고, 빛나면 계속 섞는다'와 '섞으면 썩고, 썩으면 계속 섞는다'로 단순하게 표현될 수 있다. 디지털테크노미디어 시대의 큰 특성은 융합이다. 이를 우리는 스마트폰에서 범례적으로 경험하고 있으며, 숱한 대학들이 시도하고 있는 다양한 융합전공과 융합연구에서 확인하고 있다. 그러나 융합이 순수성을 상실하면 정치는 폭력과 부패가 난무하는 구조적 비평화로 전개되며, 기계는 사회를 비인간화하는 기능으로 오용되고, 교육은 소유와 지배의 도구가 된다. 순수성은 이질성의 배제이다. 우리 교육에 농도 짙게 구조화되어 있는 이질적인 것들의 섞임 현상을 청소하기 전에는 우리는 교육의 본질적 차원을 계속하여 잃어버리는 걸음을 걸어갈 수밖에 없을 것이다.

순수성을 상실한 섞음은 썩도록 되어 있다. 썩는다는 것은 비순수성이 중심이 되어 순수성을 변두리로 몰아내고 지배하는 현상이다. 자랑스러운 학력과 직장으로 행복한 삶이 낯설어지고, 지식의 전달과 훈련으로 지혜의 배양이 설 자리를 잃게 되며, 이기적 실용성이 공공적 유용성을 밀어내고, 성적 중심의 교사평가가 전인적 인격교육을 소명으로 여기는 인사(人師)가 아닌 경사(經師)로 하여금 교실을 장악하게 하며, 관료적 경영이 교육을 지배하고 있다. 학생선발을 위한 상대적 평가와 계량주의적 변별력이 학생들 개인차에 따른 학업성취에 대한 절대적 평가와 홀리스틱한 분별력을 구축하고 있다.

잃어버린 차원에 대한 이상과 같은 진단을 지나치게 이상적이라고 말하는 독자도 있을 것이다. 사실이다. 그렇기 때문에 정치는 교육을 둘러싸고 있는 교육외적 세력들이 교육의 자율을 침해하지 못하도록 해야 한다. 왜냐하면 그렇게 해야만 교육은 비로소 바로 설 수 있고, 이를 통하여 인간 개개인에게 최적적 교육이, 동시에 그 결과로 국가 전체에게 보존과 발전의 풍부한 바탕이 성공적으로 제공될 수 있기 때문이다.

4. 존재할 수 있는 능력에로의 교육

지금까지 살펴본 우리 교육의 잃어버린 차원을 한마디로 표현하면, 우리는 존재할 수 있는 능력에로의 교육을 잃어버렸다. 교육은 처음에는 존재할 수 있는 능력을 갈고닦는 활동이었다. 그러나 교육이 차츰 지식의 학습과 기술의 연마로 다듬어지고 과학의 집으로 지어져 가면서 실용적 가치와 출세의 기능이 강조되었으며, 소유할 수 있는 능력에로의 길이 되어 버렸다. 처음에 지혜 위에 지식을 쌓는 구조를 갖고 있었던 교육이 성공적인 삶의 지름길이 되고 제도화와 과학화의 길을 걸으면서 교육에서 지혜는 점점 더 변두리로 내몰리게 되었다. 오늘날 철학의 기초가 결여된 교육과학은 정치의 시녀가 되었으며, 멀리 보지 못하고 짧게 보며, 전체를 염려하지 않고 자신과 가족만 염려하며, 교육받은 결과의 경제적 가치만 따지는, 전혀 성숙하지 못한 교육관으로 무장한 시민들의 천박한 교육관심을 풀어 주는 기능이 되었다. 그리하여 학교 교육문화를 개선하겠다는 새로운 시도는 사교육 시장의 끝없는 확대를 초래하여, 이제는 공교육보다 더 크고 힘센 공룡이 되어서 우리의 교육을 이리저리 끌고 가고 있다.

소유는 사물과 관련이 있다. 우리는 사물을 소유한다. 사물은 구체적이어서 서술이 가능하고 지배가 가능하다. 측정하고, 계량하며, 비교하고, 평가한다. 어떤 척도를 만들어 표준화할 수 있다. 보다 더 좋은 제품과 그렇지 않은 제품으로 상대화할 수 있다. 사람도 객관적 도구로 처리 가능하게 만들면 이미 소유의 대상이 된다. 그러나 존재는 체험과 관련이 있다. 우리는 체험하고, 그에 의미를 부여하며 표현한다. 체험은 주관적이어서 객관적으로 서술이 불가능하고, 계량화되지 않는다. 절대적이기 때문에 하나의 척도로 상대화할 수 없고, 비교 불가능하다. 전체적이어서 나누어지지 않는다.

존재는 일회적이고 고유하기 때문에 아무리 측정도구를 잘 개발한다고 해도 충분히 완전하게 파악될 수 없다. 그런데 소유가 되어 버린 교육이, 완성되어 가는 과정에 있는 미완성의 존재, 즉 삶의 체험이 그의 영혼을 어디로 이끌지 전혀 예측할 수 없는 존재를 과학의 이름으로 측정, 분석, 평가하고 계량화하여 그 결과를 가지고 지배하고 있다. 이보다 더 비교육적이고 더 불합리한 폭력은 없을 것이다.

존재의 전제조건은 자유이다. 인간의 영혼은 자유의 공기를 마시며 생동한다. 자유는 스스로 느끼고 즐기며 준비하는 독자성이요 비의존성이다. 자기 자신의 비판적 이성을 사용할 수 있는 능력이요 사용하는 활동이다. 남이 제시한 어떤 객관적 척도가 아닌 자기 자신의 척도로 자신을 평가하고 모험하는 능력이다. 주관적 척도로 자신을 평가할 수 있는 능력을 도야하는 교육을 할 때, 우리는 학생을 스스로 쇄신하며 성장하기, 사랑하기, 관심을 갖고 귀를 기울이기, 춤추고 노래하기, 말하고 껴안기, 갖고 있는 것을 나누어 주기, 낯선 세계를 모험하기 등의 세계 속에서 학창 시절을 밀도 있게 즐기도록 안내할 수 있다. 그리고 이를 통하여 학생들은 평생 그들의 삶을 질적 행복으로 가득 찬 삶으로 만들어 가는, 다시 말하면 존재할 수 있는 능력을 형성하게 된다. 독일의 발도르프 학교(Waldorfschule) 집단은 그러한 교육을 하는 범례를 잘 보여 주고 있다.

존재는 소유가 없는 상태이다. 소유하고 있으나 소유에 얽매여 있지 않은 삶을 사는 상태이다. 나를 위하여가 아닌 남을 위하여 소유한 것을 사용하는 상태이다. 진리와 자유, 평화와 공존, 전체와 정의 같은 가치를 향하여 소유를 향유하는 상태이다. 그런데 우리의 학교교육의 특징으로 드러나는 평준화, 기회균등, 삼불정책, 수능고사, 무료급식, 학생인권조례 같은 정책들은 겉으로는 교육의 본질에 비추어 타당한 것들처럼 보이나 조금만 심사숙고해 보면 교육을 상품화, 소유화, 도구화하고 있는 것들이어서, 그러한 틀 안에서 학생들이 소유의 이데올로기로 철저히 무장되고 있음을 알 수 있다.

존재는 측정·평가할 수 없다. 그러나 소유는 그 본질에 있어서 측정·평가의 대상으로 있다. 인간은 존재이고 따라서 학교는 존재의 교육을 하여야 마땅한 곳인데, 이제는 인간이 소유화되고 학교는 기성세대의 소유관심이 지배하는, 그래서 성장세대에게는 낯설고 죽을 만큼 괴로운 교육장이 되어 버렸다. 이렇게 소유화되어 버린, 철학이 없고 지혜가 구축되어 버린 우리의 학교교육은 다만 기성세대가 펼쳐 놓은 입시준비, 취업준비, 국가의 보존과 발전에 필요한 인력양성 등을 위한 교육으로서만 의미 있을 뿐, 학생 개개인이 존재할 수 있도록 하는 삶의 능력을 부여하는 교육으로서는 아무런 의미도 없다. 성장세대가 자아실현에의 주체적 관심을 포기하고 자신을 전적으로 기성세대가 만들어 놓은 성장의 과정과 형식에 내던져서 스스로를 외화(外化, Entäußerung)시켜야 비로소 학교교육이 의미 있게 된다. 자신을 외화시킨 인간은 자기 자신의 인격을 포기하고 그 자리를 이미 소유화되어 버린 사회적 가치로 채워서 그러한 가치들이 인격이 되어 버린 인간이다. 외화된 학생은 자아가 곧 성적이고 학력(學歷)이며 직업일 뿐이다. 그리고 그렇게 인간을 외화시키는 교육은 교육의 개념 자체를 새롭게 정립하기 전에는 자체적 개선과 개혁의 노력을 아무리 기울여도 점점 더 패리되어 갈 수밖에 없다. 이렇게 자신을 외화시키지 못한 인간은 끊임없이 과도한 성과를 내도록 강요하는 경쟁 속에서 "영혼의 경색"[4]을 체험하게 된다. 그리하여 아직 주체적 인간으로 존재하기 때문에 자살하지 않을 수 없게 되는 것이다. 비단 KAIST 학생만 자살하는 것이 아니다. 연세대 학생도 매년 자살하고 있다. 그래서 학생상담소의 주업이 자살예방활동이 되어 버렸다.

　교육은 교육학자, 교육행정가, 교육자들을 포함하여 교육에 관심을 갖고 있는 모든 시민의 소유물이 아니다. 우리는 교육을 소유하려 하지 말고 다만 관리하려 해야 한다. 교육 안에 우리 기성세대와 성장세대가 함께 들어와 있다. 교육이 전체이고, 우리는 교육현상을 함께 만들어 가는 부분들로 있다. 우리가 교육을 성취해 내고 있는 것이 아니라 교육이 우리 앞에서 펼쳐지고 있는 것이 되어야 한다. 교육이 성취의 대상으로만 기능하게 되어서는 안 된다. 교육은 도야이자 배양이고, 학습이자 훈련이며, 이 모든 것을 종합한 생활이다. 지금의 교육을 보는 시각과 의식을 바꾸지 않는 한 교육은 앞으로도 지속적으로 변형과 패리의 길을 달려갈 것이다. 우리의 교육에 대한 소유 중심적 시각을 전체적으로 존재 중심적 시각으로 바꾸지 않는 한 우리의 교육은 계속하여 본질적인 것을 잃어버리고 그 자리를 비본질적인 것으로 채우는 오류를 범할 것이다.

---

4)　한병철 저, 김태환 역, 피로사회, 서울: 문학과 지성사, 2012, 66쪽.

잃어버린 차원들을 회복하는 일은 단지 우리의 교육과 교육학을 풍부하고 성숙하게 만드는 일만이 아니라, 근본적으로 새롭게 만들어 다시 세우는 일이다. 다시 찾은 차원들의 바탕 위에서 현존하는 차원들을 재구성하는 일은 현재의 죽은 교육에 생명을 불어넣는 일이 될 것이다. 참된 개혁은 교육의 본질로 돌아가서, 본질에서부터 교육을 철저히 새롭게 세우기를 시작하는 곳에서 이루어지는 것이다. 우리는 교육의 잃어버린 차원들을 회복하여 그 바탕 위에서 학교교육문화를 새롭게 창조하지 않으면 안 되는 기점에 서 있다.

제2장

교육의 집을 재건축하자

1. 들어가는 말

교육철학학회의 설립 50주년 기념 학술대회를 축하하는 자리에 서게 되어 큰 영광이요, 기쁨이다. 한국교육철학학회는 한국교육학회의 24개 회원학회 중에서 가장 먼저 설립되었으며, 모학회의 중심분과학회로 중추적 역할을 담당하여 왔다.

교육철학을 교육에 관한 모든 이론적 천착을 통칭하는 용어로 폭넓게 이해하고 사용하는 경향이 있다. 그러나 엄격히 말하면 교육철학은 철학적 탐구와 해명이 특별히 요청되는 교육현상에 관한 연구를 칭하는 말이다. 철학적 탐구와 해명이란 다른 말로 표현하면 교육현상에서 '어떻게(wie, how)'가 아닌 '무엇(was, what)'을, 다시 말하면 방법이 아닌 본질을 밝히는 접근을 말한다. 한국의 교육철학도들은 학회를 중심으로 지난 50년 동안 교육현상의 본질을 밝히는 연구활동을 다차원적으로 풍부하게 즐기며 매년 평균 6~7회의 월례 발표회와 연차대회를 하여 왔다. 학회지『교육철학연구』도 매년 4호를 발행하고 있으며, 현재 제36권 제2호까지 발행하였다. 미국, 영국, 독일, 일본, 중국 등의 학자들을 초청하여 괄목할 만한 국제학술대회도 여러 차례 열었다.

지난 50년 동안에 교육철학은 교육과 교육학의 집을 짓는 일에 동분서주하여 왔다. 그러나 앞으로 50년 동안에는 시시때때로 부각되는 문제들과 씨름하며 각고의 노력을 기울여 지어 온 이 교육과 교육학의 집을, 철학이라는 깊은 생각과 멋진 디자인으로 재건축하는 일에 집중하지 않으면 안 되겠다. 그렇지 않으면 잘못된 교육의 길로 점점 더 깊이 걸어 들어갈 수밖에 없고, 나아가 국가와 민족이 엄청난 쇠망의 길로 빠져들 수 있다. 생각해 보자. 불과 60년이라는 짧은 기간에 대한민국은 지구상에 있는 가장 가난한 국가들 가운데 하나에서 인구 5천만 명 이상인 국가 중 주요 7개국(G7)에 속하는 경제대국으로 발돋움했다. 그래서 세계가 기적의 국가라고 칭송하면서 놀라워하고 있다. 세계는 그 큰 원인 중에 하나를 교육으로 보고 대한민국을 교육강국(敎育强國)이라고 한다. 그러나 사교육이 공교육보다 더 큰 위력을 발휘하는 현상에서, 국제학업성취도평가(PISA)의 모순된 결과에서, OECD 회원국 가운데서 자살률이 가장 높은 국가라는 사실 등에서 알 수 있듯이, 표면적으로는 대한민국이 지구상에서 교육을 가장 열심히 잘하는 국가로 보일지 몰라도 심층적으로는 심각한 교육병국(敎育病國)으로 확인된다. 따라서 교육강국(敎育康國)을 지향하여 교육을 근본적으로 쇄신하지 않으면 안 되겠다.

우리 교육학자들은 대한민국의 건국 초기부터 교육병을 치료하고 극복하기 위한 노력을 끊임없이 전개하여 왔다. 대학입시제도를 비롯하여 우리 교육의 모든 부분이 개정의 과정을 간단없이 반복하면서 교육을 더 잘해 보겠다고 몸부림쳐 왔다. 2010년대를 사로잡고 있는 무상급식, 자율형 사립고, 반값 등록금, 교육자치제도 등을 둘러싼 논쟁과 정책대결은 모두 성숙한 교육으로, 시민 개개인의 최적적 성장·발달과 행복한 자아실현을 가능하게 하는 동시에 국가를 지속적으로 부강하게 하려는 노력이라고 하겠다. 그렇지 않고 여기에는 어떤 파괴본능과 정치적 권력본능이 꿈틀거리고 있다고 보는 시각도 있으나, 그러한 시각은 우리 사회를 너무 참담하게 만들기에 나는 이를 일단 순수하게 보고 싶다.

우리 학회원들은 교육의 철학과 역사라는 큰 연구영역 아래서 대단히 활발한 연구, 교육, 봉사 등의 활동을 벌여 왔다. 각자가 인식관심이 그를 이끌어 가는 대로 그리고 사회가 그에게 요청하는 바대로 종횡무진 탐색과 천착의 나래를 펼쳐 왔다. 그 결과로 연구의 대상에서 제외되거나 아직 전혀 연구되지 않은 영역이 거의 없을 정도가 되었다. 동서의 고대, 중세, 근세, 현대와 포스트모던을 망라한 역사적 연구, 무속, 유교, 불교, 기독교, 동학과 대종교, 원불교 등을 망라한 종교적 연구, 학파, 학자, 사상, 방법론, 어원과 개념 등의 철학적 기초연구, 다문화, 인종주의, 여성주의, 시민교육, 교양교육, 미디어기술교육 등의 시대적 연구, 그리고 교육이념, 학제, 교원양성, 교육의 자율과 자치, HRD 등 국가의 교육경영과 관련된 연구를 망라한 거대한 교육철학의 집을 건축하였다. 그러면서 학자에 따라서 그를 사로잡는 퇴계(退溪), 페스탈로치(Johann H. Pestalozzi), 듀이(John Dewey), 서원(書院), 대안학교 등 인물과 대상의 연구로 한 우물 파기를 끈질기게 고집하여 온 학자들이 도처에서 뚜렷한 자취를 남기고 있다.

2. 교육의 집 재건축의 전제조건

교육철학은 교육학의 기초학이요 어머니 학이다. 그런데 거기서 탄생한 교육학의 여러 영역, 특히 응용영역이 크게 자라서 이제는 어머니의 가르침을 망각하거나 던져 버리고, 지나치게 부분적인 이치로 전체를 재단하고 지배하려고 한다. 컸다고 하여 자체적으로 이론의 무장을 해서 이를 유일한 칼인줄 알고 휘둘렀기 때문에 그 결과로 오늘날 우리 사회가 안고 있는 숱한 교육의 패리 현상이 초래되었다. 자식이 잘 커서 이렇게 힘을 발휘하는 것은 어머니 된 존재의 기쁨이기도 하다. 그러나 이젠 어머니의 존재를 무시할 정도로 크게 성장하였기에, 그리고 경청하려 하지를 않기 때문에 때때로 자조적 한숨을 내쉬곤 하면서 더는 보고만 있어서는 안 되겠다는 반성과 다짐을 하지 않을 수 없다.

교육과 교육학의 집을 재건축하자. 지난 50년 동안에 한국의 교육철학이 짓고 함께 보수하여 온 교육의 집은 대한민국이 저개발국에서 선진국으로 발전하는 결정적 동력으로 기능하였다. 이제 경제적 선진국에서 정치적으로뿐만 아니라 사회적으로도 건강하고 행복한 국가로 확실하게 우뚝 서기 위하여 근본적으로 교육의 집을 개건축하지 않으면 안 된다. 교육의 집을 건축한다고 할 때, 교육학의 영역들 가운데서 교육철학이 교육의 본질에 근거하여 가장 합당하게 설계할 수 있다. 교육철학이 기초와 기본을 설계한 것을 가지고 이에 따라 교육학의 여러 영역이 교육의 집을 건축하여야 한다. 그럴 때 교육의 집은 그 근본과 본질에 있어서 타당하게 급변하는 시대적 상황과 글로벌한 생활환경에서 교육의 기능을 바르게 그리고 지속 가능하게 수행할 수 있는 집으로 재건축될 수 있다.

교육의 집을 재건축하기 위한 전제조건이 있다. 세 가지 전제조건을 우선 생각한다. 첫째는 해석학적 문헌작업의 능력과 태도이다. 잠재력 있는 반짝이는 지성이 편파적 문헌 읽기를 넘어서지 못하는 것을 여전히 종종 본다. 참 유감스러운 일이다. 하물며 대립적 입장에 있는 문헌들을 함께 읽기를 기대할 수 있을까? 철학은 간주관적 학문이다. 간주관성의 차원을 넓고 깊게 열어 가는 만큼 그의 학문은 빛나고, 학회는 빛을 만들고 발광하는 기관이 되어서 교육의 집 재건축을 밝게 비춰 줄 수 있을 것이다.

둘째는 선취적 신념으로 둥글게 멀리 바라보기이다. 원래 교육이란 아직 이루어지지 아니한 학생, 사회, 국가를 이미 이루어졌다고 확신하고, 이루어진 모습을 향하여 선취적 모험을 꾀하는 모든 활동이다. 그래서 교육은 학생의 모든 인간학적 전제조건들, 사회문화적 생활조건들, 시대적 정신조건들을 둥글게 보고, 그로부터 이루어 낼 수 있고 실현할 수 있는 최선의 길로 그를 안내한다. 우리의 교육현실은 그러한 기본적 교육의 길을 일탈한 지 오래이다.

셋째로, 성장세대 또는 다음 세대 중심으로 모든 것을 생각하고 추구하여야 한다. 교육에서 척도로 작용할 수 있고 하여야 할 것을 찾는다면 이는 성장세대이다. 성장세대의 자발적 발달의지가 억제되고 잠재능력이 구속되는 곳에서 교육은 이미 패리되기 시작한다. 멀리 가지 않더라도 OECD 회원국 가운데서 대한민국이 십 대 청소년의 삶의 만족지수가 최하위이며, 결핍지수는 최상위라는 사실에서[1], 한국 정부와 세계은행이 공동으로 연구하기로 합의한 '창의 인재 양성을 위한 교육혁신 방안' 심포지엄에서 박근혜 대통령과 김용 총재가 이구동성으로 교육혁신의 필요성을 강조한 데서[2] 우리 교육의 잘못된 현주소를 확인하게 된다.

　철학은 이해하려고 하나 과학은 지배하려고 한다. 그러므로 교육의 집에서 철학과 과학은 동등한 거리에서 공존해서는 안 되고 과학이 철학의 기초 위에서 기능하도록 하여야 한다. 그렇지 않을 경우에 철학은 필연적으로 과학에 의하여 성(城) 밖으로 쫓겨나게 되고 과학이 지배하는 성의 존속을 위한 시녀가 되고 말기 때문이다. 이는 교육과 정치의 관계에 있어서도 구조적으로 같은 모양을 보여 주고 있다. 슐라이어마허(Friedrich Schleiermacher)는 교육은 정치와 동열선상에 있다고 하면서 교육의 상대적 자율성을 강조하였다. 그러나 이는 정치와 교육의 본질로부터 요청되는 현상이요, 정치가 교육만큼 성숙할 경우에 드러나는 이상이다. 그렇지 못한 채 교육이 정치와 동열선상에 있게 되면 필연적으로 정치가 교육을 지배하게 된다. 그렇기 때문에 교육은 정치로부터 자유로워야 한다. 그럴 때 교육이 교육내재적 원리와 법칙에 따라서 실현될 수 있으며 정치가 교육을 도울 수 있기 때문이다. 그리하여 비로소 교육과 정치가 동열선상에서 현존할 수 있게 되기 때문이다. 이러한 관점은 우리 교육철학자들이 앞으로 교육의 집을 재건축하면서 비록 많은 시간이 걸리더라도 간단없는 연구활동을 통하여 우리 사회의 교육이해의 공감대로 반드시 이루어 내야 할 차원이다.

---

1)　연합뉴스(www.yonhapnews.co.kr), 2014. 11. 5.
2)　동아닷컴(www.donga.com), 2014. 11.

3. 재건축의 기본방향 하나: 시험제도의 혁신

근본적으로 잘못된 것, 파괴적으로 작용하는 것, 그 바탕 위에서 이루어지는 모든 것을 변질시키고 패리시키기 때문에 근본악(根本惡)으로 작용하는 것, 그래서 개선의 대상이 아니라 제거하지 않으면 안 되는 것, 또는 구조의 본질적 쇄신을 거쳐서 생산적 기능을 하도록 질적으로 변화시켜야 하는 것, 이것은 시험이다. 시험은 도구일 뿐인데, 시험이 주인이 되어 교육을 지배하고 있다. 대한민국의 학교교육에서 시험은 근본악이다. 그러므로 이를 없애든지, 없애지 못한다면 현재 시행되고 있는 객관적·계량적·상대적 시험의 구조를 주관적·서술적·절대적 시험의 구조로 바꾸고 그 위에서 순기능을 수행하도록 바꾸어야 한다. 그러면 교육은 달라질 것이며, 어린이와 청소년은 전인적 창의인재로 성장할 수 있을 것이다. 여기서 분명히 강조하고 넘어가야 할 것은 일체의 시험이 없는 학교가 최선이고, 그렇게 할 수 없을 경우에는 시험을 학생 개개인의 학업성취 수준을 측정하고 자기 자신과의 경쟁을 도와주는 기능으로만 수행하는 학교가 되어야 한다는 점이다.

인간은 옹알거리는 갓난쟁이부터 삶을 마무리하는 늙은이에 이르기까지, 부와 권력의 정점에 있는 사람부터 초근목피로 연명하는 빈자에 이르기까지 모두 각자의 고유하고 독특한 일회적 삶을 살아가고 있는 존재이다. 따라서 존재의 일회성은 마치 지문(指紋)처럼 서로 다르기 때문에 아무리 측정도구를 잘 개발한다고 해도 충분히 완전하게 파악할 수 없을 뿐만 아니라, 측정도구의 개발 자체가 파악 가능한 현상을 이미 일정하게 제약하는 것이다. 더구나 성장·발달의 과정에 있는 존재의 경우에 그 존재가 아직 미완성이고 계속 완성되어 가는 과정에 있으므로, 삶의 체험이 그의 영혼을 어디로 끌고 갈지 전혀 예측할 수 없기 때문에 시험이라는 도구로 그를 강제로 이리저리 끌고 다녀서는 안 된다. 그런데도 불구하고 과학의 이름으로 끊임없이 시험하고 측정하고 분석하고 평가함으로써 자아실현의 환경을 일정하게 규격화해서 교육의 과정을 통제하고 있다. 여기에 우리의 교육이 이치에 어긋나게 실천되고 있는 현주소가 있다.

현재의 시험제도는 우리 교육을 패리로 몰아가고 있다. 헤르바르트가 교육의 주업(主業)으로 강조한 "세계에 대한 미적 표현능력"[3] 자체가 주관적·창의적 인식능력으로 객관적으로 평가 불가능한 영역들이기 때문에 교육에서 소외되었다. 학생의 전인적 교육뿐만 아니라 밀도 있는 사귐과 만남이 교육마당에서 사라졌다. 학생의 잠재능력과 성취 가운데서 빙산의 일각에 불과한, 눈에 보이는 것을 가지고 평가하여 진로를 지도하고 선발을 결정하기 때문에 각자가 그로부터 되고 싶고 이루어 내고 싶은 자아를 실현하도록 도와주어야 하는 교육이 오히려 진로를 차단하고 억제하며 오도하는 엄청난 오류를 범하고 있다.

학교에서 배운 것을 다 잊어버린 다음에도 유일하게 남아 있는 것, 이것이 교육이다. 세월과 더불어 잊어버리는 것은 지식과 기술이다. 반면에, 남아 있는 것은 가치와 신념이다. 머리에 담겨진 것들은 잊어버리게 되나, 가슴에 담겨진 것들은 여전히 남아 있어서 일상생활을 지배하며 우리의 삶을 만들어 간다. 체험이 되어 버린 것들, 격려와 위로, 충고와 각성, 감격과 회심, 만남의 경험 같은 것들이 나를 깨어나게 하고 바로 서게 하였을 뿐만 아니라, 지금도 여전히 나를 오늘의 나로 살아가게 한다. 이러한 교육이 나의 인격, 성격, 인생관과 세계관, 종교적 신념과 철학이 되어서 나의 삶을 평생 지배하게 된다. 학교는 바로 이러한 교육을 펼쳐야 한다. 이러한 교육의 바탕 위에서 세월과 더불어 잊어버릴 수 있고 잊어버리게 되는 지식과 기술을 함께 가르쳐야 한다. 그럴 때 학교에서 배운 지식과 기술을 사회에 나가서 더불어 사는 이웃과 사회를 위하여 유용하게 사용하게 될 뿐만 아니라 지식과 기술의 힘을 깊이 깨달아 더욱 정진하는 생활을 하게 될 수 있다. 우리의 학교에서 이러한 교육

---

3) 'die aesthetische Darstellung der Welt'. Herbart kleinere paedagogische Schriften. Hrsg. von Walter Asmus, Duesseldorf und Muenchen 1984, S.105.

이 가능하게 되어야 한다.

시험 없는 교육의 사례를 세 가지 들어 보겠다. 미국의 대학입학전형제도에는 입시가 없다. 하버드 대학교를 예로 들면, 입학전형제도는 학구능력, 과외활동 실적, 스포츠 실력, 성격의 네 가지 특성을 종합적으로 평가하는 것으로 구성되어 있다. "우리는 숫자놀음은 하지 않는다."라고 하버드 대학교 입학지원 설명서에 적혀 있다.[4] 이는 하버드만 그런 것이 아니다. 미국 육군사관학교의 입학전형제도도 이와 유사하다. 학구능력, 사회봉사활동, 스포츠 실력, 국회의원 추천서의 네 가지를 종합적으로 평가하여 학생을 선발한다. 그리고 한 국회의원이 지원자 세 명에게만 추천서를 써 줄 수 있다. 모든 평가는 절대적이지, 상대적이 아니다. 따라서 석차의 개념이 없다.

예외적 소수민족으로 유명한 유태인의 교육에도 시험은 없다. 현재 전 세계에 약 1,400만 명이 있다고 추산되는 유태인은 어떤 민족이나 국가보다 더 많은 노벨상 수상자를 배출하였다. 뿐만 아니라 경제, 학문, 종교, 예술, 건축 등 각 분야에서 세계 최고로 부각되는 경제인들, 학자들, 예술가들, 종교인들을 꾸준히 배출하고 있다. 그들은 그들의 성장세대를 어떻게 교육하고 있기에 디아스포라의 삶을 살고 있으면서도 그런 놀라운 성과를 거두고 있는가? 이는 그들이 우리보다 더 우수하기 때문이 아니라 우리와는 근본적으로 다르게 성장세대를 교육하고 있기 때문이다. 모세 시대부터 현재까지 유태인의 교육에서 중심을 차지하고 있는 방법으로 하브루타(Havruta)라는 것이 있다. 하브루타는 우정 또는 교제라는 뜻의 히브리어이다. 어린이가 5세가 되면 토라(Torah, 가르침, 율법)를 공부하기 시작하는데, 어른이 되어 직장생활을 할 때까지 유태인들은 교실에서 둘씩 짝을 이루어 서로 큰 소리로 질문하고 토론하며 논쟁을 즐기는 하브루타 교육을 받는다. 이러한 방법으로 둘은 잠재능력을 최대한으로 발휘하고 상상력과 창의력, 자기표현능력과 관찰력을 도야하며 인성과 인격을 함께 키워 간다. 교실의 책상과 걸상도 학생들이 둘씩 마주

---

4) 정범모, 그래, 이름은 뭐고?: 회상과 수상, 경기: 나남, 2007, 204쪽.

보고 앉도록 배치되어 있다. 그래서 유태인의 교실은 항상 시끄럽다. 유태인들은 직장에서도 하브루타 방법을 최대한 활용하고 있다. 중요한 일일수록 혼자 결정하지 않는다. 경청하고 주장하며 수렴한다.

독일에서 설립되어 세계로 퍼진 유명한 대안교육기관인 발도르프 학교(Waldorfschule)에도 시험이 없다. 시험이 없으니 성적표도 없다. 12년 학제인 발도르프 학교에 입학하면 1학년부터 8학년까지는 한 선생이 같은 학생들의 담임이 되어 교육한다. 매 학년이 끝나면 선생은 학생들에게 성적표 대신 소감과 칭찬과 기대를 담은 편지를 나누어 준다. 이것이 성적표이다. 독일의 초·중등 학제는 우리의 초등학교에 해당하는 4년제의 기초학교(Grundschule), 중고등학교에 해당하는 5년제의 주요학교(Hauptschule), 6년제의 실과학교(Realschule) 9년제의 김나지움(Gymnasium)으로 되어 있다. 모두 합하여 13학년제이다. 대학에 입학하려는 학생은 김나지움을 마치고 아비투어(Abitur)라는 졸업시험을 치른다. 일회적인 이 시험으로 대학입학 자격을 획득하며, 각자의 성적에 따라 종합대학에 진학한다. 그러나 성적이 낮아서 가고자 하는 대학에 가지 못하는 학생들은 전문대학이나 직업학교로 진학하거나 취직을 하여 열심히 생활하면 일 년 후에는 가산점이 붙고, 그래도 성적이 못 미쳐 원하는 학과에 입학할 수 없는 경우 다시 일 년을 열심히 생활하면 그 위에 가산점이 더 붙어, 대체로 졸업 후 3년이면 거의 모든 학생이 원하는 전공학과에 입학할 수 있다. 그래서 독일에는 석차나 재수라는 개념이 없다. 그리고 아비투어에 합격하기가 어렵기 때문에 매년 지역신문에 각 학교의 합격생 명단이 발표된다. 그런데 발도르프 학교 학생들은 졸업 후에 자체적으로 아비투어 준비를 하고 학교는 공부의 편의만 제공해 줄 뿐임에도 해마다 가장 많은 합격생을 배출하고 있다.

교육은 깊은 관심과 돌봄, 밀도 있는 대화와 접촉, 희로애락을 함께하는 농도 짙은 감성적·지적·영적 교제가 있는 활동이지, 시험 치고 등수를 매기며 우등상을 주는 모든 활동이 아니다. 좋은 교육은 학생의 성취를, 다른 말로 표현하면 내면적 잠재가능성을 갈고닦아 많은 열매를 맺는 것을 칭찬하고 또 많은 열매를 맺도록 도와줄 뿐, 학생들을 상대적으로 경쟁하게 하고 성취한 바를 상대적으로 평가하지는 않는다. 그러므로 학교는 학생들 각자가 거룩한 경쟁을 하도록 독려해야 한다. 거룩한 경쟁이란 등수를 다투는 것이 아니라, 각자가 자기 자신과 경쟁하며 함께 갈고닦은 것을 나누고 자랑하고 칭찬하며 상이성을 즐기는 학창생활을 하는 것이다. 이것이 좋은 교육이다.

4. 재건축의 기본방향 둘: 교원양성제도의 혁신

좋은 교사는 소명의식(召命意識) 위에 학생애(學生愛)를, 그 위에 지식(知識)을 쌓아 올린 교사이다. 뛰어난 교사는 많다. 그러나 참된 교사는 귀하다. 좋은 교육을 하는 교사는 어떤 전문적 자질을 소유한 자여야 할까? 여기서 교사의 전문성에 관한 물음은 교육의 본질에 관한 물음과 만난다. 교육이 지식의 전달이요 기술의 숙련이라면 교사의 전문성은 지식에 대한 해박한 이해와 가르치는 방법에 대한 빼어난 솜씨일 것이다. 그러나 교육이 깨우침이요 정신적 각성이며 영혼의 눈뜸이라면, 그래서 참 자기다움을 획득하고 정립하는 정신적·영적 투쟁에서 학생을 도와주는 활동이라면, 해박한 지식과 빼어난 솜씨는 다만 이차적인 의미만 있을 뿐 본질적인 것이 아니다. 왜냐하면 그러한 것들은 교사가 학생의 잠자는 영혼을 눈뜨게 하고 방황하는 영혼을 돌아서게 하는 힘을 가지고 있을 때 비로소 의미 있게 작용할 수 있기 때문이다.

교사의 전문성은 학력이나 업적과 경력으로 확인되는 것이 아니라, '그는 좋은 교사인가?'라는 물음에 대한 대답에서 확인되는 것이다. 좋은 교사란 학생을 시험을 잘 치는 학생으로 만드는 교사가 아니라, 훌륭한 인격인으로 기르는 교사이다. 우리는 좋은 교사의 자질을 세 가지로 정리해 볼 수 있다. 유치원의 창시자 프뢰벨(Friedrich Fröbel)의 묘비는 공과 원통과 육면체로 구성되어 있다. 육면체 위에 원통이 놓여 있고 그 위에 공이 놓여 있다. 따라서 멀리서 보면 맨 위에 있는 공이 보인다. 가까이 다가서면 원통이 보이고, 아주 가까이 다가서면 공과 원통을 받치고 있는 육면체가 보인다. 이 묘비는 교사의 자질에 관한 좋은 설명모델이다. 이에 따라 교사의 자질을 거론하면 지식, 학생애, 소명의식이 될 것이다.

　지식은 좋은 교사의 첫째 자질이다. 교사를 양성하는 교육대학과 사범대학의 교육과정은 크게 내용지식과 방법지식으로 정리할 수 있다. 내용지식은 가르칠 전공을, 방법지식은 학생이해와 교육방법을 포괄하고 있다. 좋은 교사가 되기 위하여 지식의 획득은 대단히 중요하다. 실력 있는 교사라고 할 때 이는 그가 가르칠 내용에 대한 해박한 지식을 소유하고 있음을 말할 뿐만 아니라, 그것을 학생 개개인의 학습성취 수준과 관심에 맞추어 효과적인 교수 방법으로 잘 전달하는, 그리하여 학생의 시험성적이 우수하도록 가르치는 교사임을 말한다. 잘 가르치는 교사, 전문성이 뛰어난 교사는 대접을 받는다. 그는 짧은 시간에 슈퍼스타가 되고, 고대 그리스의 유명한 소피스트인 프로타고라스(Protagoras)처럼 엄청난 부를 축적할 수 있고, 명성을 드높일 수도 있다. 그는 분명 성공한 교사이다. 그러나 과연 좋은 교사일까?

　좋은 교사의 둘째 자질은 학생애이다. 교사는 학생의 현재와 미래를 사랑하는 자이다. 학생이 지금은 어리고 아무것도 모를지 몰라도 무엇이든 될 수 있는 가능성이 있기 때문에, 앞으로 될 성숙한 인간의 모습을 함께 그려 보면서 유보 없이 현재의 그를 사랑하는 자이다. 교사의 학생애는 현재의 모습에 대한 무조건적 사랑과 미래의 모습에 대한 선취적 사랑 사이에 있다. 학생이 그의 현재로부터 마땅히 그렇게 자아를 실현하지 않으면 안 되며, 실현할 수 있음에도 불구하고 나태하거나 일탈하면 교사는 선취적 사랑으로부터 학생을 엄하게 꾸짖고 벌하지 않을 수 없다. 여기에 교사의 학생애의 양면성이 자리 잡고 있다. 학생을 사랑하는 교사는 오로지 학생의 최적적 자아실현을 위하여 모든 노력을 쏟을 뿐이다. 그러고는 교사는 참고 기다린다. 그래서 스승 됨의 중요한 덕목들인 인내, 신뢰, 충고, 포용 등이 모두 선취적 사랑을 중심으로 있는 것이다. 공자가 말하는 인사(人師)가 학생애로 무장한 교사라면, 경사(經師)는 지식으로만 무장한 교사이다. 인사는 장기적 · 전체적으로 학생을 평가하나 경사는 단기적 · 부분적으로 학생을 평가한다.

좋은 교사의 셋째 자질은 소명의식이다. 지식과 학생애로 무장한 교사는 훌륭한 교사이다. 그러나 그에게는 훌륭한 교사가 되기 위하여 부족한 조건이 하나 더 있다. 이 조건이 소명의식이다. 학생애로 가득 찬 교사라고 하더라도 그에게 교사 됨의 소명의식이 없다면, 그리고 그의 소명의식이 시대를 초월한 높은 철학과 신념으로부터 형성된 것이 아니라면, 그는 아직 참된 교사가 아니다. 소명의식이 결여된 교사는 그가 살고 있는 시간과 공간의 한계 안에서 학생을 교육할 뿐이기 때문이다. 학생들 개개인이 그의 소질과 관심과 성취에 따라서 이 시대와 사회와 문화에서 성공적인 삶을 살아가는 직업인이 되도록 학생을 선도할 수 있을 뿐, 시대를 초월하여 위대한 인물이 되도록 학생을 교육하지는 않기 때문이다.

시대를 초월하여 학생을 교육한다는 것은 무엇인가? 출중한 지식과 학생애로 무장한 교사는 학생을 시대와 사회의 총아로 교육한다. 그리고 그 척도는 정치경제적이다. 그는 최고의 학연을 자랑하고, 최고의 직장을 즐기며, 그가 사는 사회에서 부와 명예를 누리며 살 수 있다. 그러나 소명의식으로 무장한 교사는 시대와 사회를 초월하여 학생을 그의 잠재력으로부터, 이를 종교적으로 표현하면 신이 그의 삶을 통하여 이룩하고자 하는 어떤 특별한 뜻이 있어서 그에게 선물한 은사로부터 최대한으로 자아를 모험하고 계발하게 하여, 다른 말로 표현하면 수월의 경지에 이르기까지 자아실현을 하도록 교육하여 그로부터 그가 될 수 있는 최고의 인간이 되도록 교육한다. 그리고 자아실현의 결과는 지복성(至福性)과 유용성(有用性)의 절대가치로 그의 삶을 가득 채운다. 그리하여 시대를 뛰어넘어 새로운 문화를 창조하는 지도자가 되게 한다. 예를 들면, 1885년 조선에 와서 5년 동안 이 땅에서 새로운 의술을 펼치다가 이질에 걸려 짧은 삶을 마감한 의사 헤론(John W. Heron, 1856~1890)은 뉴욕 의대를 수석으로 졸업한 재원이다. 그러나 그의 영혼은 그를 당시에 희망이라고는 보이지 않는 황무지 같은 땅 조선으로 인도하였다. 빌 게이츠는 세계에 디지털테크노미디어의 문명이 활짝 열리도록 하였으며 이로써 세계 최고 갑부가 되었다. 김아타는 '모든 존재하는 것은 움직이고, 모든 움직이는 것은 사라진다'는 명제로 사진을 철학과 만나게 하였으며 사진술의 신세계를 열었다. 이러한 인물의 등장 배후에는 이를 가능하게 만든 훌륭한 교사가 있었다. 이것이 교육이다.

교사의 자질인 지식과 학생애와 소명의식 중에서 보다 더 근본적이고 우선시하여야 하는 자질은 무엇일까? 지식이 아닌 것만은 분명하다. 참된 교사는 가르치지 않는다. 참된 교사는 소크라테스(Socrates)처럼 학생이 지식을 스스로 창출하도록 도와줄 뿐이다. 경사는 삯꾼이다. 인사도 학교의 교육문화가 꿈과 끼를 살리는 교육을 허용하지 않을 경우에 삯꾼으로 현존할 수밖에 없다. 그러나 학생애 또는 소명의식으로, 그리고 이 둘 모두로 균형 있게 무장한 교사는 그렇게 교육하지 않고는 못 견딘다. 그래서 교육적으로 몸부림친다. 페스탈로치(Johann Heinrich Pestalozzi)처럼 평생 준교사의 대우를 받으면서도 묵묵히 참된 교사의 길을 걷는다. 닐(Alexander S. Neill)처럼 서머힐학교(Summerhill School)를 열어 비권위주의 교육을 실천한다. 프레네(Célestin Freinet)처럼 현대학교(Ecole moderne)를 열고 신교육(Education nouvelle)의 깃발을 높이 들어 올린다. 게헤프(Paul Geheeb)처럼 자연 속의 작은 마을에서 제도권 학교가 아닌 형태로 학교교육을 실험한다.[5] 김교신처럼 지리 과목을 가르치며 학생들에게 호랑이의 영감을 넣어 준다.

좋은 교사는 가르치지 않는다. 소명의식에 기초하여 학생애로 가득 차서 학생과 더불어 지식을 모험한다. 이렇게 본질적인 것들을 섞으면 빛난다. 그는 학생의 꿈과 끼를 살리며 사회를 향기롭게 만든다. 그러한 교사로부터 나라를 빛내고 인류의 삶을 더욱 복되게 만들 숱한 인물들이 쏟아져 나올 것이다. 그러나 그렇지 않은 교사는 경사의 수준에 머물며 본질적인 것에 비본질적인 것들을 섞는다. 이렇게 섞으면 썩는다. 그에게 교직의 보람은 다만 교직

---

5) Ulrich Herrmann, "ein paedagogisches Laboratorium"-Paul und Edith Geheebs Odenwaldschule 1910~1934. in: Ulrich Herrmann(Hrsg), Paul Geheeb Die Odenwaldschule 1909~1934. Jena 2010, S.9-34.

을 통하여 그가 벌어들이는 경제적 소유의 내용에 있기 때문에, 이내 공허한 존재가 되어 학생을 오도하고 사회를 악취 나게 할 것이다. 따라서 교원양성 제도의 근본적 쇄신이 필요하다.

5. 재건축의 기본방향 셋: 교육은 존재의 예술이다

교육은 존재의 예술이지 소유의 기술이 아니다. 존재의 전제조건은 자유이고 자율이다. 인간의 영혼은 자유의 공기를 마시며 생동한다. 자유는 독자성, 비의존성, 자발성이다. 자기 자신의 비판적 이성을 사용할 수 있는 능력이요 사용하는 활동이다. 칸트(Kant)가 계몽을 스스로 초래한 미성숙성으로부터의 출구(Ausgang)라고 하면서 강조한 것은 자기 자신의 이성을 사용하고 남의 이성에 종 노릇하지 않을 수 있는 주관적 성숙성이었다.

자율이란 자족성이다. 자기 자신의 척도를 갖고 있어서 남이 제시한 어떤 객관적 척도로 자신을 평가하지 않는 능력이다. 주관적 척도로 자신을 평가할 수 있는 능력을 도야하는 교육을 할 때 우리는 학생을 자기 자신의 고유한 세계를 창출하면서 학창 시절을 밀도 있게 즐기도록 안내할 수 있으며, 이를 통하여 학생들은 평생의 친구를 갖게 되고 교양과 인성의 소유자가 되어 자신의 삶을 행복하게 가꾸어 가며 더불어 사는 이웃의 삶도 행복하도록 도와준다. 그러한 학생은 상대적 빈곤감, 박탈감, 소외감에 사로잡혀서 삶을 낭비하지 않게 된다. 오히려 나물 먹고 물 마시는 호연지기(浩然之氣)에 젖어 가진 자를 배려하고 위로하게 된다.

교육은 처음부터 소유와 존재 둘 중 어떤 것을 중심으로 삼느냐의 갈등을 빚어 왔다. 교육이 지식을 학습하고 기술을 연마하여 출세하는 기능과 과정으로, 다시 말하면 실용적 가치로 이해되고 수용되는 곳에서 교육은 소유 중심의 길을 걸었다. 이와 반대로 교육이 잠자는 영혼을 깨우고 성장세대를 전인적으로 양육하여 그가 그로부터 될 수 있는 최고의 자아를 실현하도록 도와

주는 활동으로 이해되고 수용되는 곳에서 교육은 존재 중심의 길을 걸었다. 이를 우리는 고대 그리스의 소피스트와 소크라테스의 차이에서 보며, 공자의 경사(經師)와 인사(人師)의 구별에서 본다. 그래서 교육은 처음에는 지혜 위에 지식을 쌓는 구조를 갖고 있었다. 그러나 교육이 직업이 되고 제도화와 과학화의 길을 걸어가면서, 교육에서 지혜는 점점 더 변두리로 내몰리게 되었다. 오늘날 과학의 옷을 입은 교육학은 철학적 기초마저 쫓아내고 있다. 그리하여 철학의 기초가 결여된 교육과학은 정치의 시녀가 되어 멀리 보지 못하고 짧게 보며, 전체를 염려하지 않고 자신과 가족만 염려하며, 교육받은 결과의 경제적 가치만 따지는, 전혀 성숙하지 못한 교육관으로 무장한 시민들의 천박한 교육관심에 끌려다니고 있다.

소유는 사물과 관련이 있다. 우리는 사물을 소유한다. 사물은 구체적이어서 서술 가능하다. 측정하고, 계량하며, 비교하고, 평가한다. 어떤 척도를 만들어 표준화할 수 있다. 보다 더 좋은 제품과 그렇지 않은 제품으로 상대화할 수 있다. 사람도 객관적 도구로 처리 가능하게 만들면 이미 소유의 대상이 된다. 그리하여 마치 상품처럼 값이 다양하게 매겨져 소유와 이용의 대상으로 전락하고 만다.

그러나 존재는 체험과 관련이 있다. 우리는 체험하고, 이에 의미를 부여하며 표현한다. 체험은 주관적이어서 객관적으로 서술이 불가능하다. 계량화할 수 없다. 절대적이기 때문에 하나의 척도로 상대화할 수 없고 평가할 수 없다. 우리는 다만 체험의 의미를 이해하고 이를 통하여 영혼이 눈뜨고 잠재가능성을 계발하는 학생을 보면서 경탄하고 칭찬하며 격려할 수 있을 뿐이다. 이는 학생과 교사 모두에게 주관적이기 때문에 객관적으로 평가가 불가능하다. 다만 간주관적으로 이해하고 공감할 수 있을 뿐이다.

존재는 소유가 없는 상태이다. 소유하고 있으나 나를 위하여가 아니라 남을 위하여 소유한 것을 사용하는 상태이다. 그래서 존재에는 처음부터 이기심과 욕심 따위는 없다. 존재하는 자는 자신을 가난하게 만들고 비운다. 우리에게 너무나 익숙한 성경의 말씀, 이를테면 "가난한 사람은 복이 있나니 하늘이 저희 것이다" "자신의 목숨을 버리면 많은 열매를 맺는다"와 같은 말씀들은 동시에 학교교육이 소유 중심이 아닌 존재 중심으로 이루어지는 방법의 원리가 될 수 있다. 소질은 나누어 줌으로써 빛난다. 달란트의 비유(마 25: 14-30)에서 보듯이, 소질은 나누어 주고 비우지 않으면 썩는다. 나의 소질을 계발한다는 말은 '소질을 끊임없이 사용한다' '갈고닦는다'는 말인데, 이를 존재적 언어로 표현하면 '소질을 꺼내어 사용한다' '나누어 준다' '비운다'는 말이다. 그럴수록 소질은 커지고, 사용하지 않고 놔두면 줄어들다가 종국에는 사라진다는 말이다. 우리의 학교교육이 이를 소홀히 하고 있는 동안에 정치적 이데올로기 위에서 교육을 인식하는 관심에 사로잡혀 있는 사람들과 단체들이 겉으로는 교육의 본질에 비추어 타당한 것들처럼 보이나 조금만 심사숙고해 보면 교육을 상품화, 소유화, 도구화하는 정책들로 학교교육을 흔들고 있음을 알 수 있다.

　존재는 측정 · 평가할 수 없다. 그러나 소유는 그 본질에 있어서 측정 · 평가의 대상으로 있다. 인간은 존재이고, 따라서 학교는 존재의 교육을 하여야 마땅한 곳인데, 이제는 인간이 소유화되고 학교는 기성세대의 소유관심이 지배하는, 그래서 성장세대에게는 낯설고 죽을 만큼 괴로운 생활공간이 되어 버렸다. 이렇게 소유화되어 버린, 철학이 없고 지혜가 구축되어 버린 우리의 학교교육은 다만 기성세대가 펼쳐 놓은 입시준비, 취업준비, 국가의 보존과 발전에 필요한 인력양성 등을 위한 교육으로서만 의미 있을 뿐, 학생에게는 의미가 없다. 그래서 우리의 교육현실에서는 성장세대가 자아실현에의 주체적 관심을 포기하고 자신을 전적으로 기성세대가 만들어 놓은 성장의 과정과 형식에 내던져서 스스로를 외화(外化)시켜야 비로소 학교교육이 의미로 다가선다. 자신을 외화시킨 인간은 자기 자신의 인격을 포기하고 그 자리를 이미 소유화되어 버린 사회적 가치로 채워서 그러한 가치들이 인격이 되어 버린 인간이다. 외화된 학생은 주체적 자아의 자리를 성적, 학력(學歷), 직업 따위로 포장한다. 그리하여 삶을 주관적 행복으로 가득 채울 수 있는 능력을 아예 포기하고 만다. 그리고 그렇게 인간을 외화시키는 교육은 교육의 개념 자체를 새롭게 정립하기 전에는 자체적 개선과 개혁의 노력을 아무리 기울여도 점점 더 패리되어 갈 수밖에 없다.

교육은 소유물이 아니다. 우리는 교육을 소유하려 하지 말고 다만 관리하려 해야 한다. 교육 안에 우리 기성세대와 성장세대가 함께 들어와 있다. 교육이 전체이고, 우리는 교육현상을 함께 만들어 가는 부분들로 있다. 우리가 교육을 성취해 내고 있는 것이 아니라 교육이 우리 앞에서 펼쳐지고 있는 것이 되어야 한다. 교육이 성취의 대상으로만 기능하게 되어서는 안 된다. 교육은 도야이자 배양이고, 학습이자 훈련이며, 성장과 발달이요, 이 모든 것을 종합한 생활이다. 지금의 교육을 보는 시각과 의식을 바꾸지 않는 한 교육은 앞으로도 지속적으로 축소, 변형, 패리되어 갈 것이다. 우리는 교육에 대한 소유 중심적 시각을 전체적으로 존재 중심적 시각으로 바꿔야 한다.

6. 맺는말

우리 사회는 현재 디지털테크노미디어, 융합, 스마트, 유비쿼터스, 인공지능 등으로 강조되는 21세기적 지식과 기술이 다중적으로 폭증하는 세계 속에 있다. 학교교육이 이 세계 안에서 일어나고 있다. 성장하는 청소년들과 젊은 직장인들은 이 세계를 호흡하면서 우리 민족의 역사상 그 어느 때보다도 더 심각하게 사회적 응집력이 약화된 상태로 상호무관심의 일차원적이고 단자적인 삶을 살고 있다.

교육의 본질적 대상은 인간이다. 그러므로 인간 중심으로 교육의 둥근 원을 그려 나가야 한다. 우리는 성장하는 청소년들이 그들의 삶을 살고, 즐기고, 느끼며, 미래의 삶을 준비하도록 교육의 집을 재건축하여야 한다. 존재 중심의 교육의 집을 지어 교육이 예술이 되도록 하여야 한다. 이 기반 위에서 지식의 전달과 기술의 훈련이 둥글게 이루어지도록 하여야 한다. 그럴 수 있기 위하여 학업성취평가와 학생선발제도의 근본적 쇄신을 필연적으로 함께 이루어

내야 한다.

학교교육이 존재의 예술이 되고, 이 바탕 위에서 기술이 기능하도록 하여야 한다. 다시 말하면 존재의 바탕 위에서 소유적 관심이 포용되도록 하여야 한다. 그리하여 절대적이고 긍정적인 평가의 문화 아래서 모든 학생이 칭찬과 격려의 대상이 되어야 한다. 서술과 종합적 이해가 계량과 분석적 평가를 수용하며, 대학입시의 변별력과 타당성 대신에 대학생 선발의 다양성과 간주관적 자율성이 강조되는 새로운 교육의 집을 만들어 가야 한다. 우리는 그럴 수 있고, 그렇게 할 때 꿈과 끼를 마음껏 발휘하게 하는 학교교육문화 아래서 우리의 다음 세대들이 그들의 잠재능력을 넓고 깊게 펼쳐 가며 창의적 인재로 성장할 것이다.

끝으로 두 가지 미련을 떨어 보며 말을 맺으려 한다. 교육철학의 공간적 집을 마련하자. 학회활동을 원활하게 하기 위하여, 교육철학 전문도서관으로 기능할 수 있도록 하기 위하여, 그리하여 교육의 집을 후반세기 동안 튼튼하게 지어 갈 수 있는 보루가 되도록 하기 위하여 교육철학의 공간적 집이 필요하다. 폐교를 사거나 빌리면 좋겠다. 위치는 우리나라의 중간 지점이면 좋겠다. 은퇴한 동료 학자들이 엄청난 열정과 투자로 평생 동안 수집한 문헌들은 한 연구분야의 전문적 자료로서 그 가치의 귀중함을 돈으로 환산할 수 없다. 은퇴하는 교육철학자 몇 사람의 장서만 모아져도 세계적으로 드문 교육철학 전문도서관이 될 것이다. 나부터 장서를 학회에 기증하겠다. 먹고 자고 치우는 일은 각자가 알아서 하면 될 것이다. 그러면 학회 차원에서 일 년에 한두 번 며칠간 모여서 교육철학 연찬과 천착을 즐기며 공동의 연구도 꾀할 수 있을 것이다.

한국교육철학학회 회원의 연구활동은 정석에 따라 참 잘 전개되어 왔다. 이제 지나간 50년을 돌아보고 앞으로 전개될 50년을 내다보며 새로운 도약을 위한 심호흡을 해 본다. 그것은 지금까지 해 오던 학문적 지도그리기를 지속하면서도 여러 면에서 새로운 지도그리기가 함께 이루어지는 형태가 되어야 할 것이다. 그래야만 하기 때문이다. 그러려면 정석을 뛰어넘어야 한다. 그

래야 생명의 불꽃이 춤추고 영혼이 자유롭게 숨 쉴 수 있다. 이는 파격(破格)
이 아닌 초격(超格)이어야 한다. 격을 존중하고 수용하면서 격에 얽매이지 않
고 새로운 천착의 나래를 펄럭이는 모험을 하는 것, 그리하여 격을 깊고 넓게
만드는 것으로 전개되어야 한다. 그런 의미에서 학회가 학회지에 학술논문과
더불어 서평, 논문평, 번역글, 연구자료 등을 게재할 수 있도록 결정한 것은
참 의미 있다. 여기에 에세이를 보완했으면 한다. 에세이도 심사대상이 되어
야 한다. 그러나 심사방법은 달라야 할 것이다. 내용의 독창성과 의미를 간주
관적으로 심사해서 게재하면 좋을 것이다.

철학은 보편타당성을 추구하지 않는다. 철학적 천착은 넓고 깊은 간주관성
의 지평을 만들어 갈 뿐이다. 우리가 철학한다는 것에서, 인간 개개인과 국가
의 관계를 교육의 관점 아래서 천착함에 있어서, 학제와 교육과정을 철학함에
서, 학생의 평가와 선발에 대한 깊은 생각에서, 그리고 교육과 교사 됨의 본질
에 관한 이해의 지평을 교직을 초월하여 넓힘에서, 한마디로 인간과 국가에
공히 의로운 교육의 집을 철학적으로 설계함에 있어서 플라톤보다 더 앞서
있고 더 깊이 들어갔다고 말할 수 없다. 다만 연구의 양에 있어서 더 앞서 있
다고 말할 수 있을 뿐이다.

학회의 무궁한 발전을 기원한다.

제3장

민족개조를 통한 국가개조

1. 들어가는 말

인류의 역사를 돌아보면 어느 민족이나 국가를 막론하고 흥망성쇠의 곡선을 그리고 있다. 나라가 존망의 기로에 서 있을 때 나라를 구하고 흥성의 곡선으로 돌려놓은 형편을 살펴보면 대체로 두 가지 유형으로 정리된다. 하나는 걸출한 영웅에 의하여서이다. 다른 하나는 위대한 스승에 의하여서이다.

전자는 정치적 폭력에 의한 것이기 때문에 효과가 단기간에 나타났으며 위용을 크게 떨치곤 하였으나, 흥성의 곡선이 짧게 그려지곤 하였다. 알렉산드로스(Alexandros, BC 356~323), 칭기즈 칸(Chingiz Khan, 1167?~1227), 나폴레옹(Napoléon, 1769~1821), 도요토미 히데요시(豊臣秀吉, 1536~1598) 등이 그러했다.

그러나 후자는 교육적 힘에 의한 것이기 때문에 효과가 더디게 나타났으나, 일단 흥성의 기류로 들어선 다음에는 그 위력이 시간의 흐름과 더불어 오래도록 발휘되곤 하였다. 소크라테스, 예수, 공자, 석가 같은 인류의 위대한 스승들이 그 원형이라 하겠다. 인류의 위대한 스승들은 본이 되는 생활과 참된 교육으로 인간 개개인을 근본적으로 개조하여 민족을 넘어서 인류 전체에게 인간개조의 지평을 열고 인류를 그 안으로 집어넣은 분들이다.

그들의 교육 전통 아래서, 나라가 흔들릴 때 바르고 철저한 교육으로 나라와 민족을 구하자고 외치며 또 교육한, 역사적으로 잘 알려진 사례들이 있다. 나폴레옹에게 패망한 프러시아를 다시 일으켜 세운 피히테(Johann G. Fichte)의 유명한 연설 '독일 국민에게 고함'이나 프랑스의 식민지였던 헬베티아, 지금의 스위스를 부강한 국가로 일으켜 세운 스위스 국민의 아버지라 일컬어지는 페스탈로치가 대표적 사례이다.

대한민국은 어떠한가? 지나간 한 세기를 되돌아보면 아마도 전 세계적으로 우리나라만큼 엄청난 고난과 변화를 겪고 살아남았을 뿐만 아니라 발전에 발전을 거듭한 나라는 없을 것이다. 조선조 말의 소용돌이, 일제의 식민통치, 동화와 번영과 평화의 이름 아래서 자행된 철저한 억압과 수탈, 인권 유린, 언어와 문화의 말살 정책, 그 와중에 틈새를 비집고 지하 공간과 길을 만들어 전개한 문화 보존과 독립 쟁취를 위한 투쟁들……. 이러한 와중에 1922년 이광수는『민족개조론』을 "건곤일척(乾坤一擲)의 대결심(大決心), 대기백(大氣魄)으로" 집필하고『개벽』에 기고하였다.

그리고 일제의 패망, 한반도의 분단, 3년간의 미군정, 민주공화국 대한민국의 탄생, 한국전쟁의 발발과 휴전, 4·19, 5·16, 18년에 이르는 긴 박정희의 통치시대, 이 시대를 먼 훗날 역사가들이 어떻게 서술할까? 숱한 논란을 괄호 치고 나의 주관을 말하라면, 박정희라는 걸출한 영웅이 있어 오늘의 대한민국이 있다.

박정희는 숱한 저개발국과 개발도상국의 연구 대상이요 역할 모델이다. 절대적 정치폭력이 입국(立國)의 의지로 행사될 경우에, 그리고 그것이 실제로 그렇게 행사되었다는 사실이 확인될 경우에 자유의 억압과 인권의 유린까지도 용서받을 수 있다? 그는 국민교육헌장, 새마을운동 등으로 의식개조를 도모하였으나, 그럼에도 불구하고 강력한 정치론 국가를 발전시킬 수는 있으나 민족을 개조할 수는 없다는 사례를 남겼다. 한마디로 박정희는 산업입국(産業立國)에는 성공했으나 민족개조(民族改造)에는 실패하였다. 그 이유의 분석을 뒤로 미루고 결론부터 말하자면, 민족은 오로지 교육으로만 개조될 수 있다. 그리고 민족이 개조되어야 국가도 개조된다. 그러므로 국가개조는 장기적이고 선취적인 관점에서 접근하여야 할 것이다.

2. 교육을 통한 민족개조의 고전적 사례들

1) 사례 1. 페스탈로치

　페스탈로치(1746~1827)는 민족개조의 좋은 사례이다. 그는 당시 프랑스의 식민지였던 스위스의 취리히에서 태어났다. 그는 취리히 대학교 신학과 학생으로 나라의 독립을 꾀하는 교수와 학생들로 이루어진 '애국단'이라는 지하 독립운동단체에서 활동하다가 퇴학을 당하고 감옥살이를 하였다. 이 사건으로 그는 대학을 더 이상 다닐 수 없게 되었으며, 그의 조부모와 부모처럼 전문직을 갖고 중산층에 속하는 생활을 누릴 수 있는 가능성을 박탈당했다. 그러나 그는 이러한 일로 절망하고 고민하지 않았다. 그는 오히려 정치적 독립투쟁에 대한 한계를 절감하였으며, 나라가 독립하기 위해서는 부강해져야 하며, 부강해지기 위해서는 청소년을 교육하여야 한다는 생각을 갖게 되었다. 그리하여 그는 평생을 교사자격증이 없는 준교사로 살면서 많은 글을 쓰고 새로운 교육으로 학교교육에 돌풍을 일으키며 오늘의 스위스를 이루어 낸 기초를 다졌다.

　당시의 스위스는 프랑스의 식민지였을 뿐만 아니라 유럽의 최빈국이었다. 지하자원은 없고 알프스의 거친 산악과 조악한 초원에서는 빈약한 축산과 농사만이 가능할 뿐이었다. 그리고 관광과 스포츠는 아직 없었다. 페스탈로치는 교육으로 국민성을 개조하여 당시에 유럽의 최빈국이었던 스위스가 오늘날 지구상의 최부국이 되도록 하는 기반을 다졌다. 그리고 그의 후예들이 이를 잘 기르고 가꾸어 오늘날의 스위스를 이루어 냈다. 그가 강조한 교육사상 가운데서 몇 가지만 들어 본다.

(1) 빈자(貧者)를 빈자에로 교육하기

가난한 자가 교육으로 과학적 영농과 축산의 능력으로 무장하고 보다 많은 소출을 갖게 되면 배불리 먹고 마시고 따뜻하게 자려고 한다. 그러면 재물은 축적되지 않고 계속하여 가난한 삶을 영위할 수밖에 없다. 그러므로 상황이 나아진 다음에도 예전의 빈곤한 삶을 계속하도록 해야 한다. 그러한 근검절약과 소박하게 사는 생활태도를 길러 주어야 재물이 축적되며 나라가 부강하게 되어 독립할 수 있다. 빈자가 과학적 영농으로 부자가 된 후에도 빈자의 삶을 유지함으로써 부를 축적하고, 이로써 사회와 국가가 강해질 수 있는 교육의 길을, 그는 '빈자를 빈자에로 교육하기'라는 개념으로 강조하였다.

(2) 3H로 교육하기

머리(Head), 가슴(Heart), 손(Hand)이 하나로 혼용되어 조화를 이루도록 교육하여야 한다. 머리로 배운 것이 가슴에 담기고 손으로 실천되어야 한다. 그래야 배운 것이 참 지식이 되어 나의 살과 피가 된다. 지식과 도덕과 기술, 지성과 덕성과 체력이 조화를 이룰 때 함께 사는 공동체 전체에 유익하며 동시에 개인의 삶도 의미 있고, 행복하게 할 수 있는 인간이 된다.

(3) 노작교육(勞作敎育)

그저 머리로만 배운 것은 쓸모가 없다. 실습을 통하여 함께 배워야 자기 것이 된다. 뿐만 아니라 노동의 가치도 알게 된다. 일하면서 배우고, 배우면서 일하도록 하라. 그러면 어린이는 근면성, 철저성, 책임성을 함께 익힐 것이다.

(4) 안방 교육

안방은 교육의 가장 성스러운 공간이다. 어머니에 의하여 이루어지는 안방 교육을 통하여 어린이는 인간에게 요청되는 기본적인 감성과 덕성과 지성을 갖추게 된다. 사회가 문명화되면 될수록 안방은 교육의 공간에서 탈취당하고 있다. 이를 회복하여야 한다.

이상으로 페스탈로치의 교육사상을 지극히 간략하게 언급해 보았다. 그가 강조한 교육은 한마디로 생활 속에서 전체적인 경험으로 이루어지는 교육이다. 여기서 우리는 오늘날의 직업기술교육이나 전인교육의 사상적 뿌리를 볼 수 있다. 뿐만 아니라 오늘날 스위스 국민은 여전히 근면하고 검소한 삶을 즐기며, 대를 이어 가업을 세계적 기업으로 가꾸어 가고 있다. 여기서 우리는 두 가지 의미를 수렴할 수 있다. 하나는 교육이 철저하면 할수록 그러한 교육을 받고 성장한 어린이는 인격과 교양을 갖춘 어른으로 살면서 사회에 이로운 시민이 된다는 것이다. 따라서 이미 인생관, 성격, 습관 등이 형성되어 변화를 꾀하기가 거의 불가능한 기성세대가 아닌 성장세대를 대상으로 한 국민교육이 민족개조의 기본이라 하겠다. 또 하나는 국가의 차원에서 민족개조의 공감대가 형성되어 국민교육이 성숙한 방향으로 실천되도록 분위기가 형성되어야 한다는 것이다. 여기에는 어떤 정신적 비등이 필요한데, 이러한 정신적 비등은 이 시대를 살고 있는 정치적·종교적·학문적 지도자들과 인물들이 함께 민족의 개조와 국가의 발전을 위하여 마음을 모으고 긍정적으로 빚어내야 한다. 우리 사회의 정치판을 돌아보면 바로 이 점이 문제로 각인되고 있다.

2) 사례 2. 피히테

피히테(1762~1814)는 프러시아가 나폴레옹에게 정복되어 프랑스의 점령 아래 있을 때 1807년 겨울부터 1808년 봄까지 매주 일요일마다 14회에 걸쳐서 '독일 국민에게 고함'이라는 강연을 하였다.[1] 이 강연에서 그는 교육으로 국민을 개조하여 국가를 재건하자고 호소하였다. 그의 강연은 황제를 위시하여 프러시아의 지배계층에 큰 반향을 불러일으켰다. 그리하여 당시의 빌헬름 3세(Friedrich Wilhelm III)는 프러시아를 군사제국에서 문화제국으로 변혁하

---

1) Fichte, Johann Gottlieb, Reden an die deutsche Nation. 1808. Hamburg 1978. (Philosophische Bibliothek. Band 204)

는 획기적 정책을 폈다. 그 일환으로 그는 베를린, 브레슬라우(지금의 폴란드) 그리고 본에 대학을 설립하였다. 또한 훔볼트(Wilhelm von Humboldt)를 프러시아의 문화성(文化省) 장관으로 임명하여 황제를 도와 대학의 설립뿐만 아니라 중등교육과 직업교육의 전반적 개혁을 주도하게 하였다. 그리하여 독일은 문화국가의 토대를 갖게 되었으며 오늘에 이르고 있다.

피히테의 국민교육 내용으로 들어가기 전에 여기서 훔볼트의 김나지움 교육이념을 언급할 필요가 있다. 훔볼트의 중등교육이념은 한마디로 표현하면 '일반적 인간도야(Allgemeine Menschenbildung)'의 이념이다. 김나지움은 성장세대를 국가의 시민으로 요청되는 교양과 인격에로 도야하여야 한다. 그리하여 대학에서 더 연학하여 전문직에 있든지, 사회에 나가 직업에 종사하든지 간에 성숙한 인격인으로 생활할 수 있어야 한다. 왜냐하면 아무리 지식과 기술이 뛰어난 의사나 엔지니어가 된다고 하더라도 가슴에 야수가 들어앉아 있으면 그는 사회와 국가에 해를 끼치는 시민이 될 뿐이기 때문이다. 건전한 시민을 양성하기 위한 교양교육은 중등교육에서 완성되어야 한다. 이러한 김나지움의 교육이념은 오늘에 이르기까지 그대로 강조되어 오고 있다. 예를 들면, OECD의 PISA에서 우리나라는 최상위권을 놓친 적이 없지만 독일은 중위권에 머물러 있다. 그러나 독일에서는 이를 크게 문제시하지 않고 있다. 왜냐하면 상위권에 오르기 위하여 학생들을 객관적 시험의 경쟁가도로 몰아넣어 학습벌레로 만들기보다는 폭넓은 전인교육을 통하여 교양과 개성을 조화롭게 갖춘 인격인으로 성장하도록 하는 것이 본질적으로 교육적일 뿐만 아니라 민족과 국가에도 절대적으로 이롭고 타당하다고 생각하기 때문이다.

피히테의 교육사상은 한마디로 표현하면 '국민교육'이다. 앞에서 언급하였듯이, 프러시아 제국의 강력한 군대가 나폴레옹에게 궤멸되었다. 너무나 강한 군사대국으로 군림하여 왔기 때문에 나폴레옹이 감히 침공할 생각을 하지 않을 것이며, 혹 침공하더라도 나폴레옹 군대에게 결코 패하지 않으리라고 자부하고 있었던 프러시아는 철저한 패배를 맛보았으며, 프랑스 제국에 병합되는 운명을 피할 수 없게 되었다. 이러한 상황에서 근본적 개혁이 없이는 프러시아의 재건은 불가능해졌다. 그리하여 프러시아 국가의 개혁운동이 정치적 · 경제적 · 군사적으로 활발하게 전개되었으며, 학자, 예술가, 문인들에 의한 애국적 글과 작품이 쏟아져 나왔다. 이러한 개혁의 물결 한가운데에 교육개혁이 있었다. 사람을 변화시키지 않고는 나라의 부활은 불가능하다. 잠자고 있는 국민들의 의식을 일깨워서 공동체 정신과 시민정신을 소생시켜야 한다. 국민 전체의 내재적 · 정신적 힘을 일깨우고 모으고 발휘하게 하여야 한다. 피히테는 새로운 국민교육으로 민족정신을 새롭게 무장하여 민족의 단결과 발전을 도모하자고 호소하면서 이러한 정신적 비등을 주도하였다.

피히테의 강연은 엄청난 반향을 불러일으켰다. 그는 첫 강연에서부터 패망의 가장 큰 원인이 국민 각자의 탐욕과 이기심에 있다고 비판하면서 새로운 국민교육은 출세와 기득권의 향유를 위한 교육이 아닌 국민 전체의 성숙한 인간성 형성을 위한 교육이 되어야 한다고 역설하였다. 그러기 위하여 교육받는 학생들 개개인의 자유로운 정신활동을 최적적으로 자극하고 장려하여 종교적 · 도덕적이고 창조적 · 탐구적인 인격을 배양하여야 한다. 독일인은 유럽의 다른 국민보다 더 뛰어나다. 독일어는 순수하고 살아 있다. 독일 민족은 살아 있는 언어를 사용하기 때문에 부지런하고 진지하다. 그래서 외국의 철학, 과학, 정치를 받아들이면서 독일 민족의 고유한 철학, 과학, 정치를 발전시킬 수 있다. 이러한 독일 민족의 힘은 조국애(祖國愛)가 국가 자체를 지배하는 힘으로 드러날 때 가장 바람직하고 강력하다. 그런데 독일 민족은 조국애를 상실하였다. 그러므로 조국애를 되살려야 한다. 이러한 피히테의 호소는 민족개조의 큰 물결로 이어졌다.

이상 민족개조의 고전적 사례 둘을 살펴보았다. 이 두 사례는 모두 인류의 문명사에서 성공적인 사례로 평가받고 있으며, 민족개조의 중심 동력이 교육이라는 공통점이 있다. 민족은 혈통과 언어가 같은 사람들이 오랜 세월 동안 같은 지리적 공간에서 삶을 이어 오면서 형성된 집단이다. 그래서 민족은 삶의 유형과 색깔을 공유하고 있다. 바로 그렇기 때문에 민족의 개조는 대단히 어렵다. 개조는 개혁이나 혁명 같은 근본적 변혁이 아니다. 그러한 근본적 쇄신은 사실상 불가능하다. 그러나 한 민족이 오랜 세월을 거쳐서 이루어 내고 가꾸어 온 좋은 바탕과 내용이 보다 성숙하게 표현되고 발휘될 수 있도록 할 수는 있다. 여기에 민족개조의 차원이 있다. 프러시아 제국은 황제가 당대의 최고 지성들과 함께 손잡고 조국애와 문화라는 두 가치를 중심으로 민족개조의 큰 과업을 훌륭하게 이루어 냈다. 스위스는 페스탈로치라는 한 위대한 지성이 근본적 생활교육과 전인교육, 그리고 통합적 교육방법으로 청소년 교육의 새로운 지평을 열고 사회가 이를 받아들여, 국가는 작지만 최고로 부강한 나라로 발전했다. 이 두 사례는 공통적으로 어른이 아닌 어린이를 개조의 대상으로 삼고 선취적 교육으로, 다시 말하면 아직 이루어지지 않았으나 반드시 이루어질 것이라는 신념에 의하여 동반된 교육으로 민족개조를 성공적으로 이루어 낸 사례들이다.

3. 교육을 통한 민족개조

그런데 대한민국은 어떠한가? '세월호 침몰 사건'과 '문창극 청문회'에서 보듯이, 우리나라는 참으로 문제가 많다. 그러나 돌이켜 보면 엄청나게 크고 심각한 문제들이 끊임없이 발생하여 왔음에도 불구하고, 이 문제들로 인하여 대한민국이라는 배가 좌초되거나 침몰하지 아니하고 간단없는 발전의 항로를 항해하고 있다. 그래서 세계는 한국을 기적의 나라라고 하며 경이로운 눈으로 바라보고 있다. 전 세계에서 가장 빈곤한 나라들 가운데 하나였던 한국이 1948년부터 따져도 불과 69년밖에 안 되는 짧은 기간에 선진국의 대열에서 확실한 위치를 갖게 되었다. 그리고 그 중심에는 교육이 있다.

국가와 민족개조의 요청에 직면하여 우리는 되물을 수 있다. 한국인의 교육열을 보라. 35년간의 식민통치, 해방과 분단, 잔인하고 치열한 민족상잔(民族相殘), 산업입국의 기치를 높이 들고 차관(借款), 참전, 수출 등 온갖 수단을

다 동원한 경제발전의 몸부림, 그리고 아픔들……. 그 와중에 우리의 부모들은 자녀의 교육을 위해 모든 것을 희생하였다. 한국인의 교육열이 없었다면 오늘의 한국도 없었을 것이다. 정치가 그렇게나 '천박'하고 행정이 그렇게나 규제 일색인데도 기업은 온갖 난관을 헤치고 발전해 왔다. 거기에는 잘 교육받은 인적자원의 충분한 공급이 있었기 때문이다. 그래서 세계가 한국의 교육을 주목하고 있다. 그런데도 교육이 근본적으로 잘못되어 있다? 현재의 민족성으로는 국가의 미래가 지극히 염려스럽다? 그러므로 민족을 개조해야 하는데, 우리의 학교교육으로는 민족을 개조하기는 불가능하다? 그렇다면 무엇이 문제인가?

민족개조의 전제조건은 학교교육의 개혁이다. 우리는 교육을 개혁하여 인간을 개조할 수 있다. 현재의 교육으로는 인간 개인의 충일한 자아실현도, 민족과 국가 전체의 충만한 흥성도 기대할 수 없다. 왜냐하면 교육이 근본적으로 패리되어 있기 때문이다. 다음에 패리의 본질적 사례를 몇 가지 들어 본다.

1) 시험 치는 교육의 문제

교육에서 시험은 학생을 보다 더 잘 지도하고 교육하기 위한 도구일 뿐인데, 우리의 학교에서는 시험이 주인이 되어 교육을 지배하고 있다. 교육의 모든 문제가 이 시험으로부터 기인하고 있다. 우리는 이렇게 말할 수 있다. 시험을 없애라. 없애지 못한다면 현재 시행되고 있는 계량적·상대적 시험을 폐지하고 서술적·주관적 시험으로 바꿔라. 그러면 교육은 달라질 것이며, 어린이와 청소년은 민족을 개조할 수 있는 시민으로 성장할 것이다.

우리나라 교육학계의 제1세대로 미군정기에 국가의 학교교육의 기본틀을 만들고 1960년에 문교부 장관을 역임한 오천석 박사(1901~1987)는 이미 40년 전에 한국의 교육이 "입학시험을 위한 준비교육"밖에 없다고 하면서 "이 얼마나 슬픈 일인가?"라고 통탄하였다.[2]

온갖 시험의 폐해에도 불구하고 시험은 유치원에서부터 대학까지 공고히 자리 잡은 채 우리 교육을 패리로 몰아가고 있다. OECD 회원국 중 한국의 중학생들이 느끼는 공부부담은 일등, 행복순위는 꼴등이다. 그래서 자살공화국이라는 오명을 입고 있다. 객관식 문제와 상대적 평가로 학생의 학업성취를 평가하기 때문에 감성, 의지, 가치, 신념 등 계량화할 수 없는 영역은 평가할 수 없다. 그리하여 학생을 전인적으로 교육할 수 없을 뿐만 아니라 학생과 학생, 선생과 학생 간의 밀도 있는 사귐이 교육의 마당에서 사라졌다. 또한 빙산의 일각에 불과한 가시적인 일부분으로 학생을 평가하여 진로를 지도하고 선발을 결정하기 때문에, 성장하는 어린이들 각자가 되고 싶고 이루어 내고 싶은 자아를 실현하도록 도와주어야 할 교육이 오히려 그들의 진로를 차단하고 억제하는 엄청난 오류를 범하고 있다. 이는 다음과 같은 사실을 의미한다.

학교에서 배운 것을 다 잊어버린 다음에도 유일하게 남아 있는 것, 이것이 교육이다. 세월과 더불어 잊어버리는 것은 지식과 기술이다. 반면에, 남아 있는 것은 가치와 신념이다. 머리에 담겨진 것들은 잊어버리게 되나, 가슴에 담겨진 것들은 여전히 남아 있어서 일상생활을 지배하며 우리의 삶을 만들어 간다. 체험이 되어 버린 것들, 격려와 위로, 충고와 각성, 감격과 회심, 만남의 경험 같은 것들이 나를 깨어나게 하고 바로 서게 하였을 뿐만 아니라, 여전히 나를 오늘의 나로 살아가게 한다. 이러한 교육이 나의 인격, 성격, 인생관과 세계관, 종교적 심성과 철학이 되어서 나의 삶을 평생 지배하게 된다. 학교는 바로 이러한 교육을 펼쳐야 한다. 이러한 교육의 바탕 위에서 세월과 더불어 잊어버릴 수 있고 잊어버리게 되는 지식과 기술을 함께 가르쳐야 한다. 그럴 때 학교에서 배운 지식과 기술을 사회에 나가서 더불어 사는 이웃과 사회에 유용하게 사용하게 될 뿐만 아니라 지식과 기술의 힘을 깊이 깨달아 더욱 정진하는 생활을 하게 될 수 있다. 그런데 우리의 학교에서 이러한 교육은 불가능하게 되어 버렸다.

---

2) 오천석, 민주교육의 본질, 서울: 교육과학사, 2001, 372쪽.

2) 시험 없는 교육의 세 가지 사례

미국의 대학입학전형제도에는 입시가 없다. 하버드 대학교를 예로 들면, 입학전형제도는 학구능력, 과외활동 실적, 스포츠 실력, 성격의 네 가지 특성을 종합적으로 평가하는 것으로 구성되어 있다. "우리는 숫자놀음은 안 한다."고 하버드 대학교 입학지원 설명서에 적혀 있다.[3] 이는 하버드만 그런 것이 아니다. 미국 육군사관학교의 입학전형제도도 이와 유사하다. 학구능력, 사회봉사활동, 스포츠 실력 그리고 국회의원 추천서의 네 가지를 종합적으로 평가하여 학생을 선발한다. 그리고 모든 평가는 절대적이지, 상대적이 아니다. 따라서 석차의 개념이 없다.

예외적 소수민족으로 유명한 유태인의 교육에도 시험은 없다. 현재 전 세계에 약 1,400만 명이 있다고 추산되는 유태인은 어떤 민족이나 국가보다 더 많은 노벨상 수상자를 배출하였다. 뿐만 아니라 경제, 학문, 종교, 예술, 건축 등 각 분야에서 세계 최고로 부각되는 경제인들, 학자들, 예술가들, 종교인들을 꾸준히 배출하고 있다. 그들은 그들의 성장세대를 어떻게 교육하고 있기에 디아스포라의 삶을 살고 있으면서도 그런 놀라운 성과를 거두고 있는가? 이는 그들이 우리보다 더 우수하기 때문이 아니라 우리와는 근본적으로 다르게 성장세대를 교육하고 있기 때문이다. 모세 시대부터 현재까지 유태인의 교육에서 중심을 차지하고 있는 방법으로 하브루타(Havruta)라는 것이 있다. 하브루타는 우정 또는 교제라는 뜻의 히브리어이다. 어린이가 5세가 되면 토라를 공부하기 시작하는데, 어른이 되어 직장생활을 할 때까지 유태인들은 교실에서 둘씩 짝을 이루어 서로 큰 소리로 질문하고, 토론하며, 논쟁한다. 이러한 방법으로 둘은 잠재능력을 최대한으로 발휘하고 상상력과 창의력, 자기표현능력과 관찰력을 도야하며 인성과 인격을 함께 키워 간다. 그래서 유태인의 교실은 항상 시끄럽다. 유태인들은 직장에서도 하브루타 방법을 최대한 활

---

3) 정범모, 그래, 이름은 뭐고? 회상과 수상, 서울: 나남, 2007, 204쪽.

용하고 있다. 중요한 일일수록 혼자 결정하지 않는다. 경청하고 주장하며 수렴한다. 이러한 전통 아래서 성장한 하버드 대학교의 두 유태인 친구들인 서커버그(Mark Zukerberg)와 모스코비츠(Dustin Moskovitz)는 함께 페이스북(Facebook)을 만들었다. 친구들을 연결시켜 주는 열린 사이버 공간의 기능을 하는 페이스북이 그저 우연히 만들어진 것은 아니다.

독일에서 설립되어 세계로 퍼진 유명한 대안교육기관인 발도르프 학교(Waldorfschule)에는 시험이 없다. 성적표도 없다. 12년 학제인 발도르프 학교에 입학하면 1학년부터 8학년까지는 한 선생이 같은 학생들의 담임이 되어 교육한다. 매 학년이 끝나면 선생은 학생들에게 성적표 대신 소감과 칭찬과 기대를 담은 편지를 나누어 준다. 이것이 성적표이다. 독일의 초·중등 학제는 모두 13학년이다. 대학에 입학하려는 학생은 아비투어(Abitur)라는 졸업시험을 치른다. 일회적인 이 시험으로 대학입학 자격을 획득하며, 각자의 성적에 따라 종합대학에 진학한다. 그러나 성적이 낮아서 가고자 하는 대학에 가지 못하는 학생들은 전문대학 또는 직업학교에 진학하거나 취직을 하여 열심히 생활하면 일 년 후엔 가산점이 붙고, 그래도 성적이 못 미쳐 원하는 학과에 입학할 수 없는 경우 다시 일 년을 열심히 생활하면 그 위에 가산점이 더 붙어, 대체로 졸업 후 3년이면 거의 모든 학생이 원하는 전공학과에 입학할 수 있다. 그래서 독일에는 석차나 재수라는 개념이 없다. 그리고 아비투어에 합격하기가 어렵기 때문에 매년 지역신문에 각 학교의 합격생 명단이 발표된다. 그런데 발도르프 학생들은 졸업 후에 자체적으로 아비투어 준비를 하고 학교는 공부의 편의만 제공해 줄 뿐임에도, 해마다 가장 많은 합격생을 배출하고 있다.

3) 교육은 기르는 예술이지 만드는 기술이 아니다

학교교육에 대한 이론적 접근에는 크게 두 방향이 있다. 하나는 정원사가 화초를 재배하듯이 성장하는 세대를 '길러 내는 예술'이 교육이라는 접근이다. 다른 하나는 목수가 가구를 만들듯이 재료로서의 학생의 질을 파악하여 잘 훈련하고 다듬어서 목표한 인력 자원으로 '만들어 내는 기술'이 교육이라는 접근이다. 한국의 교육학계와 교육계를 지배하고 있는 이론적 접근은 후자이다. 교육학은 과학이다. 따라서 재료로서의 학생을 잘 알고 가르칠 내용을 잘 포장하여 과학적으로 완벽한 방법으로 교육하면 교육자가 원하는 행동, 지식, 기술, 태도 등을 가진 인간으로 만들어 낼 수 있다. 이러한 기술공학적 교육관에서 인간은 공정과정에 투입되는 재료일 뿐이며, 만들어져 나올 상품에 대한 표준 규격에 따라 질이 평가되고 분류되는 상품일 뿐이다. 이러한 교육관이 지배하는 사회에서는 학력(學力)이 아닌 학력(學歷)이 그를 결정하며, 존재가 아닌 소유가 삶의 목표가 될 수밖에 없다. 그리하여 모든 것이 계량화된다.

그러나 인간은 옹알거리는 갓난쟁이부터 삶을 마무리하는 늙은이에 이르기까지, 부와 권력의 정점에 있는 사람부터 초근목피로 연명하는 빈자에 이르기까지 모두가 각자의 고유하고 독특한 일회적 삶을 살아가고 있는 존재이다. 따라서 존재의 일회성은 마치 지문(指紋)처럼 서로 다르기 때문에, 아무리 측정도구를 잘 개발한다고 해도 충분히 완전하게 파악할 수 없을 뿐만 아니라 측정도구의 개발 자체가 파악 가능한 현상을 제약하는 것이다. 더구나 성장·발달의 과정에 있는 존재의 경우에 그 존재가 아직 미완성이고 계속 완성되어 가는 과정에 있으므로, 삶의 체험이 그의 영혼을 어디로 끌고 갈지 전혀 예측할 수 없기 때문에 그를 강제로 이리저리 끌고 다녀서는 안 된다. 그런데도 불구하고 과학의 이름으로 끊임없이 시험하고 측정하고 분석하고 평가함으로써 자아실현의 환경을 일정하게 규격화해서 교육의 과정을 통제하고 있다. 여기에 우리의 교육이 이치에 어긋나게 실천되고 있는 현주소가 있다.

존재의 전제조건은 자유이다. 인간의 영혼은 자유의 공기를 마시며 생동한다. 자유는 독자성, 비의존성, 자발성이다. 자기 자신의 비판적 이성을 사용할 수 있는 능력이요 사용하는 활동이다. 칸트가 계몽을 스스로 초래한 미성숙성으로부터의 출구(Ausgang)라고 했을 때, 그는 자기 자신의 이성을 사용하고 남의 이성에 종 노릇하지 않을 수 있는 성숙성을 강조한 것이었다. 이러한 계몽의 전제는 학교에서 이성을 바르게 사용할 수 있는 능력을 도야하는 것이다.

존재의 전제조건은 자율이다. 자율이란 자족성이다. 자기 자신의 척도를 갖고 있어서 남이 제시한 어떤 객관적 척도로 자신을 평가하지 않는 능력이다. 주관적 척도로 자신을 평가할 수 있는 능력을 도야하는 교육을 할 때 학생들은 개성 있는 인격인으로 자아를 실현하게 되고, 그들의 삶을 질적 행복으로 가득 찬 것으로 만들어 가는 인성을 갖게 된다. 주관적 자족감의 소유자가 되어서 상대적 빈곤감, 박탈감, 소외감에 사로잡혀 삶을 낭비하지 않게 된다. 오히려 나물 먹고 물 마시는 호연지기(浩然之氣)에 젖어 가진 자를 배려하고 위로하게 된다.

4. 맺는말

이광수는 『민족개조론』에서 덕체지(德體知)의 삼육(三育)을 강조하였다. 오늘날 우리에게 익숙한 개념은 지덕체(智德體)이다. 글자의 순서에 따라 강조의 우선순위가 달라지지만 그것이 무슨 큰 차이가 있느냐고 할 수 있다. 그러나 일제식민치하에서 당시의 기독교청년회를 비롯하여 이상재 선생 같은 어른들이 모두 이광수와 같이 덕체지를 강조하였다. 뜻을 곰곰이 되새겨 보자. 가슴에 담긴 덕은 몸으로 표현되어 나온다. 이렇게 덕행 일치의 생활인이 지식을 갖게 되면 그는 전체를 중심으로 지식을 사용하는 군자가 될 것이다. 그에 반해 머리로 아는 지식은 일반적으로 가슴으로 내려오지 않는다. 따라서 좋은 평가를 받기 위하여, 다시 말하면 자신의 유익을 추구하기 위하여 아는 것을 사용한다. 훔볼트의 표현을 빌리면, 그러한 사람은 가슴에 야수가 들어앉아 있는 의사, 법관, 공무원, 기술자, 상인 등이 될 것이다. 그리고 "너희가 진리를 알지니 진리가 너희를 자유케 하리라"라는 예수의 가르침에서 보듯이, 인류의 위대한 스승들은 모두 덕과 체의 일치를 가르쳤고 또 그렇게 살았다.

뿐만 아니라 지식과 기술은 덕체 일치의 생활을 통하여 더욱 깊이 이해되고 사랑하게 된다. 다시 말하면, 학습효과의 차원이 더욱 깊고 넓어지는 것이다.

이광수는 민족개조에 필요한 시간을 30년으로 보았다. 이는 식민치하에서 단체활동을 활발히 전개하였을 경우에 가능하고 요구되는 시간이었다. 오늘날 넘치는 민주주의로 몸살을 앓고 있는 대한민국에서 학교교육이 바로 선다면, 10년 후에는 사회가 크게 달라질 것이고, 20년 후에는 국가에 새로운 기운이 넘쳐 나게 될 것이다. 새로운 교육문화로 학교를 개선한다고 해서 엄청난 변혁이 요구되는 것은 아니다. 시험을 비롯한 평가방법이 쇄신되면 사학이 크게 줄어들 테고, 학생들이 등교 시간은 느긋해질 것이다. 가정에서는 밥상머리에 둘러앉아 담소하며 식사하는 일이 일상이 될 것이다. 운동장은 다시금 학생들의 뛰어노는 소리로 생동할 것이며, 친구들과 크고 작은 교제가 활발해질 것이다. 독서의 즐거움을 알게 될 것이고, 현대의 디지털테크닉이 가져다주는 스마트폰을 비롯한 온갖 기기에 체포되거나 매몰되지 않고 그것들을 즐길 수 있을 것이다.

얼마든지 길게 늘어놓을 수 있는 목록을 짧게 줄이면, 성장하는 세대를 전인적 인격인으로 바르게 교육하는 길이 민족을 개조하는 확실하고 빠른 길이다. 우리 민족은 많은 장점을 가지고 있다. 건강하고, 우수하며, 부지런하다. 두레의 유전자가 흐르고 있다. 창의력과 적응력이 뛰어나다. 세계에 대한 미적 묘사능력도 탁월해서 잠재능력만 잘 키워 줘도 음악, 미술, 건축, 문학 등에서 세계적 대가들이 쏟아져 나오게 될 것이다. 그러면 21세기 후반에는 대한민국은 잘살기만 하는 국가가 아니라, 그 존재로 인해서 전 세계가 복 받는 국가로 우뚝 서게 될 것이다.

제4장

민주시민을 교육하자

1. 들어가는 말

　민주시민교육은 모든 민주공화국의 지속적 보존과 발전을 위한 필수불가결한 조건이다. 그래서 민주시민교육을 영국에서는 정부가 직접 주관하고 있으며, 독일이나 오스트리아에서는 종교와 정당 같은 사회적 조직에 맡기고 있다. 이들 국가는 오랜 전통의 훌륭한 민주시민교육체제를 자랑하고 있다. 그럼에도 불구하고 2016년 6월 23일 영국에서 국민투표에 의하여 브렉시트(Brexit, Britain＋Exit)라는 엄청난 사건이 일어났다. 이는 민주시민교육이 정치적으로 충분히 성숙하게 이루어지지 못하였음을 증명하는 사태였다. 이 사태에서 민주시민교육이 국가의 보존과 발전을 위한 시민의 성숙한 판단능력을 길러 주지 못한 것으로 드러난 특성을 살펴보면, 유럽연합(EU) 안에서의 영국의 역할보다는 영국이라는 국가 중심의 사고가, 국가보다는 시민 각자의 생활이라는 개인 중심의 인생관이 판단의 기준으로 작용한 것이다. 그럼에도 불구하고 유럽연합 탈퇴를 반대하였던 정치적 지도자들이 시민의 투표결과를 존중하여 이를 번복하는 일이나 말을 하지 않는 모습에서 영국 민주시민교육의 성숙한 수준을 여전히 엿볼 수 있다. 그리고 이에 경악한 독일과 오스트리아는 현재 연방교육문화장관회의(Bundes Kultusminister Konferenz)를 비롯한 다양한 회의를 통하여 민주시민교육의 내용과 방법을 다듬어 초·중등학교에서 의무화하는 방안을 논의하고 있다.

그러면 대한민국은 어떠한가? 우리나라에는 아직 이렇다 할 민주시민교육의 시행주체가 없다. 중앙선거관리위원회 산하의 선거연수원에 '민주시민교육과'라는 부서가 있으나, 대단히 부분적이고 지엽적인 역할을 하고 있을 뿐이다. 우리나라는 민주공화국이다. 따라서 국가의 모든 정치가 민의에 의하여 결정되도록 되어 있다. 그럼에도 불구하고 민주시민교육을 통하여 시민의 정치역량을 성숙하게 키우고 가꾸는 일에는 소홀해 왔다. 그 결과는 대한민국의 놀라운 경제적 발전에도 불구하고 그만큼 더 놀라운 정치적 후진에서 확인되고 있다. 이미 1980년대 후반부터, 다시 말하면 민주시민정치가 간절한 희망이었던 시대부터 문민정부의 꽃을 활짝 피우고 시민정치시대를 유보 없이 열어 간 지금까지도 시민들 사이에서 "정치만 잘되면 다 잘될 텐데……."라는 자조적인 말들이 회자되고 있다. 실제로 시민들이 느끼고 있는 정치는 나빠졌을지언정 좋아지지는 않았다. 2010년대로 접어들면서 대한민국을 둘러싼 국제적 정치경제 상황은 대단히 나빠졌다. 그럼에도 불구하고 선거를 통해 대통령과 국회의원을 비롯하여 국가의 모든 주요 지배체제의 관리자를 결정하는 우리네 민주시민사회의 역량은 심각한 수준으로 저질화되어 있어서 현재의 상황을 잘 관리하고 헤쳐 가는 데 전혀 도움이 되지 못하고 있다. 이제 민주시민교육은 국가의 보존과 발전을 위하여 국가적 차원에서 강도 높게 정립하고 시행하지 않으면 안 되는 큰 과제가 되었다.

2. 누가 민주시민인가

민주시민은 태어나는 것이 아니라 만들어지는 것이다. 인류의 역사를 돌이켜 보면 이 세상의 모든 민족과 국가는 흥망성쇠의 곡선을 그려 왔다. 흥성의 상향곡선을 그리고 있었을 때 그 민족과 국가는 훌륭한 교육 제도와 내용과 방법을 갖고 있었다. 그렇지 않았을 때에는 잘못된 교육 아래서 흔들리고 있었다. 이는 제왕적 통치시대나 민주적 정치시대를 막론하고 공통적으로 확인되고 있다. 민족과 국가가 흥성의 상향곡선을 그리고 있었을 때 우리는 일반적으로 다음과 같은 두 가지 사실을 확인할 수 있다. 하나는 최선자(最善者)가, 다시 말하면 동시대인이 공유하고 있는 이상적인 인간상을 최고로 잘 구현한 사람이 지배하였다는 사실이다. 다른 하나는 통치자를 돕는 무리들이 일정한 교육을 통하여 정선된 사람들이라는 사실이다. 아직 부족과 수렵의 형태를 벗어나지 못하였던 시대에 고대 그리스나 고대 대한민국은 당대의 인간이해 아래서 최선자가 통치자가 되었다. 누가 최선자인가? 당대에 이루어졌던 교육을 통하여 그 시대를 지배하고 있었던 가치관으로 보아 자아를 최고의 경지에까지 실현한 인물이 최선자였다. 고대 그리스에서는 영웅과 무사가, 고구려와 백제에서는 신궁(神弓)이 동시대인들에게 최선자로 인정받았다. 그들은 모두 몸과 마음을 최고의 수준에 이르기까지 도야하여 일가를 이룬 사람들이었다. 플라톤은 이를 이렇게 설명하였다. "아름다운 신체가 신체의 아름다움(kalos)으로 영혼을 선하게 도야하는 것이 아니라, 선한 영혼이 영혼의 선함(agathos)으로 신체를 비로소 아름답게 도야한다."

그리스 신화를 집대성한 호머의 「일리아드」와 「오디세이」, 히브리 신화를 종교적 차원으로 경전화한 『모세오경』, 배달민족의 『삼국유사(三國遺事)』와 『환단고기(桓檀古記)』 등은 모두 고대의 민족들이 그들의 후손에게 들려준 조상들의 빛나는 교육 이야기이다. 후손들은, 특히 남자아이들은 이 이야기를 들으며 자랑스러운 민족의 일원이라는 정체성을 갖게 되며, 이 정체성으로부터 평생을 어떤 역경에 처하여도 극복할 수 있는 힘을 얻었다. 그리고 제왕은 그러한 교육으로부터 뛰어난 역량을 보여 준 인물을 국가통치의 동역자로 삼았다. 아테네 같은 민주주의의 고전적 모델도 구조적으로 동질적이다. 노예나 외국인이 아닌 아테네 도시국가의 자유시민(demos) 가운데서 성인 남자들만 선거권을 향유하였으며, 선거권도 국가의 보존과 발전에 기여한 정도에 따라 차등을 두었다. 그리고 자유시민들은 모두 인류의 정신사에서 오늘에 이르기까지 고전고대(Klassische Antike)로 인정받고 있는 당대의 전인교육을 잘 받고 깊은 인문적 교양과 높은 무사적 훈련을 쌓은 자들이었다. 아테네 자체가 민주시민교육의 학교였다. 그럼에도 불구하고 플라톤은 아테네의 민주주의가 갖고 있는 한계와 위험을 지적하며, 순전히 이념적 관점 아래서의 민주지배체제를 폭군지배의 다음으로 나쁜 정치형태라고 지적하였다. 이러한 플라톤의 경고는 오늘날에도 의미가 있다. 민주주의는 그만큼 언제라도 체제를 정의롭지 못한 통치형태로 변화시킬 수 있기 때문에 훌륭한 민주시민교육을 통하여 끊임없이 민주시민을 성숙하게 도야하지 않으면 안 된다.

오늘날 우리는 보편적 민주주의 시대를 살고 있다. 성의 차이, 신분의 구별, 교육과 재산에 의한 차등 따위가 없이 모든 시민이 동등하게 정치에 참여할 수 있는 권리를 누리고 있다. 인권의 절대 동등권에 기초한 보편적 민주주의는 다양한 민주주의 가운데 가장 앞서 있으며 바람직한 정치형태임에는 틀림없다. 그러나 보편적 민주주의가 '국가의 보존과 발전이라는 관점에서' 성숙하지 못한 수준에서 기능하고 있을 때 벌어지는 부정적이고 파괴적인 현상은 많다. 투표권 행사에서 그 스스로 예, 아니요를 말할 능력만 있으면 100세 노인이라도 업혀서 투표에 참여할 수 있다. 정당정치에서 당론으로 확정된 정책이라 하더라도 주관적 견해와 다를 경우에 당론을 따르지 않을 뿐만 아니라 이를 비판하고 부정해도 괜찮다. 국회에서 정권창출이라는 목표를 쟁취하기 위하여 크고 작은 국가발전의 중대사 결정을 다양한 방법으로 지연시키고 있다. 당쟁(黨爭)을 국정(國政)보다 더 우선시하고 있다. 얼마든지 길게 만들 수 있는 목록을 줄이면, 민주시민의 저속하고 잘못된 정치능력은 국가의 보존과 발전을 치명적으로 그르칠 수 있다. 그렇기 때문에 민주시민교육이 요청된다.

우리는 이렇게 말할 수 있고 또 말하여야 한다. 시민은 국적에 따라 결정되지만, 모든 시민이 다 민주시민은 아니다. 민주시민의 자질을 판단하는 객관적 척도는 없으며, 제도적 차원에서 척도를 객관화하기도 어렵다. 그러나 민주주의를 최적적으로 생활할 수 있는 시민의 자질과 이를 위한 교육에 관한 일반적 이해는 있어야 한다. 또한 잘 다듬어진 민주시민교육을 통하여 만들어진 민주시민에 대한 일반적 이해의 지평이 마치 상식(common sense)처럼 우리

사회에서 준동하고 있어야 한다. 그리고 이러한 상식을 갖춘 시민이 민주시민
이라는 생각이 넓게 공감대를 이루어 우리 사회를 지배하고 있어야 한다. 민
주시민의 자질이 국가의 운명을 좌우하기 때문에 정부는 민주시민교육을 위
한 깊은 생각을 수렴하여 민주시민교육의 큰 틀을 만들어야 한다.

3. 민주시민교육이란 무엇인가

민주주의는 정치형태 가운데서 가장 복잡한 형태이다. 뿐만 아니라 민주주
의는 그 자체에 본질적으로 오용과 변질의 위험을 항상 내재하고 있다. 오용
과 변질의 범례적 형태는 법과 질서에 대한 주관적 관심과 집단이기적 해석
과 접근에서 드러난다. 그렇기 때문에 민주시민교육은 법과 질서에 관한 간주
관적 기본이해로부터 시작되어야 한다.

민주시민교육에는 다음과 같은 다양한 형태가 있다. 먼저 합법적(legitimato-
risch) 민주시민교육이 있다. 이는 현재의 법과 질서를 적극적으로 정당화하
고, 탈정치화 능력의 교육을 통하여 조직과 질서의 안정을 도모한다. 다음으
로 혁명적(revolutionaer) 민주시민교육이 있다. 현재의 법과 질서가 잘못되어
있으므로 근본적으로 조직 전체를 개조하는 것을 목적하는 교육이다. 또한 개
혁적(reformatorisch) 민주시민교육이 있다. 이는 구성원의 내부로부터 모순
과 오류를 바로잡아 조직 전체의 개혁을 도모하자는 교육이다. 그리고 반성
적(reflexiv) 민주시민교육이 있다. 자립적 판단능력과 참여능력 같은 시민 개
개인의 정치능력을 향상시켜서 외부로부터 개혁을 도모하자는 교육이다. 이
상과 같은 유형들을 우리는 우리 사회의 다양한 비정부 기구(NGO)와 비영리
단체(NPO)에서 용이하게 확인할 수 있다.

민주시민교육은 정치에 관한 지식과 능력을 폭넓게 배양하여 국가와 사회
의 최적적 보존과 발전을 꾀하는 활동이다. 민주주의는 정당정치이다. 그래
서 민주시민교육 하면 정당과 국회, 대선과 총선에 관한 지식, 그리고 이와 같

은 정치들이 종합적으로 어떤 연관구조 아래서 움직이고 있는가에 대한 안목과 이해능력의 배양이 주요 교육내용으로 강조된다. 이러한 교육은 시민들 각자에게 정치적 관건에 대한 안목과 정치인들의 정치적 입장과 견해를 꿰뚫어 보고 판단할 수 있는 능력을 길러 주고, 시민들이 각자의 사적이고 공적인 사회생활에서 자신의 고유한 능력을 바르게 발휘할 수 있는 인성을 갖게 하며, 삶을 사회적 차원에서뿐만 아니라 종교적 차원에서도 의미 있게 형성해 가도록 하는 기초를 만들어 준다. 이러한 모든 것이 종합적으로 작용하여 공적으로는 정치적 참여로, 사적으로는 생활의 안정으로 나타난다.

민주시민교육의 과제와 기능으로부터 고찰하면 앞에서 다룬 민주시민교육의 형태들 가운데서 합법적이거나 혁명적인 민주시민교육은 극단적이고 과격해서 국가의 보존과 발전뿐만 아니라 시민 개개인의 사적 사회생활에도 도움이 안 된다. 합법적 민주시민교육은 국가의 법과 질서에 대한 절대적 긍정과 수용에로, 혁명적 민주시민교육은 절대적 부정과 변혁에로 시민을 교육하려 한다. 이러한 두 극단은 모두 국가에 해롭다. 우리의 역사는 민주시민교육의 관점에서 보면, 유감스럽게도 Anti-전사를 길러 내는 큰 흐름을 보여 주고 있다. 이러한 흐름에 한번 들어가면 정부의 모든 시정(施政)에 대한 무조건적 부정과 거부의 시각에 체포되어 버리고 시민교육의 목표를 저항 투쟁과 쟁취의 전략에 맞추게 된다. 그리하여 국가 전체의 안위보다는 집단의 관심을 우선하는 의식에 젖어 버린다. 절대 긍정의 교육을 통하여 시민을 말 잘 듣는 양떼로 만드는 것은 국가의 발전에 전혀 도움이 되지 않을 뿐만 아니라, 장기적 안목으로 보면 집권의 구조와 체제에서와 마찬가지로 국민의 성취역량에서도 국가를 예기치 않은 큰 위기로 몰아갈 수 있다. 이와 마찬가지로 절대 부정의 교육도 그렇다. 따라서 이 두 극단적 민주시민교육은 성숙한 민주주의에서 배제되어야 마땅하다. 그러므로 민주시민교육의 방향은 개혁적이고 반성적인 형태와 색깔이라 하겠다.

우리나라에서 민주시민교육은 일반적으로 시민의 정치적 자질을 향상시키기 위한 교육으로 이해되어 왔다. 다시 말하면 시민은 우리 사회의 구성원이기 때문에 시민의 권리와 의무를 올바르게 행사할 수 있는 자질을 갖추어야 하며, 이 일을 위한 교육이 시민성 교육이라는 말이다. 이는 일견 타당하게 보이나, 좀 더 숙고해 보면 시민의 권리를 쟁취하는 쪽에 무게가 가 있어서 투쟁적 시민을 배양하기 쉬운 경향이 있다. 그리고 우리의 민주시민교육의 역사에서 이러한 경향은 폭넓게 확인되고 있다. 그러므로 민주시민교육은 근본적으로 국가의 보존과 발전을 위한 성숙한 자질을 육성하는 교육이어야 함을 분명히 할 필요가 있다. 다시 말하면, 시민은 국가의 주인이다. 그러므로 주인의식을 가지고 사회적 정치생활을 하는 민주시민을 길러 내야 한다는 말이다. 이는 오늘날처럼 이념과 신념이 인성의 파괴와 더불어 정치적·종교적 구별과 한계를 없애 버리고 정치를 포함하여 경제, 학문, 예술, 종교 등 모든 분야에서 글로벌, 정보화, 다원화된 세계의 구석구석에서 파괴력을 과시하고 있는 시대에 국가의 보존과 발전에 그 어느 때보다도 더 중요해졌다.

4. 어떻게 교육하여야 할까

민주시민을 어떻게 교육하여야 할까? 민주시민교육의 목적은 너무나 자명하다. 성숙한 민주시민의 양성이다. 그러나 민주국가의 보존과 발전에서 민주시민의 자질이 결정적으로 중요한 만큼, 내용과 방법의 차원은 너무나 복잡하다. 지금까지 이루어져 온 민주시민교육에 관한 문헌들을 개관하면, 일반적으로 내용의 큰 목록을 먼저 만들고 이를 전통적인 수업의 교육방법으로 전달하는 접근을 하고 있다. 수업(instruction, Unterricht)이란 말 자체가 그 어원에 있어서 선생이 위에서 아래에 있는 학생에게 가르쳐 위로 이끈다는 의미이다. 그래서 종교적 교리를 문답식으로 가르쳤던 사례(didache)에서 보듯이, 수업은 고전적 전달방법의 현상에서 온 말이며, 그 자체에 규범적·연역적 학습의 성격을 담고 있다. 민주시민교육의 방법은 이러한 고전적 수업의 색깔과 형식에 다양한 경험적·귀납적 방법이 가미되고, 학습자 중심과 생활 중심의 동기화에 현대적 정보 기술을 적절하게 응용하는 방법적 개선을 거쳐서 오늘에 이르렀다.

민주시민교육은 이미 있고 물려받은 민주국가의 체제 자체에 대한 '합법적' 또는 '혁명적' 교육이 아니라, '개혁적' 그리고 '반성적' 교육이어야 한다. 따라서 교육의 방법이 규범적 · 연역적 접근으로 시작될 수밖에 없다. 다만 학습의 전개과정이 학습자 중심으로, 이해 중심으로, 개방적이고 미래지향적으로 그리고 지속 가능하게 이루어져야 한다.

우리는 민주시민교육의 큰 틀 몇 가지를 생각해 볼 수 있다. 먼저 미래세대와 기성세대를 아우르는 민주시민교육체제의 틀이다. 우리는 초등교육과 중등교육 기간에 학교에서 이루어지는 교육을 민주시민교육의 제1영역으로, 그 후에 고등교육과 사회에서 이루어지는 교육을 민주시민교육의 제2영역으로 구상해 볼 수 있다. 그리고 우리는 민주시민교육을 다음의 세 가지 형태 가운데 한 가지를 선택하여 실시할 수 있다. 첫째, 민주시민교육의 제1영역은 정부가 직접 관리하고 제2영역은 간접적으로 지원 감독하는 체제이다. 둘째, 민주시민교육 전체를 정부가 직접 관리하는 체제이다. 셋째, 민주시민교육 전체를 정부는 간접적으로 지원 감독하고 사회의 여러 조직이 시행하도록 자율성을 부여하는 체제이다. 우리는 이 세 체제 가운데 하나를 대한민국의 민주시민교육체제로 구상할 수 있다.

여기서 독일처럼 간접 관리하는 체제의 경우에도 학교에서의 민주시민교육 또는 정치교육(Politische Bildung)은, 이미 프러시아의 교육문화상 훔볼트에 의하여 확고히 정립된 후에 지금까지 그 틀이 변치 않고 유지되어 오고 있는 일반적 인간도야(Allgemeine Menschenbildung)라는 초 · 중등교육의 기본이념을 실현하는 교육을 하여 왔고 또 하기 위하여 끊임없는 개혁을 하여 온 만큼 그 자체가 국가주도적 정치교육의 색깔을 갖고 있다. 초등교육 후에 제2영역에서 이루어지는 교육은 보이텔스바허 합의(Beutelsbacher Konsens)[1]에서

---

1) Konsens는 '합의'이다. '협약'이라는 번역은 Konsens라는 단어의 기본 의미를 벗어나고 있다. 협약에

보듯이 간접적 지원과 감독의 형태를 갖고 있으나, 그 실천내용에서 이미 국가의 지원을 받는 것만큼 분명하게 국가의 엄격한 감독 아래 이루어지고 있음을 알 수 있다. 그리고 국가의 재정지원 없이 독립적으로 이루어지는 정치교육은 정도(正道)를 벗어났다, 다시 말해, 기본법의 정신을 벗어났다 싶으면 우리의 헌법재판소 같은 기관에 의하여 심판을 받게 되어 있다. 전체적으로 민주시민의 정치능력에 민주국가의 보존과 발전이 좌우되는 만큼, 민주시민교육은 직접적이든 간접적이든 국가의 지도, 감독, 지원 아래서 이루어져야 한다.

민주시민교육의 틀 두 번째로, 우리는 성숙한 민주시민교육이 이루어지기 위하여 필수불가결히게 요청되는 전제조건 세 가지를 생각해 볼 수 있다. 이 전제조건은 민주시민교육의 기본과 기초를 이루는 내용이면서 동시에 그 위에서 교육내용이 학습자에게 바르게 내면화되고 민주시민의 기본적 정치역량으로 발휘될 수 있는 조건이다. 이러한 조건으로 우리는 정체성 교육, 공동체성과 개체성의 조화와 균형 교육, 그리고 갈등능력과 여론수렴능력의 교육을 생각해 볼 수 있다.

첫째는 정체성 교육이다. 어느 민족이나 국가를 막론하고 예부터 성장세대에게 베풀었던 첫 번째 교육은 정체성 교육이었다. 정체성 교육을 통하여 성장하는 어린이와 청소년은 빛나는 역사 이야기를 들으며 위대한 조상을 둔 부족 또는 민족의 후손으로 태어났으며, 성인이 되어서는 한 구성원으로서의 책임과 의무를 다한다는 자긍심과 정체성을 갖게 된다. 이러한 정체성은 그가 오늘날의 글로벌 시대에 외국 국적의 시민으로 살아가더라도 교민(僑民)으로서 어려운 사회생활을 힘 있게 헤쳐 나가며 그 사회에서 능력을 발휘하게 하는 바탕이 된다. 그리스 민족 호머의 「일리아드」와 「오디세이」에서, 히브리 민족의 창세기, 출애굽기, 레위기, 민수기, 신명기로 이루어진 『모세오경』에서 우리는 인류의 역사에서 대표적인 신화를, 다시 말하면 정체성 교육의 텍스트

는 쌍방이 합의한 계약이란 의미가 있는데, 합의는 계약이란 법강제적 조건이 전혀 담겨 있지 않은 말이다. 그럼에도 불구하고 이 합의가 그 후에 독일의 모든 정당과 기관의 정치교육의 원리로 권위 있게 수용되고 자리 잡았음에 우리는 주목하여야 한다.

를 본다. 신화는 이들 민족의 조상들이 겪고 이루어 낸 역사 이야기이다. 공통
적 특성은 조상들의 역사를 훌륭한 사건들을 절대긍정적으로, 신들의 도움과
보호라는 초월적 차원으로까지 끌어올려서 묘사하였으며, 이 빛나는 조상들
의 이야기를 후손에게 들려주면서 빛나는 역사를, 또는 역사를 계속하여 빛나
게끔 만들어 갔다는 사실이다. 또 다른 공통적 특징은 없는 사건을 지어내거
나 벌어진 사건을 폄하하지 않고 긍정적 시각에서 최대한 훌륭하게 만들어서
후손에게 전했다는 사실이다. 우리에게도 『삼국유사(三國遺事)』와 『환단고기
(桓檀古記)』 같은 좋은 신화모음집이 있다. 그리고 2000년 이상의 유구한 역사
가 있다. 이 역사를 훌륭하게 만들어서 후손에게 이야기해 주는 일은, 그리하
여 긍지와 책임의식으로 가득 찬 가슴을 갖게 하는 일은 민주시민교육이 의
미 있게 이루어질 수 있게 하는 전제조건 가운데 하나이다. 우리의 이웃인 일
본은 역사를 부정하고 왜곡하는 모습을 보여 주고 있다. 이에 비하여 독일은
있는 역사를 철저히 인정하고 그 바탕 위에서 농도 짙은 갈등관계를 겪어 온
프랑스와 폴란드 같은 인접 국가들과 공동의 역사 교재를 펴내면서 후손들에
게 상호이해와 화합, 긍지와 책임의식을 불어넣는 정치교육을 성공적으로 하
고 있다. 이웃 국가와 민족에게 저지른 과거의 역사를 부정하는 민족이나 국
가는 같은 역사를 되풀이한다. 이와 마찬가지로 조상과 조국이 만들어 온 과
거의 역사를 부정적으로 보려고 하고, 긍정적인 면을 축소 또는 폄하하려고
하는 민족이나 국가는 미래의 역사적 난관을 극복해 갈 수 있는 기본 바탕을
상실하게 된다.

둘째는 공동체성과 개체성의 조화와 균형 교육이다. 민주국가는 구조적으
로 시민주도적이다. 따라서 나를 중심으로 가족, 친구, 혈연, 학연 그리고 지역
중심의 구심원적 사유와 행동을 보여 주는 경향이 대단히 심하다. 그러나 국
가 안에서 나, 가족, 친구, 지역을 생각하고 자연 생태계의 질서 안에서 지속
가능한 개발을 생각하는 일이 함께 이루어져 이 둘의 균형과 조화가 합리적
으로 유지될 수 있어야 민주국가의 지속적 보존과 발전은 보장될 수 있다. 여
기서 필연적으로 균형과 조화의 방법이 문제시된다. 인간의 정신적 추동은 본

능적으로 구심적 원을 그리도록 되어 있다. 그러나 종교적 진리를 포함한 이 세상의 모든 진리는 이에 반하여 원심적 원을 그리는 구조에 자리 잡고 있다. 이를 헤겔(Georg Wihelm Friedrich Hegel, 1770~1831)은 변증법에서 '정신의 원심적 추동(Zentrifugaltrieb der Seele)'이라는 어려운 말로 표현하였다. 그러나 변증법까지 들먹이지 않더라도, 여기서 드러나는 결론은 분명하다. 국가와 민족이라는 전체에 유익한 한계 안에서 개인과 지역이라는 부분의 관심과 능력은 존중되고 지원되어야 한다. 다시 말하면, 공동의 복지 또는 공익성(公益性)의 기초 위에서 사적 관심의 추구 또는 지복성(至福性)은 보장되고 장려되이야 한다. 만일 개인의 관심 추구가 공통체에 이롭시 않을 뿐 아니라 해로운 것으로 확인된다면, 바로 이 선이 개인의 관심과 능력이 발휘될 수 있으며 동시에 좋은 한계로 작동하여야 한다는 말이다. 우리 사회의 구조적 부패가 가져다주는 구조적 비평화를 분석해 보면 이러한 사실이 더욱 분명해진다. 그러므로 민주시민교육의 큰 전제 가운데 하나는 공익성의 바탕 위에서 지복성의 단단한 집을 지어 가는 정신의 도야이다.

셋째는 갈등능력과 여론수렴능력의 교육이다. 민주주의는 간주관적 합의에 기초한 정치이다. 이에 따라서 의사소통의 구조와 민주주의의 색깔 및 형태가 만들어지고 국가의 정치구조가 형성된다. 그래서 성숙한 민주주의일수록 거기에 토론과 여론수렴의 정치문화가 있음을 확인하게 된다. 게다가 정치교육에서 다루는 모든 이해는 다양한 변인이 대단히 복잡하게 얽혀 있는 현상에 대한 인식이다. 그래서 민주주의는 갈등사회이다. 그렇기 때문에 자기 자신의 고유한 견해를 전면에 내세우는 생활태도를 벗어 버리고, 다양한 견해가 섞이고 갈고닦이어 간주관적 개념이 점진적으로 구축되어 가도록 자신을 항상 열어 놓을 수 있어야 한다. 이러한 삶은 고도의 갈등능력과 여론수렴능력을 요청한다. 그러므로 초등학교에서부터 대화하고 토론하는 학습을 익혀야 성인이 되어서도 성숙한 정치능력을 발휘할 수 있다.

갈등은 그 본질에 있어서 극복의 대상이 아니다. 민주주의는 시민 개개인의 인권의 절대적 평등성을 바탕으로 삼고 있다. 그래서 시민 각자가 상대방

을 그의 상이성에 있어서 자신의 상이성과 마찬가지로 존중하면 시민들 상호
간에 무조건적 절대적 평등성 인정의 원리에 서서 대화할 수 있는 능력을 갖
게 되고, 갈등은 자연스럽게 극복의 대상이 아닌 공존의 대상이 되어 우리의
공동체적 삶을 풍요롭게 만들어 갈 수 있다. 따라서 성숙한 민주시민이 갖추
어야 할 갈등능력은 갈등 자체를 극복의 대상으로 보지 않고 갈등을 즐길뿐
만 아니라, 합의에 이르지 못한 갈등의 내용을 그대로 공존시킬 수 있는 능력
이다. 시간과 더불어 공존하는 갈등은 수렴되는 동시에 새로운 종합으로 재구
성된다. 갈등능력과 함께 요청되는 여론수렴능력도 비록 자신의 견해와 다른
대립적인 견해가 정당의 여론으로 채택되었다고 해도 그것을 자신의 견해로
수용하고 최적적으로 정책화할 수 있도록 협력하는 능력이다. 이러한 능력은
민주시민이 갖추어야 할 기본적 정치능력이라 하겠다.

　민주시민교육의 틀 세 번째로 우리는 교육의 방법을 생각해 볼 수 있다. 민
주국가의 흥망성쇠는 헌법에 대한 시민의 기본이해와 태도에 따라서 결정된
다. 그러므로 민주주의를 잘할 수 있는 능력을 시민 개개인에게 길러 주는 일
의 중요성은 아무리 강조해도 충분하지 않다 하겠다. 우리는 이 일을 위하여
앞에서 민주시민교육체제의 제1영역과 제2영역, 그리고 정체성, 공동체성과
개체성의 관계, 갈등과 여론수렴 능력 같은 민주시민교육의 전제조건들을 생
각해 보았다. 이러한 내용들은 민주시민교육이 성공적으로 이루어질 수 있기
위한 큰 틀이다. 그러나 이상의 내용까지 포함하여 민주시민교육의 성공적 이
행의 전제조건은 교육방법이라는 또 하나의 틀의 성공적 이행이다. 왜냐하면
교육방법은 학습과 생활을 모두 포괄하기 때문이다. 다시 말하면, 사람은 어
떠한 교육방법으로 학습하였는가에 따라서 그러한 방법으로 살아가기 때문이
다. 우리의 교육방법은 몇 마디로 성글게 표현하면 정답주입식, 객관식, 상대
평가식이다. 이에 따라 우리는 객관식으로 시험을 치르고, 모든 학업성취능력
을 점수화하고, 등수를 매기며 당락을 결정한다. 그래서 동료 학생들은 친구
이기 전에 경쟁자로 현존하고 있다. 그렇기에 언제나 이미 상대적 열등감, 박
탈감, 소외감 등에 젖어 있고 자족적 자율성이 부족하다. 그래서 학연, 지연,

혈연 등 인간관계의 소속망을 촘촘히 이루며 생활하며, 이에 따라 크고 작은 일들을 결정한다. 그리하여 감성이 이성을 지배하는 사회를 이루어 놓았다.

앞에서 언급하였듯이, 인간은 어려서 학교와 사회에서 익힌 학습방법을 훗날 어른이 되어 생활방법으로 삼고 살아가는 존재이다. 이러한 사실은 민주시민교육에서 더욱 확실하게 확인된다. 민주시민교육은 민주 사회와 국가에서 시민으로 생활하는 방법의 교육이기에 학습방법은 자연스럽게 정치와 경제를 그렇게 운영하게 하는 생활방법으로 연장된다. 그러므로 우리는 어떤 방법으로 민주시민을 교육할 것인가를 심사숙고하지 않으면 안 된다. 우리 사회의 일반적인 교육방법을 전제하면, 학습방법의 대전환 내지는 대변혁을 통하여 우리 사회의 민주적 생활방법 자체의 근본적 쇄신을 꾀하지 않으면 안 된다는 결론이 자연스럽게 나온다.

나는 하브루타(havruta)를 민주시민을 위한 기본적 교육방법으로 소개한다. 하브루타는 우정(fellowship) 또는 교제(company)라는 뜻을 가진 히브리어이다. 하브루타는 둘씩 짝을 이루어 큰 소리로 질문하고 토론하며 학습하는 형식을 통칭하는 말이다. 히브리의 랍비들은 하브루타의 기원을 창세기 18장 16~33절에 나오는 아브라함과 하나님 간의 대화에 두고 있다. 히브리 민족은 대화하고 토론하며 뜻을 이해하는 방법을 하나님이 인간에게 친히 주시고 보여 주신 공부방법으로 받아들이고 교육뿐만 아니라 사회생활 전반에서 삶의 기본형식으로 삼고 있다.

하브루타가 있는 곳에서는 선생과 제자가 그리고 학생들이 둘씩 짝을 이루어 큰 소리로 묻고, 답하고, 반박하고, 논쟁한다. 그래서 길이든 교실이든 교육이 이루어지는 곳은 항상 시끄럽다. 유태인의 교실은 지금도 시끄럽다. 도서관도 시끄럽다. 조용한 도서관은 이스라엘에는 없다. 랍비들은 "옆에서 아무리 큰 소리가 나도, 그 소리가 아무런 방해가 되지 않을 정도로 둘이 묻고 답하며 앎에 몰입하고 있어야 비로소 하브루타를 한다고 할 수 있다."라고 말한다.

하브루타에는 상대방에 대한 무조건적인 절대적 평등권 인정, 상대를 자신의 눈으로 보는 법 배우기, 하나의 척도는 없으므로 가능한 모든 척도를 동원하여 보기를 시도하기, 보편타당한 정답은 없고 현재 정답으로 밝혀진 것이 진리에 가장 가까이 가 있으므로 최종적 정답을 열어 놓기, 나의 생각과 대립적인 생각들에 귀를 기울이기, 부분에 사로잡히지 않고 전체를 함께 보기 등 이해의 기본적 태도가 준동하고 있다.

하브루타의 전제조건은 시험 치지 않는 교육이다. 유태인의 교육에는 시험이 없다. 현재 전 세계에 약 1,400만 명이 있다고 추산되는 유태인은 어떤 민족이나 국가보다 더 많은 노벨상 수상자를 배출하였다. 뿐만 아니라 경제, 학문, 종교, 예술, 건축 등 각 분야에서 세계 최고로 부각되는 인물들을 꾸준히 배출하고 있다. 이는 그들이 우리보다 더 우수하기 때문이 아니라 우리와는 근본적으로 다르게 성장세대를 교육하고 있기 때문이다. 어린이가 5세가 되면 토라(Torah, 가르침, 율법)를 공부하기 시작하는데, 어른이 되어 사회생활을 하다가 죽을 때까지 유태인들은 둘씩 짝을 이루어 서로 큰 소리로 질문하고 토론하며 논쟁을 즐기는 하브루타 교육을 한다. 이러한 방법으로 둘은 잠재능력을 최대한으로 발휘하고 상상력과 창의력, 자기표현능력과 관찰력을 도야하며 함께 인성과 인격을 키워 간다. 교실의 책상과 걸상도 학생들이 둘씩 마주보고 앉도록 배치되어 있다. 그래서 유태인의 교실은 항상 시끄럽다. 유태인들은 직장에서도 하브루타 방법을 최대한 활용하고 있다. 중요한 일일수록 혼자 결정하지 않는다. 경청하고 주장하며 수렴한다.

여기에는 대화가 내용을 이해하는 가장 좋은 방법이라는 교육원리와 학습한 것을 삶에 적용하는 가장 효율적 방법이라는 생활원리가 함께 자리 잡고 있다. 그래서 유태인이라면 누구나 "나에게 하브루타를 다오. 아니면 죽음을 다오(o havruta o mituta)."라는 경구에 익숙해져 있다. 그들은 사회는 함께 살아가는 삶의 형식이므로 타인에 대한 존경과 둘이 함께 살아가는 형식, 이 둘이 없으면 삶은 무의미해지고 살 가치조차 없어진다고 여긴다. 그 자연스러운 결과를 우리는 오늘날까지 유태인들이 만든 세계적 기업들에서 손쉽게 볼 수 있다. 그들은 하브루타를 하면서 쌓은 우정과 창의력을 기업의 창업으로 발전시키고 계속 함께 동업한다. 미국연방준비제도 혹은 Facebook 같은 세계적 기업들이 그 좋은 예이다. 우리의 교육현실에서 시험 하나만 없애고 그 자리에 하브루타를 놓을 수 있다면 우리 민족의 우수성이 세계를 찬란히 빛낼 수 있을 것이다. 그리고 시민은 성숙한 민주시민으로 자아를 실현할 수 있을 것이다.

우리는 지금까지 민주시민교육의 틀 세 가지를 민주시민교육의 방법론적 기본전제로 살펴보았다. 이 세 가지 틀 위에서 민주시민교육이 이루어진다면 그 외에 어떤 방법을 가져와 활용한다고 해도 훌륭한 민주시민교육이 될 것이다. 교육방법의 역사를 돌아보면 고전적인 범례를 이룬 높은 봉우리들을 보게 된다. 둘만 예로 들면 페스탈로치와 듀이(1859~1952)이다. 페스탈로지는 머리(Head), 가슴(Heart), 손(Hand)이 하나가 되어 이루어지는 3H 교육을 강조하였다. 듀이는 행함을 통한 배움(Learning by Doing)을 강조하였다. 이러한 교육방법의 고전적 예들은 모두 생활을 통하여 배우는 것이 가장 좋은 방법이라고 말하고 있다. 이러한 교육방법은 답을 삶 속에서 스스로 찾아가도록 하기 때문에 정답이 주어져 있지 않다. 마음을 사로잡고 있는 관심으로부터 학습의 걸음을 걷도록 하기 때문에 학습의 동기화가 언제나 이미 준비되어 있다. 눈, 귀, 입, 손이 동원되고 거기에다가 학습의 내용을 가슴을 통하여 전인적으로 재구성하도록 하기 때문에 거기에는 깨달음의 교육이 있다. 이렇게 학습한 것은 확실한 삶의 지식이 되어 생활로 나타난다.

민주시민교육의 방법론적 구조를 다시 살펴보면 거기에 페스탈로치와 듀이가 말한 방법의 철학이 이미 담겨 있음을 알 수 있다. 이 기초 위에서 정치교육의 방법에서 많이 사용하고 있는, 사회생활에서 사회의 구성원으로 갖게 되는 다양한 문제의 해결방법, 연극과 역할놀이, 영화 감상, 현재의 정치현안에 대한 전체적·종합적 접근, 국가와 사회의 미래를 창조하는 작업, 글로벌 메타 기획과 작업 등을 형편과 상황에 따라 효과적으로 동원할 수 있을 것이다. 다시 말하면, 시민으로 사회생활에서 갖게 되는 작은 문제들부터 시작하여 국가의 미래와 관련된 큰 문제까지, 그리고 국제적 평화와 경제문제, 생태와 환경문제까지 다루며 시민으로서 갖추어야 할 정치적 역량을 키워 갈 수 있을 것이다. 방법은 단지 학습에서 끝나지 않는다. 학습의 방법으로 시작하여 사유의 구조가 되고, 사물을 보는 눈으로 발전하여 생활의 형식으로 자리를 잡아 간다. 그리하여 방법은 생활이 된다. 방법에서 이론이 실천으로 이어지고, 정치는 일상생활의 영역에서 합리적 응용의 형식으로 자리 잡게 된다. 그러므로 따지고 보면 방법이 곧 정치라 하겠다.

5. 학교에서의 민주시민교육

오늘날처럼 이념과 신념이 극단적 색깔과 형태로, 다만 적대적 국가 간에서뿐만 아니라 종교와 종파 간에, 그리고 민족과 집단 간에서뿐만 아니라 개인 간에 전 지구적으로 '테러'되고 있는 때, 민주시민교육을 학교에서 정규 교과목으로 또는 교과목 안에서 수업의 단위로 구성하여 교육하여야 한다는 목소리가 세계적으로 고조되고 있다. 이미 영국, 프랑스, 독일, 오스트리아 등의 국가들은 사회 안에서 자생하는 극단주의(Extremismus)를 예방하고 밖에서 가해지는 위험에 대처하기 위하여 민주시민교육을 학교교육의 필수불가결한 과제로 삼고 있다. 새로운 정규 교과목으로 가르치는 일은 여러 가지로 문제가 있기 때문에 독일의 경우 초등학교에서는 일반사회와 자연을 함께 가르치는 '사물(事物, Sachunterricht)' 과목에서, 중등학교에서는 '정치교육(Politische Bildung)'이라는 과목명으로 가르치고 있으며, 프랑스에서는 중등교육에서 '시민교육(Education civique)'이라는 과목으로 가르치고 있고, 오스트리아는 '역사(Geschichte)' 과목에서 정치교육의 교안 뭉치(Module)[2]들을 일정하게 재구성하여 가르치고 있다.

민주시민교육은 성장하는 시민 개개인의 개성 있는 성장 · 발달을 위한 안

---

2) 모듈(Module)은 학생과 교사가 소수의 그룹으로 나누어져 하나의 주제 또는 큰 토픽의 한 단원을 가지고 주어진 시간에 함께 토론하며 수업하는 교육의 형식이다.

내일 뿐만 아니라 국가와 사회 전체의 지속적 발전을 위하여 필수불가결한 전제조건이다. 민주시민교육이라는 표현이 이미 의미하고 있듯이, 시민을 위한 정치적 교육은 국가와 사회의 권위와 지배의 정당성에 대한 기초적 이해로부터 출발하고 있다. 다시 말하면, 서구 여러 국가들의 민주시민교육은 필수적으로 국가의 정체성을 가르치고 있다. 그리고 이를 이해하기 위한 다양한 토론을 얼마든지 열어 놓고 있다.

이들 국가에서 민주시민교육의 원칙 몇 가지를 확인하게 된다.[3)]

첫째, 민주시민교육은 국가와 사회에 대한 학생들의 이해능력을 계발(啓發)하여야 한다. 다시 말하면 사회의 관심, 규범, 가치, 지배, 권력 그리고 이것들의 배분구조, 정치적 집단과 조직형태 등 사회를 구성하고 있는 구조와 조건을 바르게 인식할 수 있는 능력을 길러 주어야 한다.

둘째, 민주시민교육은 민주정치가 지배권력의 투쟁과정에서 이루어지는 산물이 아니라 시민의 성숙한 정치참여에 의하여 형성되고 유지되는 지배체제임을 학생들에게 분명하게 이해시켜야 한다. 자기 자신의 고유한 관심을, 이웃 시민의 생활문제를, 공동사회의 복지를 추구하기 위한 정치참여의 가능성과 필요성을 이해시키고 능력을 길러 주는 소위 '정치화(Politisierung)'가 당연히 요청된다.

셋째, 민주시민교육은 사고능력의 훈련이다. 정치란 다양한 색깔과 형태의 논리가 충돌, 교호, 수렴되는 마당이다. 따라서 학생들은 나와 다른 의견, 정치적 대안들에 대한 숙고의 능력을 배양하고, 다른 정치적 입장과 생각에 대하여 관용적이고 개방적인 태도를 갖도록 훈련되어야 한다.

넷째, 민주시민교육은 국가관과 안보관에 대한 확고한 이해를 심어 주는 것을 목표하여야 한다. 대한민국처럼 분단과 대립의 상황 아래에 있고, 결코 우호적이 아닌 중국, 러시아, 일본 같은 강대국에 둘러싸여 있는 지정학적 조건 아래서 국방을 지키고 헌법을 고수하며 민주적 자유를 보수할 뿐만 아니

---

3) Politische Bildung in den Schulen, www.politische-bildung.at 참조.

라 지속적으로 경제, 학문, 예술 등 모든 분야에서 발전하지 않으면 안 되는 나라에서 학생들이 건실한 국가관을 공유하는 일은 대단히 어렵고 중요하다. 그러므로 이에 대한 확고한 바른 이해를 심어 주어야 한다. 특히 경제적 형편과 조건들, 시민의 생활보호를 위한 법적 조치와 근거들, 국방수호의 정책과 전략들에 대한 기본이해 교육이 필요하다.

다섯째, 민주시민교육은 가치와 사상의 교육이다. 자유와 인권 같은 기본가치, 편견에 체포되지 않고 개방적으로 대화하고 사고하며 판단할 수 있는 능력, 인류의 생존을 위하여 불가피한 생태적 지속가능 조건, 이러한 가치들에 대한 이해는 다만 인식의 차원에 머물러 있지 않고 의무적 참여와 이행의 차원으로 제고(提高)되도록 교육되어야 한다.

이미 앞에서 강조하였듯이, 민주시민은 태어나는 것이 아니라 만들어지는 것이다. 시민은 민주국가의 보존과 발전을 위한 필수불가결한 조건이다. 국가가 어떤 시민으로 이루어져 있는가를 알면 우리는 그 국가의 과거와 미래를 볼 수 있다. 그래서 교육이 필요하고 중요하다. 성숙한 민주시민으로 잘 뒷받침되어 있지 않은 국가는 현재의 보존이 위태롭고 미래의 발전도 그르칠 수밖에 없다. 그래서 민주시민교육 선진국들에서 우리는 학교에서의 민주시민교육과 사회에서의 정치능력화 교육에 많은 노력을 기울이고 있고 또 잘 이루어지고 있음을 확인하게 된다.

6. 사회에서의 민주시민교육

사회는 민주시민교육의 제2영역이다. 민주시민교육의 제1영역인 학교에서, 특히 초·중등교육기관에서 민주주의에 관한 기초적이고 기본적인 지식과 소양을 익히고 이젠 선거권을 가진 시민이 된 젊은이들로부터 시작되는 사회에서의 민주시민교육은, 삶과 직접적인 마당에서 이루어지기 때문에 교육의 효과가 경험적으로 검증된다. 따라서 내용이 충실하고 합리적으로 이루어지는

민주시민교육은 다양한 계층과 연령에 있는 시민의 적극적 호응을 용이하게
불러일으킬 수 있다.

국가는 사회에서의 민주시민교육을 직접 주관하거나 간접 지원할 수 있다.
그러나 국가가 직접 주관하는 체제는 단기적으로 효과를 거둘 수 있으나, 장
기적으로는 바람직하지 않다. 민주시민교육의 다양한 기관을 국가가 재정적
으로 지원하는 체제가 바람직하다. 여기서 우리는 독일의 사례를 주목할 필
요가 있다. 독일은 1976년 이래로 민주시민교육의 상이하고 다양한 기관, 정
당, 교회, 기업, 노조, 시민단체들을 정부에서 재정적으로 지원하고 있다.[4] 지
원에는 조건이 있다. 첫째로, 교육단체는 단체 자체의 목적과 가치를 '주입'하
는 교육을 해서는 안 된다. 둘째로, 정치적 쟁점들은 교육현장에서도 반드시
쟁점으로 다루어야 한다. 단체 중심의 관점에서 편파적으로 다루어서는 안 된
다. 셋째로, 이데올로기적 주입교육을 해서는 안 된다. 특정한 이해관계에 따
른 선전교육을 해서는 안 된다. 민주시민교육의 목적은 민주주의를 바로 세우
고 보수하는 것이다. 그러므로 시민의 의식에 성숙한 민주주의가 자리 잡도록
교육하여야 한다.

이러한 기본원칙은 유명한 보이텔스바허 합의(Beutelsbacher Konsens)와
연계되어 있다. 보이텔스바허 합의는 1976년 가을에 바덴뷔르템베르크 주
의 정치교육원(Landeszentrale fuer politische Bildung)이 여러 정당의 정치
교육 담당자들과 보이텔스바허에서 가진 학술회의의 결과물이다. 보이텔스
바허 합의는 그 후에 독일에서 이루어지는 모든 정치교육의 기본원리로 자
리 잡았다. 보이텔스바허 합의는 다음과 같은 세 가지 원리로 구성되어 있
다. 첫째, 강요와 주입의 금지(Ueberwaeltigungsverbot, Indoktrinationsverbot)
원리이다. 교사는 학습자에게 자신의 견해를 강제로 주입하려 해서는 안 된
다. 학습자 스스로 자기 자신의 고유한 견해를 만들어 가도록 도와주어야 한

---

4) 민주화운동기념 사업의 독일연수단, 독일 정치교육의 현장을 가다, 서울: 민주화운동기념사업회, 2008,
   271쪽.

다. 여기에 학습자를 성숙한 민주시민으로 양성하기 위한 정치교육의 목적이 있다. 둘째, 논쟁(Kontroversitaetsgebot)의 원리이다. 논쟁과 대립의 이해를 열어 놓는 것은 자유로운 의견 형성을 가능하게 해 준다. 선생은 모든 주제를 논쟁적으로 학습자에게 제시하여 토론이 이루어지도록 만들어야 한다. 정치에서 대립적 관점은 존중되고 억압받지 않아야 한다. 셋째, 학습자 중심(Studierendeorientierung)의 원리이다. 학습자가 스스로 사회의 정치 상황과 학습자 자신의 관심과 입장을 분석하고, 적극적으로 정치적 과정에 참여하며, 이로써 파악한 정치적 현실 속에서 자기 자신의 관심을 새롭게 읽고 재구성하여 이를 성취할 수 있는 수단과 방법을 찾도록 한다. 그러나 이 학습자 중심의 원리가 가차없이 자신의 고유한 관심을 관철시키는 것으로 드러나거나 장기적으로 모두가 공감하는 공동의 관심으로 수렴, 정리되는 과정에 방해가 되도록 해서는 안 된다.

보이텔스바허 합의는 전체적으로 정치교육은 비정치적으로 이루어질 때 비로소 가능하고 의미 있다는 사실을 확실하게 언명하고 있다. 독일은 이를 국가적 차원에서 사회에서의 민주시민교육의 기본원리로 삼고 있다. 학교에서의 민주시민교육도 충실하게 이 합의가 제시하는 방법을 따르고 있으며 또 성공적으로 이루어지고 있다.

우리는 독일의 범례에서 건전한 민주사회가 갖고 있어야 할 보편적 인생관을 확인하게 된다. 민주주의는 모든 인간은 평등하다는 인권에 대한 기본이해 위에 기초하고 있다. 인간의 품위는 어떠한 경우에도 결코 상처받아서는 안 된다. 상대방의 인격의 상이성을 나의 인격과 무조건적으로 그리고 절대적으로 동등하게 인정하여야 한다. 이에 기초한 민주시민교육의 전제조건과 성공조건은 '비정치적' 수업이다. 이러한 조건 아래서 이루어지는 대화와 토론의 방법을 통해 민주시민교육의 학습자는 상이한 견해를 서로 나누어 가면서 다루는 주제를 투명하게 철저히 인식하게 된다. 여기서 학습자는 스스로 직접 학습한 내용을 자신의 고유한 언어로 재구성할 수 있다. 이러한 개방적 인식의 지평과 자유로운 판단의 가능성이 민주주의의 가치를 보존하고 모든 정치적 도구화의 가능성을 미연에 차단할 수 있게 하는 것이다.

7. 맺는말

우리는 지금까지 민주시민교육의 의미와 필요성을 살펴보았다. 민주공화국의 보존과 발전은 시민의 성숙한 정치역량에 의하여 결정적으로 좌우되므로 민주시민을 철저하게 교육하는 일은 국가의 절대적 과제임을 확인할 수 있었다. 너무나 분명하게, 민주시민은 태어나는 것이 아니라 만들어지는 것이다. 그러므로 민주시민을 철저하게 교육하여 민주국가의 성숙한 정치적 기반을 다져야 한다. 이제까지 대한민국은 이를 소홀히 하여 왔다. 그러나 경제선진국의 대열에 들어선 지금, 이제는 개혁적이고 반성적인 민주시민교육을 통하여 정치선진국으로 발돋움하여야 한다.

그래서 우리는 민주시민교육의 제도로 학교에서의 민주시민교육과 사회에서의 민주시민교육을 생각해 보았다. 민주시민교육이 그 위에서 출발할 수 있는 바탕, 민주시민교육의 최우선적 목표이면서 동시에 본질과 근원을 이루고 있는 것, 그것은 애국심이다. 애국심은 저절로 생기는 것이 아니라, 민족과 국가의 찬란한 역사가 이야기가 되어 성장세대의 가슴에 담겨야 비로소 개성 있는 자아정체성으로 도야되고 형성되는 것이다. 이러한 정체성 교육이 모든 민주시민교육의 전제조건이요 최우선적 과제이다. 정체성의 바탕 위에서 공동체성과 개체성의 조화와 균형, 갈등능력과 여론수렴능력의 배양이 이루어져야 한다. 민주시민교육은 자유롭고 개방적인 분위기에서 하브루타 같은 토론을 중심으로 이루어지되, 보이텔스바허 합의의 내용을 방법적 기본원리로 삼아야 할 것이다.

우리나라는 현재 지구상에서 유일하게 남아 있는 분단국가이다. 뿐만 아니라 그 둘은 대단히 심각한 적대관계에 있다. 이와 같은 상황 아래서 민주시민교육의 보편적 과제로 인성교육, 통일교육, 양성평등교육, 다문화교육, 평화교육, 세계시민교육 등 반드시 포함되지 않으면 안 되는 과제들이 있다. 그 중에서 인성교육과 통일교육은 다른 교육들이 그 바탕 위에서 이루어져야만 하는 민주시민교육의 기초를 이루고 있다. 민주시민의 역량은 각 시민이 사회생활에서 보여 주는 인성에 의하여 결정된다. 또한 통일교육은 대한민국의 건국 후에 오늘에 이르기까지, 그리고 앞으로 통일 대한민국이 이루어질 때까지 국가적 차원의 절대과제이다. 그러므로 민주시민의 성숙한 정치적 역량을 배양하기 위하여 철저한 인성교육과 통일교육의 바탕 위에서 양성평등교육, 다문화교육, 평화교육, 세계시민교육 등 민주시민교육의 둥근 집을 건축하여야 한다.

"대한민국은 민주공화국이다. 대한민국의 주권은 국민에게 있고, 모든 권력은 국민으로부터 나온다."(「헌법」 제1조) 그러므로 민주시민교육은 민주공화국이 최적적으로 현존할 수 있는 기본 양식(糧食, 樣式)이다. 따라서 항상 일상생활 내용으로 친숙하게 자리 잡고 있어야 한다. 그러나 우리나라는 격동의 세월을 거쳐 오면서 숱한 경이로운 발전과 성취를 이뤘음에도 정작 민주시민교육에는 소홀해 왔다. 그러므로 '민주화운동기념사업회' 같은 기관은 이 땅에서 태어나 성장하는 모든 미래세대가 각자의 잠재능력을 최적적으로 실현할 수 있는 환경을 만들어 주고, 우리 사회의 자유민주적 기본질서를 확고히 다지며, 시민 각자가 성숙한 민주정치능력을 마음껏 발휘하면서 시민으로서 책임과 의무를 잘 수행하고 행복한 삶을 영위할 수 있는 국가로 발돋움하기 위한 기초이자 전제는 잘 다듬어진 민주시민교육론의 정립과 실천이라고 보고 바르고 철저한 민주시민교육을 다지는 작업을 시도하여야 한다. 필자가 앞에서 제시한 교육론은 전반적이고 기초적인 서술이다. 따라서 앞으로 충분한 시간을 두고 잘 기획하여 민주시민교육의 이론과 제도를 정립하기 위한 작업을 진행하여야 할 것이다. 이러한 작업에서 고려하여야 할 내용들을 다음에 언급하면서 이 글을 맺으려 한다.

민주시민교육은 평생교육의 차원에서 단기적 · 중기적 · 장기적으로 구상되어야 할 것이다. 민주시민교육의 내용과 방법은 정당정치의 차원에 머물러서는 안 되며 이를 포괄하고 넘어선 국가와 민족의 보존과 발전의 차원에서 구상되어야 할 것이다.

현대는 정치, 경제, 학문, 예술 등 모든 분야가 글로벌화된 시대이다. 따라서 민주시민교육도 지역과 사회의 차원, 국가의 차원 그리고 세계의 차원을 연관하고 포괄하는 정치능력의 배양을 목적하여야 할 것이다.

현대는 디지털테크노미디어 시대이다. 이 시대에 인공지능(Artificial Intelligence: AI)과 소프트웨어 중심 사회가 급속하게 전개되고 있으며, 이에 따라 정치를 포함한 모든 삶의 형태와 색깔이 급변하고 있다. 글로벌 차원의 국가 간 경쟁은 더욱 치열해지고 있다. 인종, 신념, 지역 간 갈등과 위기도 더욱 심화되고 있다. 교육도 의사소통(Communicaton), 비판적 사고(Critical thinking), 협력(Collaboration)과 융합(Convergence), 창의력(Creativity)의 소위 '4C' 교육시대로 접어들었다. 민주시민교육은 이러한 시대적 변화에 적절히 대응하여 국가적 차원에서 시공간을 포괄하는 디지털 플랫폼을 구축하여 현대의 디지털세대에 다가가야 할 것이다.

민주국가에서 시민의 역할을 깊고 넓게 인지하고 그 기능을 바르게 수행할 수 있도록 시민을 정치적으로 능력화한다는 민주시민교육의 목적은 너무나 자명하다. 시민이 성숙한 정치능력을 발휘하기 위하여 갖추어야 할 능력은 크게 사회와 국가의 정치조직과 제도에 대한 지식, 사회와 국가의 일원으로 갖추어야 할 일정한 인생관과 국가관, 그리고 정치적 사안에 대한 참여능력과 문제해결능력의 고양이다. 민주국가의 법치는 시민이 공유하고 있는 의식과 행동, 책임과 의무를 다하려는 태도에 달려 있다. 그렇기 때문에 민주시민교육은 단지 소방서의 불 끄기 기능을 넘어설 수 있어야 한다. 시시때때로 전개되는 정치적 도전과 사회적 문제들에 대응하는 교육이 불끄기 교육이라면, 이를 넘어서는 정치적 주제와 정책을 개발하고 지속 가능한 국가와 사회를 만들어 가기 위한 개선과 쇄신의 걸음을 성숙하게 걷도록 하는 교육이 이루어져야 한다. 현대와 같은 글로벌한 지식정보화 사회에서 민주정치는 점점 더 복잡성과 딜레마의 성격을 갖게 되어 있다. 그리하여 시민이 정부와 함께

위기관리능력을 발휘하지 않으면 안 된다. 이러한 상황 아래서 긴 호흡으로
철저히 민주시민교육을 다져야 하겠다.

제2부

기독교교육에서 배운다

제5장

한국의 기독교교육과 역사

1. 들어가는 말

2010년은 한국기독교교육학회가 설립된 지 50주년이 되는 해이다. 이를 기념하여 학회는 한국의 기독교교육을 역사, 문화 그리고 현장의 세 영역에서 고찰하는 학술대회를 열었다. 이 학회에서 나에게 부여한 과제는 '한국의 기독교교육과 역사'이다. 한국 기독교교육의 역사는 대단히 방대한 영역이다. 이를 어떻게 고찰하는 것이 의미 있을까? 여러 가지로 생각해 보았다. 우선 우리는 한국의 기독교교육을 좁게 학교교육적 관점에서 교회를 중심으로 그리고/또는 기독교 학교를 중심으로 고찰해 볼 수 있다. 반면에, 넓게 한국의 민족과 국가에 기독교교육이 어떤 영향을 주고 어떤 기여를 하였는가를 문화사적 관점에서 고찰해 볼 수 있다. 나는 후자가 더 의미 있겠다고 보았다. 다시 말하면 교육의 역사를 교육의 제도사, 이념사, 학교사, 교육과정사, 교단사 등으로 살펴보는 것보다는 그 시대와 문화가 어떠하였기에 그러한 색깔과 형식의 교육이 교회와 사회에서 강조되었으며, 그러한 역할을 기독교교육이 수행할 수 있었는가를 문화사적으로 고찰해 보는 것이 좋을 듯 싶었다.

그리고 또 하나는 역사란 무엇인가에 대한 근본적 고찰이다. 우리가 다 아는 대로 역사는 그리스어 $\iota\sigma\tau\text{o}\rho\iota\alpha$(historia, 탐구)에서 온 말이다. Historia는 탈레스(Thales)와 아낙시만드로스(Anaximandros)에게서 보듯이, 세계의 기원과 원리, 나일의 범람이나 일식(日蝕) 같은 놀라운 자연현상의 탐구를 의미하였다. 헤로도토스(Herodotos)는 이 말을 인간의 삶의 현상에 관한 탐구로 세한하여 사용하였다. 아리스토텔레스(Aristoteles)에 와서 historia는 오늘날 우리가 사용하는 역사라는 의미, 좁게는 지나간 사건의 서술이라는 의미로 시문학과 구별되었으며 학문의 한 연구유형으로 확고하게 자리 잡았다. 아리스토텔레스는 시문학적 글쓰기와 역사적 글쓰기를 구별하였다. 시문학적 글쓰기의 과제는 실제로 일어났던 사건이 아니라 일어날 뻔했거나 일어났으면 하는 또는 필연적으로 일어나야 하는 사건을 묘사하는 것이다.[1] 그래서 그는 개체적인 것을 대상으로 삼는 역사서술보다는 전체적이고 보편적인 것을 대상으로 삼는 시문학을 진지한 철학적 활동으로 더 가치 있게 보았다.[2] 오리게네스(Origenes)나 아우구스티누스(Augustinus)에게서 보듯이, historia는 라틴어로 수용되면서부터 대상들 간의 깊은 관련성의 탐구라는 의미로 사용되기 시작하였다. 이러한 관련성의 탐구는 지나간 삶의 큰 자취들을 시간적 경과에 따라 서술하는 연대기(Chronik, Chronology)로 정리되었다. 그리하여 연대기는 가장 오래된 그리고 가장 큰 흐름으로 전개되어 온 역사서술의 형식이 되었다. 오늘에 이르기까지 역사서술의 큰 흐름은 다양한 사관에 기초한 연대기적 서술로 확인되고 있다. 연대기적 서술에서 일어난 사건 자체의 기록과 여기에 담겨 있는 내용의 탐구를 시간적 경과에 따라 서술하는 것이 중요했다. 그리고 역사적 탐구의 대상으로는 인류의 삶뿐만 아니라 식물과 동물 같은 자연도 포괄되었다. 그래서 지금도 인물사, 민족사, 사회사, 국가사, 교회사 등에서뿐만 아니라 자연사, 숲의 역사, 지구의 역사 등에서 연대기적 서술을 주로 사용하고 있다.

이러한 역사연구는 자연스럽게 전승되어 온 숱한 사건들과 자취들 가운데서 의미 있는 것들을 선택하여 사건들 사이의 관련을 종합하고 조직하여 일

---

1) Aristoteles, Poetik, in: Wilhelm Nestle (Hrsg), *Aristoteles Hauptwerke*, Leipzig 1934, S.350.
2) Nestle, Wilhelm(Hrsg), Aristoteles Hauptwerke. Leipzig 1934, 350쪽 이하.

정한 역사상(歷史像)으로 정립하는 과제로 드러났다. 이러한 과제수행은 또한 자연스럽게 현재의 삶의 현실은 과거의 삶의 흐름의 마땅한 귀결이라는 결론을 만들어 내곤 하였다. 그리하여 역사서술이 현재에서 역사를 조월하여 미래를 선취하게 하기보다는 현재를 시간의 얼개 속에 가두어 놓곤 하였다.

인간은 역사를 초월하여 존재할 수 없다. 인간은 역사 안에서 의미를 물으며 존재한다. 인간의 역사는 시간과 공간 안에서, 함께 사는 사람들의 관계 속에서, 계층과 성차, 민족과 국가의 상호관련 안에서 일어나는 현상이다. 인간은 역사 안에서 살면서 역사를 만드는 유일한 존재이다. 인간은 역사의 의미를 어떻게 묻고 답하는가에 따라서 시대에 체포되지 않고 미래를 선취할 수 있다. 예를 들면, 스페인에서 추방령을 받고 정처 없이 삶의 터전인 고향을 떠나게 된 유태인 가족의 어린 아들이 아버지에게 묻는다. "아빠, 왜 우리는 이런 시련을 당해야 하나요?" 그러자 아버지가 아들에게 답한다. "아들아, 그건 하나님의 말씀(Torah, 가르침)이 이 세상 방방곡곡에 전파되기 위하여서란다." 이렇게 이 유태인 가족은 역사를 초월하여 살아가는 모습을 보여 주었다. 그리고 절대다수의 유태민족이 같은 의미 해석을 하며 세월을 헤쳐 가면서 역사를 초월한 위대한 민족이 되었다. 그런데 여기서 우리의 역사에 대한 인식 관심이 다음에 제시한 연구들에서 보듯이 너무나 그리스적 역사이해의 전통에 체포되어 있지 않나 반성해 본다.

현재까지 한국에서 기독교교육의 역사에 관하여 연구되고 출판된 단행본과 학술논문은 대체로 다음과 같다.

한국 기독교교육의 역사에 관한 연구는 많지 않다. 단행본으로는 엄요섭의 『한국 기독교교육사 소고』(대한기독교교육협회, 1959)와 문동환의 『한국 기독교교육사』(대한기독교교육협회, 1974), 그리고 한춘기의 『한국 교회교육사』(대한예수교장로회 총회, 2006)가 있다. 학술논문으로는 한국기독교교육학회가 1998년에 『기독교교육논총』 제3집으로 펴낸 「한국 기독교교육학의 개척자」와 1999년에 『기독교교육논총』 제5집으로 펴낸 「한국 교단의 기독교교육사」가 있다. 한국기독교교육학의 개척자로 김득룡(한춘기), 김형태(권용근), 김활란(정소영), 문동환(이금만), 백낙준(김성은), 은준관(임영택), 정웅섭(윤웅진) 그리고 주선애(오인탁)를 다루었다.[3] 교단의 기독교교육사로 오인탁이 총론을 썼으며, 장종철이 감리교회의, 고용수가 대한예수교장로회(통합)의, 한춘기가 대한예수교장로회(합동)의, 윤웅진이 한국기독교장로회의, 강용원이 대한예수교장로회(고신)의, 이정효가 기독교대한성결교회의, 이석철이 기독교한국침례교회의, 그리고 박문옥이 기독교대한하나님의 성회의 기독교교육사를 썼다. 그 외에 장종철(1985)의 "한국 개신교역사와 기독교교육", 『신학과 세계』 11(1985. 10), 252~302쪽; 이영호(1992)의 "한국 기독교교육의 역사", 오인탁, 주선애, 정웅섭, 은준관, 김재은 편의 "기독교교육사", 교육목회, 477~547쪽; 정정숙(2000)의 "해방과 기독교 여성교육 재건에 관한 역사적 연구", 『총신대 논총』 제19호, 5~43쪽; 오인탁(2001)의 "한국 기독교교육학회 약사", 한국기독교학회 편의 "한국기독교학회 30년사", 대한기독교서회, 265~279쪽; 오인탁(2003)의 "한국 기독교교육학 연구사"; 이화여자대학교 한국문화연구원 편의 "신학연구 50년"(한국학술사 총서 3), 혜안, 229~296쪽; 강용원(2008)의 "한국의 기독교교육"; 오인탁 편의 "기독교교육사", 한국기독교교육학회, 309~344쪽 등이 있다.

그리스적 역사이해와는 대단히 대조적인 히브리적 역사이해가 있다. 구약에서 역사는 이야기이다. 큰 사건들의 이야기로 하나님의 역사하심이 강조되었다. 신약에서 역사라는 말은 갈라디아서 1장 18절에서 딱 한 번 나온다. "삼년만에 내가 게바를 방문하려고 예루살렘에 올라가서"에서 바울이 게바를 알기 위하여 '방문'한다는 동사가 historein이다. 역사는 하나님의 인간 구원활동의 전개에 관한, 아니 인간을 구원에로 섭리하시는 하나님의 교육활동에 관한 이야기이다. 하나님이 족장들, 선지자들, 예수를 이 땅에 보내시어 삶의 환경과 시대에 따라 적절한 율법을 주시고, 인간을 하나님의 신실한 자녀로, 신앙공동체의 일원으로, 하나님의 형상에 충실한 크리스천으로 거듭나게 하신

---

3) 괄호 안은 필자명이다.

이야기이다.

히브리적 역사이해는 다만 기록될 뿐만 아니라 이야기로 전승되어 먼저 어른들의 가슴에 새겨지고, 어른들에 의하여 어린이의 가슴에 계속하여 새겨져서 그들의 삶의 형식과 내용으로 생활화되어 개인과 민족의 존재를 이루고 있다. 이야기는 살아 있는 말이기 때문에 감정과 가치가 말 속에 의미로만 담겨 있는 것이 아니라, 말과 불가분리적 하나를 이루어서 이야기를 듣는 자로 하여금 감정과 가치를 동시에 가슴에 새기도록 만든다. 그리하여 이야기는 가슴에 담겨져서 그의 정체성으로 새롭게 태어나고, 그가 역사를 초월하여 역사를 만드는 인물로 존재하도록 한다. 사실의 기록은 사라지나, 체험의 기록인 이야기는 사라지지 않고 영원히 남는다. 왜냐하면 이야기는 후세로 구전되면서 끊임없이 새로운 역사를 만들어 가기 때문이다.

역사의식은 모든 민족과 국가에 다양하게 있다. 그러나 하나의 동질적인 역사의식이 민족과 국가를 넓고 깊게 감싸서 고난과 역경을 이겨 내고 비전을 가지고 미래를 선취해 나가는 민족과 국가는 이스라엘을 예외로 하고는 거의 없는 것 같다. 유태민족은 아브라함 이래로 선민의식과 출애굽 및 시내산에서 하나님과 맺은 언약에 따른 토라 실천의 의무로부터 민족 공유의 역사의식을 가꾸어 왔다. 이스라엘에게 역사의식은 개인과 민족에 있어서 존재와 존속과 번영의 생명선이었다.

역사는 현재의 역사이다. 과거의 기록이 다만 그때에 거기서 일어났던 사건의 기록으로 처리될 때 역사는 거기서 언제나 이미 죽어 있다. 그렇지 않고 과거의 기록이 현재의 나의 삶과 연관되어 미래를 향한 의미와 동기를 부여할 때 역사는 현재적이 된다. 이러한 역사만이 진정한 역사이다. 그래서 우리는 역사를 말할 때 다만 역사의 서술을 말함에서 그치지 않고, 역사적 의식과 정열을 함께 말하는 것이다. 그러므로 가슴에 담겨진 역사, 그래서 의심과 비판을 불허하며 진실과 열정이 되어 미래의 비전을 향하여 확신을 가지고 나아가게 하는 역사, 이러한 역사가 우리가 추구하여야 할 역사라 하겠다.

여기서 구별하고 넘어갈 것은 일반교육적 역사서술과 기독교교육적 역사서술의 차이점이다. 일반교육적 역사서술은 현재에 서서 과거를, 미래를 향하여 읽는 일종의 정신적 끈을 만들어 내는 데 의미를 둔다. 그래서 보편타당하지 않고, 특수한 민족과 국가에게 특수한 상황에서 의미 있을 뿐이다. 그러나 기독교교육적 역사서술은 인간을 구원에로 인도하시는 하나님의 교육활동에 대한 서술이기 때문에 영적-정신적 끈을 찾아내어 나와 민족과 국가를 묶어 현재에서 미래를 선취하도록 한다. 그래서 이 끈은 역사와 더불어 점점 더 굵어진다. 그러므로 한국 기독교교육의 역사를 서술하는 과제를 교육의 관점에서 보면, 먼저 이야기가 있고 그 위에 사실의 연구와 서술이 이루어져야 의미 있다 하겠다. 이러한 작업은 분량이 많은 대단히 방대한 작업이다. 따라서 여기서는 다만 이러한 관점을 부각시키는 형식으로, 사건의 서술이 역사를 현재화하고 미래를 선취하게 하는 확신과 비전을 심어 주는 이야기가 되도록 한다는 인식관심을 가지고 한국의 기독교교육의 과거를 돌아보고 미래를 내다보는 시도를 하였다.

2. 한국 기독교교육의 역사적 특성

한국 기독교교육의 역사는 그 탄생의 특별한 성격으로부터 고찰함이 마땅하다. 오늘에 이르기까지 작용하고 있는 한국의 정치적 환경과 불가분리적으로 연관되어 있는 특성은 '구국(救國)'이다. 여기에 기독교교육의 보편적 목적인, 보수적으로 '천국 일꾼의 양성'이나 진보적으로 '하나님 나라의 건설' 같은 기독교교육의 본질에 이미 들어 있는 속성이 함께 다양한 비중으로 녹아들어 한국특수적 기독교교육들을 만들어 냈다. 이러한 시대적 성격은 개화와 식민통치, 해방과 독립, 분단과 한국전쟁 그리고 산업화와 세계화를 거치면서 민족주의, 애국계몽운동, 구국독립운동 등의 강조로 드러났고, 오늘에 이르는 숱한 갈등과 경제성장의 역사를 통하여 '반공' '통일' '평화' '선교' '참여' '다문화' '인권' '대안교육' 등으로 점철되고 있다. 그리고 그 중심에 교육하는 교회가 있다.

교회의 교육은 한국에서 계몽구국운동으로 시작되었다. 이는 제사의 철폐에서 보듯이 미신과 우상숭배로부터의 해방이었을 뿐만 아니라 다양한 계몽운동을 통한 생활의 합리적 개선을 꾀하는 운동이었다. 이러한 운동은 또한 오랜 세월을 거쳐 오면서 한국의 인생관과 세계관으로 자리 잡은 계층의 철폐이자 성별과 신분을 벗어나서 모든 인권은 절대적으로 평등하다는 새로운 기독교적 인권의 주장이었으며, 생활세계의 합리적 개선을 통하여 부강한 사회를 이루어 국가를 재건하자는 운동이었다.

그러나 국가는 강제로 합병되었으며, 일세의 식민통지하에서 극심한 탄압과 더불어 이에 대응하는 구국독립운동으로 전개되었다. 여기서 한국의 초대 기독인들은 개인의 해방 차원이 아닌 민족의 해방 차원으로 독립운동을 전개하였으며, 3·1독립운동에서 보듯이 국가의 건설을 통한 정치적 자율의 획득을 목적하였다. 이러한 운동들은 모두 기독교의 이름 아래서 전개되었다. 우리의 초대 교인들은 이러한 운동들과 기독교 복음 사이에서 어떠한 괴리도 없다고 여겼으며, 복음에 이미 이러한 운동의 결과로서의 해방, 자유와 자율, 국가의 독립이 실현되었다는 소망의 소식이 주어져 있다고 믿었다. 아직 이루어지지 아니한, 그러나 이미 이루어진 소망으로서의 복음으로 옷 입은 교육이 한국 교회의 첫 모습이었다.

오늘날 우리는 하나님 없는 사회를 살고 있다. 물질적 풍요와 더불어 온 전통이 도야하는 힘의 소멸, 세계화와 더불어 온 다원 또는 다문화로 강조되는 다양한 가치의 공존 시대를 살고 있다. 이러한 시대에 기독교교육은 전통을 교육의 중심으로 다시 회복하여야 한다. 유태인의 절기축제처럼 즐김이 있는 지킴이요, 과거에 있었던 하나님의 구원의 역사를 현재에 재현하는 청소년들에게 가슴 깊이 각인해 주는 것이며, 이를 기억하고 회상하고 체험하게 하여 조상들의 하나님과의 경험과 이로부터 얻은 교훈을 내면화함이다. 이는 역사가 힘 있는 전통이 되도록 교육의 통로 안에서 되살리는 일이다.

자아정체성을 형성하게 하는 힘들 가운데서 문화보다 더 강력한 힘은 없다. 그리고 문화에서 종교문화보다 더 강력한 영향력을 발휘하는 것은 없다. 그래서 유태인은 어머니가 유태인이년 아버지가 유태인이기나 아니거나 관계없이 자녀들은 당연히 유태인으로 인정받지만, 아버지가 유태인이나 어머니가 유태인이 아니면 성년식을 앞두고 랍비로 구성된 심사위원회의 심사를 통하여 유태인인지 아닌지 판정을 받는다. 그 범례가 마르틴 부버(Martin Buber)의 두 아들이다. 부버의 부인은 천주교인이었는데, 부버는 부인의 개종을 강요하지 않았다. 그리하여 그들의 두 아들은 유태인으로 인정받지 못했다. 이것이 종교적 문화의 힘이다. 왜냐하면 문화는 생활공동체가 오랜 세월을 거쳐서 함께 이룩해 온 공동의 삶의 형식들이요 색깔들로서 유일하고 고유하기 때문이다. 이 생활공동체 안에서 태어나는 아이는 모두 이 유일하고 고유한 삶의 형식들 안으로 태어나서 그것을 호흡하며 성장하고 그에 담겨 있는 신앙과 가치를 개성 있게 내면화하여 자아정체성을 형성하기 때문이다. 그래서 기독교가 우리나라에 들어왔을 때 전통문화와 새로운 기독교문화의 충돌은 그렇게나 치열했다. 기독교가 우리 사회의 큰 종교가 된 오늘날 기독교의 부정적 · 반기독교적 또는 냉소적 분위기가 사회에 만연하다. 이러한 상황 아래서 기독교교육의 역사적 색깔과 형태를 살펴보는 것은 의미가 있다.

3. 언더우드의 눈으로 본 한국의 초대교회

1884년 12월 갑신정변 이후에 일본에 체류하고 있던 박영효는 1885년에 아펜젤러(Appenzeller)와 스크랜턴(Scranton)을 만났다. 그는 말했다. "한국에서 선교사들이 할 일은 얼마든지 있습니다. …… 우리 백성들이 지금 필요로 하는 것은 교육과 기독교입니다. 선교사들과 선교사들이 세운 학교를 통해서 우리 백성을 교육하고 향상시켜 줄 수 있을 것입니다. 그래야 우리는 입헌정부를 수립하고 장래에 귀국과 같은 자유스럽고 개화된 나라를 만들 수 있을 것입니다."[4] 선교사들은 나라의 미래를 염려하는 비기독교인 선비 박영효의 말을 조선의 진심으로 이해하고 받아들였다. "우리는 이 백성들 속에 자립정신을 불어넣고, 본국 교회의 지부가 아니라 '토착교회'를 설립하려고 왔으며, 복음전파사업은 토착인이 주로 해야 한다고 믿기 때문에 우리는 극소수의 유급전도사만 고용한다."5) "우리는 한인이 보다 좋은 한인이 되는 것만을 기뻐한다. 우리는 그들이 한국적인 것을 자랑스러워하고, 나아가서 한국은 그리스도와 그의 교훈을 통하여 훌륭한 한국이 되기를 원하고 있다."6) 이러한 선교정신과 교육정신으로 언더우드(Horace G. Underwood)와 아펜젤러는 1885년 한국에 들어왔다. 처음에는 교육과 의료활동만 허용되었으나, 조선의 백성과 국가를 위한 그들의 헌신적 노력과 정신의 결과로 일 년이 좀 더 지난 후에는 예배와 선교를 허락받았다. 그러고는 모트(John R. Mott)의 말처럼 세계가 주목하는 선교 대상국이 되었다. "만일 교회가 현재의 기회를 잘 이용하면 조선은 근대에 기독교화되는 첫 국가가 될 것이다."7)

그 후 한 세기가 흘렀다. 지금 한국은 사회적으로 기독교화되지는 못하였으나 성공적으로 근대화되었다. 언더우드는 '나태한 한국인' '퇴폐적인 민족' '게으름뱅이의 나라'가 은자의 나라 한국에 붙여진 별명인데, 놀라운 선교사업, 기독교인의 활동, 대의를 향한 열심, 교회에서 볼 수 있는 자기희생적인 활력 등으로 전 세계의 주의를 끌고 있다고 강조하였다.8) 이어서 그는 오랫동안 쇄국정책을 성공적으로 유지해 온 나라에서 선교사역은 당연히 서서히 진행되어야 하는데 "거의 십 년 동안 그 나라에서 일어난 선교사역의 이야기는…… 정말 사도행전의 한 장과 같은 것"이었다고 말했다. "한국 전역에서 사람들은 교육을 원한다. 많은 곳에서 기독교교육을 요구하며, 독특하게도 그들은 이것을 미국인들의 손으로 해 줄 것을 요청한다."9) 선교회는 일 년에 한

---

4) 주선애, 장로교여성사, 예수교장로회 여전도회전국연합회, 1978, 67쪽; 오인탁, "일제하 민족교육과 종교교육의 갈등", 근대 민족교육의 전개와 갈등, 한국정신문화연구원, 1982, 202쪽.
5) 이만열, 옥성득 편역, 언더우드 자료집 II, 서울: 연세대학교 출판부, 2006, 265쪽.
6) 백낙준, 한국개신교사 1832~1910, 서울: 연세대학교 출판부, 1973, 135쪽.
7) 이만열, 옥성득 편역, 언더우드 자료집 III, 서울: 연세대학교 출판부, 2007, 252쪽, 617쪽.
8) 언더우드, "한국인의 위기시점", 코리어 미션 필드, 1908년 9월호, 130-132쪽; 앞의 책, 252쪽.

번 신학반을 열어 "총명하고 열심 있는 본토인의 그리스도인들을 초대해서 한 달간 성경과 기독교 사역 방법"을 가르쳤다. 이렇게 그들을 본토인 교회의 지도자로 훈련하였다.[10]

1907년 6월 교회통계를 보면, "지난해 3,421명이 새로 신앙을 고백했고, 스스로 기독교인이라고 부르는 자들을 포함해서 총 교인의 수는 6만 명에 이르며, 이들은 자급하는 619개의 교회에 속해 있다. 지난해에 이들은 161개의 새 예배당을 세웠는데, 이는 72%가 증가한 수치이다. 그들은 344개의 학교를 운영하는데, 이 가운데 334개는 완전 자급하고 있으며, 전체 등록 학생 수는 7,504명이다." "한국에서는 성경을 무료로 주지 않고······ 생산비 전액으로 판매한다. 그러나 한국인의 가난에도 불구하고 성경의 수요는 엄청나서 작년에 성서위원회는 2,000부의 신약전서 새 판본을 주문했는데, 인쇄에 들어가기 전에 전체 판본이 다 팔렸다".[11]

사경회는 1888년 스크랜턴의 부인과 헤론(John W. Heron)의 부인이 조직한 성경반과 1890년에 언더우드가 그의 집에서 7명을 데리고 시작한 성경공부에서 시작되었다.[12] 언더우드는 그들을 2주간 공부시킨 다음에 조사로 임명하고 일터로 보냈다. 1891년부터 선교부는 성경학습과정을 마련하도록 방침을 세웠다. 그리하여 사경회는 평신도를 위한 계획적 교육활동을 전개하였다. 사경회에서는 교리문답, 주기도문, 십계명, 사도신경 등 교리의 핵심과 사복음서, 예수의 생애, 바울서신 등 신앙의 핵심을 가르쳤다. 이와 더불어 천문지리학, 농사법, 건강과 위생, 아동교육, 새로운 생활, 주일학교교수법, 기도법, 개인전도법, 상담, 회의법 등을 가르쳤다. 사경회 참석자는 지역에 따라 250명에서 1,180명까지 다양하며, 10~14일간 계속되었는데, 여러 날을 걸어와서 사경

---

9) 언더우드, 앞의 책, 256쪽.
10) 언더우드 부인, "한국선교의 명암", 「국내와 해외 선교」, 1986년 8월, 122-124쪽; 이만열, 옥성득 편역, 언더우드 자료집 II, 285쪽에서 재인용.
11) 이만열, 옥성득 편역, 언더우드 자료집 III, 253-254쪽.
12) 주선애, 앞의 책, 63쪽.

회에 참석했다. 1907년에 192개의 소규모 사경회가 열렸고, 참석자는 만 명을 넘었다. 1909년에 북장로교 선교구역에서만 800회의 사경회에 5만 명이 참석하였으며, 1917~1918년에는 총신자 117,000명 중에서 65%에 달하는 76,000명이 참석하였다. 사경회는 한국 초대교회의 종합적 성인교육이었다.

새문안 교회를 1895년에 신축하였을 때의 이야기이다. 교회를 지을 경우 비용이 1,000엔가량 들었는데 교인들이 20엔을 모았다. 언더우드 선교사가 물었다. "거금 1,000엔이 필요한데 할 수 있겠습니까?" 이춘호 집사가 차분하게 대답하였다. "우리는 사람의 일에 대해서는 '할 수 있을까'라고 질문하지만, 하나님의 일에 대해서는 묻지 말아야 합니다."[13] 언더우드는 이와 같은 신앙에 깊은 감동을 받았다. 물론 교회 신축도 잘 이루어졌다. 1887년 12월에 서울에서 7명의 한국인 기독교인이 모여 첫 성찬식을 거행하였다. 그런데 20년이 지나서 1907년에 한국의 세 교단에 속한 1,000개가 넘는 교회에서 성찬식이 거행되었다. 장로교회만 보면, 1906년 6월부터 1907년 6월까지 세례교인이 12,546명에서 15,079명으로 20% 증가하였다. 전체 교인은 1900년에 44,587명에서 1907년에 59,787명으로 15,200명이 늘어나 34% 증가하였다. 학교는 1900년 6월에 208개였었는데 1907년 6월에는 344개로 늘어났다. 같은 기간에 학생은 3,450명에서 7,504명으로 72% 증가하였다.[14] 장로교회는 1909년까지 605개의 학교를 설립하였으며, 학생 수는 모두 14,708명이었다.[15]

언더우드는 민영환을 대단히 높이 평가하였다. 을사조약이 강제와 허위로 체결된 후에 민영환은 이천만 동포에게 드리는 유서를 남기고 자결하였다. 그는 유서에서 강조하였다. "대저 살기를 바라는 자는 반드시 죽고, 죽기를 기약하는 자는 살 것이니 여러분은 어찌 이를 헤아리지 못하는가? …… 영환은 죽되 죽지 아니하고 구천에서도 여러분을 기필코 도울 것을 기약하노니, 바라건

---

13) 언더우드, 앞의 책, 249f.
14) 같은 책, 244쪽 이하.
15) 오인탁, 앞의 책, 223쪽.

대 우리 동포 형제들은 더욱더 분발하여 힘쓰고 뜻과 기개를 굳건히 하여 학문에 근면하고, 결심하고 힘을 다하여 우리의 자주독립을 회복한다면 죽은 자는 저승에서도 기뻐하며 웃으리로다. 아, 조금도 실망하지 마소서. 우리 대한 제국 이천만 동포에게 마지막으로 고하노라."[16] 언더우드가 민영환의 인물됨에 대하여 말했다. "나는 감히 주장하건대, 한국인의 특성을 거의 20년간 꾸준히 연구해 본 결과 민영환은 고상한 이타성, 헌신적 충성 그리고 나라를 사랑하는 애국심을 가진 수많은 한국인의 한 대표자에 불과하며, 기독교와 문명에 의하여 개화될 수많은 대중의 한 선구자에 불과하다." "한국인의 친절하고 진심 어린 아량, 농부와 어부의 강인한 성격, 신실한 우정, 오래 참음과 끈기와 불굴의 노력과 불평하지 않는 인내, 지속적으로 드러난 학문적이고 철학적인 자질을 사랑하고 존경하기를 배운 자들을 한국의 적들이 중상모략하는 보고서에 귀를 기울이지 않을 것……이다."[17] 비록 민영환은 기독교인이 되지는 않았으나, 정신적으로 이미 기독교를 받아들이고 있었다. 민영환은 내각의 대신들이 모인 자리에서 "기독교는 한국의 유일한 희망이며, 기독교의 원리를 통해서 다른 나라들이 강대국이 되었다."라고 공개적으로 말했다.[18] 민영환은 죽기 한 달 전에 언더우드의 식탁에서 선교사가 관리하는 한국의 귀족 부인들을 위한 학교를 세울 뜻을 강력하게 피력하였으며, 학교가 설립되면 자신의 아내가 첫 학생이 될 것이라고 했다.

4. 한국의 초대 교인 이상재를 통해 본 기독교적 교육문화운동

이상재는 사회적 지배계층 출신이자 출세한 선비로서 구국독립운동을 하

---

16) 언더우드, 앞의 책, 202쪽.
17) 같은 책, 204쪽.
18) 같은 책, 205쪽.

다가 옥중에서 복음을 접하고 기독교인이 된 한국의 대표적 초대 교인이다. 전통사회의 눈으로 보면, 그는 전혀 새로운 기독교적 교육문화운동을 다양하게 펼쳐서 역경과 혼란과 고난의 시대에 전체 인구의 2% 미만이었던 기독교인의 역할과 교회의 위상을 한국 사회의 지도적 위치로 끌어올린 대표적 인물이다. 이상재가 이상재가 될 수 있었던 것은 언더우드의 표현처럼 이상재도 '기독교와 문명에 의하여 개화될 수많은 대중의 한 선구자'에 불과하였기 때문일 뿐만 아니라, 한국의 초대교회가 처음부터 조선 사회의 선도(先導)를 표방하고 나섰기 때문이다. "성경에 이르기를 너희는 세상에 빛이라 하였으니, 너희는 교회를 의미함이요, 세상은 사회를 지칭함이요, 빛은 선도를 언명함이니 과연 그러하도다. …… 현세의 사회를 지배할 만한 능력은 기독교회로 유래하나니…… 기독교가 우리 조선에 들어온 지 수십 년 만에 도덕의 교화와 교육의 발전과 풍속의 개량과 패습의 혁제 등 여러 가지 아름다운 업적을 매거하기가 불가능하다."[19] 한국의 교회는 이미 선교 초기에 교회와 민족과 국가를 교육을 중심으로 하나로 묶어서 생각하는 데서 정체성을 찾았다. "교회는 나라를 위하고 백성을 위하는 도라. 조선인민이 만약 진심으로 우리 도를 봉행하면 위로는 대군주 폐하의 명령을 따를 것이요, 아래로는 서로 사랑하기를 간격 없이 할 터인즉, 나라에 무슨 염려가 있으리오. 그런즉 교회를 위하여 인민에게 전도하는 것이 아니요, 인민을 위하여 교회를 각처에 설립하는 것이니 …… 장차 우리 교회가 흥왕하여서 조선이 속히 개화에 진보가 되기를 간절히 바라노라."[20] 이러한 한국 교회에서 숱한 애국지사들이 쏟아져 나왔으며, 일제하에서 일어났던 거의 모든 애국구국 단체와 운동이 이들에 의하여 주도되었다. 이상재는 그중의 한 사람이다.

이상재는 서재필과 함께 1896년 4월 7일에 『독립신문』을 창간하였다. 그리고 7월 2일에 윤치호, 서재필, 남궁억 등과 모여 '독립협회'를 결성하였다.

---

19) 조선예수교장로회 총회, 조선 예수교장로회 사기, 창문사, 1928, 2f; 오인탁, 앞의 책, 211f 참조. 필자가 현대적 표현으로 다듬었음.
20) 조선 그리스도인 회보 18호(1897. 6. 2); 오인탁, 앞의 책, 224쪽.

110

1897년 11월 14일에는 중국의 사신을 맞이했던 영은문(迎恩門)을 헐고 그 자리에 독립문을 건립하였으며, 모화관(慕華館)을 독립관으로 개수하였고, 독립공원을 조성하였다.[21] 이때는 일제가 민비를 시해한 지 2년이 자났으며 고종을 대군주에서 황제로 승격시켜 준 해였다. 독립협회의 목적은 민족의 자주민권, 자강, 평화적 언론창달, 민중세력 강화였다.[22] 독립협회는 이상재를 중심으로 1898년 3월 러시아의 국정간섭을 배척하기 위하여 만민공동회를 개최하였다. 대한제국의 완전자주독립, 국정의 공개, 재정의 투명한 집행, 러시아의 군사교관과 재정 고문 및 로한은행의 철수 등을 공개적으로 황제에게 요청하는 결의안을 채택하였으며, 고종황제가 이를 수용하였다.

황제의 총애를 질시한 신하들에 의하여 모함을 받아 3년여 동안 감옥에 갇혀 있을 때, 이상재는 연동교회의 게일(James S. Gale, 1863~1937) 목사가 넣어 준 『신약전서』 『기독실록』 『성경문답』 『청일전쟁사』 『천로역정』 『구운몽』 『요한복음』 『격물탐원』 『무디 설교집』 등의 책을 감옥에 갇힌 동지들과 함께 읽었으며 그들 모두 기독교로 개종하였다. 그때가 1903년 월남 이상재가 54세가 되던 해였다. 기독교와의 만남을 통하여 이상재의 "세계는 좁은 공간에서 해방되어, 거침없고 걸림이 없는 자유를 얻기에 이르른다."[23] 후에 출옥하여 이상재는 김정식, 안국선, 유성준, 이원긍, 홍재기 등과 함께 연동교회에 집단 입교하여 세례를 받았으며 황성기독청년회(YMCA)에 가입하였다. 이렇게 하여 연동교회는 조선왕조의 지배층 선비들이 모이는 최초의 교회가 되었다.[24] 이는 하나님의 섭리요 축복이었다. 민족의 격동기에 이상재는 기독교신앙으로 거듭나서 망국의 아픔을 함께 나누면서 민족에게 희망과 용기와 비전을 심어 주었다.

황성기독청년회(YMCA)는 언더우드, 게일, 헐버트(Homor B. Hulbert), 에비

---

21) 월남 이상재 선생 동상건립위원회 편, 월남 이상재 연구, 로출판, 1986, 234쪽.

22) 고춘섭 편저, 연동교회 애국지사 16인 열전, 연동교회, 2009, 23쪽 이하.

23) 전대련, "월남선생의 일화와 인격". 월남 이상재 연구, 222쪽.

24) 고춘섭 편저, 앞의 책, 28쪽.

슨(Oliver R. Avison) 등의 선교사들이 창설하였다. 그러나 독립협회의 옥중 동지들이 임원을 맡았기 때문에 독립협회가 새 이름으로 탄생한 것 같다. 이상재는 YMCA 산하에 청년회 학관을 개설하고 성경과 신지식을 가르쳤다. "이상재는 단 1년 동안에 자기 성경반에서 754명의 새 신자를 얻었고, 875명의 또 다른 성경반 반원을 얻었다. 세계기도주일에는 YMCA에서 1,200여 명의 학생들을 모아 놓고 하나님의 말씀을 가르쳤으며, 모두에게 요한복음을 나누어 주었다. 또한 천 명의 새 회원을 증가시킬 목적으로 1911년 5월에 성경반을 새로 만들었는데, 이때 학생 수가 무려 4,208명이나 되었다. 그러한 열정적인 노력의 결과로 내원군의 외손자인 조남복 등 귀족 출신의 신자도 많이 모여들었다. 조남복은 후에 YMCA 의사부 위원이 되었다."[25]

YMCA 활동의 기본원리는 영(靈, spirit), 지(智, mind), 체(体, body)의 삼육사상(三育思想)이다. 이상재는 을사조약과 군대해산이 있기 전인 1906년에 유술부(柔術部)를 창설하면서 "여기서 장사 100명만 양성하자."라고 발언하였다. 군사훈련도 했다. 이러한 기운에 힘입어 배재학당, 상동청년학원, 중앙청년회 학관, 세브란스 의전, 경신학교, 한영서원 등의 학생 Y의 조직이 전국으로 퍼져 나갔다. 1910년에는 학생하령회가 개최되었으며, 1914년에는 '전국조선기독교청년회연합회'가 조직되었다. 이상재는 1910년에 YMCA 학관에서 노동야학을 시작하였다. "노동야학의 지망자가 너무 많아서 입학시험을 치를 수밖에 없었다. 시험을 치른 결과, 498명의 지원자 중 322명만 합격시켰다. 그러므로 재학생 54명을 합해 총 재적 인원은 376명이 되었다. 합격자 중 251명은 담배공장에서 온 아이들이며, 94명은 노비계급, 15명은 상점의 사환들, 8명은 물지게꾼, 나머지 8명은 직업을 알 수 없는 청소년들이었다."[26]

1910년에 전국기독학생회 하령회를 조직하여 새로운 학생운동을 일으켰던 이상재는 '청년이여'라는 연설에서 역사를 논하면서 과거의 역사뿐만 아

---

25) 고춘섭, 앞의 책, 31쪽.
26) 고춘섭, 앞의 책, 37쪽.

니라 미래의 수천 년의 역사를 함께 음미하라고 했다. 과거의 역사만 논하면 과거의 흥망성쇠, 옛 인물들의 우열평가에 치우쳐 현재의 삶을 개선하는 데 별 영향을 주지 못한다. 그러나 미래의 역사를 논하면 우리 민족과 국가의 장래사(將來事)를 예견하며 이를 꿈꾸고, 이에 걸맞은 인물이 되려고 전심전력하지 않겠는가? 그러니 그 효과가 과거의 역사에 매몰되어 있는 것과 어찌 비교할 수 있겠는가?[27] 그러면서 이상재는 지금이 혁명의 시대이며, 혁명이란 과거의 혁명이 아닌 장래의 혁명을 하겠다는 의미이니 그 책임은 청년에게 있다고 역설하였다. 이러한 역사를 보는 눈, 비전을 가지고 현재에 서서 미래를 향하여 과거를 돌아보는 사관을 한국 교회의 초대 기독교도들이 벌인 새로운 기독교교육문화운동의 전개에서 만나게 된 것은 큰 기쁨이다.

1921년에 이상재는 대한민국 대표단을 조직하고 워싱턴에서 열렸던 5대 열강회의에 대표단의 대표로 참석하여 '대한민국대표단 건의서'를 제출하였다.[28] 건의서는 이상재가 작성하고 말미에 전국 13도와 260군 그리고 각 사회단체 대표자 372명의 서명을 담았다. 대동단, 청년외교단, 애국부인회, 충성단, 광복단, 천도교, 태을교, 시천교, 대종교, 황족, 귀족, 불교, 유교, 단군교, 빈민주택구제회, 고학생구제회, 계명구락부, 조선교육학회, 태극교, 전국상업회, 조선경제회 등 다양한 사회단체가 망라되었는데, 기독교 대표로 이상재와 윤치호가, 중앙기독교청년회 대표로 이병조와 장병선이 서명하였다. 건의서에서 이상재는 한국이 4,200여 년 동안 한 번도 이민족을 침략하고 통치한 적이 없는 평화를 존중하는 문화국가임을 강조하고, 일본이 한국을 유린하였는데, 이는 다만 한국인의 위험일 뿐만 아니라 세계의 일대 결함임을 강조하였다. 그러면서 한국이 동양의 중심이라 동양의 평화는 한국으로 좌우되고 있으며, 한국의 문제가 곧 세계의 문제임을 역설하였다. 일본의 한국 합병이 무효임을 자세히 설명하며 일본의 무력정책에 세계가 대처하고 한국의 독립자유를 위

---

27) 월남선생 논설. 시문편, "청년이여", 월남 이상재 연구, 245쪽. 필자가 옛 문장을 현대문으로 풀어 씀.
28) 월남선생 논설. 시문편, "대한인민대표단 건의서", 월남 이상재 연구. 270-273쪽.

하여 노력해 주기를 소원하였다.

5. 105인 사건에서 신사참배까지

1911년 105인 사건이 일어났다. 일제가 데라우치 신임총독 암살 미수사건을 조작하여 이 죄명으로 신민회 간부이며 기독교인들인 유동열, 윤치호, 양기탁, 안태국, 이승훈 등을 비롯한 600여 인을 체포하여 123명을 기소한 결과, 105명이 유죄판결을 받았다. 기소된 123명 중에 91명이 기독교인이었다.[29] 이 사건으로 조직은 와해되고 이승만과 김규식은 해외로 망명하였다.

1919년 2월 8일에 유학생들이 동경의 조선기독청년회관에 모여 조선청년독립단을 만들고 독립선언서를 발표하였다. 유학생 600여 명이 모였으며, 백관수의 독립선언서 낭독, 김도연의 결의문 낭독, 윤창석의 기도로 대회를 마쳤다. 기독교인 유학생들에 의하여 주동된 이 사건을 동경 유학생의 독립선언이라 한다. 이 사건은 3·1독립운동의 발화점이 되었다. 3·1독립운동은 천도교의 지도자들과 기독교의 지도자들이 각각 따로 모의하다가 기독교의 지도자들이 천도교의 지도자들과 함께 공동으로 독립운동을 벌이는 것이 좋겠다고 합의하였다. 함태영과 이승훈이 기독교가 천도교와 연합하여 독립선언을 하는 운동을 벌이기로 하는 데 결정적으로 연결고리 역할을 하였다. 민족 대표 33인은 기독교 대표 16인, 천도교 대표 15인, 불교 대표 2인으로 구성되었다. 기독교 대표는 이승훈, 양전백, 오화영, 신홍식, 길선주, 이필주, 김병조, 김창준, 유여대, 이명룡, 박동완, 정춘수, 신석구, 최성모, 이갑성, 박희도이며, 이갑성을 제외하고는 모두 목사이다.[30] 함태영은 민족 대표 48인에 들어갔으며, 이상재는 "장차 일본 정부와 직접 단판을 할 때 내세울 만한 인물"이 월남 선생

29) 장규식, 일제하 한국 기독교민족주의 연구, 혜안, 2001, 105쪽.
30) 조지훈, 한국민족운동사, 나남 1993, 125쪽.

밖에 없기에 민족대표명단에서 뺐다.[31] 3·1독립운동은 승동, 연동, 새문안 같은 교회와 경신, 정신, 이화 같은 학교가 중심이 되어 일으킨 운동이다. 파고다공원에서의 독립선언서 낭독도 연동교회의 교인 정재용이 자발적으로 하였다. 그는 '독립선언서' 앞에 '조선'이라는 말을 덧붙여서 '조선독립선언서'의 낭독을 시작하였으며, 참석한 학생 5,000명의 우레 같은 호응을 받았다. 3·1독립운동은 211개의 지방에서 1,542회의 집회가 열렸으며, 2,023,089명이 참석하였고, 7,509명이 사망, 15,961명이 부상, 46,948명이 체포된 엄청난 운동이었다.[32] 투옥된 사람 9,456명 중에 기독교인이 2,190명이었으며, 목사가 40명, 전도사가 59명, 교회 직원이 52명이었다.[33] "3·1독립운동 관련 전체 피검자 19,525명 가운데 기독교인이 3,426명으로 전체의 17.6%, 천도교인이 2,297명으로 전체의 11.8%, 유생 출신이 346명으로 전체의 3.6%, 불교도가 220명으로 전체의 1.1%를 차지한 것으로 각각 나타난다."[34] 당시 기독교인의 수가 약 30만 명으로 전체 인구의 2%에도 못 미치는 것을 감안하면 3·1독립운동에서 기독교가 차지하는 비중이 얼마나 결정적이었는지, 한국에 기독교가 민족의 고난을 신앙 안에서 읽고 미래의 찬란한 독립국가를 소망하는 의식을 심어 주고 키워 주는 종교로 들어왔으며, 그러한 기능을 성공적으로 수행한 것을 알 수 있다.

여기서 우리는 제암리 사건을 잠시 다루고 지나가지 않으면 안 된다. 단순히 '제암리 사건'이라 명명하기에는 역사가 너무나 참혹했고 컸다. 그러나 우리의 교회사학계는 이를 다만 '제암리 사건'이라 칭하고 있다. 제암리 사건은 3·1독립운동의 연장선에서 일어난 가장 비극적인 사건이다. 1919년 4월 15일 오후 2시경에 아리타 중위가 부하 11명과 함께 제암리에 와서 15세 이상의 남자 주민을 일일이 주민명부와 대조하면서 색출하여 교회에 몰아넣고 방화하여 모

---

31) 고춘섭 편저, 연동교회 애국지사 16인 열전, 39쪽.
32) 조지훈, 앞의 책, 131쪽.
33) 같은 책, 132쪽.
34) 장규식, 앞의 책, 120쪽.

두 태워 죽이고 탈출을 시도한 몇 명을 총살한 사건이다. 이 사건은 그 치밀한
계획과 처리의 잔혹성에서 일제하의 숱한 잔혹한 식민통치의 사례들에서도 유
례가 없다. 일제는 다만 교회만 불지른 것이 아니라 마을까지 불태웠으며, 다만
15세 이상의 남자 주민들만 소집하여 가두고 죽인 것이 아니라 젖먹이를 안은
젊은 어머니와 도망가다 넘어진 늙은이까지 불태워 죽였다.[35]

1920년에 이상재, 이달원, 최규동, 최두선, 김병로 등이 '조선교육협회'를
창립하고 조선민립대학설립운동을 벌였으나, 조선총독부의 방해로 실현되지
못하였다. 1920년에 평양 YMCA의 총무 조만식의 제창으로 물산장려운동이
시작되었다. 이 운동은 국산품 애용, 생산과 진흥을 강조하는 자작(自作) 및 자
급(自給) 운동, 무두제(無頭制) 무회비 운동이었다. 1923년에 '조선물산장려
회'가 발족되었으며, 이사장에 유성준, 이사에 이갑성이 선출되었다. 1925년
에 신흥우의 집에서 이승만의 독립노선을 지지하며 안재홍, 유억겸, 이갑성,
이상재, 구자옥, 박동완 등이 '흥업구락부'를 조직하였다. 흥업구락부는 항일
비밀결사단체로, 군자금을 모금하고 물산을 장려하며 독립운동을 지원하는
활동을 벌였다. 1922년에는 '보이스카우트'를 창설하였다. 이상재가 초대 총
대가 되었으며, 유성준, 신흥우, 유억겸, 정성채, 조철호 등이 실무진이었다.
1927년 1월에 신석우, 안재홍, 이갑성 등 34명이 발기하여 '신간회'를 창설하
였다. 처음에는 신한회(新韓會)로 명칭을 정했으나, 탄압을 염려하여 신간회
(新幹會)로 이름을 바꾸었다. 신간회는 정치적 · 경제적 각성, 단결, 기회주의
의 배격, 민족의 해방과 독립을 목적한 민족주의 항일단체였다. 신간회 창립
총회의 장소는 YMCA회관이었다. 신간회는 식민지 교육정책을 배격하고 사
회개조론을 주장하였다. 설립한 해 7월에 이미 134개 지회가 조직되었으며,
회원 수가 37,309명에 이르렀다. 신간회는 1929년의 광주학생운동의 배후였
다. 그 후에 회원 수가 10만 명에 육박하도록 증가하였다. 그러나 1931년에
조선총독부의 탄압으로 문을 닫았다. 일제하에서 벌였던 이러한 운동들은 역

---

35) 서정민, 한일 기독교 관계사 연구, 대한기독교서회, 2002, 212f.

사 교과서를 통하여 잘 알려져 있으나, 운동들의 주역이 모두 기독교인들이었음은 잘 알려져 있지 않다.

1946년에 함태영은 『신천지』 3월호에서 이렇게 회고하였다. "기독교도들은 빈번한 연락계통을 가지고 집회를 가졌다. 외면으로는 어디까지나 예배였고 기도회였으나 그 내막에 있어서는 민족해방을 위한 무저항 투쟁의 구체적 협의였던 것이다. 그때 우리들의 연락 장소는 교회, 학교, 병원 등이었으며, 이런 곳은 가장 진지한 독립투쟁의 협의처였고, 교회의 목사, 장로, 집사들은 직접적인 독립운동의 내부 조직 지도자였다. 그리고 교회의 전도사와 주일학교 교사들은 모두가 민족사상의 고취자이고, 교인과 학생들은 애국자이며, 민족운동의 실천자들이었다."[36]

1925년부터 일제는 신사참배를 강요하기 시작하였다. 1945년 6월에 한반도에는 신궁 2곳, 신사 77곳, 작은 규모의 신사 1,062곳이 있었으며, 학교마다 호안덴(奉安殿)을 만들고 가정마다 가미다나(神棚)라는 가정신단을 만들어서 아침마다 참배하게 하였다. 1940년에 조선신궁참배자가 이미 2,159,000명이었으며, 1942년에는 2,648,000명으로 증가하였다. 교회는 신사참배 거부운동을 전개하였다. 한편으로는 일제의 정부에 신사참배 강요 금지를 청원하였으며, 다른 한편으로는 신앙과 교회를 사수하기 위하여 순교를 각오하고 신사참배를 끝까지 거부하기를 권유하였다. 이에 대응하여 일제는 1940년에 조선기독교불온분자일제검거령을 내렸다. 신사참배를 죽음으로 거부한 신앙의 선구자는 많았다. 조용학, 주기철, 최봉석, 최상민, 김윤섭, 박의흠 등이 순교하였다. 일제는 기독교인을 민족주의자로 규정하고 2,000여 명을 투옥, 200여 교회를 폐쇄하였으며, 50여 명이 순교하였다. 기독교인은 우상숭배 거부, 신앙고수, 민족해방 추구, 황민화정책 내지 민족말살정책 저항의 물결을 줄기차게 만들어 갔다. 그러나 한국의 기독교 교단들이 모두 신사참배를 결의한 후에 끝까지 저항하던 장로교회가 1938년 9월 10일에 평양의 서문밖교회에서 제

---

36) 고춘섭, 앞의 책, 155쪽.

27회 총회를 열고, "경관 97명이 103명의 총대의 틈틈에 끼어 앉아 살기도도 한 눈길로 회의 진행을 감시"[37]하는 가운데 신사참배를 결의하였다. 이로써 한국의 모든 기독교 교단은 신사참배를 하는 교회가 되고 말았다. 1992년 6월 18일에 한경직 목사는 템플턴상 수상 축하예배에서 "반세기 전에 지은 신사참배의 죄를 참회한다."라고 머리 숙여 고백하였다. 2006년 1월에 기독교 대한복음교회가 교단의 친일행적을 반성하였으며, 2007년 9월에 한국기독교 장로회가 신사참배 행위를 사과하였고, 2008년에 예수교장로회 통합과 합동, 기장과 합신의 4개 장로교단이 제주연합예배에서 신사참배를 참회하는 기도를 드렸다.

그 후에도 일제의 한국의 기독교 억압은 그 수위를 더해 갔다. 그리하여 1945년 8월 1일에는 '일본기독교 조선교단'으로 한국의 모든 기독교회를 통합하였다. 한국의 교회는 겉으로는 완전한 일본제국의 옷을 입었으나, 그 속에 흐르는 피는 제국주의가 아닌 민족주의였다. 그래서 김양선에 따르면 일제는 1945년 8월 17일에 한국의 모든 교회 지도자를 무조건 학살하려는 계획을 세웠다. 그러나 하나님은 이를 허용치 않으셨다.

1876년에서 1945년의 70년간은 초기 15년을 제외하고는 대일투쟁의 역사이다. 우리나라의 근대 민족운동의 역사는 곧 대일항쟁의 역사였으며, 한국의 기독교는 민족운동의 종교로 시작하여 대일항쟁의 중심 역할을 하였다. 민족운동은 첫째로 광복군, 광복회, 의열단, 파괴단 등에 의한 피의 항쟁이었다. 둘째로 독립협회, 애국부인회, 신간회 등을 만들어서 3·1만세, 6·10만세, 학생만세 같은 시위를 주동하고, 헤이그 평화회의, 파리 강화회의, 국제연맹, 스톡홀름 만국사회당대회, 뉴욕 25약소국회의, 모스크바 극동피압박민족대회 등에 대표단을 파견하는 시위운동이자 외교운동이었다. 셋째로 『독립신문』 『조선일보』 『동아일보』 『개벽』 『조선지광』 같은 신문과 잡지를 만들어 언론항쟁을 벌이고, 학교와 대학을 설립하고, 예술과 국학연구운동을 하며, 여성운동,

---

37) 오인탁, 앞의 책, 261쪽.

소년운동, 형평운동, 물산장려운동, 협동조합운동 등을 펴는 민중계몽과 민족이념 구현의 문화운동이었다.[38] 1910년의 경술국치에서 1945년의 민족해방에 이르는 35년간의 역사는 친일 주구의 역할을 한 소수의 매국적이고 반동적인 무리를 예외로 하고는 전민족적인 대일항쟁사라고 할 수 있다. 그 중심에 기독교인이 서 있었다. 그리고 기독교인의 활동은 한마디로 표현하면 기독교적 교육문화운동이었다.

6. 여성들에 의한 기독교적 교육문화운동

한국의 기독교 여성들은 아직 여성에 대한 교육이 전혀 없었을 때뿐만 아니라 여성을 남성과 같은 인간으로 대접하지 않고 있었을 때, 그리하여 여성에게는 이름 대신에 미혼여성에게는 ○성녀(性女, 예: 김성녀), 기혼여성에게는 ○○부인(예: 김 씨 부인), 과부에게는 ○소사(召史, 예: 김소사)라고 불렀던 때인 1898년에 '찬양회'라는 부인회를 조직하였으며, 1886년의 이화학당을 비롯하여 정신, 정의, 숭현, 영화, 배화, 정명, 호수돈, 진성, 영명, 보성, 수피아, 신영, 기전, 보신, 명신, 보흥 등 숱한 여학교를 세웠다. 그리고 1906년에는 '여자교육회'라는 여성단체를 설립하였다.

한국의 여성들은 빨리 학습하고 배운 것을 즉시 생활에 적용하는 대단히 우수한 사람들이었을 뿐만 아니라, 신앙에 굳게 서서 기독교의 새로운 척도로 세상을 바라보고 삶을 개혁하는 용기 있는 일꾼들이었다. 여성의 실천능력은 이미 1905년 을사조약을 둘러싸고 발휘되었다. 민영환과 이한응이 자결한 가운데 한규설의 부인은 "대감으로 살아서 귀가하면 장차 망할지며 만약 대감으로써 죽으면 국가의 다행이 이에 더함이 없으리다."라고 하면서 남편이 자결하면 따라 죽으려고 준비한 약봉지를 대감 앞에 내던졌다. 이한영의 부인도

통곡하면서 대궐에서 귀가하는 남편을 향하여 "무슨 일을 하려고 감히 죽지 못하셨소. 또 그 대검은 어디에 쓰려고 차고 다니시오."라고 꾸짖으며 절식하고 남편을 만나 주지 않았다.[39]

1919년에 김마리아, 황에스더, 김영순, 백신영, 신의경, 오현관, 오현주, 유보경, 유인경, 이성완, 이정숙, 이혜경, 장선희, 정근신, 홍은희 등 모두 정신여학교 출신이자 과반수가 연동교회 교인인 여성들이 '대한민국애국부인회'를 결성하였다. 이 단체는 대한민국의 국권 확장을 목적으로 두었으며, 여자들도 독립운동을 해야 한다고 강조하였다. 김마리아는 심문하는 검사에게 "나는 일본의 연호를 모르는 사람이오."라고 하면서 "서력 일천구백몇년."이라고 대답했다.[40] 춘원 이광수는 『동광』에서 김마리아를 이렇게 노래하였다.[41]

누이야 – 조선 여성에게

누이야 네 가슴에 타오르는 그 사랑을
뉘게 다 주랴 하오?
네 앞에 손 내민 조선을 안아 주오
안아 주오!
누이야 꽃같이 곱고 힘 있고 깨끗한 몸을
뉘게 다 주랴 하오?
뉘게 다 주랴 하오?
네 앞에 팔 벌린 조선에 안기시오
안기시오!
누이야 청춘도 가고 사랑도 생명도 다 가는 인생이오

---

39) 주선애, 앞의 책, 80쪽.
40) 고춘섭, 앞의 책, 293쪽.
41) 박용옥, 김마리아: 나는 대한의 독립과 결혼하였다, 서울: 홍성사, 2003.

아니 가는 것은 영원한 조선이니

당신의 청춘과 사랑과 생명을 바치시오, 조선에!

1922년에는 김필례, 김활란, 신의경 등이 모여 YWCA를 창립하였다. 1927년
1월에는 김영순, 김활란, 방신영, 최은희, 황에스더 등이 '근우회(槿友會)'를
조직하였다. 근우회는 신간회의 자매단체로, 전국에 55개소의 지회와 회원
3,600여 명을 두었다. 1931년에 신간회가 해체되자 함께 문을 닫았다.

7. 맺는말

시간은 흐른다. 이 세상에서 탄생하고 성장하며 소멸하는 모든 것이 시간
이다. 객관적 · 물리적 시간과는 무관하게, 주관적 · 심리적 시간은 그냥 흘러
가지 않고 체험한 시간으로 축적된다. 체험한 시간은 감성과 의식이 되어 무
엇인가 하게 하고 바꾸게 한다. "나, 시간이 없어."라고 말할 때에는 앞으로 올
시간이 이미 나의 삶 속에서 마치 쇠사슬처럼 빈틈없이 짜여 있고 이어져 있
어서, 어떤 사슬 하나를 빼내고 거기에 어떤 행태일 터인 새로운 사슬을, 집어
넣을 수가 없거나 넣기가 싫다는 의미이다. 이렇게 시간은 개개인에게 익숙하
거나 낯선 시간으로, 의미 있거나 없는 시간으로, 열망하거나 기피하는 시간
으로 있으면서 영혼을 붙잡아 흔들고 전율하게 하거나 거부하고 도피하게 한
다. 과거, 현재, 미래는 이렇게 주관적으로 주어져 있는 시간을 추상화한 개념
이다.

인간의 삶을 시간으로 보면, 생명의 탄생과 더불어 시작되는 처음에는 과
거의 축적은 없고 미래는 무한하게 열려 있어 현재를 충일하게 살게 되어 있
다. 그러나 삶의 시간이 흐름에 따라 과거가 현재를 만들어 주고 미래를 지배
하는 크기가 점차로 커지는 모양을 갖게 된다. 그리하여 아직 어른이 되기도
전에 그의 과거가 그를 이리저리 끌고 다니고 있는 형편이 된다. 이렇게 미래

는 점점 더 과거에 의하여 채워지게 되고, 드디어는 과거가 그의 미래를 결정하게 되며, 미래가 없는 인생이 되어 삶을 마감하게 된다. 이것이 현세의 삶의 시간이다. 그러나 기독교인에게는 내세의 영원한 삶의 시간이 있어서 이로부터 현세의 삶의 시간을 체험하고 선취한다. 아우구스티누스는 이렇게 말했다. "시간은 인간의 현존을 지배하고 있다." 시간은 인간이 현존하는 방법으로, 인간은 과거, 현재, 미래를 불가피하게 체험하면서 시간이 그의 존재와 형성의 전제임을 알게 된다. 아니, 시간은 기억이라는 과거의 현재로, 직관이라는 현재의 현재로, 소망이라는 미래의 현재로 있다. 기억을 오늘에 살려 내어 '아직 이루어지지 않았으나 이미 이루어졌다'고 확신하고 소망을 품고 현재를 실현하는 것, 이것이 역사를 다루는 목적이다. 칸트는 "시간은 모든 현상의 선험적(a priori) 형식조건이다."라고 말했다. 현대 물리학에 의하면, 소위 객관적 시간이란 없다. 인류의 역사적 시간은 약 9,000년이다. 전역사적 시간은 대략 수십만 년이며, 지리적 시간은 수십억 년이고, 우주적 시간은 무한하다. 역사는 시간을 주관적 체험과 추체험의 시간으로 만들어 준다. 역사서술은 다양한 상황에 처하여 있는 개인, 민족, 국가가 체험적 시간으로 그것을 의미 있게 극복하도록 한다.

랍비가 길에서 좌우를 돌아보지 않고 앞만 보며 달리고 있는 어떤 젊은이를 만났다. 랍비가 물었다. "젊은이여, 어딜 그렇게 급히 달려가고 있는가?" "저의 유산을 향해 급히 달려가고 있습니다." "그런가? 그럼 그대의 유산이 그대 앞에 있어서 유산을 빨리 쫓아가서 쟁취하지 않으면 안 된다고 어떻게 확신하는가? 유산이 그대의 뒤에 있을 수도 있지 않은가? 그렇다면 그대는 잠시 멈추어서서 유산을 만나기 위하여 숨을 골라야 하지 않겠는가? 그런데 그대는 그저 앞질러 뛰고만 있네."[42]

나는 서두에서 히브리적 역사이해를 강조하였다. 이 글을 맺으면서 홀로코스트(Holocaust)를 범례로 언급하고 싶다. 홀로코스트는 원래 제물을 불로 태

---

42) Margarete Knödler-Pasch(Hrsg), *Zeit. Ein Geheimnis wird hinterfragt.* Klett: Leipzig 2001. S.46.

워 하나님에게 올리는 번제(燔祭)를 의미하는 말이었으나, 히틀러의 나치 치하에서 자행된 유태인 집단학살을 칭하는 말이 되었다. 그리하여 홀로코스트는 히브리어로 참상 또는 말살을 의미하는 소아(Soah)의 의미를 갖게 되었다. 그래서 계몽적 유태인들은 홀로코스트 대신에 소아라는 말을 사용하기를 주장한다. 그들은 1951년부터 이스라엘에서는 니산월 27일, 디아스포라 사회에서는 4월 19일, 독일에서는 1월 27일을 홀로코스트 기념일로 지킨다.[43] 과거를 기억함으로써 현재와 미래에 대한 정치적 · 윤리적 책임의식을 일깨운다. 그들의 고통과 죽음이 있음으로 해서 오늘의 내가 있다. 그들은 나 대신에 고통당하였으며 죽었다. 이러한 의식이 홀로코스트를 끊임없는 연구, 기념, 회상의 내용이 되게 하였으며, 전통적 역사의식과 하나님의 정의(Theodizee)로 자리 잡았다. 고통과 불행은 죄에 대한 벌이다. 그러나 죄 없는 사람도 욥처럼 벌을 받는다. 이는 하나님의 특별한 사랑의 대상이 되었기 때문에 받는 벌로, 하나님의 사랑의 고통이다.

　과거를 역사화하여서는 안 된다. 과거를 역사화하면 과거는 하나의 객관적 지식으로 처리되어 버린다. 역사화함으로써 과거는 현재의 삶과 연관되고 비교되어 미래의 삶을 향하여 비전을 품고 나아가는 것을 차단하여 버린다. 그렇지 않고 과거를 현재로 불러내어 미래를 향하여 그 의미를 물어야 한다. 그러면 과거는 나의 구체적 삶과 연관되고 비로소 현재화된다. 유태인의 홀로코스트 연구처럼 우리도 과거를 끊임없이 세세히 연구하여 현재화하는 일을 하여야 한다. 한국의 기독교교육은 양과 질에 있어서 엄청나게 성장하였다. 그러나 과거를 현재에 서서 미래를 향하여 생동하게 하는 연구와 교육은 대단히 소홀히 하였다. 그리고 이것은 한국의 기독교교육이 앞으로 실현하여야 할 가장 중요한 과제이다. 왜냐하면 역사의 망각은 필연적으로 한국의 기독교가 세계화와 다원화의 무반성적 수용으로 전개되고 있고 또 앞으로도 그렇게 전

---

43) Johann Maier, Judentum von A bis Z. Glauben, Geschichte, Kultur. Freiburg: Herder 2001, S.206-210: "Holocaust".

개될 것이며, 엄청난 양적 · 질적 성장에도 불구하고 성장하는 어린이에서 성수주일하는 어른에 이르기까지 목회자와 평신도의 절대다수가 민족과 사회와 국가를 기독교화하는 생활을 가능하게 하는 기독교적 정체성을 갖도록 교육하는 일에 실패하고 있고 또 앞으로도 실패할 것이기 때문이다. 복음은 현재화의 얼개 속에서 개개인의 가슴에 각인되고 고유하고 구체적인 삶으로 표현된다. 우리 사회에서 교회와 기독교인이 너무나 당연하게 비판의 대상이 되고 있는 지금이 우리의 기독교교육의 역사를 현재에 되살려야 할 때이다. 2017년은 종교개혁 500주년의 해이고, 2019년은 3·1독립운동 100주년의 해이다.

제6장

한국 교회의 기독교교육, 어떻게 할 것인가

1. 들어가는 말

김덕재 목사님으로부터 '한국 교회의 기독교교육, 어떻게 할 것인가?'라는 글을 써 달라는 주문을 받았다. 제목을 바꾸어도 좋다고 하셨지만 그냥 쓰기로 했다. 여러 가지 생각이 오갔다. 우선 내가 어렸을 적, 가난했고 불안했던 1950년대가 회상되었다. 호떡 하나 마음대로 사 먹을 수 있는 돈도 없었을 때였지만, 교회에서는 항상 신나고 뜨거웠다. 색종이를 오리고 접어 오색 종이 고리, 별, 새, 공, 상자 등을 만들어 크리스마스트리를 장식하였지만, 나는 그 아무것도 없었던 어렸을 적에 만든 크리스마스트리보다 더 아름다운 트리를 아직 기억하지 못한다. 교회는 나의 어린 시절의 성장둥지였다. 그때가 있었기 때문에 오늘의 내가 있다.

오늘날 사람들은 교회의 위기, 교회교육의 위기를 말하고 있다. 주일학교는 죽었다고 말하고 있다. 그리고 이를 여러 가지 시대 변화의 분석과 통계자료의 제시를 통하여 과학적으로 논증하고 있다. 여기서 우리는 두 가지 사실을 접하게 된다. 하나는 한국의 기독교와 교회가 위기를 맞고 있다는 것이고, 다른 하나는 위기의 실상이 과학적으로 논증되고 있다는 것이다. 그런데 위기에 접하고 있다는 사실은 피부에 와 닿는 현실이기에 부정할 수 없다. 그러나 과학적 논증을 제시하는 숱한 글들은 과연 그런지 되씹어 봐야 한다. 이에 대한 결론부터 말하면, 제시된 모든 과학적 논증은 부분적 의미가 있음을 인정할 수는 있으나 전반직으로 접근 자체가 잘못되어 있으며 따라서 틀렸다. 이는 과학적 논증의 내용이 틀렸다는 말이 아니다. 그 내용은 과학적 접근의 논리 안에서만 타당할 뿐이다. 그러한 내용 때문에 내리게 되는, 한국 교회의 기독교교육이 죽어 가고 있다는 결론은 과학적 접근이 보지 못하거나 놓치고 있는 전체를 함께 보면 문제가 있고 또 성경적으로도 이치에 맞지 않다.

한번 따져 보자. 기독교인이 한국 전체 인구의 4% 정도였으며, 보릿고개가 기승을 부렸던 극심한 빈곤의 시절에 한국의 교회는 주일학교를 통하여 성장해 왔다. 그런데 지금 인구 비례로 약 10%가 교인으로 추정되고 있으며 보릿고개란 말이 사라진 지 오래된, 물질의 풍요를 누리고 있는 오늘날에는 주일학교를 통하여 교회가 성장한다는 말을 들어볼 수가 없다. 오히려 교회의 50%가 주일학교 문을 닫았다고 한다. 그리고 그 이유를 인구의 감소와 사회경제적 조건의 변화에서 찾고 있다.

저출산은 국가적으로 볼 때 큰 문제이다. 그러나 교회의 주변에는 주일학교를 모르거나 알고도 나오지 않는 어린이와 청소년이 너무나 많다. 추수할 곡식은 널려 있는데 일꾼이 없을 뿐이다. 기독교인에 대한 사회적 신뢰도의 추락현상도 그렇다. 천주교를 포함하여 우리나라의 선교 역사는 세계에서 그 유래를 찾아보기 힘들 정도로 엄청난 성령의 역사요, 민족과 국가 지도자 배출의 역사요, 구국강국과 건국으로 국가를 이끈 동력의 역사이다. 1970년대까지만 해도 목사는 존경의 대상이었으며 기독교인에 대한 사회적 신뢰도는 높았다. 그런데 어쩌다가 우리나라의 기독교인들이 오늘날 그렇게 사회적 불신과 비판의 대상으로 전락하였는가? 그 이유도 한마디로 말하면 일꾼이 없어서이다.

그러므로 이제는 기독교교육을 포함하여 한국 교회의 다양한 위기를 시대적 변화와 형편에 기대어 변명하기를 중단하자. 그리고 말씀에 기초한 냉정한 반성과 현실 분석을 시도하자. 과학도 세속이다. 과학은 신앙에 의하여 동반된 지혜에 의하여 비로소 빛날 뿐이다. 우리의 교회교육뿐만 아니라 목회

행정 전반에 깊이 스며들어 있는 과학주의의 망령을 경계하고 몰아내야 한다. 돌아보면 우리의 교회계가 온갖 과학주의의 망령에 체포되어 있는 현상도 신학교육에서 교회교육까지 전반적으로 성경에 기초한 철저한 신앙교육과 경건훈련이 이루어지지 못한 데 기인한다고 볼 수 있다. 그래서 이 글에서는 한국 교회의 기독교교육이 걸어온 길과 걸어갈 길을 성경으로 돌아가서 살펴보고, 초대교회로 돌아가서 살펴보며, 한국의 초대교회로 돌아가서 살펴보는 세 가지 관점의 살펴보기를 시도하고 그 의미를 종합적으로 논의하려고 한다.

2. 한국 교회의 기독교교육을 성경으로 돌아가 살펴보기

기독교교육을 성경으로 돌아가 살펴보기는 기독교교육의 원형과 진리가 성경에 있음을 전제하고 있다. 또한 교회의 기독교교육이 여러 시대와 문화를 거쳐 오면서 원형으로부터 조금씩 변질되어 왔음을 강조하고 있다. 그리고 그 변질의 정도가 본말을 전도하는 현상을 보여 주는 곳에서 기독교교육이 패리되고 있음을, 다시 말하면 말씀에 근거하여 이루어지고 있지 않음을 말하고 있다. 따라서 원형으로 돌아가서 원형으로부터 우리의 기독교교육을 새롭게 보고 그 차이를 극복하고 원형을 회복하지 않고는 기독교교육의 미래는 결코 밝을 수 없다.

많은 독자는 이렇게 자문할 것이다. 성경에 담겨 있는 교육의 원리들을 우리는 잘 알고 있고 또 열심히 실천해 왔다. 그런데 무엇이 어떻게 부족하거나 다르게 실천되어 왔다는 말인가? 그래서 다르게 실천되었거나 전혀 실천되지 않았던 성경적 교육을 몇 가지 언급하며 오늘의 기독교교육 현실을 반성해 보려 한다.

첫째, 신구약의 모든 교육은 삶과 가르침의 일치요 생활 속에서 이루어지는 교육이다. 그래서 히브리 민족은 예루살렘 성전이 파괴되고 디아스포라의 삶 안으로 던져지기 전까지는 학교를 세우지 않았다. 가정이 학교였으며 부모가 교사였다. 가정 중심의 종교교육이 히브리 민족의 교육이었다. 하나님 신앙 교육의 중심은 어머니였다. 생활 속에서 교육하는 삶과 일치된 가르침의 농도는 절대적 수준으로 짙었다. 그래서 20대 초의 청년 이삭은 번제물이 된다는 것의 엄청남과 끔찍함을 잘 알고 있었음에도 불구하고 120세가 넘은 노쇠한 아버지 아브라함의 말에 순종하고 자신을 번제의 제단에 뉘었다. 그래서 5세가 될 때까지 어머니의 품 안에서 길러진 모세는 궁중에서 왕자의 교육을 받으며 성장하여 40세가 된 다음에도 히브리 사람이라는 민족적 자아정체성으로 무장하고 있었다.

디아스포라 이후에 히브리 민족은 그들의 마을을 이루어 살며 열 가정 이상이 되면 회당을 세우고 어린이를 가르쳤다. 회당이 학교였다. 그리고 가정 중심의 종교교육은 회당학교의 도움으로 더욱 철저해졌다. 그래서 어머니가 유태인이면 아버지가 이방인이라 할지라도 자녀들은 자동적으로 유태인으로 인정받는 역사를 만들었다. 그리고 그 전통은 지금까지 계속되고 있다. 이것이 삶과 가르침의 일치가 이루어지고 있는, 생활 속에 교육이 녹아들어 있는 성경적 교육의 현주소이다.

생활과 교육의 일치, 삶으로 보여 주고 그렇게 살게 함으로써 가르치는 일은 삶의 모든 일상에서 자연스럽게 이루어지고 있다. 손을 씻고 기도하는 것으로 시작하는 하루의 일과에서, 코셔 음식을 먹는 식생활에서, 탈릿(tallit, 숄)을 입고 테필린(tefillin)을 두르고 기도하는 경건생활에서, 출입을 할 때마다 문설주에 끼워 놓은 므쭈자(mezuzah)에 입 맞추는 생활에서, 촛불 켜기로 시작하는 안식일 생활에서, 유월절을 포함하여 엄격하게 지키는 일 년의 여러 축제생활에서, 예배에서 토라를 낭독하는 순서로 절정에 이르는 성년식에서 종교적 가르침을 받은 청소년은 가르침의 내용이 그렇게 살지 않으면 안 되는 진리로서 살과 뼈로 내면화되어 어떠한 고난과 억압도 이겨 내는 하나님 신앙의 자유인이 된다.

둘째, 둘씩 짝지어 교육하는 하브루타(havruta) 교육방식이다. 하브루타는 구약시대의 선지자 교육 때부터 이루어져 온 히브리 민족의 토라 학습의 기본형식이다. 둘씩 짝을 지어서 토론하고 문답하며 익히는 이 방법은 어린아이가 5세가 되면서 토라 학습으로 시작하여 미슈나와 탈무드 학습에 이르기까지, 그리고 어른이 되어서도 랍비를 포함하여 모든 학습자가 지혜와 지식을 갈고닦는 지극히 자연스럽고 익숙한 방법이다. 그래서 예수님도 제자들을 둘씩 짝지어 파송하셨다. 둘이 한마음을 이루면 성령이 함께하신다는 말씀도 유태인의 교육전통에서 볼 때 너무나 자연스럽게 이해될 뿐이다. 유태인의 교육에 관한 글을 보면, 둘이서 하는 토론은 넓은 공간에서 이루어지며 큰 소리로 이치를 따지는 몰입이기 때문에 옆에서 아무리 더 큰 소리가 나도 방해받지 않는 수준에 있어야 한다. 토론은 정답을 추구하지 않는다. 다만 지혜를 추구할 뿐이다. 따라서 객관적 평가란 처음부터 없다. 성경의 어디에도 상대적 경쟁과 평가, 석차와 등수를 매기는 교육은 없다. 다만 칭찬하고 격려하며 지적하고 고쳐 주는 교육이 있을 뿐이다. 이러한 하브루타의 방식 아래서 청소년들은 영성과 지성을 배양하며 평생을 동반하는 친구를 갖게 된다.

셋째, 예수님이 어린이를 안고 보여 주시는 교육의 원형이다. "어린아이들이 내게 오는 것을 용납하고 금하지 말라, 하나님의 나라가 이런 자의 것이니라."(막 10:14) 우리에게 너무나 친숙한 말씀이다. 그러고는 예수께서 어린아이를 안고 안수하고 축복하셨다. 여기서 우리는 기독교교육의 원형과 만나게 된다. 기독교교육 또는 복음교육은 어른이 어린아이를 가슴에 안아서 맑은 눈동자를 들여다 보며 몸과 마음이 튼튼하게 잘 자라라고 축복하는 지극히 자연스러운 모습을 기초로 하고 있다. 어린아이는 눈맞춤, 피부 접촉, 대화를 통하여 어른과 영적·지적·감성적·신체적 교감을 나누며 어른의 품에 삶의 닻을 내린다. 이러한 교감의 농도는 너무 짙어서 어린아이가 어른이 되어서 세계를 열고 세계 속에 자기 자신의 고유한 집을 지을 때까지 지혜와 지식을 거기서 가져오고 또 낯선 문화를 진리에 합당하게 재창조하는 카테고리로 작용한다. 이러한 농도 짙은 교감은 사회와 학교에서 배운 것을 거기에 맞추어 재생산하는 원천으로 작용하기 때문에 일단 이루어지면 생활의 중심이 되고,

시간의 경과와 더불어 더욱더 역동적이게 된다.

우리는 성경에 담겨 있는 교육의 원형들을 계속해서 열거할 수 있다. 그러나 일단 여기서 중단하고 앞의 세 가지 원형을 종합해서 살펴보면, 교회의 기독교교육은 처음부터 끝까지 하나님 앞에서 생명의 탄생과 성장을 돌보며 찬양하는 활동으로 가득 차 있음을 알 수 있다. 그리고 그 본질은 삶 속에서 배움이 삶과 더불어 이루어지며, 홀로가 아닌 함께 배우는 것이고, 지식과 기술의 천착과 연마가 아닌 지혜와 경건의 훈련임을 알 수 있다. 지식과 기술은 본질적 교육이 잘 이루어지는 곳에서 비본질적 교육으로 자연스럽게 이루어지는 것이다. 예수님이 어린이를 안고 축복하는 모습은 이러한 교육의 종합적 원형이다.

3. 한국 교회의 기독교교육을 초대교회로 돌아가 살펴보기

유태민족으로부터 배척당하고 로마제국으로부터 온갖 박해를 받던 기독교가 불과 300년도 안 되는 기간에 어떻게 로마제국의 국교가 되어 세계 종교로 우뚝 설 수 있었을까? 그 이유를 간략하게 살펴보자.

그들은 엄격한 교육과 생활로 교인을 양성하였다. 교인은 차별화된 삶을 살았다. 그들의 삶의 차별성은 원시적이 아닌 고상한 예배의식과 엄격하고 수준 높은 도덕성, 이러한 삶을 가능하게 하는 유일신 하나님의 신앙에서 뿜어져 나왔다. 차별성은 적대적이든 비적대적이든 간에 그들의 삶에 다가오는 모든 사람에게 높은 전염성으로 작용하였다.

초대 교인들이 개인의 사생활에서 보여 준 본은 전체적(holistic)이었다. 식음료, 의복, 거주 형태, 재물, 화장(Kosmetik), 장신구, 취침 문화, 부부생활, 축제, 목욕, 사냥, 그리고 노예들과의 관계를 포괄하는 공동생활에 이르기까지 생활 전체가 성경의 가르침에 따라서 규범적이었다. 이러한 생활의 본은 당대의 신분사회가 삶의 목표로 공유하고 있었던 '좋은 생활질서(eutaksia)'를 수용하면서 동시에 교리의 생활규범들, 생명으로 가는 길과 사망으로 가는 길의 두 길의 가르침, 황금률, 십계명, 특히 바울의 서신들과 구약의 지혜서에 있는 기도, 금식, 헌물, 용서, 일상적 의무, 경고 등과 연관되어 있었다. 전체적으로 초대 교인들의 삶은 교리문답의 윤리적 실천이었다. 그리고 이러한 신앙과 생활의 공동체 안에서 태어나 자라는 성장세대에게 그대로 도야의 세계로 작용하였다.

기독교인이 극히 적었을 뿐만 아니라 온통 적대적 이방인들로 둘러싸인 사회에서 신앙생활을 하지 않으면 안 되었던 1세기에 클레멘스(Clemens)는 말했다. "우리들의 자녀들은 그리스도 안에서 교육받지 않으면 안 된다(en christo paideias)." 그리스도 안에서 엄격한 교육을 받고 새 사람으로 거듭나지 않으면 기독교인이라 인정받지 못하였다. 따라서 그리스도 안에서 이루어지는 교육은 세상 안에서 이루어지고 있고 추구되고 있는 모든 교육과는 다른, 그 이념과 목적과 내용과 형식에서 차별화되는 교육이었다. 초대교회는 이러한 교육을 통하여 세상의 속된 지식을 기독교적 지식으로 개조하는 지혜를 발휘하여 새로운 학문의 세계를 펼쳐 갔다. 꿀벌이 들풀의 다양한 꽃에서 꿀을 모으듯, 크리스천들은 이방인의 문헌에서 지식을 모아야 한다. 여기서 세 가지 방법원리가 나왔다. ① 위대한 정신적 유산들로부터 기독교적으로 유용하고 의미 있는 지식들을 모두 놓치지 말고 수집한다. ② 수집된 지식들을 신중하게 구분한다. ③ 선별된 지식을 복음 안에서 새로운 지식으로 가공한다.

고대사회의 시대적 생활문화의 경계들은 그리스도 안에서 받은 교육을 통하여 해체되고 새롭게 재구성되었다. 신분과 계급의 사회 안에서 생활하면서 초대 교인들은 교회 안에서 신분과 계층, 인종과 성별의 경계를 없앴다. "너희는 유태인이나 헬라인이나 종이나 자유인이나 남자나 여자나 다 그리스도 예수 안에서 하나이니라."(갈 3:28) 이러한 시대와 문화를 초월하는 새로운 삶의 질서는 빛으로 작용하였다. 빛은 어둠을 염려하지 않는다. 빛이 비치는 곳에는 이미 어둠은 사라지고 빛만 있기 때문이다.

초대 교인들은 한 입으로 로마제국의 주신(主神) 주피터(Jupitor)와 그리스도를 찬양할 수는 없다는 확고한 신념을 갖고 살았다. 여기에는 엄격하고 분명한 구별이 있었다. 그런데 오늘날 그러한 구별이 없어졌다. 부모가 기독교인이니 모태에서부터 교인으로 태어났다? 새로운 삶, 새로운 Ethos가 없다. 그러니 기성교인들의 수평적 이동은 두드러지나 마치 유행을 좇듯이 새로운 삶에 전염되어 나오는 새 교인은 없다. 1960년대만 해도 그렇지 않았다. 크리스천임을 자각하며 생활하여야 했다. 그리하여 중고등학교와 대학교에서 급우의 다른 생활모습을 보고 자발적으로 교회에 나오는 현상을 도처에서 볼 수 있었다.

초대교회는 신자들의 운명공동체였다. 기독교는 고통받는 사람, 억울린 사람, 고뇌하는 사람의 종교였다. 모든 도움을 필요로 하는 사람들이 의지하고 사랑받는 종교였다. "심령이 가난한 자는 복이 있나니 천국이 저희 것임이요."(마 5:3)라는 말씀이 그들의 삶 안에 있었다. 그리고 이러한 교육과 신앙과 생활의 하나됨과 철저성은 삶의 본을 보여 주며, 가르침을 펼치는 위대한 신앙의 지도자들에 의하여 잘 보존되고 전수되었다. 그런데 오늘날 한국의 교회는 세속적 조직력 위에 이러한 모든 본질적인 것이 얹혀 있는 모양을 하고 있다. 교회의 기독교교육도 크게 다르지 않다. 아무리 행정조직이 잘 되어 있고 경제적 지원이 풍부하다고 해도, 신앙, 생활, 교육의 일치 안에서 전체적 교육이 펼쳐졌던 초대교회처럼 철저한 교육이 전제되지 않는다면 결코 힘을 발휘할 수 없고 오래갈 수도 없다.

4. 한국 교회의 기독교교육을 한국의 초대교회로 돌아가 살펴보기

한국 교회의 기독교교육을 한국의 초대교회로 돌아가 살펴보면 거기에는 처음부터 '구국(救國)'이라는 특수한 목적과 '선교(宣敎)'라는 보편적 목적이 있었음을 확인하게 된다. 다시 말하면 선교활동이 곧 구국활동으로 확인되었다. 그리고 이러한 목적을 달성하기 위한 교육의 형태는 학교, 사경회, 단체 등이었으며 색깔은 차별과 단절이었다. 기독교인은 비기독교인과 다르다. 다름을 확인해 주는 차별은 전통과의 단절로부터 이루어졌다. 제사를 비롯한 온갖 미신과 축첩(蓄妾)과 서얼 차대, 음주 흡연과 주색잡기를 비롯한 온갖 부도덕한 생활로부터 단절하고 새 사람이 된다. 이는 전통적 생활구조를 뒤흔들고 뒤엎는 도전이었기에 엄청난 억압과 고난을 각오한 행동이었다. 그러나 하나님 나라와 천국 일꾼의 양성이라는 보편적 목적은 일제치하에서 풍선등과같이 흔들리고 있는 나라의 운명을 무궁강국의 길을 도모하여 구하는 구국운동이라는 특수한 목적을 잘 담아서 당시 사대부의 의식 있는 지식인들을 확실하게 기독교인으로 만들어 갈 수 있었다. 이는 초대교회의 교부 터툴리안(Tertullian)의 말처럼, 크리스천으로 태어나는 것이 아니라 회심을 통하여 크리스천이 되는 것이었다.

한국 교회의 기독교교육은 이 땅에서 처음부터 오늘에 이르기까지 역사적으로 한국의 정치적 환경과 불가분리적으로 연관되어 있다. 그 특성은 구국과 선교이다. 이 두 가지 속성이 함께 다양한 비중으로 녹아들어 한국의 특수한 기독교교육을 만들어 냈다. 이러한 성격은 개화와 식민통치, 해방과 독립, 분단과 한국전쟁 그리고 산업화와 세계화를 거치면서 민족주의, 애국계몽운동, 구국독립운동 등의 강조로 드러났고, 오늘에 이르는 숱한 갈등과 경제성장의 역사를 통하여 반공과 안보와 평화의 통일교육, 전도와 선교교육, 구제와 참여교육, 대안과 다문화교육 등으로 점철되고 있다. 그리고 그 중심에 교육하는 교회가 있다.

교회의 교육은 한국에서 구국계몽운동으로 시작되었다. 이는 제사의 철폐에서 보듯이 미신과 우상숭배로부터의 해방이었을 뿐만 아니라, 다양한 계몽운동을 통한 생활의 합리적 개선을 꾀하는 운동이었다. 이러한 운동은 오랜 세월을 거치면서 한국의 인생관과 세계관으로 자리 잡은 계층의 철폐이자 성별과 신분을 벗어나서 모든 인권은 절대적으로 평등하다는 새로운 기독교적

인권의 주장이었으며, 근검 절약하고 금주 · 금연하고 축첩하지 아니하는 생활세계의 합리적 개선을 통하여 부강한 사회를 이루어 국가를 재건하자는 구국운동이었다.

기독교교육은 국가가 일제에 의하여 강제로 합병된 후에 식민통치하에서 극심한 탄압과 더불어 이에 대응하는 구국독립운동으로 전개되었다. 여기서 개인해방의 차원이 아닌 민족해방의 차원으로 독립운동을 전개하였으며, 3·1 독립운동에서 보듯이 국가의 건설을 통한 정치적 자율의 획득을 목적하였다. 이러한 운동들은 모두 기독교의 이름 아래서 전개되었다. 우리의 초대 교인들은 이러한 운동들과 기독교 복음 사이에 어떤 괴리도 없다고 여겼으며, 복음에 이미 이러한 운동의 결과로서 해방, 자유와 자율, 국가의 독립이 실현되었다는 희망의 소식이 주어져 있다고 믿었다. 아직 이루어지지 아니한, 그러나 이미 이루어진 희망으로서의 복음으로 옷 입은 교육이 한국 교회의 첫 모습이었다.

오늘날 우리는 하나님 없는 사회를 살고 있다. 물질적 풍요와 더불어 전통의 도야하는 힘이 소멸되었다. 세계화와 더불어 다원화와 다문화로 강조되는 다양한 가치의 공존의 시대가 펼쳐졌다. 이러한 시대에 기독교교육은 전통을 교육의 중심으로 다시 회복하고 복음을 모든 가치를 비로소 가치 있게 하는 절대가치로 가르치는 일에 철저하여야 한다. 유태인의 절기축제처럼 즐김이 지킴 안에서 자연스럽게 이루어지게 하여야 한다. 그리하여 과거에 있었던 하나님의 구원의 역사를 현재에 재현하는 교육으로 복음을 성장하는 청소년들의 가슴에 깊이 각인해 주어야 한다. 이러한 기억하고 회상하며 깊이 공감하는 추체험의 교육으로 조상의 하나님 경험과 이로부터 얻은 교훈을 현재의 삶을 만들어 가는 신앙의 힘으로 되살려 내야 한다.

1960년대까지만 돌아보아도, 너무나 가난하고 굶주렸기 때문에 모두가 물질추구적이었던 그때에도, 게다가 극심한 정치적 환란 속에서도 우리의 초대 기독교인들은 물질추구적이 아니었다. 그들은 종말신앙의 확고한 소망 안에서 세상의 빛과 소금이 되는 차별화된 삶을 살았다. 그들은 항상 '새 사람이 되었다'는 자각을 하며 살았다. 그런데 오늘날 후물질주의 시대를 살고 있기 때문에 생존을 위한 물질이 이미 주어져 있어서 삶의 목적으로 추구할 가치가 없는 대상이 되었음에도 불구하고 우리 기성세대뿐만 아니라 우리의 성장세대까지 물질주의에 젖어 있다. 교회는 교육을 통하여 경건한 청지기적 생활을 하도록 가르치는 데 실패하고 있다. 심지어 교회는 사회에 물질주의의 온상으로 비춰지고 있다. 그리하여 전혀 구별 없는 삶을 살면서 오히려 사회적 불신과 비판의 대상으로 부각되고 있다.

우리의 믿음의 선배들이 얼마나 확신과 실천의 삶을 살았는지 일별해 보자. 언더우드와 아펜젤러는 1885년에 한국에 들어올 때 이미 한국에 '토착교회'를 설립하여 한국인이 보다 좋은 한국인이 되고, 한국적인 것을 자랑스러워하고, 나아가서는 그리스도와 그의 교훈을 통하여 훌륭한 한국이 되기를 소원하는 선교정신과 교육정신으로 무장하고 있었다. 그리고 언더우드는 '마치 사도행전의 한 장과 같은' 한국 선교를 체험하였다. 1887년 12월에 서울에서 7명의 한국인 기독교인이 모여 첫 성찬식을 거행하였다. 그런데 불과 20년 후인 1907년에 교인 수가 6만 명에 이르렀으며, 자급 교회가 619개, 학교가 344개, 등록 학생 수가 7,504명에 이르렀다.

이상재는 사회적 지배계층 출신이자 출세한 선비로서 구국독립운동을 하다가 옥중에서 복음을 접하고 기독교인이 되었다. "성경에 이르기를 너희는 세상에 빛이라 하였으니, 너희는 교회를 의미함이요, 세상은 사회를 지칭함이요, 빛은 선도를 언명함이니 과연 그러하도다. …… 현세의 사회를 지배할 만한 능력은 기독교회로 유래하나니…… 기독교가 우리 조선에 들어온 지 수십 년 만에 도덕의 교화와 교육의 발전과 풍속의 개량과 패습의 혁제 등 여러 가지 아름다운 업적을 매거하기가 불가능하다."[1] 그의 말대로 한국의 교회는 이미 선교 초기에 교회와 민족과 국가를 하나로 묶어서 교육하는 데에서 정체성을 찾았다. 교회는 나라를 위하고 백성을 위하는 도였다. 이러한 한국 교

---

1)　차재명 편, 조선 예수교장로회 사기, 창문사, 1928, 2f.

회에서 숱한 애국지사들이 쏟아져 나왔으며, 일제하에서 일어났던 거의 모든 애국구국 단체와 운동이 이들에 의하여 주도되었다. 이상재는 그 중의 한 사람이다. 그는 1906년에 YMCA에 유술부(柔術部)를 창설하고 군사훈련을 했다. 1910년에는 전국기독학생회 하령회를 조직하여 새로운 학생운동을 일으켰다. 또 같은 해에 노동야학을 시작하였다.

1911년에 105인 사건이 일어났다. 기소된 123명 중에 91명이 기독교인이었다.[2] 1919년 2월 8일에 유학생들이 동경의 조선기독청년회관에 모여 조선청년독립단을 만들고 독립선언서를 발표하였다. 유학생 600여 명이 모였으며, 백관수의 독립선언서 낭독, 김도연의 결의문 낭독, 윤창석의 기도로 대회를 마쳤다. 기독교인 유학생들에 의하여 주동된 이 사건을 동경 유학생의 독립선언이라 한다. 이 사건은 3 · 1독립운동의 발화점이 되었다.

3·1독립운동을 주도한 민족 대표 33인은 기독교 대표 16인, 천도교 대표 15인, 불교 대표 2인으로 구성되었다. 당시 기독교인의 수는 약 30만 명으로 전체 인구의 2%에도 못 미쳤다. 기독교 대표는 이승훈, 양전백, 오화영, 신흥식, 길선주, 이필주, 김병조, 김창준, 유여대, 이명룡, 박동완, 정춘수, 신석구, 최성모, 이갑성, 박희도이며, 이갑성을 제외하고는 모두 목사이다.[3] 함태영은 민족 대표 48인에 들어갔으며, 이상재는 독립운동 이후에 여러 일을 처리하기 위한 인물로 지명되어 빠졌다. 독립운동은 승동, 연동, 새문안 같은 교회와 경신, 정신, 이화 같은 학교가 중심이 되어 일어났다. 파고다공원에서의 독립선언서 낭독도 연동교회의 청년 정재용이 자발적으로 하였다. 독립운동은 211개의 지방에서 1,542회의 집회로 전개되었으며, 2,023,089명이 참석하였고, 7,509명이 사망, 15,961명이 부상, 46,948명이 체포된 엄청난 운동이었다.[4] 투옥된 사람 9,456명 중에 기독교인이 2,190명이었으며, 목사가 40명, 전도사가 59명, 교회직원이 52명이었다. "3·1운동 관련 전체 피검자 19,525명 가

---

2) 장규식, 일제하 한국 기독교민족주의 연구, 혜안, 2001, 105쪽.
3) 조지훈, 한국민족운동사, 나남, 1993, 125쪽.
4) 같은 책, 131-132쪽.

운데 기독교인이 3,426명으로 전체의 17.6%, 천도교인이 2,297명으로 전체의 11.8%, 유생 출신이 346명으로 전체의 3.6%, 불교도가 220명으로 전체의 1.1%를 차지한 것으로 각각 나타난다."[5] 이러한 사실은 3·1운동에서 기독교가 차지하는 비중이 얼마나 결정적이었는가를 말해 주고 있다.

일제하에서 결성된 다양한 독립운동단체는 글자 그대로 모두 기독교인들이 주역이 되어 일어났다. 조만식 장로는 물산장려운동을 일으켰다. 이상재는 1922년에 '보이스카우트'를 창설하였다. 1927년 1월에 신석우, 안재홍, 이갑성 등 34명이 발기하여 '신간회'를 창설하였다. 1946년에 함태영은 『신천지』 3월호에서 이렇게 회고하였다. "기독교도들은 빈번한 연락계통을 가지고 집회를 가졌다. 외면으로는 어디까지나 예배였고 기도회였으나 그 내막에 있어서는 민족해방을 위한 무저항 투쟁의 구체적 협의였던 것이다. 그때 우리들의 연락 장소는 교회, 학교, 병원 등이었으며, 이런 곳은 가장 진지한 독립투쟁의 협의처였고, 교회의 목사, 장로, 집사들은 직접 독립운동의 내부 조직 지도자였다. 그리고 교회의 전도사와 주일학교 교사들은 모두가 민족사상의 고취자이고, 교인과 학생들은 애국자이며, 민족운동의 실천자들이었다."

1925년부터 일제는 신사참배를 강요하기 시작하였다. 신사참배를 죽음으로 거부한 신앙의 선구자는 많았다. 조용학, 주기철, 최봉석, 최상민, 김윤섭, 박의흠 등이 순교하였다. 일제는 기독교인을 민족주의자로 규정하고 2,000여 명을 투옥, 200여 교회를 폐쇄하였으며, 50여 명이 순교하였다. 한국의 교회는 겉으로는 완전한 일본제국의 옷을 입었으나, 그 속에 흐르는 피는 제국주의가 아닌 민족주의였다. 그래서 김양선에 따르면 일제는 1945년 8월 17일에 한국의 모든 교회 지도자를 무조건 학살하려는 계획을 세웠다. 그러나 하나님은 이를 허용치 않으셨다.

예전에 사경회는 평신도를 위한 계획적 교육활동을 전개하였다. 사경회에서 교리문답, 주기도문, 십계명, 사도신경 등 교리의 핵심과 사복음서, 예수의

---

5) 장규식, 앞의 책, 120쪽.

생애, 바울서신 등 신앙의 핵심을 가르쳤다. 주일학교교수법, 기도하는 법, 개인전도법, 상담과 회의법 등도 가르쳤으며, 건강과 위생, 농사법, 새로운 생활의 도 등도 가르쳤다. 그런데 오늘날 사경회는 이러한 교육활동으로부터 거리가 먼 일종의 '푸닥거리'로 전락하였다. 성직자는 그 본질상 양떼를 먹이고 입히고 돌보는 일에 전심전력하여야 하는 목회자이다. 교회의 주일학교에 이르기까지 성직자의 목회하는 모습은 그대로 비춰지고 전염된다. 그러므로 목회자가 부름 받은 천국 일꾼으로 확실하게 서서 사표(師表)가 되는 것, 여기에 한국 교회의 기독교교육의 미래가 있다.

5. 맺는말

예수님이 우리의 교육현실을 보시면 아마도 "화있을진저, 시험 치면서 교육하는 교회여!"라고 말씀하실 것이다. 기독교교육은 깊은 관심과 돌봄, 밀도 있는 대화와 접촉, 희로애락을 함께하는 영적 교제가 있는 활동이지, 시험 치고 등수를 매기며 우등상을 주는 모든 활동이 아니다. 성경적 기독교교육은 학생의 성취를, 예수님의 표현을 빌려서 말하면 받은 달란트를 갈고닦아 많은 열매를 맺은 것을 칭찬하고 또 많은 열매를 맺도록 할 뿐, 학생들을 상대적으로 경쟁하게 하고 성취한 바를 상대적으로 평가하지는 않는다. 그러므로 교회학교는 학생들 각자가 거룩한 경쟁을 하도록 해야 한다. 거룩한 경쟁이란 등수를 다투는 것이 아니라 각자가 자기 자신과 경쟁하며, 함께 갈고닦은 것을 나누고 자랑하고 칭찬하며 즐기는 경쟁을 하는 것이다. 이것이 달란트 교육이다.

한국 교회가 추구하여야 할 미래의 기독교교육의 집을 지어 본다. 가장 중요한 것은 집의 기초이다. 기초가 튼튼하면 집은 바로 서며 오래간다. 성경에 담겨 있는 교육의 원리들이 기독교교육의 기초에 해당한다. 이 기초 위에 초대교회가 실천한 기독교교육의 내용들이 교육의 집을 지을 형태와 색깔로 기능하여야 한다. 지금 우리가 소홀히 다루고 있고 놓치고 있는, 행사가 되어 버린 유아세례와 입교문답 그리고 세례는 엄격해야 한다. 그리하여 기독교인은 그렇게 태어나는 것이 아니라 회심과 훈련을 통하여 만들어지는 것이라는 사실이 확인될 수 있어야 한다. 성경과 초대교회의 교육 원리와 내용이라는 두 기초 위에 한국 초대교회의 기독교교육의 성격이 한국 교회의 기독교교육의 집의 모양과 색깔을 특징짓는 내용이 되어야 한다. 이러한 집이 한국이라는 국가와 민족과 문화가 담지하고 있으며, 안고 있는 모든 문화적 가치와 정치 · 경제 · 사회적 문제들에 올바르게 대응하는 기독교교육의 집 모양이 될 것이다.

　이렇게 지어진 교육의 집에서는 우리에게 너무나 익숙한 우리 교육의 특징인 지덕체(智德體) 순서의 교육활동은 결코 일어날 수 없다. 먼저 머리에 지식을 담고, 이것이 가슴으로 내려와 덕으로 정리되며, 몸으로 표현되는 생활은 실제로는 없다. 잠자는 영혼을 일깨우는 모습으로 먼저 가슴에 덕(말씀)이 담기고, 뼈와 살이 된 덕이 몸으로 실천되며, 그렇게 사는 삶의 의미가 지혜와 지식으로 뒷받침되어 유용성과 지복성의 삶을 사는 것이 확실한 순서이다. 하지만 우리의 교육현실은 순서를 바꿔 놓고 있다. 그리하여 다만 시험을 치기 위하여 공부하는 학습벌레를 양산하고 있다. 이러한 학습벌레들이 성인이 되면 각자의 전문직장에서 가슴에 야수를 품은 인간이 되어 자신의 욕망을 실현하기 위한 도구로 지식과 기술을 사용하게 된다. 미래의 교육의 집에서는 덕체지의 순서로 교육이 이루어져야 한다. 성경에서 우리는 이를 잘 확인할 수 있다.

　덕체지의 교육에서는 입시준비를 위한 교육이나 대학수학능력시험을 잘 보기를 기원하는 기도회 따위는 없을 것이다. 제대로 이루어지는 철저한 기독교교육은 신앙생활교육, 경건훈련교육, 하브루타 교육, 달란트 교육을 할 뿐이기 때문이다. 학생은 이러한 참된 교육의 바탕 위에서 스스로 넉넉하게 자아를 실험하고 경쟁하며 학교교육도 잘해 낼 것이다.

　한국은 세계에서 둘째가라면 서러운 교육국가이다. 그래서 기독교인이라면 이 말씀을 모두 잘 알고 있다. "오직 성령의 열매는 사랑과 희락과 화평과 오래 참음과 자비와 양선과 충성과 온유와 절제니 이 같은 것을 금지할 법이 없느니라."(갈 5:22-23) 덕체지의 바른 기독교교육에서는 이 말씀이 다만 머리로 아는 성구가 아닌 행동으로 실천하는 말씀이 될 것이다. 교회학교의 한 선생의 덕체지 교육은 그가 맡은 반 어린이들에게 마음의 고향과 어린 시절의 성장둥지를 만들어 줄 것이다. 그러나 한 목회자의 덕체지 목회는 교회의 모든 교인의 삶의 푯대가 되어 신앙공동체를 변화시키고, 더 나아가서는 국가와 사회에 변화하지 않으면 안 되겠다는 푯대로 작용할 것이다.

비록 많은 비판과 위기감에도 불구하고 한국 교회는 여전히 교육하는 교회로서의 힘을 갖고 있다. 이 힘을 제대로 발휘하기 위하여 이제는 변해야 한다. 변화는 우리에게 너무나 익숙해서 목회와 교육에서 무반성적으로 수용하고 있고 또 거기에 체포되어 있는 세속주의, 과학주의, 기술주의, 물질주의 같은 것들로부터 벗어나서 말씀으로 새롭게 무장하는 모습으로 이루어져야 한다.

제7장

기독교교육에서의 평등성

1. 들어가는 말

평등성(Equity)은 교육과 교육학의 기본개념이다. 평등성의 이해에 따라서 교육이 이루어진다. 따라서 역사적으로 많은 변천을 겪어 온 개념이다. 교육의 역사를 돌아보면, 처음에는 왕과 귀족의 아들, 종교적 지도자인 제사장과 선지자, 그리고 외부의 적으로부터 가족과 부족을 지키고 먹거리를 사냥하는 무사와 사냥꾼 등 선택받은 소수만이 교육의 대상이었다. 여자와 평민, 외국인과 나그네 등은 모두 교육에서 배제되었다. 그러나 인간이해의 확장과 더불어 여자, 평민, 장애인 등도 교육의 대상에 포함되었다. 이렇게 평등성의 개념은 고대로부터 근세에 이르기까지 유형, 사회계층, 종교 등에 따른 인간관의 해체와 맥을 같이하고 있다. 예를 들면, 19세기 말까지만 해도 여자는 독일에서 김나지움과 대학에 갈 수 없었다. 그러나 교육의 대상으로서의 인간에 대한 이해가 장애인까지 포함하여 모든 인간으로 확대되자, 평등성의 개념은 교육현장에서 학생의 교육가능성과 성취능력에 따른 질적으로 평등한 교육의 제공이냐(equality) 아니면 성취수준의 차이에 관계없이 모든 학생에게 평등한 교육의 제공이냐(egality)의 갈등으로 전개되었다. 그리하여 우리나라에서 지금까지 민감하게 작용하는 학제에서 보듯이, 평준화제도는 국제고, 특성화고, 자율고 등의 질적 성취에 따른 학생선발과 공존하며 이데올로기적 사회정치적 갈등의 요인으로 작용하고 있다. 오늘날의 글로벌한 시대에 평등성의 개념은 여성, 다문화, 연령, 종교와 문화 등에서 민감한 정치적 문제로 작용하고 있다. 이렇게 평등성은 교육에서 구체적 개념이다. 평등성의 개념 여하에 따라서 교육의 얼개와 형식이 결정된다. 그리고 우리 사회는 교육에서의 평등성을 학제, 교육형식, 학생평가와 선발제도 등의 성숙한 지평에서 펼치는 데 여전히 실패하고 있다. 그래서 이를 기독교교육의 영역에서 논의하여 평등성의 개념이해를 새롭게 재구성하려고 한다.

　'기독교교육에서의 평등성'은 너무나 자명(自明)한 개념이다. 이미 하나님께서 아브라함을 부르셨을 때 거기에는 그를 통하여 천하만민이 복을 받게 될(창 18:18) 것, 다시 말하면 하나님의 축복 앞에서 모든 인간의 평등함이 선포되었다. 그 전에 이미 태초에 하나님이 인간을 '하나님의 형상(Imago Dei)'으로 창조하심으로써 모든 인간의 창조의 평등성을 분명히 알 수 있도록 하셨다. 그러나 인간은 타락하였으며, 타락한 인간은 하나님 앞에서 모든 인간이 평등하다는 하나님의 뜻을 인간 중심적 평등성으로 왜곡하여 종교, 정치, 경제, 교육에 다양하게 침전시켰다. 인간 중심적으로, 인간은 나와 가족 중심, 종족 중심, 계층 중심에 머물렀으며, 이를 오늘에 이르기까지 극복하지 못하고 있다. 예수님의 복음은 평등성의 관점에서 이러한 왜곡과 패리에 대한 분명한 가르침으로 가득 차 있다. 예를 들면, 예수님은 '잃은 양' 한 마리(마 18:12), '그 아홉은 어디 있느냐'(눅 17:17), '가난한 과부'(막 12:42) 등에서 인문적 평등을 뒤집고 있다.

　인간은 오늘에 이르기까지 성경적 평등을 철저히 천착하고 실천하는 일에 실패하고 있다. 이미 400년 전에 코메니우스(Johann A. Comenius)는 이를 깊이 반성하고 모든 인간이 하나님의 형상으로 창조되었은즉, 남자나 여자나, 백인이나 흑인이나, 정상인이나 장애인이나 어떤 인간도 교육에서 제외되어서는 안 된다, 하나님이 가름대를 세워 두지 아니하신 곳에서 인간이 자의적으로 일정한 가름대를 세워 놓고 이를 통하여 인간을 갈라서는 안 된다, 가난한 자나 부자나, 귀족이나 노예나 누구든지 하나님의 보편적 교육 앞에

서 평등하다고 강조하였다.[1]

돌아보면, 기독교교육에서의 평등성은 성경에서 다양한 말씀으로 너무나 분명하게 강조되어 있어서 설명이 필요없는 진리이다. 그럼에도 불구하고 기독교교육의 역사는 교육의 현상(Phänomen)에서 평등성의 개념을 구체적으로 바르게 실천하는 일에 실패하여 왔다. 여기에는 여러 가지 이유가 있겠다. 그러나 우리는 우선적으로 다음과 같은 분명한 이유를 생각해 볼 수 있다.

기독교교육학은 역사적 전개과정에서 평등성에 관한 연구에 큰 관심을 기울이지 않았다. 이는 아마도 복음 자체가 하나님 앞에서 모든 인간의 원죄와 구속의 평등성을 선포하고 있기 때문에 너무나 자명하여 그 의미의 천착 자체에 대한 필요성을 느끼지 못하였던 데 있지 않나 싶다. 그러나 평등성 개념에 대한 무관심 내지 방심은 교육의 현장에서 조금씩 그 개념의 변질을 가져왔으며, 결과적으로 교육이 복음으로부터 멀어짐을 가져왔다. 그리하여 평등성을 학문적 논의의 대상으로 진지하게 다루지 않으면 안 되겠다는 생각을 갖기에 이르렀다.

뿐만 아니라 기독교교육학은 일반교육학의 뿌리요 모체이다. 기독교교육학이라는 나무에서 일반교육학이라는 가지가 자라났다. 그럼에도 불구하고 역사적 전개의 과정에서 그 역할이 전도되어 오히려 기독교교육학이 일반교육학으로부터 이론과 실천의 영양분을 공급받게 되었다. 그 결과로 기독교교육학은 일반교육학의 이론으로 옷을 입게 되었으며, 이것이 기독교교육학의 과학적 발전으로 인식되면서 본질의 변질을 가져왔다. 우리는 이를 평등성에 관한 이론과 실천에서 분명히 확인할 수 있다. 일반교육학과 교육은 평등성에 관한 행동과학의 논리에 기초한 치밀한 이론을 정립하고 그 바탕 위에 실천의 구조물을 건설하여 왔다. 그런데 실천의 구조물은 특히 방법과 평가에 치중되어 있다. 기독교교육은 원래 말씀을 가슴에 새겨 몸으로 실천하고 머리로 이해하도록 하는 데 반하여, 일반교육학은 지식과 기술은 물론 지혜까지도 머

---

1) Comenius, Johann Amos, Pampaedia. Lateinischer Text und deutsche Übersetzung. Hrsg. von Dmitrij Tschizewskij. Heidelberg 1965. 서론 참조.

리로 암기하고 이해하는 교수방법의 집중적 연구의 논리로 가득 채워서, 가슴에 지혜를 담는 방법을 변두리로 내몰고 도외시하고 간과하여 왔다. 또한 평가도 측정(Measure), 평가(Evaluation), 통계(Statistics), 분석(Analysis)을 합한 MESA의 논리로 단단히 무장하고 있고, 이를 기독교교육 현장에서는 그대로 수용하고 있다.

이렇게 기독교교육학은 평등성에 관한 연구를 소홀히 하여 왔으며, 일반교육학이 제공하여 주는 이론과 실천에 무반성적으로 의존하여 교육의 집을 건설하여 왔다. 그러나 평등성의 개념은 성경적 맥락에서 볼 때와 세상적 맥락에서 볼 때 그 관점과 색깔이 전혀 달라진다. 만약에 세상적 맥락에서 의미하는 평등성이 기독교교육의 이론과 실천을 지배한다면, 이는 기독교교육의 근본적 변질일 뿐만 아니라 일반교육학에서도 교육의 본질을 패리시키는 일이기 때문에 개혁하지 않을 수 없는 과제가 된다. 따라서 과연 그러한지 평등성 개념의 전반적 재검토와 재구성이 요청된다.

한국의 교육과 교육학에서 평등성은 수월성과 더불어 공교육의 중요한 두 가치이자 규범으로 작용하여 왔다. 그리하여 우리 모두의 학교교육 경험 속에 이미 피와 살이 되어 깊이 들어와 흐르고 있는 학교교육의 자명한 기본개념이 되어 버렸다. 이 글을 읽는 독자의 절대다수가 평준화 시대에 학교교육을 받은 세대일 것이다. 그들은 평준화 때문에 좋은 학교에 진학할 수 있었고, 학습성취의 수월성(Excellence)을 향하여 경주한 결과 좋은 대학에 갈 수 있었다. 그래서 오늘의 이 자리까지 올 수 있었다고 생각하는 사람들이 많을 것이다. 우리 사회는 여전히 과학, 외국어, 국제 등 여러 특성화 학교들을 비롯하여 일정한 수월성을 추구하는 학교들이 선망의 대상으로 군림하고 있다. 그리고 대학생선발제도는 여전히 수월성으로 확인되는 계량적 평가의 지표에 근거하여 이루어지고 있다.

이는 다음과 같은 사실을 말하여 준다. 평등성은 교육의 본질을 이해하기 위한 기본개념이다. 이 개념을 어떻게 이해하느냐에 따라서 교육의 본질이 근본적으로 훼손 · 패리될 수도 있고 바르게 정립 · 실현될 수도 있다. 잘못된 평등성의 개념 위에서 이루어지는 교육은 처음부터 잘못된 교육이 될 수밖에 없다. 이것이 문제이다. 우리는 이를 실제로 국가적 단위에서 경험하고 있다. 우리나라의 '평준화' 교육제도는 잘못된 평등성의 개념 위에 서 있는 잘못된 학제이다. 기독교교육적 관점은 그 어떤 인본적 관점보다 더 철저하게 평등성의 개념을 그 본질에 있어서 바르게 정립하고 있다. 그러므로 우리는 교회학교에서의 교육뿐만 아니라 평준화제도와 기여입학제를 비롯하여 우리나라의 공교육까지도 기독교교육의 평등성 개념으로 바로잡을 수 있을 것이다.

2. 인간인식의 전개와 교육평등성

교육의 역사는 인간관의 확대와 심화의 역사이다. 인간에 대한 인식의 변화에 따라서 평등성에 관한 교육의 차원이 변화되어 왔다. 그리고 인식의 내용은 곧 교육의 차원으로 결정되어 왔다. 다시 말하면, 교육은 역사적으로 인간관이 제시하여 주는 이해의 범위 안에서 이루어져 왔을 뿐, 이를 초월하여 이루어지지는 않았다. 그렇지 않을 경우에는 극심한 진통과 희생을 치러야 했다. 그러므로 인간관의 변화의 역사는 교육대상의 확대의 역사이며, 이러한 걸음은 이해와 인정을 위한 투쟁의 역사로 확인된다.

이 점이 오늘의 주제와 연관된다. 인간에 대한 인식의 변화처럼 오랜 세월을 거쳐서 조금씩 이루어지는 현상도 없다. 그 대표적 예를 하나 들면, 인간을 유형으로가 아닌 개인으로 인식하기 시작한 것은 문예부흥과 인본주의 시대로 접어들면서이다. 그 전에는 인간은 다만 유형으로 이해되었다. 범례적으로 중세기에 인간은 성직자, 귀족, 자유시민, 농노의 네 가지 유형으로 이해되었으며 이에 따라 다루어졌다. 문예부흥기로부터 시작된 근세에 들어서서 비로소 인간은 개인 아무개로 이해되기 시작하였다. 인간이 개인으로 이해되기 시작함으로써 비로소 고유성, 개성, 미(美)에 관한 주관적 이해, 언어의 역사성 같은 개념들이 강조되기 시작하였다. 그러나 19세기로 접어들 때까지 이러한 근세의 인문주의에서 여성은 제외되었다.

오늘에 이르기까지 교육과 교육학의 원천으로 기능하고 있는 고전고대 그리스의 인간관에서도 우리는 이를 확인하게 된다. 플라톤이 『국가(Politeia)』에서 정의로운 국가를 건설하고 유지하기 위한 교육의 대상으로 삼은 인간은 자유시민(demos)이었다. 그것도 여성을 제외한 자유시민 남성이었다. 물론 그의 글에서 우리는 여성도 원칙적으로 교육에서 배제되어서는 안 된다는 합리적 추론을 읽을 수 있으나, 거기서 그치고 있다. 노예와 천민(ochlos), 외국인, 장애인 등은 처음부터 교육에서 배제되었다. 그리고 물론 자유시민도 국가에 쓸모 있는 시민으로 확인되고 있는 동안에만 교육의 대상이었다. 국가라는 절대적 이데올로기에 따라 인간의 존재가치 유무가 결정되던 시대에 평등성은 국가라는 절대적 척도로 비추어 보아 같은 형태와 색깔로 확인되고 적용되는 가치였다.

플라톤도 예외가 아니었다. 그는 정의로운 국가를 실현하기 위한 완전한 교육적 설계도에서 철인이 군주가 되어 통치하여야 함을 주장하였다. 그에게 있어서 국가통치능력의 교육적 수월성은 철인이었다. 고대에서 근세중기까지, 특히 고대에서 수월성은 그 시대가 추구하는 이상적 인간상으로 확인된다. 그래서 호머의 시대에는 영웅과 무사가 교육을 통하여 추구하는 이상적 인간상이요 수월성이었다. 교육의 이념도 이를 관념화한 미선성(美善性, kalokagathia)이었다.

중세기는 인간을 유형으로 인식한 범례적 시대였다. 중세기는 인간을 다만 성직자, 귀족, 자유시민, 농노로 인식하고 다룬 신분적 계급사회였다. 우리가 아는 대로 종교적 신분계층을 양성하기 위한 수도원, 성당, 감독학교와 세속적 신분계층을 위한 기사도교육, 그리고 자유시민계층의 다양하고 자유로운 조합학교가 있었을 뿐, 농노를 위한 학교나 교육은 없었다. 그렇게 천 년이 흘렀다. 아니, 중세의 봉건적 사회구조가 지식인들의 의식구조에서 극복되기 시작한 것은 17세기이므로 그때까지도 농민은 여전히 교육에서 제외되어 있었다고 하겠다. 계층과 성별을 비롯하여 종파, 인종, 장애 등 온갖 유형과 영역에 따른 가름과 제한을 초월하여 모든 인간을 교육의 대상으로 인식하고 주장하는 글들이 나타난 것이 바로 이 시대이다. 대표적으로 우리는 앞서 언급한 코메니우스를 들 수 있다. 『대교수학(Didactica Magna)』에서, 그리고 보다 이론적으로 치밀하고 심도 있게 『범교육론(Pampaedia)』에서 코메니우스는 이를 구체적으로 주장하였다. 17세기까지 서구에서 교육의 대상은 특정한 계층에 속한 남자아이였다. 코메니우스는 이러한 일상적 교육이해의 세계를 그 의식의 근본에서 철저히 뒤집는 시도를 하였다. 그는 하나님 앞에서 모든 인간의 무조건적 절대적 교육평등성을 다음과 같이 천명하였다. "모든 인간은 하나님의 형상으로 창조되었은즉, 젊었거나 늙었거나, 가난하거나 부유하거나, 귀족이거나 천민이거나, 남자거나 여자거나 관계없이, 짧게 표현해 인간으로 태어났다면 누구든지 모두 교육에서 제외되어서는 안 된다."[2]

코메니우스 후에 한 세기가 흘러서 박애주의 교육사상가들이 박애주의학교를 설립한 후 계층을 넘어서서 학생을 모집하여 고전어를 가르치기 전에 국어를 가르치고 실제생활에 유용한 지식과 기술을 교육하는 새로운 교육문화운동을 벌였으나, 종교적 세속적 지배계층의 강력한 반대에 부딪혀 실패하고 말았다. 그들은 루소(Jean J. Rousseau)와 페스탈로치 같은 불세출의 위대한 교육사상가들의 이론을 바탕으로 삼아 학교교육문화의 전체적이고 철저한 개혁운동을 벌였으나 역부족이었다. 그리고 박애주의의 학교교육 개혁운동은 바로 교회와 국가의 지배세력에 의하여 탄압되었다.[3]

여성도 인간이기 때문에 교육을 받아야 한다는 생각이 글로 표현되고 강조되기 시작한 시기는 17세기이다. 그러나 인간관의 사회적 변화는 대단히 천천히 이루어지기 때문에, 18세기에 박애주의 교육사상가를 비롯하여 숱한 계몽적 지식인들이 여성의 교육을 강조해도 독일의 경우 김나지움은 19세기까지 여학생을 받아들이지 않았다. 여학생의 김나지움 교육을 위하여 운동을 벌

---

2) Comenius, op. cit., S.15.
3) 오인탁, 박애주의 교육사상, 서울: 학지사, 2016.

이던 베를린의 여성단체가 너무나 불통인 남성 중심의 학교제도에 실망한 나머지 결국에는 자체적으로 모금을 하여 여자 김나지움을 설립한 것이 19세기 말이었다. 대학교의 문도 여성에게는 굳게 닫혀 있었다. 튀빙겐 대학교를 예로 들면, 이 대학교 의과대학이 1892년에 마리아라는 뛰어난 수재를 청강만 할 수 있는 비정규 학생으로 조건부 입학시킨 것이 최초이다.[4] 남성들의 학문 세계에서 여성에 대한 편견이 얼마나 심했는지를 보여 주는 예를 하나 더 들면, 1902년에 출판된 후에 20년 동안 9판을 거듭하며 학계의 권위로 우뚝 섰던 뫼비우스(August F. Möbius)의 유명한 책 『여성의 생리학적 정신박약에 관하여(Über den Physiologischen Schwachsinn Des Weibes)』이다. 뫼비우스는 이 책에서 여자들은 모두 정신박약이라는 주장을 폈다. 여자의 정신박약은 생리학적 조건일 뿐만 아니라 어린아이를 낳고 기르기 위한 필연적 조건이라는 것이다.

유태민족도 주전 1세기경부터 남아에게 bar mitzva(계약의 아들)라는 성년식을 회당에서 예배의식을 갖추어서 베풀어 왔으나, bat mitzva(계약의 딸)라는 여아의 성년식은 여성의 많은 항의와 요청을 거쳐서 18세기에 와서야 개혁적 유태인들을 중심으로 베풀기 시작하였으며, 그것도 예배의식이 아닌 축제 형식으로 이루어지도록 하였다. 그래서 bar mitzva의 절정은 회당에서 예배 시 두루마리 토라를 낭독하는 순서에 참여하는 것인데, bat mitzva는 토라를 낭독하는 순서가 없는 평범한 생활축제로 이루어졌다. 이렇게 인간인식의 지평을 확대하고 구체적 교육으로 심화하는 일은 대단히 느리게, 그리고 지배계층의 엄청난 저항을 받으며 대단히 어렵게 전개되어 왔다. 이러한 인간인식의 역사적 전개과정에서 우리는 교육의 평등성이 인간인식의 시대적 지평 안에서 추구되어 왔음을 알 수 있다. 시대적 인간이해가 평등성 실현의 조건이요 한계를 이루고 있다. 그렇기 때문에 하나님의 뜻에 따른 평등성의 실현은 인간이해의 폐쇄된 지평을 폭파하여 여는 작업이 된다.

---

4) 오인탁, 공학의 역사와 정신, 연세논총, 23, 1987, 65-85쪽.

3. 세상적 평등성 개념의 문제

평등성의 개념은 앞에서 살펴본 대로 크게 성경적 개념과 세상적 개념으로 이원화되어 전개되어 왔다. 이 두 개념의 내용은 대단히 상이하다. 그러나 역사적 전개과정에서 우리는 평등성 개념의 근본이 같음을 알 수 있다. 앞에서 이미 언급하였지만, 고대에 인간은 어떤 절대적 존재, 가치, 개념을 중심으로 인간을 이해하였다. 그리고 그것은 신, 국가, 통치자를 정점으로 한 계급구조와 같은 것이었다. 이러한 세계의 구조에서 공통적으로 영성과 지혜가 인간이해의 기관으로 기능하였다. 그러나 이성과 철학의 세계가 영성과 지혜의 세계를 점차로 구축하면서 세상적 개념이 성경적 개념을 '지배'하게 되었다. 이를 잠깐 살펴볼 필요가 있다.

우리는 세상적 평등 개념의 시초를 호머 시대에서 볼 수 있다. 호머 시대에 평등은 전쟁을 통하여 획득한 장물의 균등한 분배를 의미하는 말이었다. 여기서 중요한 개념은 같은 양과 같은 질이었다. 여기서 사용한 그리스어는 isos 또는 homoisos이다. 이 두 말은 혼용되고 있어서 그 의미를 확실하게 구별하기는 어렵다. 그러나 대체로 isos는 대상의 형식적·객관적 측정가능성과 확정가능성의 관점에서 평등을 의미하는 말이며, homoisos는 내적이고 본질적인 평등성을, 다시 말하면 동일성을, 특성의 일치를, 종과 류의 동질성을 의미하는 말이다. 평등은 인간을 전체적으로 또는 일정한 관점 아래서 부분적으로 서로 비교하고 측정하는 과정에서 같은 것(동일성)과 다른 것(상이성)을 설명하는 말로 사용되었다.

플라톤은 호머적 평등을 정의(justice)의 개념으로 승화시켰다. 그는 인간의 영혼을 욕망, 기개, 지혜의 세 부분으로 구성된 하나로 보았다. 인간 개개인의 능력의 상이성에 눈뜸으로부터, 첫째로 전체와 부분, 국가와 시민의 관계에서 정의, 평등을 모색하였으며, 둘째로 국가라는 전체를 이루고 있는 부분들인 인간의 영혼의 상이함에서 다름의 의미를 천착하여 평등을 모색하였다. 플라톤에게 있어서 평등은 각자의 영혼에 알맞은 능력을 개발하여, 이를 통하여 첫째로 국가와 민족 전체에 유용한 삶을 살고, 둘째로 자신의 삶도 의미 있어지도록 하는 것이었다. 그래서 그에게 있어서 삶의 세 가지 형식인 생산직, 방위직, 통치직은 가치의 서열(hierarchy) 개념이 아니라 동등한 가치를 가진 세 가지 삶의 원형식 개념이었다.

다시 말하면 각자의 영혼의 상태에 따라 적절한 삶을 살도록 하는 것이 정의요 평등이다. 그렇지 않고 남의 삶을 넘보고 집적거리는 것은 불의이다. 그러므로 각자가 자기 영혼의 상태에 알맞은 자신의 삶을 살면서 국가에 봉사하고 이웃에 유익한 시민이 되는 것이 정의요 평등이다. 그렇지 않고 생산직에 적합한 영혼이 방위직이나 통치직을 넘보고 수행하거나 또는 방위직이나 통치직에 적합한 영혼이 생산직을 수행하게 되면, 이는 그 자신을 위해서나 국가와 시민을 위해서 모두 불행한 결과를 초래할 것이다. 왜냐하면 생산직에 적합한 영혼은 본질에 있어서 소유 중심적이기에 소유함에서 의미를 찾는데, 그러한 영혼이 방위직이나 통치직을 수행하게 되면 그가 향유하고 있는 권력과 기능을 자신의 욕망을 충족시키기 위한 도구로 사용할 것이 분명하기 때문이다. 이와 마찬가지로 용기와 의지의 영혼이 그에게 적합한 방위직이 아닌 생산직에 종사하게 되면 그는 소유 중심의 존재가 아니어서 생산노동 자체에서 존재의 의미를 확인할 수 없는 삶을 영위하게 된다.

플라톤에게 있어서 평등성은 각자가 자기 자신의 몸과 영혼을 아름답고 선하게, 다시 말하면 완전한 상태로 실현할 수 있도록 교육하고 그 결과로 실현된 모습에서 확인되는 정의의 개념이다. 그래서 진리는 참된 것이고, 참된 것은 전체적인 것이며, 전체적인 것은 인간 개개인이 자아를 완전히 실현한 상태이다. 아직 개인으로서의 인간이해가 없던 시대에 이러한 이해는 참으로 탁월하다. 플라톤에 의하면 아름다운 신체가 영혼을 선하게 만드는 것이 아니라, 선한 영혼이 영혼의 선함으로 신체를 비로소 아름답게 만드는 것이다. 영혼의 선함으로 신체를 아름답게 만든 사람은 완전한 사람이다. 그가 목수든, 군인이든, 철인 군주든 관계없이 모두가 그 다름에 있어서 완전하므로 평등하다. 그래서 플라톤의 교육에서 인간은 부모의 신분에 관계없이 모두 동등한 교육을 받으며 출발해서 교육의 과정에서 각자의 영혼의 상태에 따라 각자에게 알맞은 교육을 완전한 경지에 이르기까지, 다시 말하면 더 이상 교육이 필요 없을 때까지 받고 국가의 시민으로 배출되도록 되어 있다. 그래서 그러한 교육을 통하여 국가는 철인이 통치하는 정의로운 국가로 우뚝 설 수 있고, 시민은 정의로운 삶을 영위할 수 있게 되는 것이다.

플라톤의 평등관을 종합해 보면, 교육적 평등은 인간 각자의 영혼이 다르게 태어났기 때문에 각자의 영혼에 알맞게 또는 각자가 그답게(arete), 현대적으로 표현하면 각자가 가지고 태어난 그 자신의 고유한 잠재능력을 수월의 경지에 이르기까지 실현하도록 도와주는 교육의 조건을 동등하게 만들어주는 것이요, 그 결과로 그가 그다워져서 더 이상 교육을 필요로 하지 않는 수준에 도달한 것으로 확인되면, 생산직, 방위직 또는 통치직에 종사하며 삶을 살도록 하는 것이다. 따라서 플라톤에게 있어서 평등성의 최적적 실현은 곧 수월성의 확인으로 드러난다. 이러한 평등성 이해는 당시에 너무나 자명하여 설명이 필요없는 절대적 가치로 기능하였던 국가를 중심으로 치밀하게 사유한 결과이다. 그러나 우리는 여기서 다음과 같은 시대를 뛰어넘는 플라톤의 탁월한 교육관을 확인할 수 있다. 플라톤은 개인으로서의 인간이해가 아직 없었던 시대에 인간 개개인의 영혼의 상이함을 그 자체로 절대적으로 동등하게 보았다. 그리고 교육을 통한 최적적 자아의 실현이, 다시 말하면 각 영혼의 상이한 자아실현이 곧 완전한 국가를 실현하는 것이라고 생각하였다. 따라서 국가를 구성하고 있고 개인의 삶을 영위하고 있는 생산직, 방위직, 통치직 같은 직업의 상이함을 어떤 보편타당하다고 전제한 하나의 절대적 가치를 규범으로 하여 체계화 내지 서열화하지 않고 동등한 가치로 확인되는 삶과 노동의 원형상들로 인식하였다.

그러나 시대를 앞서가는 플라톤의 평등성 개념은 아리스토텔레스에 의하여 오늘날 우리에게 익숙한 개념으로 정립되었다. 아리스토텔레스는 평등성을 비교의 개념으로 정리하였다. 비교는 평등성과 관련하여 사물을 평가하고 가치와 의미를 부여하는 척도로 작용하는 사유이다. 비교는 사물을 동일성, 유사성, 상이성으로 정리하고 동일성을 중심으로 의미의 분류체계(hierarchy)를 만들고 이를 일반화하는 사유이다. 그리하여 인류는 동일성의 큰 범주 안에서 평등성을 확인하고 주장하여 왔다. 동일성은 '같음'으로 절대적으로 가치 있다고 인정받고, 유사성은 '비슷함'으로 상대적으로 의미 있다고 간주되고, 상이성은 '다름'으로 전혀 의미 없다고 여겨지고 무시된다. 그리하여 소외라는 정치적 죄악이, 다른 말로 죄의식의 정치적 무감각이 사회생활의 기본구조로 자리 잡았다.

아리스토텔레스의 평등개념은 수학적이다. 수학적 평등은 수적 개념이다. 같은 값은 일치한다. 모든 현상은 반성(reflection), 대칭(symmetry), 또는 변화(transition) 등에 있어서 같은 값으로 확인되는 한 평등하다. 모든 상품에는 적절한 값이 있다. 이와 같이 모든 교육의 내용과 결과는 적절한 값으로 확인되는 상품으로 드러난다. 누구나 평등한 교육의 조건 아래서 비싼 상품으로 확인되는 교육을 받을 수 있다. 평등성의 교육화, 교육적 평등성이 비판을 불허하는 절대적 가치로 우뚝 서서 교육의 집을 이루고, 이 집을 통하여 비싼 값으로 살 수 있는 교육을 어떻게 해서든지 사기만 하면 그 사람은 성공적 삶을 보장받는다. 그리고 이것이 정의이다. 그러나 그러한 평등성 개념은 어떤 하나의 척도를 보편타당한 '객관적' 척도라고 전제하고, 그 척도로 모든 현상을 비교하고 계량하기 때문에 인간교육의 개념에서는 지극히 제한적으로만 그 타당성이 인정될 수 있다. 그럼에도 불구하고 이론적 합리성으로 무장한 계량적 논리는 아리스토텔레스 이후에 교육의 과학적 접근을 가능하게 하는 중심이론으로 자리 잡게 되었다.

이렇게 고대로부터 평등성은 둘 이상의 대상에게서 같은 것을 찾아서 이를 평등하다고 확인하는 개념으로 자리 잡아 왔다. 그리하여 이 개념이 교육에서 무반성적으로 사용된 결과, 잠재능력, 관심, 경험, 학습수준, 가정문화 등이 서로 다른 인간을 같은 교육의 조건 안에 집어넣고 이를 교육적으로 평등하다고 선언하고, 학업성취를 평가하며, 그에 따라 학생의 진로를 결정하여 출세의 길을 열어 주는 힘으로 변질되었다. 이러한 평등성(isonomia)은 너무나 분명하게 비교육적이다.

여기서 칸트의 평등성 인식을 일별할 필요가 있다. 우리가 잘 아는 대로 정언적 명령(定言的 命令, Kategorischer Imperativ)과 계몽의 개념은 칸트의 평등성 인식에서 중요하다. 계몽이란 타인의 이성에 자신을 종속시키지 않고 자기 자신의 이성이 판단하는 바에 따라 행동할 수 있는 능력이다. 그래서 그는 계몽을 "스스로 초래한 미성숙성으로부터의 출구"[5]라 했다. 여기서 계몽은 평등의 개념으로 드러난다. 타인의 힘, 재물, 지식, 권력, 지위 등을 통칭하는 타인의 낯선 이성에 종속 내지 채포되지 아니하고 독립적으로 자신의 이성의 힘으로 세상을 보고 결정하는 능력을 절대적 가치로 강조함은 인간의 사물인식능력을 그 다양성과 상이성에도 불구하고 절대적으로 동등하다고 전제한 결과로, 스스로 자기 자신의 고유한 주인이 되어 자아와 타인을 절대적으로 동등한 존재로 인식할 때 비로소 가능하기 때문이다. 칸트의 윤리적 기본원리로 널리 알려져 있는 정언적 명령에서도 평등성의 개념이 준동하고 있다. 자신의 행동이 모든 인간에게 어떤 경우라도 예외 없이 타당하도록 행동하라.[6] 그리고 그러한 행동이 그 자체가 목적이 될 뿐이지 다른 목적을 달성하기 위한 수단이 되지 않도록 하라. 이러한 인식에는 모든 인간의 이성의 무조건적인 절대적 평등권 인정이 전제되어 있다. 다시 말하면 상대의 인격을 그 자체의 상이성에 있어서 나의 인격과 절대적으로 동등시할 뿐, 그에게 내재되어 있지 아니한 지식, 재물, 권력 등 어떤 낯선 척도로 그를 평가해서는 안 된다는 것이다.

세상은 평등성을 같음에서 찾으나, 성경은 다름에서 찾는다. 전쟁에서 승리

---

5) Kant, Immanuel, Beantwortung der Frage: Was ist Aufklärung? Schriften zur Anthropologie Geschichtsphilosophie Politik und Pädagogik. Erster Teil. Darmstadt 1971. *Kant Werke*. Band 9. S.53.

6) Kant, Immanuel, Grundlegung zur Metaphysik der Sitten. Kritik der praktischen Vernunft. Schriften zur Ethik und Religionsphilosophie. Erster Teil. Darmstadt 1968. *Kant Werke*. Band 6. S.51.

하고 쟁취한 물건이나 유산을 분배함에 있어서 평등은 계량적 · 상대적 · 객관적 개념이요 정의의 문제였다. 그러나 교육에서 인간 개개인의 잠재능력을 계발하고 잠자는 영혼을 일깨움에 있어서 평등은 질적 · 절대적 · 주관적 개념이요 구원의 문제이다. 교육의 관점에서 평등의 개념은 세상적 이해로부터 멀리 떨어져 있다. 그래서 낯설다. 우리에게 너무나 익숙한 성경 말씀을 예로 들어 보자. "제자 중에서 누가 크냐 하는 변론이 일어나니, 예수께서 그 마음에 변론하는 것을 아시고 어린아이 하나를 데려다가 자기 곁에 세우시고, 그들에게 이르시되 누구든지 내 이름으로 이런 어린아이를 영접하면 곧 나를 영접함이요 또 누구든지 나를 영접하면 곧 나를 보내신 이를 영접함이라. 너희 모든 사람 중에 가장 작은 그가 큰 자니라."(눅 9:46-48)

누가 '크냐'라는 변론은 어제나 오늘이나 인간의 세상에서 늘 있어 왔으며 또 앞으로도 있을 것이다. 어른의 세계에서 공유하고 있는 척도는 어린이의 세계에서 공유하고 있는 척도와는 질적으로 다르다. 예수께서 "가장 작은 자가 큰 자"라고 하셨을 때, 여기서 '작은 자'는 척도의 전환을 강조하는 언어이다. 어린이는 아직 아무것도 이루어 내지 못한, 무엇으로든지 될 가능성이 있는 자연 그대로의 가능성이요, 어른의 행동방법으로가 아닌 어린이의 행동방법으로 영혼과 육체의 모험을 함으로써 무엇으로 되어 가는 필연성이 확인되는 존재이다. 본질을 잃지 않을 수 있는 능력이, 본질의 바탕 위에서 어른으로 되어 갈 수 있는 능력이 여기서는 '큰 자'의 조건으로 강조되고 있다. 그리고 그 조건에 도달하기 위한 전제는 기존의 모든 가치체계를 버리는 것이다.

4. 기독교교육적 평등성의 척도와 규범

다시 처음의 물음으로 돌아가 보자. 우리는 교육적 평등성의 척도와 규범을 어디서 찾아야 하는가? 우리 사회의 학교교육에서 보는 평준화는 교육적 평능성의 바른 실현인가? 우리는 우리에 있는 양 아흔아홉 마리를 우리 안에서 똑같은 환경조건 아래 양육할 수 있다. 아니면 아흔아홉 마리를 우리 안에 놓아두고 길 잃은 양 한 마리를 찾기 위하여 산하로 나설 수 있다. 어느 것이 평등성인가?

여기서 크게 두 가지 측면을 고려해 볼 수 있다. 하나는 길 잃은 양 한 마리에 대한 생각이다. 여기에는 생명의 절대적 존엄성이 전제되어 있다. 이를 교육적 평등성의 관점에서 고찰하면 교육의 평등성은 교육으로부터 배제되어 있는, 다시 말하면 교육을 받을 수 있는 기회와 권리를 누리지 못하고 있는, 교육 밖에서 살고 있는 인간을 교육 안으로 끌어들여 교육의 기회와 권리를 향유할 수 있도록 하여 주는 것이다. 교육의 평등성은 교육 없는 허주에 처해 있는 어린이, 청소년, 성인, 노인에 대한 교육적 각성으로부터 생동하는 개념이다. 이러한 의미에서 레이크스(Robert Raikes, 1736~1811)의 주일학교를 비롯하여 18세기에 영국에서 일어난 자선학교운동은 교육의 평등성을 실현한 역사적 사건이라 할 수 있다.

다른 하나는 우리 안에 있는 말 잘 듣는 양 아흔아홉 마리에 대한 교육적 평등성이다. 우리 안에 있다고 해서 이 양들이 아직 '착한' 양은 아니다. 우리 안에 있는 양들은 다만 주인이 베풀어 준 동일한 성장조건에 순응하고 있다. 우리는 객관적으로 같은 조건 아래서 경주하는 것을 '평등하다'고 한다. 그러나 이러한 평등성(egality)은 교육적 평등성이 아니다. 우리나라의 평준화 교육정책에서 사람들은 주로 이러한 객관적 평등성을 강조한다. 그러나 구두의 재료, 디자인, 크기 등이 같다고 할 경우에 사용하는 동질동형태적 평등성을 인간의 교육에 맹목적으로 적용할 때 우리는 교육의 본질을 패리시키는 치명적 오류를 범하게 된다. 우리 안에 있는 양 아흔아홉 마리는 모두 성장수준, 잠재능력, 경험, 취향, 관심, 식성 등이 다르다. 슐라이어마허의 표현을 빌리면, 양들은 "인간학적 전제조건들의 비결정성"[7] 상태에 있기 때문에 선한 목

---

7)   Lichtenstein, Ernst (Hrsg), *F. E. D. Schleiermacher Ausgewählte pädagogische Schriften*. Paderborn 1959, S.51.

자는 양들의 각기 다름에 주목하여 양떼를 이끈다. 아니, 그렇게 이끌어야 선한 목자이다.

　교육의 관점에서 보면 이러한 평등성은 주관적 평등성이다. 주관적 평등성의 특성은 외적으로 확인할 수 있는 객관적 동질성과 동형태성에 근거하지 않고, 내적으로 확인할 수 있는 주관적 비동질성과 비동형태성에 근거한다는 것이다. 전자는 같은 규범, 가치, 척도 아래의 현상이어서 상대적 비교와 평가가 가능하다. 경험적으로 검증 가능하기 때문에 보편타당하다는 진술이 가능하다. 그러나 후자는 다른 규범, 가치, 척도 아래의 현상이어서 절대적이기 때문에 비교 불가능하고 절대적 평가만 가능할 뿐이다. 경험적으로 검증 불가능하고 고유하며 일회적이다. 바로 이 주관적 평등성이 교육적 평등성이다. 객관적 평등성은 교육적 평등성을 실현할 수 있는 전제조건일 뿐이다. 주관적 평등성의 바탕 위에서 객관적 평등성이 합리적으로 활용되도록 하여야 한다. 주관적 평등성에 기초한 교육은 계획 불가능하기 때문에 제도적 교육 안에서 도모하기가 대단히 어렵다. 그래서 일반적으로 공교육제도 안에서 이루어지고 있는 교육은 교육의 이념, 목적, 목표, 내용과 과정, 방법과 평가를 객관적 평등성으로 포장하여 펼쳐 놓고 그 안에서 학생들이 교육받도록 한다. 이러한 교육은 학생의 영혼을 경직시켜서 잠자는 영혼을 눈뜨게 하기는커녕 맹목적 학습기계로 만들고, 심한 경우에는 자살에 이르도록 몰아 간다. 그러한 교육은 인위적으로 조작 가능할 뿐만 아니라 합리적으로 보이는 이론으로 포장한 과학화의 길을 걸어가면서 교육에서 지혜를 구축하였다. 교육과학으로 만들어진 교육의 집 안에서는 각성과 회심, 소명과 헌신으로의 교육이 설 자리는 없다. 그러므로 기독교교육학은 지혜의 용광로 안에서 과학의 물질을 녹여 내야 한다.

　성경은 모든 인식의 원천이다. 그러므로 성경읽기 교육은 모든 교육의 필수불가결한 기초이다. 절대로 배제되고 소홀히 다루어져서는 안 되는 교육의 목표요 내용이다. 이는 기독교교육적 관점에서 '평등성'의 대상이다. 교육의 목표와 내용에 있어서 평등성의 규범은 두 가지 관점에서 중요하다. 하나

는 반드시 가르쳐야 할 교육내용의 편찬이다. 다른 하나는 이 교육내용을 어
떤 방법과 형식으로 가르쳐야 하는가에 대한 접근이다. 교육적 평등성의 규범
은 전자보다는 후자에서 빛을 발휘한다.

교육적 평등성은 생명의 일회성, 비교불가능성, 고유성에 자리 잡고 있는
개념이다. 반면에, 교육적 수월성은 각 생명이 자기 자신의 고유하고 특수한,
일회적 가능성을 최고의 경지에 이르기까지 실현함에 근거하고 있는 개념이
다. 따라서 수월성의 개념은 잠재능력과 교육필연성을 전제로 한다. 어떤 잠
재능력이 있는가에 따라서 이를 수월에 이르도록 하는 교육적 배려와 노력이
이루어질 때 수월성은 실현된다. 그러므로 무한히 다양한 잠재가능성에 따른
무한히 다양한 수월성 실현의 지평이 있을 뿐이다. 그런데 제도화된 교육은
수월성 실현을 다만 제도와 형식의 틀 안에서 도모할 뿐이다. 그래서 상대화
되고 객관화된 획일적 수월성이란 지극히 과격한 형태가 지배적으로 군림하
고 있는 가운데 차별화되고, 절대화된 수월성이란 지극히 개별화된 형태도 예
외적으로 인정 또는 묵인되는 현상을 보여 준다. 유태인의 교육에서 오늘날에
도 확인할 수 있고 성경에서 우리 주 예수 그리스도께서 가르쳐 주신 수월성
은 절대적 수월성이다.

5. 달란트의 비유에 담겨 있는 평등성

기독교교육적 평등성의 특징을 잘 드러내 주는 성경 말씀에 달란트의 비유
가 있다. 너무나 잘 알고 있는, 그래서 쉽게 강조하고 넘어가는 이 유명한 비
유는 깊이 생각하고 숙고하면 할수록 우리에게 많은 의미로 다가온다. 우리는
달란트의 비유에서 절대적 평등성의 개념과 만난다. 그리고 절대성 평등성으
로부터 수월성이 나오며, 그것도 절대적 수월성의 개념으로 동시에 강조됨을
알 수 있다.

하나님께서 우리 인간에게 "각자의 능력에 따라"(마 25:14) 다섯 달란트, 두

달란트, 한 달란트를 맡겨 주셨다. 이 다섯, 둘, 하나는 단순하게 계량적으로 보아서는 안 된다. 왜냐하면 거기에는 각자의 능력에 따라 맡겨 주신 분의 특별한 뜻이 있기 때문이다. 세 사람이 모두 동일한 능력의 소유자라는 전제 아래서 보면 다섯, 둘, 하나는 불평등하다. 그러나 각자의 능력에 따라 각자에게 알맞은 달란트라면 이는 평등하다. 따라서 다섯 달란트, 두 달란트, 한 달란트는 비교개념이 아닌 절대개념이다. 여기에는 주인의 특별한 뜻과 종된 자들 각자의 능력이 연관되어 있다.

특별한 뜻이 무엇인지 우리는 모른다. 그분만 알고 있다. 그러나 그분은 그러고는 멀리 떠났다. 먼 훗날에 그분이 돌아오셔서 그동안 얼마나 열심히 "장사하여"(16절) 어떤 열매를 거두었는지 확인할 것이다. 이 기간은 평생이다. 여기서 우리는 평등성과 수월성을 함께 확인할 수 있다. 각자의 능력에 따라 각자에게 알맞게 주어진 달란트를 가지고 평생 동안 갈고닦아서 무엇인가 거두라. 이것이 평등성이다. 따라서 이러한 평등성은 비교 불가능하고 고유하며 절대적이다. 그분의 뜻은 각자에게 주어진 절대적 평등성을 갈고닦는 일이다.

두 사람은 열심히 장사하여 두 배의 열매를 거두었다. 그러나 한 사람은 "땅을 파고 그 주인의 돈을 감추어 두었다"(18절). 두 사람은 "잘하였도다 착하고 충성된 종아, 네가 작은 일에 충성하였으매 내가 많은 것으로 네게 맡기리니 네 주인의 즐거움에 참예할지어다"(23절)와 같이 상을 받았다. 그러나 한 사람은 "악하고 게으른 종아"(26절) "이 무익한 종을 바깥 어두운 데로 내어 쫓으라"(30절)와 같이 벌을 받았다.

한 달란트를 받은 자의 행동을 보자. 그는 꽤 똑똑한 사람임에 틀림없다. 그는 세속적으로 약삭빠르다. 처세추구적이다. 그래서 그는 상대적 비교의 오류에 빠져들었다. 그의 능력에 따라 알맞게 주어진 달란트는 절대적이고 그 자신의 고유한 것인데, 그는 이 절대적 은사에 눈뜨지 않고 세상의 척도에 따라 이를 비교하고 계량하며 평가하였다. 이러한 이중적 오류에 빠져서 그의 삶은 그의 달란트와 함께 땅에 파묻혔으며 썩어 버렸다. 그도 열심히 살았을 것이다. 그러나 처음부터 잘못된 개념을 규범과 척도로 삼은 결과, 그의 삶은 그렇게 되었다. 그리고 주인의 평가는 엄정하였다.

우리 모두는 각자의 능력에 따라 다른 은사와 과제로 무장하고 이 세상에 태어났다. 각자의 수월성은 달란트의 고유하고 상이한 실현으로 드러난다. 다양성 안에서 단일성이 꽃핀다. 주인이 멀리 떠나 있다는 것은 종이 자신의 고유한 책임과 주도로 자신의 행위를 하도록 함을 목적하고 있다. 교육은 전적으로 인간의 손에 맡겨져 있다. 교육의 목적과 내용, 형식과 방법을 결정하고 실천하는 일이 교육하고 교육받는 사람들에게 온전히 맡겨져 있다. 주인은 멀리 떠났다. 따라서 아무리 철저히 하나님의 뜻에 따라 교육하고 교육받고자 해도 지나치게 철저할 수 없다. 교육의 평등성과 수월성을 어떻게 이해하고 실천하는가의 결과는 '착하고 충성된 종아'와 '악하고 게으른 종아'로 확인될 것이다.

달란트의 색깔은 비교 불가능하고 고유하며 절대적이다. 여기에 상대성은 없다. 한 달란트, 두 달란트, 다섯 달란트는 비교개념이 아닌 절대개념이다. 하나님이 인간 각자에게 주신 신체적·감성적·지적·영적 은사, 소질, 능력과 태어나게 하신 혈통, 가문, 지역, 언어, 문화, 국가는 절대적이다. 여기에는 하나님의 뜻이 있다. 인간은 이를 자의적으로 수용하여 상대적으로 보기를 훈련하였다. 한 달란트를 받은 자는 그가 받은 것을 상대적으로 비교하였다. 상대적 의식구조에서 모든 비극이 싹튼다. 절대적 개념으로 엄격하게 보면 '열등감' '빈곤감'이란 없다. 열등은 다만 감(感)으로 있을 뿐이다. 그러니 박탈감도 있을 수 없다. 인간은 객관성의 이데올로기에 사로잡혀 잘못된 규범과 가치로 세계를 상대화한다. 그러나 하나님이 구분대를 세우지 아니하신 곳에서 인간이 자의적으로 어떠한 구분대도 세워서는 안 된다. 그러므로 너의 달란트를 발견하고 이를 절대화하여 갈고닦으라. 그리하면 너는 너 자신을 발견하게 될 것이요 너 자신을 절대적 평등의 교육을 통하여 최적적으로, 다시 말하면 절대적 수월의 경지에 이르도록 실현하게 될 것이다. 너는 많은 열매를 거둘 것이다. 너의 삶은 행복할 것이며, 사회에 이로울 것이다. 그리고 하나님이 네가 거둔 것 위에 너에게 상을 덤으로 주실 것이다. 그러나 파묻고 도야하지 않으면 주신 달란트까지 빼앗으실 것이다. 본래 가지고 있던 능력의 빼앗김/상실로 체험되는 이것이 죄요 타락이며 상대적 평등과 수월의 결과이다. 비교와 경쟁의 대상은 너 자신이다. 너에게 주어진 무한한 자유를 마음껏 누리며 너 자신과 경쟁하라. 그리하여 거기서 네가 이루어 낸 것, 이것이 너의 수월성이다. 기독교교육은 절대적 평등성과 절대적 수월성을 추구한다.

달란트의 비유에서 보듯이, 하나님이 각자에게 주신 생명은 비교불가능성, 일회성, 고유성의 생명이다. 인간은 일정한 시간과 공간 속으로, 일정한 사회와 문화공동체 안에서 태어나서 성장하고 살다가 가는 역사적 존재이므로 여기에 역사성이 더해진다. 그래서 하나님이 인간에게 주신 교육에는 처음부터 절대적 경쟁만 있을 뿐이고 또 있어야 한다. 그런데 인간은 상대적 경쟁만을 경쟁으로 보고 경쟁의 가치와 척도를 비본질적인 것들에서 찾고 규정하여 왔다. 기독교교육은 교육의 본질로 돌아가서 잘못된 인식, 출발점, 개념 등을 바로잡아 상대적 경쟁의 트랙으로 만들어 버린 교육을 절대적 경쟁으로 되돌려 놓아야 한다.

6. 맺는말

지금까지 기독교교육에서의 평등성의 개념을 살펴보았다. 그리고 평등성을 인식하는 관심이 성경적이기보다는 세상적임을, 절대적이기보다는 상대적임을, 그리고 주로 주관적 인식관심에 사로잡혀 있음을 살펴보았다. 우리는 어떤 하나의 가치를 절대화하고 다른 모든 가치를 상대화하여 버리고는 한다. 이러한 가치판단의 구조적 비평등화는 어떤 가치도 그것의 본질에 있어서 이해되고 평가될 수 없게 만들어 왔으며, 결과적으로 모든 가치들이 비가치화되곤 했다.

예수님이 제시하신 가치는 '각자의 능력에 따라' 알맞게 주어진 가치들을 가지고 경쟁하라이다. 절대적 경쟁이다. 이것이 척도이다. 절대적 경쟁은 갈고닦아야 할 교육의 대상과 색깔에 대한 절대적 긍정으로부터 온다. 하나님이 나에게 특별한 계획이 있으셔서 이러이러한 능력을 주셨다. 그러므로 이를 갈고닦으라. 이러한 확신, 선택받았다는 믿음이 절대적 경쟁을 가능하게 한다. 이를 생활과 교육으로 잘 침전시켜 실천하여 온 민족이 유태민족이다. 우리가 익히 아는 대로 유태민족의 교육은 한마디로 표현하면 토라 학습이다. 그리고 모든 교육방법의 중심에는 하브루타(havruta) 교육이 있다. 하브루타는 구약 시대의 선지자 학교에서부터 이어져 내려온, '둘씩' 짝지어 파트너를 이루고 이 둘이 마주 서서 묻고 답하고 토론하며 익히는 토라 학습법으로 각자의 능력에 따라 자신의 달란트로 수월의 경지까지 갈고닦게 하는 것이다. 달란트를 발견하고 연마하는 데 지원이 필요하면 가족과 지파가 나서고, 그래도 지원이 충분하지 못하면 민족과 국가의 공회(Knesset)가 함께 협력하는 체제가 이러한 기본인식에서부터 오랜 역사를 거치면서 만들어졌다. 그 결과, 유태인은 수천 년의 세월을 뛰어넘어 성장세대가 재정이나 정치적 규제 같은 어떤 외적 어려움 때문에 교육에서 각자의 평등성과 수월성을 함께 실현하지 못하는 환경에 처해지는 일은 히틀러 치하의 홀로코스트 같은 지극히 예외적인 경우를 제외하고는 없다.

　유태민족의 교육제도를 보면 보편적 평등성의 보장 위에 일반적 수월성의 교육이 이루어지는 구조로 되어 있다. 모든 어린이는 헤데르(Chädär)라는 어린이 학교에서 토라를 익히고 기초적 직업교육을 받는다. 그 후에 우수한 어린이는 선발되어 예시바(Jeshibah)라는 랍비 학교에서 교육을 받는다. 예시바의 교장을 가온(Gaon)이라 하는데, Gaon은 학계의 최고 권위자로서 존경을 받았을 뿐만 아니라, Gaon들의 회의는 글자 그대로 산헤드린(Sanhedrin)의 권위와 기능을 갖고 있었다. 우리는 여기서 한 민족과 국가가 교육의 수월성을 사회적이고 정치적인 차원에서 실현하고 있음을 볼 수 있다.

　유태민족의 교육은 종교교육, 직업교육, 군사교육으로 구성되어 있다. 모든 유태인은 남녀가 모두 예외없이 이 세 영역의 교육을 받는다. 이는 개인에게는 생존과 생활을 위한 일반적 인간도야의 내용이요 민족에게는 보편적 수월성 교육이다. 여기서 다른 민족과 비교할 때에 유태민족에서 확인 가능한 뛰어남을 보편적 수월성으로 표현해 보았다. 유태민족에게 있어서 보편적 수월성 교육은 특수적 수월성에로의 교육이 철저하게 그리고 성공적으로 이루어질 수 있는 전제조건으로 작용하고 있다. 그리고 직업교육은 성장하면서 가족, 지파 그리고 생활환경에 따라 어부, 목수, 직조공, 양치기, 등으로 세분화되고, 군사교육은 지파에 따라 칼, 창, 무릿매 돌 등으로 전문화된다. 다윗은 유다지파에 속했다. 다윗만 돌 던지기를 잘했던 것이 아니다. 유다 지파는 군사교육을 무릿매로 전문화했다. 그래서 유다 지파의 모든 청소년이 돌 던지기 선수였다. 다만 다윗에게는 여호와 하나님에 대한 절대적 믿음과 절대적 순종이 있었다. 여기서 우리는 특수적 수월성과 만난다. 보편적 수월성의 바탕 위에서 특수적 수월성이 도야될 때 수월성은 그 빛을 발하게 된다. 다윗은 신앙, 목동 그리고 무릿매가 수월의 경지에서 하나로 혼융되어 뛰어난 양치기 소년에서 머물지 않고 군인, 시인, 음악인, 예언자, 통치자가 될 수 있었으며, 더 나아가서 예수님의 조상이 되었다.

기독교교육은 삶을 새롭게 하는 과제와 평생을 동반하면서 새로워진 삶을 계속하여 살아가도록 하는 과제를 갖고 있다. 유태민족의 교육은 한마디로 가정 중심의 종교교육이라고 한다. 실제로 이 개념 안에 다른 교육이 다 들어있다. 그리고 앞에서 언급한 삶을 새롭게 하고 평생 동안 동반하는 과제를 성공적으로 잘 수행하고 있다. 우리는 이를 다시 봐야 한다. 오늘날 교회와 학교에서의 기독교교육은 점점 더 생활과 괴리되어 가고 있다. 이러한 시대적 상황 아래서 기독교교육이 추구하여야 할 평등성의 방향은 다시 성경으로 돌아가서 성경에 담겨 있는 교육의 본질과 개념, 방법과 형식을 현대의 생활문화 안에서 재현하는 것이 되어야 할 것이다. 그리하여 인간이라면 누구든지 그 자신의 고유한 잠재능력을 갈고닦아 자기 자신의 고유한 수월성을 실현하고, 이를 통하여 이웃에 유익하며 하나님께 영광을 돌리고 자신과 가족의 삶도 복될 수 있도록 하여야 할 것이다.

기독교교육은 세포생명의 탄생에서 하늘나라에 들어갈 때까지 이루어지는 교육이다. 기독교교육 안에 머물러 있는 사람은 마치 여호와의 집에 심어진 나무와 같아서 하나님의 뜰 안에서 성장하기 때문에 늙어도 여전히 결실하며 진액이 풍족하고 빛이 청청할 수 있어야(시 92:12-14) 한다. 기독교교육에서의 평등성은 죽을 때까지 "그리스도의 교육 안에서(en paideia kyriou)"(엡 6:4) 각자가 그로부터의 교육을 통하여 이루어 낼 수 있는 자아를 수월의 경지까지 도야하도록 하는 열쇠개념이다.

제8장

기독교교육에서의 수월성

1. 들어가는 말

한국의 교육과 교육학은 수월성에 체포되어 있다. 정확히 표현하면 상대적 수월성에 체포되어 있다. 그래서 아기가 옹알거리고 뒤집기를 할 때부터 이미 옆집 아기보다 우리 아기가 더 빨리 옹알거리고 먼저 뒤집었다며 상대적 수월성 경쟁을 시작한다. 아니, 더 정확히 말하면 이미 평생 함께할 짝을 찾을 때부터 그 경쟁을 시작한다. 우수한 DNA끼리 만나야 우수한 아이가 나오니 짝짓기의 대상을 그렇게 찾고 또 만나고 싶어 한다. 동물의 세계에서도 우수한 후손을 생산하는 일은 자아보존과 종족보존의 핵심이고 창조세계의 질서이다. 그러나 인간은 이러한 창조질서를 넘어서서 이를 패리시키는 가치질서를 과학과 문화의 이론과 방법으로 포장하여 세계지배의 도구로 재구성하였다.

하나님을 믿고 기독교교육을 소중히 여기는 기독교인들을 포함하여 이렇게 거의 모든 시민이 알게 모르게 사로잡혀 살고 있는 수월성은 상대적 수월성이다. 이 수월성이 기독교교육이 추구하여야 할 수월성인지 아닌지를 따질 필요는 없을 것이다. 아니라는 것이 너무나 자명하기 때문이다. 따라서 '기독교교육에서의 수월성'을 주제로 다루는 이 자리에서는 상대적 수월성의 구조적 모순을 밝혀내고, 기독교교육이 추구하는 수월성과 한국의 교육계가 사로잡혀 있는 수월성의 다름을 드러내며, 성경이 강조하는 수월성이 무엇인지 찾아보려고 한다.

2. 한국의 교육과 교육학이 추구하는 수월성

한국의 교육과 교육학은 앞에서 말했듯이 수월성에 체포되어 있다. 그 정도가 너무나 심해서 우리 교육의 참상을 끊임없이 만들어 내는 원죄로 기능하고 있다. 한국의 교육과 교육학에서 수월성의 위치는 이중적이다. 학교교육에서 수월성은 일반적으로 영재나 엘리트의 학업성취를 표현하는 개념으로 사용되고 있다. 그러나 이는 잘못된 개념이다. 한국의 일반교육에서 수월성은 "평준화의 틀을 유지하면서 잠재력이 뛰어난 학생을 골라 그 잠재성을 극대화"[1]하는 개념으로, 보편적 공교육과 조화를 이루는 개념으로 넓게 이해되고 있다. 다시 말하면 평준화 체제에서 학생 각자가 자신의 상이하고 고유한 잠재가능성을 수월의 경지까지 극대화하는 것이 수월성이라는 것이다. 그러나 여기에는 잠재력이 뛰어난 학생을 골라서 그 잠재성을 극대화한다는 전제가 있다. 잠재력이 뛰어난 학생을 고르는 방법은 객관적이고 상대적인 시험을 통한 측정과 평가이다. 이 전제로 인하여 수월성은 처음부터 학생의 잠재가능성을 제3의 객관적 척도를 통하여 그 높음과 낮음에서 측정하고 뛰어난 학생을 선택하여 잠재력을 발휘하도록 지도하고 지원한다는 의미가 강조되어 있다. 제3의 객관적 척도는 모든 학생에게 적용되어 학생 모두를 석차화한다. 예를 들면 상위 3%를 수월성에 도달한 학생으로 인정한다. 이러한 객관적 척도에 사로잡혀 있음에서 수월성은 우리의 학교교육에서 상대적 가치일 뿐 절대적 가치가 아님을 드러내고 있다. 그런데 실제로는 그것이 절대적 가치에 부여되어야 할 힘을 고스란히 발휘하고 있으며, 이러한 모순에 대하여 아무도 말하

---

1) 안병영 교수가 교육부 장관으로 재직하던 2004년에 '수월성 교육 종합대책'을 발표하면서 한 말.

지 않고 있다. 그 바탕 위에서 교육이 이루어졌기 때문에 교실에서 전인적 인성교육이 사라졌고, 학교는 권위를 상실하였으며, 사교육 시장은 날로 비대해져 갔다. 이제는 공교육 기관이 사교육의 장터 변두리에서 장터를 더욱 흥겹게 만들어 주는 조건과 기능을 수행하고 있다는 생각마저 들 뿐이다.

객관적 수월성의 논리적 함정을 살펴보자. 객관적 수월성은 숱한 대상들 가운데서 찾아내어 확정하는 절차를 밟아야 하는 것이다. 그렇게 하기 위하여 필연적으로 학생을 시험하되, 계량적 측정가능성과 검증가능성으로 확인되는 영역으로 시험의 내용을 제한하지 않을 수 없다. 그리하여 계량화할 수 있는 내용들을 시험하게 된다. 이로 인하여 앎과 삶은 분리되고, 지식은 파편화되며, 영적·정의적 영역은 구축된다. 이는 마치 빙산의 감추어진 큰 하부는 놓아두고 드러난 작은 상부만을 보고 질을 평가하는 체계와 방법을 만들어 이를 일반화하는 것과 같다. 우리의 대학입시제도[2]의 중심에도 이 논리가 자리잡고 있다. 그리고 이 논리는 '측정하고 검증된 평가결과이므로 보편타당하다!'는 언명의 권위를 누리고 있다.

여기서 우리는 객관적 척도의 비합리성을 본다. 물은 1기압에서 섭씨 100도에 끓지만 인간 개개인의 잠재력은 저마다 고유하고 특별하기 때문에 끓는 조건이 제각각이어서 객관적으로 측정 불가능하고 확정 불가능하다. 다만 드러나는 만큼 알 수 있고 자극할 수 있을 뿐이다. 인간의 잠재력은 한없이 파고 들어갈 수 있는 심연과 같다. 그래서 잠재력의 근저를 알 수가 없다. 숨겨져 있는 보물이어서 언제든지 건축자들이 쓸모없다고 버린 돌이 머릿돌이 될 수 있는 것이다. 엄격한 의미에서 인간의 교육에서 객관성(Objektivität)이 자리 잡을 곳은 참 좁다. 그런데 이 객관성이 간주관성(Intersubjektivität)의 자리를 차지하고 교육을 지배하고 있다.[3] 그러므로 수월성의 위치를 객관성에서

---

2) 나는 기회가 있을 때마다 '대학입시제도'라는 명칭을 '대학생선발제도'로 바꾸자고 주장해 왔다. 그러나 우리 사회의 교육과 대학입학에 관한 의식은 여전히 대학입시제도에 체포되어 있다. 그리하여 제도의 다양한 방법이 제시되고 시도되지만, 그 상대적 평가의 한계를 벗어나지 못하고 있다.

3) 객관성과 간주관성은 전혀 다른 개념이다. 이를 혼동하거나 혼용하는 일은 기독교교육학의 본질을 잘

간주관성으로 옮겨 놓아야 한다. 왜냐하면 이 지점으로부터 절대적 수월성은 비로소 교육적 의미와 기능을 발휘하기 시작하기 때문이다. 다만 종교교육에서뿐만 아니라 일반적 인간의 도야와 교육에서도 실존적 만남과 체험, 각성과 결단, 위기와 인내 등이 자아를 수월에로 높이 들어 올려 실현하는 새로운 시작점이 되고 있다. 이렇게 하여 이루어 낸 수월성은 그 사람에게 있어서 고유하고 특수한 수월성이어서 역사적이고 비교 불가능하다. 이것이 일반적 학교교육에서 강조되어야 할 수월성이다. 하물며 회심과 구원을 강조하는 기독교교육에서야 말할 필요도 없을 것이다.

한국의 교육과 교육학이 추구하는 수월성은 내적으로 확인할 수 있는 주관적 비동질성과 비동형태성에 근거하지 않고 외적으로 확인할 수 있는 객관적 동질성과 동형태성에 근거한다. 후자는 같은 규범, 가치, 척도 아래의 현상이어서 상대적 비교와 평가가 가능하다. 경험적으로 검증 가능하기 때문에 보편타당하다는 논리적 진술이 성립된다. 그러나 전자는 다른 규범, 가치, 척도 아래의 현상이어서 절대적이기 때문에 비교 불가능하고 일회적이며 절대적 평가만 가능할 뿐이다. 경험적으로 검증 불가능하기 때문에 역사적 일회성과 고유성으로 확인될 수 있을 뿐이다. 우리는 구두의 재질, 디자인, 크기, 장인의 솜씨 등을 상대적으로 비교하여 품질과 값을 정한다. 그러나 인간은 영적 생명이다. 인간은 이러한 객관적 접근과 처리의 대상이 아니다. 그럼에도 불구

못 이해하게 하고 실천을 패리시킨다. 객관성은 사물의 질서를 탐구하는 개념이다. 사물의 질서에 대한 답은 사물 자체에 들어 있다. 따라서 연구자는 이를 탐구하는 방법과 도구를 개발하여 이미 사물에 내재되어 있는 답을 찾아내면 된다. 그래서 객관성의 특징은 반복가능성, 검증가능성, 보편타당성 등으로 드러난다. 그러나 간주관성은 인간의 본질과 생활을 탐구하는 개념이다. 인간은 영성적 · 지성적 · 의지적 · 감성적 존재이므로 탐구하는 자가 이해하고 찾아낸 지식을 동료 학자들이 공감할 수 있을 뿐, 검증 가능 하거나 반복 가능하지 않다. 다시 말하면 이해의 내용을 공유할 수 있을 뿐이다. 따라서 간주관적 지식은 보편타당하지도 않다. 다만 그 인식의 차원이 깊고 넓음이 간주관적으로 강조되고 공유되는 과정을 통하여 이론과 실천의 권위가 세워질 뿐이다. 그래서 간주관적 지식은 반복불가능성, 검증불가능성, 역사성, 일회성 또는 고유성으로 드러난다. 기독교교육적 지식은 간주관적이다. 객관적 영역은 다만 제한적으로 간주관적 영역을 보조하는 기능을 수행할 경우에 의미 있을 뿐이다. 그렇지 않고 그 역할이 전도되면 기독교교육학은 과학의 옷을 입고 지혜를 구축하게 된다. 그런데 그런 기독교교육학은 이미 기독교교육학이 아니다.

하고 객관적 처리의 대상이 될 때 이를 견디지 못하는 영혼은 경직된다. 그리하여 이러한 영혼은 자살을 자아경직의 상태로부터 벗어날 수 있는 유일한 탈출구로 선택하게 한다.

3. 수월성의 차원들

우리는 수월성을 학생의 학업성취로부터 시작하여 자아실현에 이르기까지 주로 교육받는 인간 개개인에게 교육받은 결과를 표현하는 말로 사용하고 있다. 그러나 학생을 수월에로 교육하기 위하여서는 교사의 수월성과 교육 자체의 수월성이 전제되어야 한다. 따라서 수월성의 차원으로 학생, 교사, 교육의 세 차원을 생각해 볼 수 있다.

1) 학생의 수월성 차원

개인의 성장·발달은 오직 개인 각자에게 주어진 잠재능력의 계발을 통해서만 이루어지고 촉진되어야 한다. 그렇지 않을 경우에 시도되는 모든 수월성은 개인 외적인 척도와 욕망에 의하여 강제적으로 이루어지는 것이기 때문에 비성서적이다. 예를 들면, 어떤 사람을 통하여 이루고자 하는 특별한 계획이 있으셔서 하나님이 그에게 이러이러한 특별한 은사를 주셨는데, 부모가 그로부터 누리고자 하는 특별한 욕망이 있어서 그에게 그가 원하지 않는 방향으로 가도록 강요하거나 시대와 사회가 높이 평가하는 일정한 직업을 수행할 수 있는 능력을 갈고닦도록 한다면 이를 수월성의 실현이라 할 수 없을 것이다.

객관적으로 보면, 이는 분명히 수월성의 실현이다. 왜냐하면 그의 내적 동기와 역동적 준동과는 관계없이 사회가 수월성의 수준으로 높이 평가하는 명문대학을 졸업하고 전문직에 종사하며 생활하게 되었기 때문이다. 그러나 주관적으로 보면 이는 또한 너무나 분명하게 수월성의 실현이 아니다. 왜냐하면 그의 내적 동기와 역동적 준동에 관계없이 강요되고 끌려온 결과로 그러한 삶을 살게 되었으므로 그의 영혼은 이미 경직되었으며, 삶의 역동성은 상실되었고, 모든 직업수행의 가치는 소명의식이나 주관적 삶의 의미추구와 관계없이 재물의 축적 같은 세상적 척도로 확인될 뿐, 그 자신의 삶의 지복성(至福性)으로부터 멀리 떨어져 있기 때문이다.

2) 교사의 수월성 차원

학생의 교육은 교사에 의하여 이루어진다. 헬렌 켈러와 설리반의 예에서 보듯이, 훌륭한 교사의 손에서 훌륭한 제자가 성장한다. 그런데 우리 사회가 공유하고 있는 훌륭한 교사의 자질에 대한 이해는 참된 의미에서 수월성과 거리가 멀다. 일반적으로 교사의 자질은 가르치는 내용에 대한 전문적 지식과 잘 가르치기 위하여 교사가 갖추고 있어야 할 교직 일반적 지식으로 본다. 그래서 교육대학과 사범대학을 비롯하여 각종 교사양성과정이 이 두 지식의 교육으로 짜여 있다. 모든 학생은 대학의 전공과정과 교직과정에서 성취한 지식에 대한 성적으로 교사자격증을 받는다. 따라서 뛰어난 학업성취는 교사로서 갖추어야 할 뛰어난 지식의 소유로 동일시되며, 그러한 교사는 수월성에 이르는 자격의 소유자로 인정받는다.

그러나 지식성취의 수월성만으로 교사의 수월성을 인정할 수는 없다. 훌륭한 교사는 학생 개개인을 사랑할 줄 알아야 한다. 그런 교사만이 학생 개개인의 잠재가능성, 관심, 적성에 알맞은 적절한 자극과 지도를 베풀 수 있기 때문이다. 그리하여 학생으로부터 이끌어 낼 수 있고 이룩할 수 있는 최적적 자아실현이 가능하도록 끊임없이 그에게 충고하고 각성시키며 신뢰와 지원을 아끼지 않는다. 학생애(學生愛)로 무장한 교사는 학생 각자가 시대와 문화의 차원에서 최적적으로 자아를 실현하도록 도와준다.

비록 지식과 학생애로 무장하였다고 해서 아직은 그가 수월에 이른 훌륭한 교사라고 할 수는 없다. 왜냐하면 훌륭한 교사는 지혜와 철학으로, 기독교교육적으로 표현하면 신앙으로 무장하고 있어야 하기 때문이다. 이를 관념적 언어로 형이상학적 신념 또는 교육철학이라고 표현한다면, 자신의 고유한 신념과 철학으로 무장한 교사는 시대에 종속되어 학생을 교육하지 않는다. 그런 교사는 시대를 초월하여 그가 바라보는 목표를 향하여 아직 이루어지지 않았으나 이미 이루어졌다고 확신하며 선취적으로 교육하기 때문이다.

지금까지 논의한 교사의 수월성에 대한 내용을 전체적으로 개관하면, 교사의 수월성은 삼중적 구조를 갖고 있다. 맨 아래의 기초가 되는 부분이 형이상학적 신념이고, 그 위는 학생애, 그리고 맨 위는 지식이 놓여 있다. 이를 우리는 유치원을 창설한 프뢰벨의 묘비로 설명할 수 있다. 프뢰벨은 그의 놀이이론에서 공과 원통과 육면체를 최고의 장난감으로 강조하였다. 그래서 사람들은 육면체 위에 원통을 놓고 그 위에 공을 놓은 조형물을 만들어 그의 묘비로 삼았다. 교사의 수월성 구조는 마치 프뢰벨의 묘비와 같다고 하겠다.

묘비를 멀리서 보면 맨 위에 놓여 있는 공만 보인다. 다시 말하면, 거기서는 교사의 활동만 보이고 교사의 지식만 빛난다. 우리는 소위 스타 강사와 교사들에게서 이를 늘 확인하고 있다. 그러나 교직수행의 주업에서 드러나는 구조의 특성상 그에게는 학생애가 결여되어 있기 때문에 학생의 학업성취와 이에 따른 높은 보수와 명예를 추구할 뿐이다. 자아실현을 향한 학생의 실존적 고민과 몸부림은 그의 관심사가 아니다. 좀 더 가까이 다가가면 원통이 보인다. 그러면 우리는 교사를 교육의 현장에서 좀 더 자세히 관찰할 수 있고 교사가 학생을 얼마나 이해하고 사랑하며 교육하는지 알 수 있다. 그런 교사는 그 시대와 사회 안에서 학생의 진로를 지도하되, 학생의 잠재능력을 수월의 경지에 이르기까지 개발하여 그가 그 시대와 사회에서 출세한 삶을 살도록 지도할 것이다. 그러나 아주 가까이 다가가면 원통과 공을 떠받들고 있는 기반을 이루는 육면체가 보일 것이다. 가까이 다가감은 마치 우리가 여러 달을 교사와 함께 생활하는 것과 같아서, 그렇게 되면 밀도 있는 삶의 교호작용 아래서 교사의 형이상학적 신념에 접하게 된다. 우리는 그 교사가 왜 학생을 그 시대에 최적적인 수준으로, 학생 자신의 고유한 잠재가능성을 단지 수월의 경지로 실현하게 하는 교육에서 그치지 않고, 시대를 초월하여 인류의 역사에 큰 족적을 남기게 하고 하나님으로부터 받은 소명과 신념을 위하여 그 자신의 삶을 살 수 있는 능력을 갖춘 위대한 인물로 교육하는지 알게 된다. 이러한 맥락에서 우리는 예수님이 삼 년 동안 함께 먹고 자고 생활하며 열두 제자를 가르치신 역사에서 수월성을 실천한 교사의 범례를 본다.

3) 교육의 수월성 차원

우리는 학교에서 교육한다. 어떤 학교가 수월성으로 확인되는 학교인가? 다양한 관점에서 논의할 수 있지만 여기서는 수월성 문제의 주요 관점을 언급하는 것에 그치려 한다.

역사적으로 학교의 기원을 이룬 두 종류의 학교를 생각해 볼 수 있다. 하나는 그리스 민족이 만들어 낸 학교이고, 다른 하나는 히브리 민족이 만들어 낸 학교이다. 학교라는 뜻의 school이 여가라는 그리스어 schole에서 유래하였듯이, 우리의 학교는 오늘에 이르기까지 넓은 범위에서 고대 그리스 민족이 시작한 학교의 기본틀을 크게 벗어나지 않고 있다. 그 특징은 교육하기 위하여 부모의 집 밖에 학교라는 인위적 교육공간을 만들고 일정한 목적에서 학생을 교육하기 위하여 교육과정을 개발하여 가르쳤다는 것이다. 그러나 히브리 민족은 학교를 만들지 않았다. 가정에서 종교교육을 하였으며, 부모가 교사였다. 그런데 성전이 무너지고 디아스포라의 삶을 살기 시작하면서 가정의 교육적 기능이 흔들리게 되자 랍비들이 회당을 중심으로 학교를 시작하였다.

이 두 유형은 그 특징이 매우 다른 학교의 원형이다. 히브리 학교는 삶과 분리되지 않은, 삶에 직접적인 교육기관이었음에 비해, 그리스 학교는 삶과 분리된, 미래의 성공적인 삶을 준비하는 교육기관이었다. 서구에서 학교는 그리스적 모형에 히브리적 정신이 혼용되어 기숙학교의 틀을 유지하며 발전하여 왔다. 그리하여 오늘에 이르기까지 명문의 역사를 자랑하는 학교들과 새로운 대안학교로 명문이 된 학교들은 모두 기숙학교이다. 기숙학교는 학생들뿐만 아니라 교사들까지 학교의 생활관에서 살면서 24시간 교육하는 것을 원칙으로 하고 있다.

학생의 전인적 성장·발달을 최적적으로 도와주는 학교가 수월성으로 인정받을 수 있는 교육을 하는 학교라면, 그런 학교에서 일반적으로 발견하게 되는 다음과 같은 몇 가지 특징을 열거해 볼 수 있다. 학급의 크기가 작다. 한 선생이 동일한 학생들로 구성된 학급의 담임을 4년에서 8년까지 맡고 있다.[4] 객관적 시험을 치지 않으며, 발제와 토론, 다양한 글쓰기와 연극, 축제, 창의적이고 자발적인 봉사활동 등을 주관적으로 평가하되, 계량적이 아닌 서술적으로, 상대적이 아닌 절대적으로, 기를 죽이는 문장이 아닌 칭찬이 있는 기를 살리는 문장으로 평가하는 성적표를 만든다. 따라서 등수개념은 없다. 생활을 함께하므로 부모형제 같은 가정의 분위기를 갖고 있으며, 다양한 취미활동이 자연스럽게 이루어지고 있다. 신앙과 윤리가 엄격한 생활규칙을 갖고 있다. 노작(勞作), 체험, 탐방, 여행 등이 교육의 형식으로 자연스럽게 녹아 있다. 전체적으로 수월성의 교육을 하고 있는 학교는 학생과 선생이 함께 자유롭게 자발적으로 배우고 가르침으로써 수월성을 실현해 가고 있는 학교이다. 그러한 학교는 생활과 교육이 분리되어 있지 않아서 삶에 직접적인 생활공동체인 가정의 모양을 하고 있다. 이러한 교육의 집에서 각자가 자신의 가능성을 수월의 경지까지 계발하고 있다.

4. 수월성 교육의 범례: 토라 학습법

토라는 히브리어로 '가르침'이라는 의미의 말로 모세오경을 칭하며, 모든 교육과 생활의 기초이다. 그래서 유태민족의 교육을 한마디로 표현하면 토라

---

4) 예를 들면, 우리의 초등학교에 해당하는 독일의 기초학교는 4년 동안, 대안학교로 세계적 명성을 누리고 있는 발도르프 학교는 8년 동안 한 담임교사가 같은 학생들을 맡고 있다.

학습이다. 우리는 토라의 학습이 얼마나 중요한가를 다음과 같은 문장에서 확인하게 된다. "여섯 살에 성경을, 열 살에 미슈나를, 열세 살에 완전한 24시간의 금식을."[5] 여기서 성경은 토라를 말한다. 그래서 훗날 이 문장은 다섯 살에는 토라를, 열 살에는 미슈나를, 열다섯 살에는 탈무드를 학습하기 시작하고, 열여덟 살에는 결혼하는 것으로 수정되었다. 이러한 토라 교육의 중심에는 하브루타(havruta) 교육방법이 있다. 하브루타는 구약시대의 선지자 학교에서부터 이어져 내려온, '둘씩' 짝지어 파트너를 이루고 이 둘이 마주 서서 묻고 답하고 토론하며 익히는 토라 학습법이다.

탈무드는 이렇게 토라를 익히는 방법을 48개의 방법으로 자세히 제시하고 있다. 경청하기, 내용을 이해하기, 입술의 방향을 바로하기, 마음가짐을 바로하기, 경외, 통찰, 죄의식, 겸손, 친절, 학자(교사)들과의 교류, 동료 학생들과의 대화와 토론, 숙고하기, 토라 읽기, 토라 쓰기, 미슈나 학습, 잠자기를 줄이기, 물건 사기를 줄이기, 절약하기, 즐기기를 줄이기, 농담을 자제하기, 부부생활을 줄이기, 금욕하기, 인내하기, 선한 마음 갖기, 학자(교사)들을 신뢰하기, 고통을 감내하기, 의를 사랑하기, 하나님을 사랑하기, 인간을 사랑하기, 바른 교훈을 존중하기, 자신의 학습성취에 대하여 교만하지 않기, 이웃과 함께 짐을 나누어 지기, 이웃의 좋은 면을 칭찬하기, 이웃과 평화롭게 지내기, 이웃을 진리로 이끌기, 자기 자신의 위치를 바로 알기, 자신의 말을 울타리에 걸어 놓기 등이 그에 해당한다.[6]

이상의 토라 학습법을 분석해 보면 다음과 같은 네 방법 영역으로 분류할

---

5) Stemberger, Günter, *Das klassische Judentum*. Kultur und Geschichte der rabbinischen Zeit. München 1979, S.110. 반복, 학습, 가르침을 의미하는 Mischnah는 토라에 관한 랍비들의 가르침을 집대성한 책이다. 미슈나는 6개 장으로 구성되어 있으며, 농사, 절기, 결혼, 민·형법, 제사, 청결의식 등 글자 그대로 유태민족의 삶 전반적인 계명에 대한 랍비들의 가르침을 망라하고 있다. *Die Mischna*. Ins Deutsche Übertragen, mit einer Einleitung und Anmerkungen von Dietrich Correns. Das grundlegende enzyklopädische Regelwerk rabbinischer Tradition. Wiesbaden 2005.

6) *Der Talmud. Die Sprüche der Väter*. Übersetzt von Lazarus Goldschmidt. München: dtv 2009, S.53.

수 있다.

- 학습의 내용과 방법: 토라 읽기, 토라 쓰기, 미슈나 학습, 경청하기, 내용을 이해하기, 숙고하기
- 밀도 있는 교육학적 관계: 교사들과의 교류, 동료 학생들과의 대화와 토론
- 금욕과 절제의 생활: 잠자기를 줄이기, 물건 사기를 줄이기, 즐기기를 줄이기, 농담을 자제하기, 부부생활을 줄이기, 절약하기, 금욕하기
- 마음가짐: 바른 마음가짐, 경외, 통찰, 죄의식, 겸손, 친절, 인내, 선한 마음 갖기, 교사들을 신뢰하기, 고통을 감내하기, 의를 사랑하기, 하나님을 사랑하기, 인간을 사랑하기, 바른 교훈을 존중하기, 자신의 학습성취에 대하여 교만하지 않기, 이웃과 함께 짐을 나누어 지기, 이웃의 좋은 면을 칭찬하기, 이웃과 평화롭게 지내기, 이웃을 진리로 이끌기, 자기 자신의 위치를 바로 알기, 자신의 말을 울타리에 걸어 놓기

토라 학습법에는 수월성 교육과 관련하여 우리에게 익숙한 암기, 시험, 성적 등은 없다. 또한 마음가짐이 제일 중요한 토라 학습법으로 모든 학습의 바탕을 이루고 있다. 그 바탕 위에서 금욕과 절제의 삶을 훈련하며, 마음가짐과 금욕과 절제의 삶의 바탕 위에서 교사와 학생 상호 간에 밀도 있는 가르치고 배우는 교육학적 관계를 만들어 가고, 이 세 가지 영역의 바탕 위에서 비로소 토라를 읽고 쓰며, 내용을 깊이 이해하고 랍비들의 가르침을 집대성한 미슈나를 공부하도록 되어 있다. 학습한 결과를 제3의 척도로 객관적·상대적으로 측정하고 평가하여 상벌을 주는 것 등 어떤 형태든지 객관적 수월성으로 확인할 수 있는 수월성이 낄 자리는 없다. 토라 학습법은 각자가 학습한 결과로 토라의 내용에 따라 삶을 이루어 가고, 또 평생 토라의 학습을 계속하는 것이 곧 수월성에 이르는 길임을 밝혀 주고 있을 뿐이다. 이러한 수월성이 기독교 교육이 추구하여야 할 주관적-간주관적 수월성이다.

5. 기독교교육이 추구하여야 할 수월성

성경은 수월성을 '수월성'이라는 말로 직접적으로 강조하지 않는다. 그러한 강조는 필연적으로 가시적으로 확인할 수 있는 수월성에 치우치게 하여 결과적으로 세속적으로 전락하게 할 수밖에 없을 것이다. "두 렙돈을 헌금함에 넣은 가난한 과부가 모든 사람보다 더 많이 넣었다."(막 12:43) "착하고 충성된 종아 네가 적은 일에 충성하였으매 내가 많은 것을 네게 맡기리니 네 주인의 즐거움에 참여할지어다."(마 25:21) "먼저 된 자로서 나중 되고 나중 된 자로서 먼저 될 자가 많다."(마 19:30) "그때 제자들이 예수께 나아와 이르되 천국에서는 누가 크니이까. 예수께서 한 어린아이를 불러 그들 가운데 세우시고 이르시되 진실로 너희에게 이르노니 너희가 돌이켜 어린아이들과 같이 되지 아니하면 결단코 천국에 들어가지 못하리라. 그러므로 누구든지 이 어린아이와 같이 자기를 낮추는 사람이 천국에서 큰 자니라."(마 18:1-4) 이와 같은 가르침에서 예수님은 세상적 척도와 순서를 뒤집어 버렸다. 여기서 수월성은 계량적·상대적이 아니라 본질적·절대적이다.

수월성은 각자가, 그가 어린이든 어른이든, 가난하든 부자이든, 여자든 남자든, 많이 가졌든 적게 가졌든, 크든 작든 관계없이 자기 자신의 고유하고 특수한 일회적 가능성을 가지고 하나님 앞에서 최고의 경지에 이르기까지 최선을 다함에 근거하고 있는 개념이다. 따라서 수월성의 개념은 은사 또는 잠재능력과 하나님의 교육에 자신을 전적으로 내어 맡기는 삶을 통하여 이루어지고, 이루어 주시는 은총과 축복에 자리 잡고 있다 하겠다. 일반적으로 교육적 관점 아래서 인간을 말할 때 교육가능성(homo educabile)과 교육필연성(homo educandus)을 말한다. 그러나 기독교교육적 관점 아래서 엄밀히 말하면 인간의 교육필연성은 교육가능성과 더불어 이미 하나님으로부터 주어져 있기 때문에 하나님의 교육으로부터 도망가지만 않으면 된다고 하겠다. 우리가 다양한 교육제도를 만들어서 일정한 형식의 틀 안에서 수월에로의 교육을 도모함으로써 오히려 결과적으로 객관화되고 상대화된 세속적 수월성의 사다리에 학생을 꿰맞추는 교육을 하고 있지는 않은지 반성해야 한다.

수월성은 바른 지식(앎)에로 학생을 교육함에서 이루어진다. 앎이란 무엇인가? 성경이 말하는 앎 또는 지식(daath)은 이해(binah)와 지혜(chockmah)가 함께 하나로 주어져 있는 현상이지 이해, 명철, 인식 등만이 또는 지혜만이 주어져 있는 현상이 아니다. 그래서 아담이 하와를 알았다는 말은 남자가 여자를 그 성적 차원까지 경험적으로 안 것을 의미한다. 앎이란 인간에게 주어져 있는 창조주 하나님과 창조세계를 경험할 수 있는 능력과 그 능력을 발휘하는 기관인 영혼, 이성 그리고 신체가 함께 작용하여 하나의 현상으로 경험, 체득하는 것이다. 이렇게 안 것은 그대로 삶으로 이어진다. 이것이 수월성이다. 삶과 분리된 세상적 지식(앎)은 성경에는 없다. 그러한 지식으로 평가되는 수월성은 기독교교육의 본질에 어긋나는 것으로 마땅히 구축되어야 한다. 그런데 교회학교는 그러한 수월성으로 해마다 학생들을 평가하고 있다. 이러한 세속적 경쟁을 이해와 지혜가 하나로 이루어진 앎에로의 교육이 일어나는 거룩한 경쟁으로 전환하여야 한다.

"네가 만일 네 입으로 예수를 주로 시인하며 또 하나님께서 그를 죽은 자 가운데서 살리신 것을 네 마음에 믿으면 구원을 받으리라."(롬 10:9) 이 말씀에서도 수월성으로 확인되는 앎의 성격이 잘 드러나 있다. 마음으로 믿고 입으로 시인하는 것이 구원에 이르는 앎이며, 이러한 앎이 성경이 말하는 수월의 경지로 생각된다. 지혜와 명철이 하나로 혼용되어 구원의 확신이라는 앎을 이루고 있다. 우리에게 익숙한 그리스어 logos 또는 rhema는 히브리어 dabar의 번역인데, 이 단어에는 말의 뜻과 그 말이 뜻하는 사건의 실현이란 의미가 함께 들어 있다. 다시 말하면 언행의 일치가 logos의 의미이다. 그래서 dabar의 절정은 예수 그리스도의 성육신(incarnation)이다.

기독교교육에서 수월성은 어떤 객관적 학습의 성취수준에서가 아니라 주관적 앎과 생활의 일치에서 확인하고 또 추구되어야 할 것이다. 나는 이를 이렇게 표현하고 싶다. 가르치는 교육에서 스며드는 교육으로 교육의 내용과 방법을 개혁할 필요가 있다. 왜냐하면 수월성은 학생이 교사의 삶을 본받아 그 대로 살고, 또 더 위대한 삶을 살 때 확실하게 드러나기 때문이다. 수월성은 일상생활에서 교사가 학생에게 보여 주는 본을 통하여 학생의 영적·지적·정의적 영역에서 전체적으로 일어나는 교육현상이기 때문이다. 우리는 이를 유태민족의 교육에서 잘 알고 있다. 유태민족의 교육은 한마디로 표현하면 immersion이다. '몰입'보다는 '스며듦'이라고 번역하는 것이 보다 더 교육적 맥락에서 적절하다고 할 수 있는 immersion에는 교육받은 결과로 언어와 행위가 일치된 삶을 사는 현상이 담겨 있다. immersion에는 dabar, logos가, 이해(binah)와 지혜(chockmah)가 일치된 지식(daath)이 확인되고 있다. 여기서 우리는 교육의 수월성을 찾아야 할 것이다.

우리는 그 빛나는 예를 성경에서 어렵지 않게 접할 수 있다. 아브라함은 믿음의 아버지이다. 아브라함의 믿음은 아들 이삭을 번제(燔祭)의 제물로 바침에서 절정을 이루고 있다. 여기서 우리는 이삭을 간과하곤 한다. 그러나 이삭은 그때 20대의 피끓는 젊은이였고, 아브라함은 120대의 노쇠한 늙은이였다. 이삭이 하나님이 자신을 제물로 바치라고 하셨다는 아버지 아브라함의 말을 듣고 자신을 제물로 내어놓지 않았더라면 아브라함은 칼을 들 수 없었을 것이다. 더구나 이삭은 어릴 때부터 숱하게 제물로 쓰일 짐승을 잡는 일을 보고 도우면서 자라지 않았겠는가? 여기서 우리는 아버지의 믿음이 아들에게 그대로 스며들었음을 보게 된다. 이삭의 믿음은 야곱에게, 야곱의 믿음은 요셉에게 스며들었다. 그리하여 히브리 민족은 위대한 믿음의 민족이 되었다.

오늘날에도 숱한 유태인들이 가정에서 자녀를 그렇게 양육하고 있다. 아침에 일어나면 침대에서 손을 세 번 씻는 청결의식을 하고 치치트(tzitzit)가 달린 기도복 탈릿(tallit)을 입고 아침기도인 Modeh Ani로 하루를 시작한다. Modeh Ani는 히브리어 12단어로 구성된 짧은 기도문이다. 그 내용은 대략 다음과 같다. "살아 계신 지배자이시여, 자비로 오늘도 저의 영혼을 소생시켜 주시니 감사합니다. 당신의 불변하심은 위대합니다."[7] 그리고 저녁에 잠자리에 들기 전에 취침기도인 Asher Yatzar로 하루를 마감한다. Asher Yatzar는 좀 길다. 그 의미는 대략 "나의 주 하나님, 여러 통로를 통하여 인류를 창조하시고 우주를 지배하시는 당신을 찬양합니다. 만약에 통로들 가운데 하나가 열리면 당신은 자신을 계시하시고, 만약에 통로들 가운데 하나가 닫히면 살아남을 수 없으며 당신 앞에 설 수 없습니다. 모든 생물을 치유하시고 기적을 베푸시는 당신을 찬양합니다"[8])와 같다. 아침기도는 짧고 의미가 분명하지만 저녁기도는 조금 길고 의미가 대단히 함축적이다. 유태인들은 어릴 적부터 이 정형화된 기도문으로 하루를 시작하고 하루를 마감한다.

이렇게 갓난아기였을 때부터 엄마가 생활하는 것을 보고 따라 해 온 어린이는 그렇게 살아간다. 청소년들은 십 대로 접어들면서 크고 작은 가출을 몇 번은 감행한다. 십 대 자녀를 둔 한 유태인 아버지가 가출했던 아들이 돌아와 잠든 다음에 그 아이의 배낭을 열어 보았더니 거기에 탈릿이 있었다. 아버지는 알아챘다. 아이가 아침에 일어나면 탈릿을 입지 않곤 하루를 시작할 수 없었음을. 아버지는 안심했다. 그리고 아이는 가출을 그만두었다.[9]) 그래서 "하늘에 계신 너희 아버지의 온전하심과 같이 너희도 온전하라."(마 5:48)라는 말씀은 스며듦의 교육생활을 하는 그들에게 그리 생소하게 들리지는 않았으리라고 여겨진다.

6. 맺는말

교육에서 수월성은 필요하고 요청되는 개념이다. 그리고 수월은 교육받는 학생에게 비로소 꾀하고 기대하게 되는 개념이다. 인간이라면 누구에게나 교육기회가 동일하게 주어져야 한다. 교육기회의 평등(Chancengleichheit)이란

7) Gordis, Daniel, *Becoming a Jewish Parent: How to explore spirituality and tradition with your children*, New York: Harmony, 1999, p.36.

8) Ibid.

9) Ibid., p.38f.

말을 많이 강조하지만, 기회라고 해서 다 같지는 않다. 따라서 교육에서 기회의 평등이란 각자에게 알맞은 기회가 보장되거나 주어진 경우에 확인 가능한 말이다. 그러한 기회는 첫째로 교육받을 수 있는 기회를 의미한다. 이러한 관점에서 교육기회의 평등은 교육에서 배제 또는 소외되어 있는 자들에게 주어져야 하는 교육의 기회를 의미하는 말이 된다. 이는 기독교교육에서 바른 교육 밖에서 현존하고 있는 자들을 잘못된 교육으로부터 끄집어내어 바른 교육 안으로 밀어 넣음으로써 비로소 실현되는 교육의 기회를 말한다. 이렇게 하여 주어진 기회는 각자의 달란트에 알맞게 주어져야 할 것이다. 여기서 달란트에 알맞게 주어진다 함은 잠재가능성뿐만 아니라, 슐라이어마허의 표현을 빌리면 "인간학적 전제조건들의 비결정성"[10] 전체에 최적적으로 다가가는 교육을 의미한다. 그리하여 그렇게 다가간 결과로 플라톤의 표현처럼 그가 그로부터 이루어 낸 최적적으로 "그답게(arete)"됨[11]을 의미하는 것이다. 마치 물이 스펀지에 스며들어서 스펀지를 짜면 물만 나오듯이, 그렇게 교육의 집이 logos의 집이 되어서 그 안에서 교육받는 학생들이 각자의 달란트에 알맞게 자아를 실현하면 모두가 수월의 경지에 이르렀다 할 수 있을 것이다. 여기에 기독교교육에서 수월성을 다루는 의미가 있다.

---

10) Schleiermacher, F. E. D., *Ausgewählte Pädagogische Schriften*. Bes. von Ernst Lichtenstein. Paderborn 1959, S.51.

11) 오인탁, 파이데이아, 서울: 학지사, 2001.

제3부

지속 가능하고 홀리스틱한
교육철학을 지향하자

21세기 교육철학의 방향 모색

1. 들어가는 말

21세기 교육철학의 방향을 모색한다. 이는 이중적으로 어려운 주제이다. 철학은 원래 모색이고, 교육철학은 교육의 본질에 관한 깊은 생각이다. 따라서 교육을 철학한다는 것은 이미 교육 자체에 대한 미래지향적 사유를 하고 있다는 것이기 때문에 다른 철학보다 더 방향모색적이다. 왜냐하면 교육의 어떤 현상에 대한 철학도 현상 그 자체의 과거와 현재만이 아니라 이미 미래까지 사유의 대상으로 삼고 있기 때문이다.[1] 그런데 21세기는 앞으로 83년이나 계속될 것이고, 아주 건강하게 오래 살아야만 우리는 21세기의 절반을 겨우 경험할 수 있을 것이다. 그리고 21세기는 20세기와는 비교할 수도 없을 정도로 빠르게 변하며 인간의 삶의 질을 전체적으로 깊게 바꾸어 놓을 것이다.

우리는 지금 21세기 초를 살고 있다. 우리는 참으로 행복한 사람들이다. 세기를 걸쳐서 살고 있고 세 번째 밀레니엄을 경험하였으니 말이다. 비록 지나간 20세기가 너무나 복잡다난하였지만, 그렇기 때문에 교육을 많이 철학할 수 있었고, 오늘 이렇게 오고 또 오는 21세기를 전망하는 모임을 가질 수 있다.

---

[1] 우리는 그 고전적 예를 플라톤에서 볼 수 있다. 플라톤은 『폴리테이아』에서 전승되어 온 옛 교육의 개념에 기초하여 인간 개개인과 국가 전체에 정의로울 수 있는 새 교육을 철학하였다. 오인탁, 파이데이아, 서울: 학지사, 2001 참조.

교육철학은 교육의 철학이고 교육은 사회 안에서 이루어지는 것이니, 교육철학은 21세기의 테크노미디어 사회문화가 펼쳐 줄 교육의 조건들에 대한 반성을 끊임없이 하면서 21세기의 교육이 인간 개개인과 국가 전체에 최적적인 교육이 될 수 있도록, 오늘에 서서 지나간 교육을 돌아보며 앞으로 올 교육을 바라보는, 유래를 통하여 미래를 해석하고 전망하는 노력을 계속할 것이다.

21세기는 20세기와는 비교할 수 없을 정도로 더욱더 복잡다난할 것이다. 산업 후기, 포스트모던, 디지털, 멀티미디어, 사이버, 유비쿼터스, 컨버전스, 융합, 인공지능(AI) 등 1980년대, 1990년대 그리고 현재를 설명하는 화두가 되는 말들을 열거해 보면, 그것들이 빚어내는 테크닉의 세계가 현대를 개인화, 다원화, 세계화 등으로 몰아가면서 삶의 조건과 형식을 바꾸어 놓고, 전승되어 내려온 모든 가치와 규범 같은 관습(conventionality)의 세계를 '포스트'[2] 하고 있다.

현대는 양극화 현상을 보이고 있다. 극단적인 개인주의 경향과 함께 보편적 윤리와 가치를 존중하는, 따라서 일반원리를 따르고 사회적 효용성을 강조하는 경향이 공존하고 있다. 신앙과 세계관에서도 개인주의적 경향과 객관적이고 보편화된 신앙을 따르는 경향이 있고, 사회성에서도 자신의 관심 속에 안주하며 사회능력을 발휘하는 경향과 전통적 계층과 집단을 존중하며 집단 상호적인 관심을 우선시하는 경향이 있다. 그러나 이러한 경향은 모두 자아와 타자 간의 상호의존관계를 이미 전제하고 있으며, 개인과 국가, 이성과 체제의 조화 또는 보전(integrity)을 통한 지식의 재구성을 강조하고 있다.

시대가 변한다고 해서 교육을 철학하는 마음도 달라져야 하는 것은 아니다. 교육철학을 한다는 것은 역사적 인식관심으로 보면 현재에 서서 유래로부터 미래를 바라보는 일이요, 조직적 인식관심으로 보면 인간과 국가의 교육 전반에 대한 근본적 인식을 꾀하는 활동이요, 이 두 차원의 자연스러운 섞임이다. 시대는 다만 사유의 대상을 넓혀 주어, 교육철학으로 하여금 필연적으

---

2) 오인탁, 최종욱 편, 해석학과 정신과학적 교육학, 서울: 사회평론, 1996 참조.

로 인식의 확대와 심화를 가져오게 하여 줄 뿐이다.

'교육철학'이라는 말의 개념은 문화권에 따라서 조금씩 다르다. 영어권에서 교육철학(Philosophy of Education)이라고 할 때, 이 말은 일반적으로 교육에 관한 모든 이론을 포괄하는 넓은 개념으로 사용되고 있다. 그러나 독일어권에서 교육철학(Philosophie der Erziehung 또는 Erziehungsphilosophie)이라고 하면, 이 말은 일반적으로 교육학의 영역에서 '철학적' 연구로 확인되는 이론을 의미하는 좁은 개념으로 이해되고 있으며, 교육사학과 더불어 일반교육학(Allgemeine Paedagogik)의 한 영역으로 인식되고 있다. 다른 말로 표현하면, 교육철학은 '어떻게(wie)'에 관한 연구가 아닌 '무엇(was)'에 관한 연구를 대상으로 한다. 그래서 독일어권에서는 인간학, 윤리학, 교육의 이념과 목적, 연구의 방법과 논리, 인식론, 교육학적 언어분석 등이 모두 교육철학에 속한다. 그리고 영어권에서 philosophy of education이 교육현상에 대한 모든 이론적이고 실험적인 탐구를 칭하는 표현으로 일반적으로 사용되고 있는 반면에, 독일어권에서는 Philosophie der Erziehung이 교육에 대한 철학적 탐구에 한하여 대단히 제한적으로 사용되고 있다. 이렇게 언어문화권에 따라서 약간의 차이는 있으나, 교육철학은 공통적으로 어떤 이론이나 관점의 도그마적 접근을 거부하고 규범, 이해, 비판, 분석의 카테고리를 강조한다.

우리는 교육철학에 대한 이해가 크게는 문화권마다 차이가 있고 작게는 학자마다 다르다는 사실을 다시 확인할 필요가 있다. 우리나라에서 교육철학은 이중적으로 지나치게 좁게 이해되고 수용되는 경향이 있다. 한편으로 우리의 교육철학은 크게 한문언어권, 영어권, 독일어권으로 삼분되어 있으며, 학자들은 어느 한 언어권에 안주하면서 경계를 넘나드는 사유와 탐구의 노력을 하지 않고 있다. 다른 한편으로 인식관심의 이데올로기적 제약성이 교육철학계에 넓게 퍼져 있다. 이는 다만 교육철학의 영역뿐만 아니라 교육학 전반에 걸쳐서 확인되는 학문하는 풍토로, 개선되어야 하고 교육철학도들의 활발한 학문활동을 통하여 극복되어야 할 문제이다. 이러한 이중적 좁은 이해와 더불어, 한국에서 교육철학은 심지어는 교육사학으로부터도 날카롭게 경계 그어진, 교육철학 고유의 영역 안에서 존재하여야 한다는 좁은 영역주의에 의하여 학문적 활동을 크게 제약받고 있다. 그리하여 학교교육, 평생교육, 교육 행정과 재정, 교육 측정과 평가, 영재교육, 고등교육, 직업교육 등 교육의 중요한 영역들이 그 영역에 속하는 학자들의 전유물처럼 관리되어, 결과적으로 철학이 없는 학교교육, 평생교육, 교육 행정과 평가 등을 초래하여 한국의 모든 교육을 천박하고 빈곤한 현상으로 몰아가고 있다.

2. 포스트모던

21세기 교육철학의 방향 모색에서 우리는 앞에서 든 관점 외에도 우리 시대의 포스트모던 현상을 간과할 수 없다. 왜냐하면 포스트모던은 우리가 이미 그 안에 들어와 있는, 뿐만 아니라 합리적 수용을 요청하는 철학하는 조건이요 형식이기 때문이다.

포스트모던은 근대의 '큰' 논리와 방법에 근거한 지식의 형식들, 행위의 규범들과 원리들, 진리와 정의와 인권에 대한 이데올로기들을 모두 상대화하고, 논리, 원리, 방법, 규범 등의 다원성을 강조하며, 숱한 '작은' 논리와 방법의 다양성을 열어 놓는, 그리하여 합리적으로 다양성이 만개하도록 열어 놓고 조장함으로써 다양성 안에서 일원성이 동시에 가꾸어지고 영글어 가게 하는 사유이다.[3] 포스트모던은 삶의 형식들의 이질성(heterogeneity)을 인정하고 언어와 사유의 다양성을 수용하며, 모든 사회적 · 경제적 · 정치적 · 예술적 · 문학적 · 건축적 단일성 내지 일원성(monism)을 철저히 거부한다. 그래서 포스트모던은 말랑말랑하고 열려 있는, 그러나 폐쇄적 · 교조적 · 이데올로기적 · 단일논리적 등의 비합리적 접근에 대하여서는 유보 없는 거부를 보이는 사유의 형식이다.

---

3) 오인탁, "'포스트모던'의 敎育學", 교육철학, 14(2), 1996, 9-28쪽.

포스트모던을 이론의 형식으로 수용할 때, 우리는 교육의 원리 자체에 대한 탐구나 인간교육의 윤리도덕적 기초 정립 자체를 인식론적으로 상대화하고 교육실천의 반성과 방향제시로서의 교육학 이론 정립의 가능성 자체를 부정하여 결국 일종의 교육학적 무정부주의에 빠져들 수 있다. 그러나 이러한 접근은 소위 '포스트모던 이론'을 절대화함으로써 포스트모던 사유가 거부하는 포스트모더니즘이 되어 버린 것일 뿐, 이미 포스트모던이 아니다.[4] 따라서 포스트모던은 학파나 이론의 유형으로 수용하지 아니하고 사유의 논리와 교육의 방법으로 수용할 때 의미가 있다.

교육철학을 포함하여 철학은 '포스트모던'이라는 말이 유행하기 오래전에

---

4) 우리 학계에서 포스트모던에 관한 탐구는 이미 1991년부터 시작되었다. 목영해, 유혜령, 이은선 등이 이 분야에서 주목할 연구업적을 내놓았다. 여기서 나는 포스트모던을 사유의 형식과 논리로 보는 입장에 서 있다. 그렇지 않고 포스트모던을 포스트모더니즘이라는 이론과 사상으로 보는 입장을 취하고 이러한 관점으로 학자들의 사상을 조직하려는 시도들이 많이 있다. 이러한 시도는 나의 견해로는 이미 포스트모던이 아니다. 다음에 넓은 의미에서 포스트모던과 포스트모더니즘에 관한 연구들을 시대별로 소개한다. 학자들이 어떤 입장을 취하고 있는가에 관해서는 독자의 판단에 맡긴다.

목영해, "포스트모더니즘과 敎育的 人間像", 敎育學硏究, 29(1), 1991, 115-130; 유혜령, "포스트모더니즘과 교육", 한국정신문화연구원, 정신문화연구, 14(2), 1991, 183-197; 이은선, "포스트모더니즘과 동양·여성·교육", 교육철학, 10, 1992, 199-211; 전경갑, "포스트모더니즘의 철학적 배경에 관한 학제적 연구", 釜山水産大 論文集(人文·社會科學) 47, 1992, 1-37; 최정실, "포스트모더니즘이 교육과정에 주는 시사", 교육철학, 11, 1993; 이기범, "포스트모던 교육이론의 비판적 이해", 교육철학, 11, 1993, 327-353; 심성보, "포스트모던 교육학과 교육철학적 위상", 교육철학, 11, 1993; 전경갑, 현대와 탈현대의 사회사상, 서울: 한길사, 1993; 조화태, "포스트모더니즘의 이해와 한국교육이론의 과제", 교육철학, 11, 1993; 목영해, "포스트모더니즘, 동양사상 그리고 교육", 교육철학, 11, 1993; 목영해, 후 현대주의 교육학, 서울: 교육과학사; 최정웅, "포스트모더니즘의 敎育論", 社會科學硏究, 3, 1994, 79-94; 임창호, "독일교육학의 포스트모더니즘 수용에 관한 고찰", 敎育思想硏究, 4, 1995, 265-278; 오인탁, "'포스트모던'의 敎育學", 교육철학, 14(2), 1996, 9-28; 김기수, "근대적 교육이념에 대한 포스트모던적 담론의 난점", 敎育學硏究, 34(5), 1996, 25-42; 이은선, 포스트모던 시대의 한국여성신학-유교, 페미니즘, 교육과의 관계 속에서, 경북: 분도출판사, 1997; 유혜령, 허숙 편, 교육현상의 재개념화-현상학, 해석학, 탈현대주의적 이해-, 서울: 교육과학사, 1997; 이병호, "포스트모던 다원주의와 사회과 교육: 정의와 연대성을 위한 교육", 서울대학교 대학원 박사학위논문, 1998; 최정실, "포스트모던 시대의 교사교육에 대한 인식론적 접근", 교육철학, 20, 1998; 강선보, "포스트모더니즘의 교육적 이해", 고려대학교 사대논집, 1999, 15-34; 천정미, "포스트모던 사회에 있어 Dewey의 도덕교육방법론", 한국교육철학회, 교육철학, 18, 2000, 341-357; 김봉석, "현대 교육과정 담론에 대한 후기구조주의적 비판 연구: 교육과정 지식의 현대성과 탈현대성을 중심으로", 성균관대학교 대학원 박사학위논문, 2000.

이미 엄격한 의미에서 처음부터 포스트모던했다. 나는 이렇게 말하고 싶다. 교육철학으로 철학이 시작되었다. 소크라테스는 잠자는 영혼을 아프게 물어 뜯고 흔들어서 일깨우는 날카로운 말걺과 대화의 교육으로 철학의 씨를 뿌렸 으며, 플라톤은 인간과 국가에 대한 동본원적·동구조적 교육철학으로 철학 의 길을 열었다. 철학은 언제나 시대를 앞섰으며 초월하고 있다. 철학은 현재 를 포스트한다. 이러한 의미에서 철학은 그 본질에 있어서 언제나 이미 포스 트모던하다.

철학의 포스트모던 성격은 플라톤에게 있어서 '바르게 보기'로, 이소크라 테스(Isokrates)에게 있어서 '바르게 말하기'로, 그리고 히브리인들에게 있어 서는 '바르게 듣기'로 확인된다. 그러나 어떻게 보고 말하며 듣는 것이 참으 로 바른가에 관한 기나긴 고뇌와 논쟁 끝에 바르게 보고 말하고 듣는 이론을 충분히 만족할 정도로 정립한 지 2,500년이 지난 오늘날, 우리는 이제 바르게 보고 말하고 듣기가 아니라, 그러한 차원에서 다만 눈으로 보고 입으로 말하 고 귀로 듣기만을 시도할 수 있을 뿐인데, '다르게 보기' '다르게 말하기' '다 르게 듣기'를 강조하게 되었다. 눈으로 보고 귀로 듣기의 세계만을 치열하게 탐구하다가 이제는 귀로 보고 눈으로 듣기에 눈뜨고, 이를 통하여 바르게 보 고 듣기가 한 단계 더 높아진 차원에 눈뜨기 시작하였다.

3. 형태와 색깔의 조화와 불일치

현대는 조화(harmony)와 불일치(dissonance)의 시대이다. 전에도 물론 조 화와 불일치는 있었다. 그러나 그때에는 조화와 화음을 옳다고 강조하고 부 조화와 불일치를 그르다고 규탄하였다. 그런데 오늘날의 포스트모던 의식구 조는 조화에서 부조화를 구별해 내고 일치에서 불일치를 가르는 것을 중지하 고, 언제나 이미 부조화에서 조화를 함께 보고 불일치에서 일치를 함께 보며 부조화와 불일치를 함께 섞어서 본다. 종래에는 조화와 일치를 원형이자 규범으로 보았는데, 이제는 부조화와 불일치에서 사물과 사상의 본래성과 원형을 보기 시작하였다. 이는 포스트모던 현대가 가져다준, 철학과 예술에서 폭넓게 확인하게 되는 관점의 확대요 전환이다!

플라톤이 정의롭지 못한 국가 탄생의 본질적 특성과 조건으로 보았던 '형태와 색깔'[5]은 오늘날 우리가 평생의 과업으로 선택한 교육철학을 비롯하여 모든 학문과 예술의 카테고리로 기능하고 있다. 다시 말하면 플라톤이 철저하게 부정적으로 보았던 정의롭지 못한 것들과 거기서부터 기인하는 구조적 불의의 근본 특성이 인류의 정신사에서 근대로 접어들면서 학문과 예술의 구조적 존재형식과 인식논리의 근본 특성이 되어 버렸다. 플라톤적으로 표현하면, 철학은 정의 자체가 없는 세계에서 정의를 추구하기 위하여 불의의 형식과 논리로 무장하고 발전하였다. 그래서 철학은 아이러니이다. 그리고 형태와 색깔과 소리는 각각 독특하고 고유한 질적 성격을 갖게 되었으며, 외재적 환경에 구속되지 않는 내재적 힘을 갖게 되었다. 그리하여 자체의 독자적이고 개성 있는 자율의 법칙에 따라서 자체를 마음껏 실현하고 표현할 수 있을 때 수월의 경지에 이르는 창조적 능력을 발휘할 수 있게 되었다. 이를 가장 민감하고 빠르게 인식하고 실천한 영역이 예술이다. 그래서 예술에서 현대는 모든 외재적이고 타율적인 규범과 조건들의 극복과 초월의 걸음걸이로 확인되고 있다. 이 미술사에 관한 전문지식을 빌리지 않더라도, 우리는 이를 인상파, 큐비즘, 다다이즘, 그래픽, 추상, 아방가르드, 그리고 장르 자체를 파개(破開)하는, 즉 폭파하여 여는, 듣기에서 색깔을 보며 보기에서 소리를 듣는 공감각(Synaesthesie)의 창조로 확인되는 다양한 작품에서 본다. 다만 예술만이 "반개념적 배반의 역사"[6]로 확인되는 것이 아니다. 철학이야말로 끊임없는 반개념의 시도이다.

사람들은 색깔의 합법칙성과 소리의 화음법칙을 중시한다. 그러나 색깔의

---

5) Platon, *ΠΟΛΙΤΕΙΑ Der Staat*, Darmstadt 1971, 373b; 오인탁, 파이데이아, 276쪽.
6) 이승택, "반개념정신과 비조각", 계간 미술, 41, 1987, 129쪽.

조화와 소리의 화음은 대립적 색깔과 소리들을 우리의 감정에 맞게 조합하고 재구성한 것일 뿐, 그 이상이 아니다. 조화와 화음은 대칭과 비대칭처럼 일정한 법칙에 따라서 일정한 수준으로 구성한 형태의 균형일 뿐이다. 조금 날카롭게 표현하면, 오늘날 예술작품은 규범을 초월하고 조화를 추구하지 않는다. 오늘날 음악과 그림은 자체의 고유한 기본요소들을 미적 표현의 자율성으로 마음껏 살려서 해체하고 새롭게 재구성한 창조물이다. 유리드미(eurhythmie)에서 볼 수 있듯이, 춤은 자유로운 영혼이 내재적 소리와 색깔을 담아내어 밖으로 드러낸 표현이다. 오늘날 최고의 가치로 평가되는 절대적 예술품들에서 우리는 결코 필연이나 객관이 아닌 우연이요 주관인 이러한 대상들을, 헤르바르트가 정확하게 표현한 대로 "교육의 주업으로서 세계에 대한 (주관적) 미적 묘사"[7]의 사례들을 본다.

모든 고전적 예술작품에서 우리는 화음과 일치의 구성을 본다. 그러나 칸딘스키, 샤갈, 미로와 같은 화가들에게서 우리는 불일치의 일치와 부조화의 조화 같은 개념이 작품으로 대상화되었음을 볼 수 있다. "불일치는 넓게 나누어져 있는 일치이다."[8] 전통적으로 예술가들은 대립명제들의 균형과 조화라는 의미에서 창작을 시도하였으며, 이로써 온전한 조화와 화음의 체현(體現, incarnation)을 만들어 낼 수 있다고 확신하였다. 그러나 칸딘스키는 조화와 화음을 불변과 규범의 개념으로 보기를 거부하고, 불일치의 체현을 통하여 조화와 화음의 규범에 체포되어 있는 예술의 해방을 시도하였다. 이러한 포스트모던이 예술을 에르곤으로 침몰하지 않고 에네르기아로 끊임없이 새롭게 창조하게 함으로써 지평을 확대하여 가도록 하는 것이다.

불일치는 일치의 균형 있는 연결을 수용할 뿐 아니라, 더 나아가서 일치에 사로잡히거나 좌우되지 아니하고 일치와 동일한 수준에서 불일치가 표현되도록 과감하게 열어 놓음으로써 불일치 안에서 일치가 현존하도록 한다. 그래

---

7) Herbart, Johann Friedrich, *Über die ästhetische Darstellung der Welt als das Hauptgeschäft der Erziehung* 1804.

8) Maur, Karin von, *Vom Klang der Bilder*. Muenchen 1999, S.32.

서 "색깔의 본래적 본질은 꿈 같은 울림이다. 색깔은 빛이 되어 버린 음악이다."[9] 우리는 칸딘스키와 같은 현대 예술의 거장에서 무엇인가 새로운 것을 해석하고 새로운 이론을 만들어 내려고 하기보다는 미와 선의 조화와 일치에 의하여 동반된 전통적 가치를 부조화와 불일치로 해체하여 새로운 미의 세계를 창조하고 있음을 본다. 그리고 이로써 예술은 더욱 풍요해지고, 더불어 인생도 더욱 향기롭고 고상해진다.

교육철학은 우리의 교육이 이론과 실천에 있어서 이러한 길을 걷도록 기여할 수 있어야 한다. 교육개혁까지 포함하여, 교육철학은 다람쥐가 쳇바퀴를 돌듯이 간단없이 일차원의 제자리를 맴돌고 있는 우리의 학교교육을 사차원으로 끌어올려서 가시적 현상 배후에 감추어져 있는 잠재가능성의 세계를, 마치 아인슈타인(Albert Einstein)이 1905년에 상대성 이론으로 눈에 보이지 않는 공간의 사차원을 시간의 차원으로 이해하고 정의하여 물리적 에너지의 새로운 세계를 열어 놓은 것처럼 그러한 교육의 세계를 열어야 한다. 이러한 세계는 교육과 교육학이 교육철학에 귀를 기울여서 교육과 교육학 자체가 교육철학적이 될 때 비로소 열릴 것이다. 따라서 결코 용이하지 않은, 그러나 21세기에 우리의 교육철학이 용기 있게 걸어가서 반드시 이루어 내야 할 방향이다.

다시 그림으로 돌아가 보자. 하나의 통일된 그림공간을 여럿으로 나누기, 대상을 파편화하기, 모티브가 되는 요소들을 자유롭게 만들어 주제와 대상에 얽매이지 않게 함으로써 사유의 과정 자체를 빛나게 하기, 그리고 색깔·형태·구조 등을 독자적으로 만들어 자립화하고 이것들을 점증적으로 역동화하기(Dynamisierung) 등의 활동을 통하여 1908~1914에 입체파(Kubismus), 미래파(Futurismus), 오르피즘(Orphismus), 퍼티시즘(Vortizismus)[10], 싱크로니즘(Synchronismus) 등의 다양한 미술운동이 활발하게 전개되었다. 이 운동들

---

9) Itten, Johannes, *Kunst der Farbe*, 1961; Maur, Karin von, op. cit., S.41에서 재인용.
10) 퍼티시즘은 이탈리아에서 입체파와 미래파의 등장과 함께 나란히 일어난 미술운동이다.

이 그림이라는 예술에 시간성을 열어 주었으며 시간과 공간의 혼융세계를 보여 주었다. 그리하여 예술가는 음악을 그리고 그림을 노래하며, 애호가는 그림을 듣고 노래를 보기 시작하였다.

전위예술은 숱한 프로그램들과 선언들을 통하여 리듬, 역동, 속도, 동시성 같은 시간개념들과 운률(Kadenz), 불일치, 다중음 같은 음악개념들을 해체시켜서 회화의 내적 관련 개념으로 재구성하였다. 이렇게 화가가 음악을 그리고 소리의 울림을 색깔로 표현하기를 시도하며, 성악가가 소리의 색깔에 관하여 말하는 것을 듣는 것은 20세기에는 분명 새로운 일이었으나 21세기 초인 오늘날에는 전혀 새롭지 않다. 주어진 제도, 이론, 형식 등에 안주하지 않고 그것을 초월하여 대상에 창조적으로 몰두할 때 이러한 시도들은 가능해진다. 21세기에 교육철학은 예술에서 볼 수 있듯이 영역에 얽매어 있지 않고 영역을 초월하여 활동함으로써 영역을 파괴할 수 있어야 하며, 영역을 창조적이고 자율적으로 재구성할 수 있도록 개방하는, 그리하여 영역을 더욱 온전하고 풍요하게 하는 영역파괴의 역할을 수행할 수 있어야 한다.

4. 우리 시대의 애가

성경에 「예레미아애가」라는 책이 있다. 「애가(哀歌)」의 1장 1절은 다음과 같다. "슬프다, 이 성이여! 본래는 거민이 많더니 이제는 어찌 그리 적막히 앉았는고, 본래는 열국 중에 크던 자가 이제는 과부 같고, 본래는 열방 중에 공주 되었던 자가 이제는 조공 드리는 자가 되었도다." 이스라엘의 선지자 예레미아가 국가가 망하여 예루살렘 성전이 파괴되고 민족의 지도자들이 메소포타미아에 포로로 잡혀간 후에 폐허가 되어 버린 도성 예루살렘을 보면서 히브리어로 "에이카!(슬프다)"라고 애통해하는 말로 이 책을 시작하였기 때문에 '애가'로 불리게 되었다. 오늘날 우리 사회의 교육현상은 애가(哀歌)와 같다. 우리는 이렇게 노래하지 않을 수 없다. "슬프다, 이 학교여! 본래는 학생이 생동하며 뛰어놀더니 이제는 어찌 그리 적막하기만 한가. 본래는 열국 중에서 가장 활발하게 성장하던 학교가 이젠 선생 없는 학교 같고, 본래는 열방 중에 가장 주목을 받았던 교실이 이젠 남의 흉내나 내는 원숭이 우리가 되었구나."

우리는 문명비판에서, 사회과학적 진단과 분석에서, 미래학적 서적에서 간단없이 전개되는 현대사회의 파편화(Fragmentierung), 우리 사회의 전통적 가치들의 상실, 공동체 정신과 형식의 사라짐, 신뢰, 유대, 인격도야 같은 귀중한 기본가치들의 소멸 등 우리 시대의 애가를 수없이 읽고 있다. 현대는 가변의 시대이다. 만약에 교육이 기성세대가 소중하게 물려받고 가꾸어 온 전통적 가치들과 삶의 형식들 안으로 성장세대를 인도하여 들이는 활동이라면, 가치와 도덕을 교육하는 일은 가변적이고 다원적인 현대에 어떤 의미가 있으며 어떻게 이루어져야 하겠는가?

우리는 인류의 역사에 있어서 아마도 가장 농도 짙은 가치의 내면화의 예를 히브리 민족에게서 볼 수 있다. 그들의 성경인 토라의 신명기 6장 4-9절을 '슈마(Schma)'라 하는데,[11] 그중에서 특히 6절의 "이 말씀을 가슴에 새기고" 는 가치교육의 본질을 밝히고 있다. 인류가 여러 세대에 걸쳐서 대가족을 이루고 생활하였던 시대에, 그리하여 고정적 삶의 형식들이 성장세대를 지배하였던 시대에 가치는 가정과 지역사회에서 자아와 민족의 정체성으로 자연스럽게 내면화되었다.

가치교육은 합리적 설명을 통하여서는 결코 이루어지지 않는다. 그러나 자아를 도야하고 승화하는 경험으로부터, 우리가 전적으로 내던져지고 넘어지며 나락으로 떨어지는 경험으로부터, 너무나 분명하고 농도 짙은, 한마디로 '좋은' 체험으로부터 가치교육은 이루어진다. 단지 가치에 관한 지식의 전달

---

11) 신명기 6장 4-9절: 이스라엘아 들으라. 우리 하나님 여호와는 오직 하나인 여호와시니, 너는 마음을 다하고 성품(性稟)을 다하고 힘을 다하여 네 하나님 여호와를 사랑하라. 오늘날 내가 네게 명하는 이 말씀을 너는 마음에 새기고, 네 자녀에게 부지런히 가르치며, 집에 앉았을 때에든지 길에 행할 때에든지 누웠을 때에든지 일어날 때에든지 이 말씀을 강론할 것이며, 너는 또 그것을 네 손목에 매어 기호를 삼으며, 네 미간에 붙여 표를 삼고, 또 네 집 문설주와 바깥문에 기록할지니라.

을 통하여서는 결코 가치의 내면화를, 가치와의 만남을 실현할 수 없다. 머리로 이해한 것이 가슴에 내려와 담기고, 또는 역으로 먼저 가슴에 담긴 것이 설명의 형식을 거쳐서 머리에서 투명하게 정리되어 다시 손과 발로 표현될 때, 가치는 비로소 나의 가치가 된다.[12] 이러한 사실이 너무나 분명한데도 불구하고, 우리는 가치를 이렇게 그저 '가르치고' 있다!

여기서 나는 두 가지 생각을 하게 된다. 학교는 가치를 지식으로 전달할 뿐, 학교와 마을에서 이루어지는 다양한 동무 사귀기(companionship)를 통하여 경험으로 익히도록 교육하지 못하고 있다. 우리 사회에서는 세계는 넓은데 넓은 세계를 좁게 여행한, 견문이 좁은, 그리고 자기가 여행한 세계가 곧 세계라고 고집하는 독단주의, 교리주의(Dogmatismus)가 너무나 빈번하게 교육과 교육학을 지배하고 있고, 그런 사람들이 교육행정의 책임 있는 자리에 앉아 있다. 이것은 큰 불행이다. 거기에는 나를 너의 세계에 집어넣어 보고, 너의 눈으로 나를 보려고 하는 감정이입과 이해지평의 확대의 동기가 결여되어 있다. 그 대신에 교육에는 근본악으로 작용하는, 코드(code)가 맞는 사람들끼리의 단합과 폐쇄적 세계이해와 세계지배의 동기가 도사리고 있다.

사람들은 말한다. 오늘날 '정보격차(digital divide)'를 통하여, 다시 말하면 컴퓨터를 사용하는 사람들과 컴맹인 사람들 사이의 간격의 벌어짐을 통하여 대화의 단절과 대화능력의 결손은 더욱 더 심각해지고 있다. 그러나 돌이켜 보면 꼭 그렇지만은 않은 것 같다. 오늘날 젊은이들은 마치 물을 마시고 숨을 쉬듯이 정보기술(IT)을 호흡하며 살고 있다. 그들은 그들만의 IT 세계를 펼쳐 가며 대화를 나누고 관계를 만들어 간다. 그러나 컴맹인 기성세대와 컴맹은 아니나 IT를 의식하며 생활하는 중간세대들에겐 그들과의 단절과 더불어 컴퓨터에 몰입된 생활을 하는 그들에게서 대화능력과 이해능력의 결손을 발견하며 이를 더욱 염려스러워한다. 인공지능(AI)의 시대가 펼쳐 주고 있는 새

---

12) 그래서 교육은 언제나 이미 가치교육이었으며 지혜교육이었다. 페스탈로치의 3H교육은 그 이론적 정립일 뿐이다. 김정환, 페스탈로치의 교육철학, 서울: 고려대학교 출판부, 1995 참조.

로운 세계에 대한 기대와 찬탄만큼 IT세대는 그들만의 가상현실망(cybernet)에 안주하고 있고, 가상현실사회(cybersociety)에 체포되어 있다. 그리하여 코드해독(decoding)의 능력을 상실하고, 둥글게 볼 수 있는 시각이 결여된 채로 안주하고 있다. 그들은 가상개인(cyberindividual)과 현실개인(realindividual)을 분별하지 않거나 못하는 생활을 하고 있다. 마치 동굴 속에서 쇠사슬에 묶여 있는 죄수들처럼 그들은 여전히 무교육의 상태에 있으면서, 교육하는 자가 와서 쇠사슬을 풀어주면 오히려 젊은이를 오도하며 사회의 안녕질서를 해친다고 하면서 떼거리로 그에게 달려들어 돌을 던진다!

5. 교육철학의 생동

교육철학은 종합(synthese), 분석(analyse), 판단(kritik), 이해(verstehen), 조직(system), 방법(methode) 등이 요청되는 곳에서 생동하고 있다. 반면, 교육철학은 다음과 같은 현상이 일어나는 곳에서 몰락하고 있다. 첫째로, 분리(isolierung)가 진행되는 곳에서 교육철학은 간단없는 소외의 길을 걷고 있다. 둘째로, 교육학에서 지식과 기술이 강조되는 곳에서 지혜의 구축과 더불어 철학도 구축되고 있다. 셋째로, 교육학이 교육과학이 되어 이론과 실천의 논리와 방법과 기술이 강조되면서 오히려 연구의 논리와 방법에서 철학이 배제되고 있다. 이러한 시대에 포스토모던 테크노미디어의 세계는 철학을 그 어느 때보다도 더 필요로 하고 있다. 교육철학은 각각 자기의 철학을 천착하면서 공동으로 철학에 의하여 동반된 철학이 있는 교육과 교육학의 세계를 열어 가기를 희망하고 있다.

우리는 어떤 위대하고 참된 교육철학을 계획할 수 없다. 무엇이 위대한 것인가? 시대를 밝혀 주고 삶에 의미를 주며 길을 제시하는, 정체성 방황의 세대에게 정체성을 심어 주는 교육철학은 위대하다 하겠다. 그러나 그러한 교육철학을 계획하여 만들어 낼 수는 없다. 우리는 다만 철학하는 정신을 가지고,

시대와 사회가 붙잡는 대로 그렇게 사로잡혀서 몰두할 뿐이다. 역사의 걸음걸
이가 우리의 정신을 어디로 몰아갈지, 바람이 어디서 불어와 어디로 불어갈
지 우리는 알지 못한다. 안다는 것, 알고 있다는 것은 이미 철학이 아니다. 철
학은 처음부터 절대적 의미에 있어서 무지와 인간정신의 무한성의 이념에 근
거하고 있다. 철학은 끊임없이 알아 가면서 항상 아직 모르고 있고, 여전히 잘
모르고 있다는 것을 알고 있는 것이다. 그리고 최종적 앎이 강요되거나 주장
되는 곳에서 철학은 스스로 종말을 고하게 된다.

철학은 교육학에 뚜렷하게 어떤 구체적인 테마를 가지고 등장하지 않더라
도 의미를 부여하고 생기를 준다. 서구의 대학은 공과대학을 포함하여 모든
영역에 있어서 역사적으로 바로 이 하나의 이유 때문에 철학교수 자리를 하
나 이상 두어 왔다.[13] 그리하여 대학은 비단 교육학뿐만 아니라 다양한 학문
에서 본래적인 것과 새로운 것을, 원천과 쇄신을 항상 보존하면서 같은 대학
에서 다수의 철학교수가 활동하도록 함으로써 학생들이 한 교수가 아닌 여러
교수로부터 언어와 사유를 훈련받아서 비교, 보완, 수정의 학습과정을 거쳐서
자신의 고유한 철학적 기초를 다지도록 한다.

철학은 생각하고 느끼게 할 수 있어야 한다. 그리하여 학생들이 어두컴컴
한 세계에서 길을 발견하는 경험을 하게 하여야 한다. 그러면 철학의 세계는
학생들에게 저절로 열리게 된다. 철학을 통하여 무지한 세계는 인식의 세계로
전환된다. 학생들이 철학함의 본래성에 속하는 이러한 경험을 하도록 함으로
써 철학은 본질적으로 철학이 된다.

칸트는 이렇게 말했다. "철학하는 것을 제대로 시작할 수 있는 나이가 되
면, 그때에는 물러나지 않으면 안 된다. 늙은이는 경험과 경륜으로 가르치고
젊은이는 철학함을 통하여 자기 자신을 신뢰하기를 배운다. 늙은이는 철학하
며 사라지고, 젊은이는 철학하게 되면서 급속하게 변하는 사회가 만들어 주는

---

13) Spranger, Eduard, Das Wesen der deutschen Universität(1930). In: *Hochschule und Gesellschaft* (Eduard Spranger Gesammelte Schriften, Band 10). Hrsg. von Walter Sachs, Heidelberg 1973, S85ff; 오인탁, "대학의 정신과 이념 회복", 대학교육, 127, 2004 참조.

삶의 새로운 조건들과 형식들 아래서 맹목적으로 순응하지 않고 이를 포스트하여 자신의 운명을 새롭게 개척할 수 있는 기회와 통로로 삼아 간다.

6. 권위의 회복

교육철학은 한국의 교육문제를 깊이 있게 다루어 권위 있게 방향을 제시하는 일에 관심을 집중하여야 한다. 우리의 교육학계에서는 한국의 교육문제를 진단하고 정책을 제안하는 일에 교육철학보다는 교육사회학, 교육과정, 교육행정, 교육평가 같은 교육학의 다른 영역들에 속하는 학자들이 더 많이 기여하여 왔다. 교육철학은 교육학의 제일과학이다. 이제 교육철학은 한국의 교육문제를 진단하고 해결의 방향을 제시하는 권위를 회복하여야 한다. 되돌아보면 슐라이어마허가 『교육학강의Päedagogische Vorlesungen』에서 제시한 교육의 본질에 대한 이해와 이에 기초한 학교교육의 방향만큼 권위 있는 연구들이 우리의 교육철학계에서도 이젠 충분히 나올 때가 되었다. 오늘의 독일이 시대의 급속한 변화에도 불구하고 정치, 경제, 학문, 예술 등의 모든 면에서 유럽연합에서 가장 건실한 수준을 과시하고 있는 것은 이러한 교육철학이 독일의 학교교육의 기초를 이루고 있기 때문임을 우리는 잊지 말아야 할 것이다. 교육철학은 교육학의 기본개념, 독립과학으로서의 교육학의 조직이론, 학교교육과 같은 교육학의 본질적 실천영역의 교육철학 정립, 교육학 연구의 논리와 방법 탐구, 시대와 인물의 교육사상 연구, 간문화적·간국가적 비교 연구 등 전통적으로 수행하여 온 과제들을 계속하여 철저하게 수행해 나가야 한다.

이를 위하여 교육철학은 보다 더 '철학적'이 되었으면 좋겠다. 배우는 것은 자기를 낮추는 것이요, 가르치는 것은 희망을 이야기하는 것임을 잘 알기 때문에 우리 교육철학자들은 조용히 있어 왔다. 그런데 철학적 기초가 결핍되어 있는 교육학의 다른 영역에 있는 숱한 동료들에게 한국의 교육을 계속하여 맡겨 두기에는 이제 너무나 멀리 왔다. 그러므로 교육철학도들이 조금 지나치다 싶을 정도로 전문가로서의 자부심과 자긍심을 발휘하였으면 좋겠다. 그래서 각자 자기 자신의 교육철학을 만들고 이를 적극적으로 알렸으면 좋겠다. 예를 들어, 초등교육철학, 그것도 1학년의 철학, 그것도 3R의 철학, 그것도 읽기의 기초적 철학은 '아무개 교수' 하는 식으로 한국의 교육철학계가 교육학의 모든 영역을 망라하여 특수한 영역과 문제의 대가로 가득 찼으면 좋겠다. 그리하여 평가, 행정, 정책, 입시의 영역에 있는 사람들이 평가의 철학, 행정의 철학, 교육정책 · 제도 · 입시의 철학 등을 의식하고 자문을 구하면서 수행하는 풍토를 만들어 가야 하겠다.

이러한 선상에서 교육학의 학문적 기초를 다지는 교육학 기본개념사전을 편찬하는 공동의 연구사업을 벌였으면 좋겠다. 기본개념사전은 시중에 나와 있는 『교육학사전』과는 전혀 다른 개념이다. 후자는 간단한 개념풀이의 사전(dictionary)이어서 교육학 연구의 도구로 기능하지만, 전자는 어원과 개념의 이론, 역사적 전개, 사조와 논리에 따른 상이한 이론과 개념의 조직적 서술, 권위 있는 참고문헌의 제시 등 내용이 갖추어진 사전(lexicon)으로, 그 토대 위에 교육학이라는 학문의 집이 튼튼하게 세워질 수 있는, 글자 그대로 교육학의 학문적 기초로서의 기능을 갖고 있다. 이러한 기본개념사전을 교육철학회가 중심이 되어 장기적 사업으로 편찬하는 일은 21세기 한국의 교육철학의 토대를 닦는 일이 될 것이다.

교육철학의 전통적 과제 중 하나는 언제나 시대를 읽는 것이다. 시대를 읽는다는 것은 무엇인가? 평화 · 통일, 생명 · 생태 · 환경, 학교교육의 현안들인 평준화 · 입시 · 평가, 디지털 · 사이버 · 테크노미디어, 혼융 · 융합 · 홀리스틱 등 시대를 바르게 그리고 다르게 보고 듣고 말하기를 끊임없이 시도하는 것이다. 그리하여 시대를 앞서서 사유하며 길을 제시하고 밝히는 것이다.

철학은 예부터 철학이었다. 21세기라고 해서 새로울 것이 없다. 다만 철학하는 것 자체가 철학을 보다 더 풍부하게, 보다 더 깊게, 보다 더 치밀하게 만들었고, 그러한 과정에서 철학이 항상 새롭고 다르게 보였을 뿐이다. 그리고 이로써 삶의 질이 더 성숙한 수준으로 지속적으로 향상되어 갈 뿐이다. 한국의 교육학계가 이러한 철학함을 사랑하고 즐기며 존중할 때 비로소 한국의 교육계는 바로 설 수 있을 것이다.

우리 교육의 잃어버린 차원들

제10장

지속 가능한 사회를 위한 교육의 근본적 재설계

1. 들어가는 말

학회로부터 기획주제 발제를 해 달라는 전화를 받았을 때, 나는 깜짝 놀랐다. 우선 '지속 가능한 사회를 위한 교육의 재설계'라는 주제에 놀랐다. '교육의 재설계'란 표현이 나를 강하게 끌어당겼다. 그러고는 나에게 이 일을 부탁한 사실에 놀랐다. 전혀 상상도 하지 못한 일이었다. 나는 전공이 교육철학이라 '설계'와는 거리가 멀다. 또 교육철학도들 가운데서도 변방에 속하는, 교육학회로부터 잊힌 지 오래된 사람이라 여겼기 때문이다.

마치 루소가 현상논문의 주제를 접했을 때 머릿속에서 온갖 생각이 용솟음치면서 눈물이 흘러 웃옷이 촉촉이 젖는 것도 모르고 거의 반시간 동안이나 그 자리에 서 있었던 것처럼 온갖 생각이 샘솟았다. 그래서 그 일을 맡았다. 그러나 며칠을 생각에 잠기면서 맡은 것을 후회하였다. 재설계라. 어떻게? 마치 낡은 건물을 개조(remodeling)하듯이 우리의 교육을 현재의 기본 골격과 뼈대 위에서 새로 고친다? 아무리 생각해도 그건 아니었다. 우리는 교육을 보다 더 잘해 보겠다고 그리고 지금까지 교육의 집을 무수히 개조해 왔다. 그리하여 교육의 집은 누더기가 되어 버렸다. 그리고 지금도 계속 개조하면서 누더기를 만들어 가고 있다.

하나의 예를 들어 보자. 국회는 2015년 1월 20일에 「인성교육진흥법」이라는 법을 제정했다. 이 법은 7월 20일부터 발효되었다. 인성교육은 중요하다. 중요한 정도가 아니라, 인성교육은 교육의 본질에 속하기 때문에 어떤 교육보다 먼저 와야 하고 모든 교육이 그 바탕 위에서 이루어져야 하며, 교육 자체가 넓은 의미에서 인성교육이다. 그렇기 때문에 인성교육을 법으로 제정하여 일정한 법적 제도적 틀 안에서 하도록 해서는 안 된다. 이는 마치 신선한 공기를 마시겠다고 창문은 꼭꼭 걸어 잠가 놓고 공기청정기를 가동시키는 것과 같다. 그러니 창문을 활짝 열어 놓으라! 이것이 우리 교육의 현주소이다.

지속 가능한 사회를 위한 교육에서는 어떤 사회를 목표로 삼고 있는가? 현재의 우리 사회인가? 그건 아니다. 왜 아닌가를 다음에서 따져 보겠지만, 학회가 광복 70년을 맞이해서 '지속 가능한 사회를 위한 교육의 재설계'를 기획주제로 정한 것은 현재의 우리 사회를 지속 가능하지 않다고 보았기 때문이라고 본다. 우리 사회를 지속 가능한 사회로 새롭게 설계하고 실현하려면 교육의 구조를 근본적으로 재설계하여야 한다. 근본적이란 우리 교육을 새로운 바탕과 척도 위에서 새롭게 세우자는 의미이다. 다시 말하면 교육의 판을 바꾸자는 것이다. 개혁이 아닌 혁명을 하자는 말이다. 그렇지 않고는 지속 가능한 사회를 실현 가능하게 하는 교육은 불가능하기 때문이다.

2. 지속 가능한 사회

20세기는 과학과 기술의 세기였다. 산업사회를 구가하고 정보사회의 시작을 알렸다. 인류는 엄청난 발전을 누렸다. 그러나 그 결과로 인간성의 파괴가 진행되었으며 인류의 미래에 대한 깊은 위기감이 형성되었다. 그리하여 21세기는 인간성 회복의 세기가 되지 않으면 안 되겠다는 생각이 도처에서 모아졌다. 기술과 과학의 발전에 따른 인류의 위기에 대한 염려는 이미 20세기 후반에 시작되었다. 1970년대 초에 학자들은 인류의 미래에 대한 위기의식을 가지고 "성장의 한계"[1]와 "전환점에 선 인류"[2]를 논하였다. 학자들은 전 세계적 위기를 야기하는 5대 문제로 산업화, 인구 증가, 식량 부족, 자원 고갈, 환경 파괴를 들었다. 그중에서 특히 자원의 고갈과 환경의 오염을 성장의 한계를 선취하는 큰 원인으로 강조하였다. 그래서 UN은 1980년에 '세계자연보호전략 (Welt-Naturschutz-Strategie, World Conservation Strategy)' 보고서에서 지속 가능성(sustainability, Nachhaltigkeit)을 인류의 위기에 대한 해결개념으로 제시하였다. 1987년에 UN 환경 및 발전에 관한 세계위원회는 '브룬트란트 보고서'에서 지속 가능한 발전을 미래의 세대가 그들 자신의 고유한 필요를 충족시킬 수 있는 가능성을 파괴하지 않으면서 현재의 필요를 충족시킬 수 있는 발전으로 정의하였다.[3] 그 후에 오늘에 이르기까지 이 개념은 정치, 경제, 학문, 사회의 거의 모든 분야에서 다음 세대의 삶의 평화를 위한 논의가 이루어지는 데서 중심언어로 작용하고 있다.

광복 70주년, 참 감격스럽다. 1인당 GNP가 60달러였던 그 황폐한 산과 들에서 이제 3만 달러를 바라보는 풍요한 강산을 누리게 되었다. 참으로 숨 가쁘게 달려왔다. 그래서 더욱 감개가 무량하다. 1960년대, 1970년대까지만 해도 소위 하쿠라이(船來品)에 시민의식이 체포되어 우리 '엽전들'은 그 같은 물건을 영원히 만들지 못할 것이라 자조하곤 하였다.[4] 그런데 산업사회의 범용기술(General Purpose Technology)인 18세기의 증기기관, 19세기의 철도, 20세기의 전기, 자동차 그리고 조선기술을 20세기 후반에 한꺼번에 이루어 내어 세계의 주목을 받더니, 20세기 말에는 정보사회의 범용기술인 컴퓨터, 인터넷, 생명공학으로 세계를 놀라게 하였다. 그리고 21세기로 접어들어 SW

1) Meadows, Dennis, *Die Grenzen des Wachstums*. Bericht des Club of Rome zur Lage der Menschheit. Aus dem Amerikanischen von Hans-Dieter Heck. Deutsche Verlags-Anstalt, Stuttgart 1972.

2) Mesarovic, Mihailo/Pestel, Eduard, *Menschheit am Wendepunkt*. Zweiter Bericht an den Club of Rome zur Weltlage. Deutsche Verlags-Anstalt, Stuttgart 1974.

3) Hauff, Volker (Hrsg), *Unsere gemeinsame Zukunft*. Der Brundtland-Bericht der Weltkommission für Umwelt und Entwicklung. Eggenkamp Verlag, Greven 1987.

4) 성의경, "엽전정치", New Media, 29(5), 2015, 15쪽.

중심사회의 범용기술로 강조되는 나노공학, 컴퓨팅 파워, 초고속 인터넷 그리고 SW기술에서 세계의 선진국들과 어깨를 겨루며 지식창조사회를 만들어 가겠다고 하고 있다. 이제 세계는 대한민국을 탐구하고 있다. 그 단적인 예가 지난 5월에 인천 송도에서 열린 '2015 세계교육포럼'이다.

2015 세계교육포럼은 교육선진국 대한민국을 세계에 알리고 인정받는 자리였다. 대한민국처럼 어떤 나라든 "양질의 교육과 학습성과 개선"[5]으로 삶을 변화시킬 수 있다. 그러므로 세계는 대한민국을 본받아 "모두를 위한 포용적이고 평등한 양질의 교육과 평생학습"[6]을 통하여 삶의 변화를 꾀하자. 이를 위하여 필요한 막대한 재정을 충당할 수 있도록 '모두를 위한 교육'과 '교육받을 권리'의 이념 아래서[7] UNESCO 회원국은 4~6%의 GDP를 교육재정으로 확보하며, 선진국은 GNP의 0.7%를 개발도상국의 공적 개발원조에 투입하는 데 협력하자. UNESCO는 글로벌 조정 메커니즘을 개발하여 인천선언의 글로벌 교육정책이 2030년까지 구체적으로 실현되도록 노력하자.

나는 인천선언을 읽으며 두 가지 생각이 떠올랐다. 첫째로 UNESCO가 글로벌 시대의 새로운 지구교육부의 기능을 이미 수행하고 있다는 것이다. 다시 말하면 UNESCO가 교육, 과학, 문화의 보존과 증진을 위한 다양한 국제적 협력을 통하여 세계의 평화와 안전에 기여하는 본래의 기능에서 한 걸음 더 나아가 세계교육의 적극적 관리를 통하여 지속 가능한 정의, 평화, 안전의 지구를 실현하는 기능을 보여 주기 시작하였다. 둘째로 강제력은 없으나 구속력 있는 기관으로 기능하기 위하여 UNESCO는 이미 인천선언에서 몇 가지 정책적 제안 내지 선언을 하고 있다. 앞에서 언급한 내용 외에도 석박사 학위증이나 국가공인자격증 외에 전문적 지식, 기술, 능력을 인정받을 수 있는 다양한 초형식적 국제적 교육과정을 개발 및 제공하여 SW중심사회에서 모두를 위한

---

5) World Education Forum 2015, Incheon Declaration, UNESCO 2015, 제9항.

6) 앞의 글, 표지 부제, "Towards inclusive and equitable quality education and lifelong learning for all."

7) 같은 글, 제2항.

평생교육의 가능지평을 활짝 펼쳐 놓겠다고 한다. 이는 테크노디지털미디어 시대에 양질의 글로벌 고등교육, 직업교육, 평생교육을 실질적으로 가능하게 하는 일이다. 이를 위하여 UNESCO는 교육의 결과를 측정하고 평가하는 메커니즘을 강화하겠다고 한다.

우리는 지속 가능한 사회를 위한 교육의 문제제시를 이미 40년 전에 오천석 박사의 글에서 만났다. "우리 교육은 과연 미래를 의식하고 다음 세대가 살 시대와 사회에 관심을 가지면서 그들이 직면할 문제들에 대한 현명한 판단을 내릴 수 있는 능력을 얼마나 기르고 있는가?"[8] 이 물음에는 우리가 교육을 잘하여 오늘의 경제, 생태, 사회가 지속적으로 발전한 결과가 우리의 다음 세대들이 살아갈 경제, 생태, 사회의 지속적 발전으로 확인되어야 함이 강조되어 있다.

그런데 우리의 교육은 어떠한가? 오천석 박사의 염려 이후에 40년이 지났다. 대한민국은 엄청난 국가가 되었다. 이것이 교육의 힘이라고 세계가 경이로운 눈으로 주시하고 있다. 그런데 오천석 박사는 미래를 준비하는 교육의 전제조건으로 '호적(好適)한 풍토'와 '자유의 분위기'를 들었다. 그러한 교육환경에서 "넓은 시야에서 문제의식"을 갖고 "세계적인 관심을 가지고 인류공동의 문제를 해결하려는 협력의 마음씨와 일체감"[9]이 배양될 수 있기 때문이다.

그런데 우리의 학교교육 현실은 어떠한가? 우리 학부모들과 기성세대는 자녀들과 성장세대를 그렇게나 혼신을 다하여 교육하고 있다. 그런데 많은 학생이 시험에서는 좋은 성적을 내고 있으면서도 공부를 지긋지긋하게 재미없어 하고 있다.[10] 여전히 청소년의 일탈과 자살은 줄어들지 않고 있다. 공교육은

---

8) 오천석, 민주교육의 본질. 서울: 교육과학사, 2001, 374쪽.

9) 같은 책, 374쪽.

10) 초등학교 4학년 여학생의 동시 「학원가기 싫은 날」은 이에 대한 단적인 범례일 것이다. "학원에 가고 싶지 않을 땐/이렇게//엄마를 씹어 먹어/삶아 먹고 구워 먹어/눈깔을 파먹어/이빨을 다 뽑아 버려/머리채를 쥐어뜯어/살코기로 만들어 떠먹어/눈물을 흘리면 핥아먹어/심장은 맨 마지막에 먹어//가장 고통스럽게." (2015. 5. 5., internet news.) 이 동시가 문제시되자, 여학생은 오빠를 편애하는 엄마에 대한 서운함 때문에 쓴 시라고 밝혔다. 그러나 쓰여진 시는 텍스트가 되어 저자의 손을 떠난 것이다. 그리고 독

사교육의 알리바이가 되어 주고 있다. 얼마든지 길게 만들 수 있는 목록을 짧게 줄이면, 왜 우리는 학교교육을 통하여 우리의 자녀들이 '행복한 삶'을 가꾸고 살아가게 하는 일에 실패하고 있는가? 그 이유는 패리되어 버린 학교교육의 구조 때문이며, 패리되어 버린 시민의 일반적 교육이해 때문이며, 정치가 되어 버린 우리 교육의 현실 때문이다. 그러므로 교육의 본질로 돌아가자. 오직 인간의 교육을 위하여 아무런 유보 없이 교육의 본질을 회복하는 길을 용기 있게 걸어가자. 이 길 위에서 지속 가능한 사회를 위한 교육은 근본에 있어서 철저하게 설계될 수 있다. 교육의 전반적 재검토와 재설계는 교육의 패러다임의 전반적 전환이 요청되는 작업이다.

3. 교육의 근본적 재설계를 위한 전제조건들

집을 건축하려면 집의 기능에 따른 적절한 설계가 필요하다. 설계가 잘못되면 아무리 치밀하게 건축한다고 해도 집이 본래의 기능을 수행할 수 없다. 현재 우리가 펼치고 있는 교육은 치밀한 집짓기에 지나치게 몰두한 나머지 집이 본래적 기능과는 너무나 맞지 않게 되어 버린 실정이다. 그러므로 교육의 패러다임을 전체적으로 전환하지 않고는 지속 가능한 사회를 위한 교육을 펼칠 수 없다. 그래서 광복 70년을 맞이하여 강국(强國)의 길을 가열차게 달려온 교육에서 이제는 강국(康國)의 길을 활짝 열어갈 교육으로 교육을 근본적으로 새롭게 설계하기 위하여 필수조건으로 요청되는 전제를 다음과 같이 다섯 가지로 숙고(熟考)하였다. 이 다섯 가지 전제 아래서 교육을 재설계하면 우리의 교육은 그 근본에 있어서 확실하게 새로워질 수 있을 것이다.

지기 그 시를 이렇게 읽는가에 따라 시는 그렇게 해석된다. 이 시에 대한 절대다수의 이해는 시험지옥에 대한 어린 학생의 뒤틀린 마음이었다. 나도 이러한 이해를 공유한다.

1) 재설계의 기본전제 하나: 인간의 교육 위에서 국가의 발전을 꾀한다

교육은 인간과 국가의 두 중심을 그리는 큰 타원의 현상이다. 교육의 역사를 돌아보면 어떤 민족이나 국가를 막론하고 항상 인간과 국가의 두 중심 가운데서 어느 한쪽으로 기울어진 타원을 그려 왔다. 기하학적으로 완벽한 타원을 그리는 교육은 불가능하다. 교육학적으로 완벽한 타원은 인간 중심의 철저한 교육 위에서 국가의 보존과 발전을 가능하게 하는, 다른 말로 표현하면 인간 개개인에 대한 철저하게 정의로운 교육이 자연스럽게 국가와 민족의 보존과 발전으로 이어지는 타원이다. 우리는 이러한 타원의 교육모형을 오늘날 여러 교육선진국에서 볼 수 있다. 뿐만 아니라 이미 고대 그리스에서 플라톤이 정의로운 국가를 실현하고 지속적으로 보존하기 위한 교육의 모형으로 제시한 바 있다.[11] 플라톤이 경이로운 것은 그가 인간에 대한 가치가 오직 국가라고 하는 절대적 가치로부터만 부여되던 시대에, 인간도 개인으로가 아닌 유형으로 이해되던 시대에 정의로운 국가의 구조와 실현, 보존, 발전의 설계를 인간 개개인의 교육에서 찾았다는 것이다. 그는 교육의 관점 아래서 인간의 잠재능력과 그 수월의 경지에 이르는 실현과정을 합리적으로 설계하였으며, 이로써 오늘에 이르기까지 우리에게 인간과 국가의 교육적 관계에 대하여 깊은 인식을 끊임없이 제공하는 원천이 되었다.

오늘날 우리는 교육이 곧 국력인 시대를 살고 있다. 그래서 세계의 모든 선진국에서 교육에 대한 정치적 관심과 경제적 지원이 대단히 큰 것을 확인할 수 있다. 인류의 역사를 돌아보면, 서구에서는 중세와 근세초기까지 교회 같은 제도화된 종교가 교육의 기관(機關, instanz)이었다. 오늘날 교육의 기관은 국가이다. 다른 말로 표현하면, 공립과 사립을 막론하고 정부에 의하여 인허, 관리, 감독되고 있다는 의미에서 모든 교육은 국가에 의하여 주관되고 있

---

11) Platon, *ΠΟΛΙΤΕΙΑ Der Staat*. Bearbeitet von Dietrich Kurz. Darmstadt 1971; 오인탁, 파이데이아, 서울: 학지사, 2001 참조.

다. 이를 부인할 사람은 없다. 문제는 국가의 보존과 발전에 대한 관심이 인간의 성장과 발달에 대한 관심을 우선하는 현상에 있다. 대한민국은 후진국에서 선진국으로 숨 가쁘게 달려오는 동안에 국가 중심의 학교교육을 때로는 과도하게, 때로는 온건하게 관리하여 왔다. 과도와 온건의 차이는 있으나 국가 중심의 교육 아래서 인간 개개인의 잠재력 교육도 함께 도모하여 왔다는 색깔은 변하지 않았다. 이렇게 국가의 보존과 발전을 위하여 인력을 개발하는 바탕 위에서, 인간의 전인적 성장과 발달을 꾀하는 걸음에서 우리의 교육과학은 크게 발전하여 왔으며 그 과학적 힘을 종합적으로 잘 보여 주었다. 이는 우리나라의 교육으로 확실하게 잘 검증되었다. 그러나 그러한 교육은 국가를 짧은 기간에 바로 일으켜 세우는 효과는 있으나 구조적 한계로 인하여 지속 가능한 사회를 위한 교육으로 기능할 수는 없다.

국가가 주관하는 교육은 국가라는 전체를 위하여 인간을 부분으로 만드는 구조적 한계에 놓여 있다. 그리하여 인간을 전체적 인격으로 교육하지 않고 특수한 소질, 기술, 재능, 이념 등으로 파편화한다.[12] 뿐만 아니라 무상급식, 반값 등록금, 학생인권조례 등에서 보듯이 교육은 필연적으로 정치적 관심에 휘둘리게 된다. 다시 말하면 교육이 정치가 되고 만다. 조직이나 기계는 전체와 부분의 관계가 처음부터 확정되어 있어서 각 부분이 전체 안에서 갖는 기능이 정확하게 수행되도록 치밀하게 설계되어 있다. 그러나 인간은 가족, 단체, 사회, 민족 그리고 국가라는 전체를 이루는 부분으로 존재하지만, 그 부분의 역할과 기능을 개성 있고 상이하게 수행하는 생명으로, 일회적이며 대체 불가능하다. 따라서 인간 개개인이 그가 그로부터 이루어 낼 수 있는 삶을 최대한 이루어 낼 수 있도록 교육의 마당이 펼쳐질 때, 그렇게 수월의 경지까지 자아를 상이하게 실현한 인간이 형성해 내는 전체로서의 국가가 플라톤의 표

---

12) 쉴러(Friedrich Schiller)는 이를 고대 그리스의 인간상과 현대 서구의 인간상으로 대비시켰다. 고대에는 인간을 모든 것을 통합하는 자연(alles vereinende Natur)으로, 현대에는 모든 것을 분리하는 오성(alles trennende Verstand)으로 교육한다. Schiller, Friedrich, *Briefe über die ästhetische Erziehung des Menschen*, Hrsg. von Albert Reble, Bad Heilbrunn 1960, S.15.

현대로 이 세상에서 가장 이상적인 국가가 된다.

　인간교육의 바탕 위에서 국가교육을 설계한다. 이때 인간교육이 절대가 되고 국가교육이 상대가 되어서는 안 될 것이다. 이 둘은 상호 보완과 조화의 관계를 이루어야 할 것이다. 예를 들면, 개인의 행복은 국가 전체의 공익을 저해하지 않는 범위 안에서 추구되어야 한다. 이를 18세기 독일에서 전개된 박애주의 학교교육에서는 유용성(有用性, Brauchbarkeit)과 지복성(至福性, Glückseligkeit)의 조화로운 실현으로, 박애주의자들은 유용성을 희생시키지 않는 한계 내에서 지복성의 실현이 강조되는 교육으로 표현하였다.[13] 오늘날 일반적으로 선진국의 중등교육 이념과 목적에 기본적이고 전체적인 인간교육의 완성이 들어 있음을 확인할 수 있다. 특히 일반교육과 직업교육의 조화, 일반적 인간도야, 보편성과 특수성의 조화 등이 중등교육의 이념, 목적, 목표, 과정에 녹아들어 있다. 이 바탕 위에서 고등교육이 이루어질 때, 고등교육은 인간과 국가를 조화롭게 교육하는 기관(organ)이 되어 학문, 예술, 정치, 경제, 종교, 사회의 각 분야에서 고도로 전문화 · 다양화된 인력을 풍부하게 배출할 수 있을 것이다.

2) 재설계의 기본전제 둘: 교육은 절대적 경쟁이다

　우리의 학교교육은 초 · 중등교육은 물론 고등교육까지 시험을 중심으로 이루어지고 있다. 시험이 "이 나라 교육병폐의 '원흉'이다."[14] 시험은 근본적으로 잘못된 것, 파괴적으로 작용하는 것, 그 바탕 위에서 이루어지는 모든 것을 변질시키고 패리시키는 것이다. 그래서 개선의 대상이 아니라 제거하지 않으면 안 되는 것이다. 제거가 어려우면 학교교육 구조의 본질적 쇄신을 거쳐서 시험의 기능 자체를 생산적으로 만들어야 한다. 이미 1900년도에 케이

---

13) 오인탁, 박애주의 교육사상, 서울: 학지사, 2016 참조.
14) 정범모, 한국의 교육세력, 서울: 나남출판, 2000, 134쪽.

(Ellen Key)는 이러한 시험 치는 학교교육의 병폐를 "영혼 살인"[15]으로 표현한 바 있다. 그 후에 세계의 학교교육은 다양하고 풍부한 성숙의 길을 걸었다. 그런데 우리의 학교교육은 여전히 입시 중심으로 이루어져 있으면서 온갖 병폐의 온상 역할을 하고 있다. 도구일 뿐인 시험이 주인이 되어 교육을 지배하고 있다. 대한민국의 학교교육에서 시험은 근본악이다. 그래서 제거하든지, 현재 시행되고 있는 객관적·계량적·상대적 시험의 구조를 주관적·서술적·절대적 시험의 구조로 바꾸고 그 위에서 순기능을 수행하도록 하여야 한다. 그러면 교육은 달라질 것이며, 어린이와 청소년은 전인적 창의인재로 성장할 수 있을 것이다.

　인간은 옹알거리는 갓난쟁이로부터 삶을 마무리하는 늙은이에 이르기까지, 부와 권력의 정점에 있는 사람으로부터 초근목피로 연명하는 빈자에 이르기까지 모두 각자의 고유하고 독특한 일회적 삶을 살아가고 있는 존재이다. 따라서 존재의 일회성은 마치 지문(指紋)처럼 서로 다르기 때문에 아무리 측정도구를 잘 개발한다고 해도 충분히 완전하게 파악할 수 없을 뿐만 아니라 측정도구의 개발 자체가 파악 가능한 현상을 일정하게 제약하는 것이다. 더구나 성장·발달의 과정에 있는 존재의 경우에 그 존재가 아직 미완성이고 계속 완성되어 가는 과정에 있으므로, 삶의 체험이 그의 영혼을 어디로 끌고 갈지 전혀 예측할 수 없기 때문에 상대적 평가의 칼을 휘두르며 그를 강제로 이리저리 끌고 다녀선 안된다. 그런데도 불구하고 과학의 이름으로 끊임없이 시험하고 측정하고 분석하고 평가함으로써 자아실현의 환경을 일정하게 규격화해서 교육의 과정을 통제하고 있다. 여기에 우리 교육이 이치에 어긋나게 실천되고 있는 현주소가 있다.

　현재의 시험제도는 우리 교육을 패리로 몰아가고 있다. 헤르바르트가 교육의 주업(主業)으로 강조한 '세계에 대한 미적 표현능력(die aesthetische Darstellung der Welt)' 자체가 주관적·창의적 인식능력으로 객관적으로 평가

---

15) Key, Ellen, 정혜영 역, 어린이의 세기, 지식을 만드는 지식, 2009, 91쪽.

불가능한 영역들이기 때문에 교육에서 소외되었다. 학생의 전인적 교육뿐만 아니라 밀도있는 사귐과 만남이 교육마당에서 사라졌다. 빙산의 일각처럼 가시적인 것을 가지고 평가하여 진로를 지도하고 선발을 결정하기 때문에 성장하는 어린이들 각자가 그로부터 되고 싶고 이루어 내고 싶은 자아를 실현하도록 도와주어야 하는 교육이 오히려 진로를 차단하고 억제하며 오도하는 엄청난 오류를 범하고 있다.

학교에서 배운 것을 다 잊어버린 다음에도 유일하게 남아 있는 것, 이것이 교육이다. 세월과 더불어 잊어버리는 것은 지식과 기술이다. 반면에, 남아 있는 것은 가치와 신념이다. 머리에 담겨진 것들은 잊어버리게 되나, 가슴에 담겨진 것들은 여전히 남아 있어서 일상생활을 지배하며 우리의 삶을 만들어 간다. 체험이 되어 버린 것들, 격려와 위로, 충고와 각성, 감격과 회심, 만남의 경험 같은 것들이 나를 깨어나게 하고 바로 서게 하였을 뿐만 아니라, 지금도 여전히 나를 오늘의 나로 살아가게 한다. 이러한 교육이 나의 인격, 성격, 인생관과 세계관, 종교적 심성과 철학이 되어서 나의 삶을 평생 지배하게 된다. 학교는 이러한 교육의 바탕 위에서 세월과 더불어 잊어버릴 수 있고 잊어버리게 되는 지식과 기술을 함께 가르쳐야 한다. 그럴 때에 학교에서 배운 지식과 기술을 사회에 나가서 더불어 사는 이웃과 사회를 위하여 유용하게 사용하게 될 뿐만 아니라 지식과 기술의 힘을 깊이 깨달아 더욱 정진하는 생활을 하게 될 수 있다. 우리의 학교에서 이러한 교육이 가능하게 되어야 한다.

시험 없는 교육의 사례들은 많다. 미국의 대학생선발제도에 시험은 없다. 하버드 대학교나 미국 육군사관학교는 모든 평가를 절대적으로 하지, 상대적으로 하지 않는다. 따라서 석차의 개념도 없다. 유태인의 교육에도 시험은 없다. 세계적으로 유명한 독일의 발도르프 학교(Waldorfschule)에도 시험은 없다.[16] 시험이 없으니 성적표도 없다. 12학년제인 발도르프 학교는 1학년부터

---

16) Bohnsack, Fritz,/Kranich, Ernst-Michael (Hrsg), *Erziehungswissenschaft und Waldorfpädagogik*. Weinheim und Basel 1990.

8학년까지 한 선생이 같은 학생들의 담임이 되어 교육한다. 매 학년이 끝나면 선생은 학생들에게 성적표 대신 소감과 칭찬과 기대를 담은 편지를 나누어 준다. 이것이 성적표이다.

교육은 깊은 관심과 돌봄, 밀도 있는 대화와 접촉, 희로애락을 함께하는 농도 짙은 감성적 지적 · 영적 교제가 있는 활동이지, 시험 치고 등수를 매기며 우등상을 주는 모든 활동이 아니다. 좋은 교육은 학생의 성취를, 다른 말로 표현하면 내면적 잠재가능성을 갈고닦아 많은 열매를 맺은 것을 칭찬하고 또 많은 열매를 맺도록 도와줄 뿐, 학생들을 상대적으로 경쟁하게 하고 성취한 바를 상대적으로 평가하지는 않는다. 그러므로 학교는 학생들 각자가 거룩한 경쟁을 하도록 독려해야 한다. 거룩한 경쟁이란 등수를 다투는 것이 아니라, 각자가 자기 자신과 경쟁하며 함께 갈고닦은 것을 나누고 자랑하고 칭찬하며 상이성을 즐기는 경쟁을 하는 것이다. 이것이 좋은 교육이다.

혹자는 말할 것이다. 무슨 소리냐? 한국은 질 좋은 교육의 힘으로 선진국이 된 나라이다. 1975년까지만 해도 한국의 통신능력은 세계 꼴찌에서 2, 3등 수준이었다. 그런데 1980년대부터 획기적으로 개선되기 시작하였으며, 오늘날 전 세계의 유선, 무선, 인터넷, 초고속망 등을 포함한 모든 통신과 IT 산업에서 최고 선진국이 되었다. 이것이 교육의 힘이다. 그렇다. 국제학업성취도평가(PISA) 2012의 결과만 보자. 한국은 65개국에서 최상위권이며, OECD 회원국에서는 1등국이다. OECD 회원국 34개국 중에서 한국은 수학 1위, 읽기 1~2위, 과학 2~4위를, 65개국 전체에서 수학 3~5위, 읽기 3~5위, 과학 5~8위를 차지하였다. 수학만 보면 2003년 첫 PISA에서 3위, 2006년에 1~4위, 2009년에 3~6위 그리고 2012년에 3~5위를 차지하였다.

이에 비하여 독일의 성적은 '부끄럽다'. 독일은 2012년 평가에서 OECD 회원국 안에서 수학 6~10위, 읽기 9~15위, 과학 5~10위에 머물렀다. 독일은 과학영역에서만 전체 평가대상국 중에서 상위 15개국 내에 포함되었다. 오늘날에는 교육의 질, 교육기회의 균등(chancengerechtigkeit), 효과(effizienz) 등이 국가의 정치, 경제 등의 질을 종합적으로 평가하는 척도로 작용한다. PISA

는 이를 평가하기 때문에 각 국가들의 관심대상이 되었다. 다시 말하면 국제적 비교의 중요성이 강조되었다. 교육제도와 성취결과의 평가비교는 그대로 국가 간의 정치경제적 성장지표로 인식되고 있다. 이렇게 중요함에도 불구하고 독일은 "호주의 한 회사가 PISA로 돈벌이하는 데 독일이 '일반적 인간도야(allgemeine Menschenbildung)'라는 전통적 중등교육의 목표를 포기하면서까지 휘둘릴 필요가 없다."라며 중간 정도의 성적에 만족하고 있다.[17] 그런데 우리나라는 노벨상 수상자가 1명밖에 없다. 독일은 1901년에서 2014년까지 평화 6명, 문학 10명, 화학 32명, 물리학 28명, 생리의학 24명, 경제학 1명, 도합 101명의 수상자를 배출하였다. 그것도 절대다수인 84명이 자연과학 분야 수상자이다.[18] 긴 이야기를 짧게 줄이면, 우리의 학교교육문화는 상대경쟁과 상대평가를 버리고 "점수 맹신"[19]에서 벗어나 절대경쟁과 절대평가의 기초 위에서 재설계되어야 한다. 그러면 우리 민족의 우수한 DNA가 모든 분야에서 세계를 놀라게 하는 지속 가능한 사회를 위한 교육을 펼쳐 보일 것이며, 우리 사회의 많은 교육병폐도 저절로 치유될 것이다.

3) 재설계의 기본전제 셋: 교육은 정치로부터 자유로워야 한다

교육은 모든 시민의 기본권이요 관심사이다. 그래서 국가의 교육행정과 시민의 교육관심 사이에는 늘 마찰이 일어나곤 한다. 이 마찰은 정치화되면서 교육행정에 생명과 활력을 불어넣기도 한다. 그러나 국가가 국가의 보존과 발전을 위하여 시민을 일정한 가치와 이념, 지식과 기술의 소유자로 교육해서도 안 되고, 정당이 정치적 관심을 실현하기 위하여 일정한 교육 정책과 제도로 학교를 구속해서도 안 된다. 학교에서 자유롭게 이루어지는 시민 개개인의 고

---

17) 2010년 7월에 이루어진 필자와 튀빙겐 대학교 울리히 헤르만(Ulrich Herrmann) 교수의 대담 중에서.
18) Liste der deutschen Nobelpreisträger, Wikipedia.
19) 정범모, 앞의 책, 146쪽.

유하고 특수한 자아실현이 일반적인 인성교육, 교양교육, 전문교육의 성공적인 실현으로 이어져서 국가의 안정과 번영을 최적적으로 보장하는 결과로 나타나야 한다. 공교육이 그러한 교육이 되려면 교육의 자유와 자율이 정치로부터 보장되어야 한다. 훔볼트는 이를 "국가가 학제의 구체적 문제들에 관여하지 않는 것이 국가학(Staatswissenschaft)의 결론"[20]이라는 표현으로 강조하였다. 이러한 행정철학에 기초하여 독일은 초등학교에서 대학교에 이르기까지 국가가 모든 공교육의 재정을 보장하고 있다. 국가의 교육재정 보장은 공립학교와 사립학교의 교육자율권 보장과 교육재정 보장의 두 중심으로 이루어져 있다.[21] 이는 국가의 교육재정 부담이 학교의 교육자유와 교사와 학부모의 교육협력을 저해하거나 일정한 영향력을 행사하는 것으로 드러나서는 안 되기 때문이다. 독일의 연방정부와 주 정부는 오늘에 이르기까지 교육재정은 국가가 보장하나 교육의 내용과 방법에는 일체 간섭하지 않는다는 훔볼트의 교육행정철학을 고수하고 있다.

그런데 우리 사회는 교육의 정치화로 몸살을 앓고 있다. 청소년을 소유하는 자가 미래를 쟁취한다. 그래서 정당은 교육에 관심을 쏟는다. 교육이 시민 개개인의 고유한 자아실현을 도와주는 활동이요 국가와 민족의 문제임에도 불구하고, 우리 사회에서는 그것이 정당의 정치관심으로 박제되어 버리고 만 지 오래이다.

2015년 5월 29일에 5·31 교육개혁 20주년을 기념하여 당시 교육개혁을 주도한 안병영, 이명현, 박세일 교수가 기념학술세미나를 열었다. 이 세미나에서 참석자들은 우리 사회의 지속적 발전을 위하여 교육의 틀을 새롭게 모색하여야 한다는 생각을 함께하였다. 그중에서 특히 두 분의 생각이 주목을 받았다. 이명현은 미래의 장기적 교육설계를 담당할 국가교육설계 기구를 국

---

20) *Wilhelm von Humboldt Werke*, Bd.Ⅳ: Schriften zur Politik und zum Bildugnswesen. Hrsg. von A. Flitner und K. Giel. Darmstadt 1969, S.42–48, 인용은 S.47.

21) Becker, Hellmut, *Qualität und Quantität* Grundfragen der Bildungspolitik. Freiburg i.B. 1968, S.118.

회 산하에 설치하자고 제안했다. 그리고 안병영은 정권의 수명을 뛰어넘어 장기적 관점에서 교육정책을 추진할 초당적 협의기구인 '미래한국교육위원회'의 구성을 제안했다. 그는 구체적으로 미래한국교육위원회에 사회 지도자, 교육계, 언론계, 시민사회, 학부모 등이 두루 참여하고 위원회 위원을 3년마다 1/3씩 교체하는 방안을 제시했다. 두 분은 교육부 장관을 역임한 경험으로부터 숙고되어 나온 대단히 의미 있는 제안을 하였다. 교육은 시민의 기본권이다. 따라서 모두의 관심이다. 그렇기 때문에 교육이 바로 서면 성장세대가 최적으로 자아를 실현할 수 있고 나라도 잘되게 되어 있다. 그러므로 이념과 당파적 관심에 휘둘리지 않고 장기적으로 교육정책을 수립하고 추진하기 위하여 초당적 기구를 둘 필요가 있다. 그 취지는 공감한다. 그러나 여기서 근본적 반성을 하지 않을 수 없다. 보다 더 잘 교육하기 위하여 국회 안에 기구를 두거나 초당적 위원회를 구성한다는 구상은 여전히 교육이 정치의 연장선상에 있는 구조를 띤다. 그러므로 근본적 반성은 슐라이어마허의 표현대로 교육이 구조적으로 정치와 동열선상에 있도록 하여야 한다.[22] 다시 말하면 교육이 정치로부터 자유로워야 한다. 그럴 때 교육이 교육내재적 원리와 법칙에 따라서 실현될 수 있고 정치가 교육을 도울 수 있기 때문이다. 정치뿐 아니라, 교육은 경제, 종교, 사회와 같은 교육 외적인 교육관심 세력들로부터 상대적 자율성을 보장받을 때 교육 내재적 원리에 따라서 바르게 정책을 수립하고, 다음 세대의 지속적 사회를 위한 교육으로 성공적으로 이어질 수 있을 것이다.

4) 재설계의 기본전제 넷: 교육은 존재의 예술이다

교육은 존재의 예술이지 소유의 기술이 아니다. 존재의 전제조건은 자유이고 자율이다. 인간의 영혼은 자유의 공기를 마시며 생동한다. 자유는 독자성,

---

22) Schleiermacher, F. E. D., *Ausgewählte pädagogische Schriften*. Besorgt von Ernst Lichtenstein. Paderborn 1959, S.42.

비의존성, 자발성이다. 자기 자신의 비판적 이성을 사용할 수 있는 능력이요 사용하는 활동이다. 칸트가 계몽을 스스로 초래한 미성숙성으로부터의 출구 (Ausgang)라고 하면서 강조한 것은 자기 자신의 이성을 사용하고 남의 이성에 종 노릇하지 않을 수 있는 주관적 성숙성이었다.

자율이란 자족성이다. 자기 자신의 척도를 갖고 있어서 남이 제시한 어떤 객관적 척도로 자신을 평가하지 않는 능력이다. 주관적 척도로 자신을 평가할 수 있는 능력을 도야하는 교육을 할 때, 우리는 학생이 스스로 쇄신하며 성장하기, 사랑하기, 관심을 갖고 귀를 기울이기, 춤추고 노래하기, 말하고 껴안기, 갖고 있는 것을 나누며 즐기기, 낯선 세계를 모험하기, 자기 자신의 고유한 세계를 창출하기 등의 세계 속에서 학창 시절의 학문과 낭만을 만끽하도록 안내할 수 있다. 이를 통하여 학생들은 평생 그들의 삶을 질적 행복으로 가득 찬 삶으로 만들어 가는 인성을 형성하게 된다. 그러한 학생은 상대적 빈곤감, 박탈감, 소외감에 사로잡혀서 삶을 낭비하지 않게 된다. 오히려 나물 먹고 물 마시는 호연지기(浩然之氣)에 젖어 가진 자를 배려하고 위로하게 된다.

교육은 처음부터 소유와 존재 가운데 어떤 것을 중심으로 삼느냐의 갈등을 빚어 왔다. 교육이 지식을 학습하고 기술을 연마하여 출세하는 기능과 과정으로, 다시 말하면 실용적 가치로 이해되고 수용되는 곳에서 교육은 소유 중심의 길을 걸었다. 이와 반대로 교육이 잠자는 영혼을 깨우고 성장세대를 전인적으로 양육하여 그가 그로부터 될 수 있는 최적의 자아를 실현하도록 도와주는 활동으로 이해되고 수용되는 곳에서 교육은 존재 중심의 길을 걸었다. 우리는 이를 고대 그리스의 소피스트들과 소크라테스의 차이에서 보며, 공자의 경사(經師)와 인사(人師)의 구별에서 본다. 그래서 교육은 처음에는 지혜 위에 지식을 쌓는 구조를 갖고 있었다. 그러나 교육이 직업이 되고 제도화와 과학화의 길을 걸으면서 교육에서 지혜는 점점 더 변두리로 밀려났다. 오늘날 과학의 옷을 입은 교육학은 철학적 기초마저 쫓아내고 있다. 그리하여 철학의 기초가 결여된 교육과학은 정치의 시녀가 되어 멀리 보지 못하고 짧게 보며, 전체를 염려하지 않고 자신과 가족만 염려하며, 교육받은 결과의 경제적 가치만 따지는, 전혀 성숙하지 않은 교육관으로 무장한 시민들의 천박한 교육관심에 끌려다니고 있다.

소유는 사물과 관련이 있다. 우리는 사물을 소유한다. 사물은 구체적이어서 서술 가능하다. 측정 가능하고 계량 가능하며 비교 가능하고 평가 가능하다. 어떤 척도를 만들어 표준화할 수 있다. 보다 더 좋은 제품과 그렇지 않은 제품으로 상대화할 수 있다. 사람도 객관의 도구로 처리 가능하게 만들면 이미 소유의 대상이 되어 사물화된다.

그러나 존재는 체험과 관련이 있다. 우리는 체험하고 그에 의미를 부여하며 표현한다. 체험은 주관적이어서 객관적으로 서술이 불가능하다. 계량화할 수 없다. 절대적이기 때문에 하나의 척도로 상대화할 수 없고 평가할 수 없다. 우리는 체험의 의미를 이해하고 이를 통하여 영혼이 눈뜨고 잠재가능성을 계발하는 학생을 보며 경탄하고 칭찬하며 격려할 수 있다. 이는 학생과 교사 모두에게 주관적이기 때문에 객관적으로 평가가 불가능하다. 다만 간주관적으로 이해하고 공감할 수 있을 뿐이다.

존재는 측정·평가할 수 없다. 그러나 소유는 그 본질에 있어서 측정·평가의 대상으로 있다. 인간은 존재이고 따라서 학교는 존재의 교육을 하여야 마땅한 곳인데, 이제는 인간이 소유화되고 학교는 기성세대의 소유관심이 지배하는, 그래서 성장세대에게는 낯설고 죽을 만큼 괴로운 생활공간이 되어 버렸다. 이렇게 소유화되어 버린, 철학이 없고 지혜가 구축되어 버린 우리의 학교교육은 다만 기성세대가 펼쳐 놓은 입시준비, 취업준비, 국가의 보존과 발전에 필요한 인간자원개발 등을 위한 교육으로서만 의미 있을 뿐, 학생에게는 의미가 없다. 그래서 우리의 교육현실에서는 성장세대가 자아실현에의 주체적 관심을 포기하고 자신을 전적으로 기성세대가 만들어 놓은 성장의 과정과 형식에 내던져서 스스로를 외화(外化)시켜야 비로소 학교교육이 의미 있게 된다. 자신을 외화시킨 인간은 자기 자신의 인격을 포기하고 그 자리를 이미 소유화되어 버린 사회적 가치로 채워서 그러한 가치들이 인격이 되어 버린 인간이다. 외화된 학생은 주체적 자아의 자리를 성적, 학력(學歷), 직업 따위로 포장한다. 그리하여 삶을 주관적 행복으로 가득 채울 수 있는 능력을 아예 포기하고 만다. 이렇게 인간을 외화시키는 교육은 교육의 개념 자체를 새롭게 정립하기 전에는 자체적 개선과 개혁의 노력을 아무리 기울여도 점점 더 패리되어 갈 수밖에 없다.

교육은 소유의 대상이 아니다. 우리는 교육을 소유하려 하지 말고 다만 관리하려 해야 한다. 교육 안에 우리 기성세대와 성장세대가 함께 들어와 있다. 교육이 전체이고, 우리는 교육현상을 함께 만들어 가는 부분들로 있다. 우리가 교육을 성취해 내고 있는 것이 아니라 교육이 우리 앞에서 펼쳐지고 있는 것이 되어야 한다. 교육이 성취의 대상으로만 기능하게 되어서는 안 된다. 교육은 도야와 배양이고, 학습과 훈련이며, 성장과 발달이고, 모든 것을 종합한 체험과 생활이다. 지금의 교육을 보는 시각과 의식을 바꾸지 않는 한 교육은 앞으로도 지속적으로 축소, 변형, 패리되어 갈 것이다. 우리는 교육에 대한 소유 중심적 시각을 전체적으로 존재 중심적 시각으로 바꿔야 한다.

5) 재설계의 기본전제 다섯: 인간의 교육은 전인교육이다

'거꾸로 교실'은 신선하다. 가르치고 배움이 즐거운 활동일 수 있다는 경험, 홀로 달리기보다 함께 달리기가 훨씬 더 재미있고 또 빨리 달리게 만든다는 사실, 선생님이 가르치고 학생은 배우는 형식을 인터넷을 통하여 독학하고 교실에서 독학한 내용으로 선생님과 함께 한바탕 풀이마당을 만들어도 좋다는, 아니 만들수록 더욱 좋다는 경험은 교육의 새로운 차원이다. 이 차원이 빛나는 것은 거기에 전인적 배움의 경험이 펼쳐지고 있기 때문이다. 교육은 본질적으로 자기교육이다.[23] 상대적 경쟁, 이에 따른 평가와 석차가 있는 교실에서 '거꾸로'의 자기교육 경험은 오래갈 수 없다.

거꾸로 교실에서 드러나는 현상적 특징은 개방, 공유, 참여, 협력 그리고 자

---

23) Gadamer, Hans-Georg, 손승남 역, 교육은 자기 교육이다, 동문선, 2004.

율이다. 이러한 특징은 교실만을 생동하게 만들지 않는다. 학교를 생동하게 만들고 한 국가의 교육사회 전체를 생동하게 만든다. 또한 교육현상만을 생동하게 만들지 않는다. 문화와 산업을, 특히 21세기의 지식창조사회를 생동하게 만든다. 우리나라의 모순된 현상, 즉 SW 강국으로 알려져 있으나 SW 분야의 활용도와 노동생산성은 세계에서 하위 국가에 속하는 현상을 극복하게 만든다.

그러면 왜 그런 요인들이 교실을 생동하게 만드는가? 우리가 전인교육이라고 할 때 전인은 글자 그대로 인간 전체를 자유롭게 교육함을, 온몸으로 가르치고 배움을 의미한다. 그래서 페스탈로치는 머리(Haupt), 가슴(Herz), 손(Hand)이 전체적으로 하나가 되어 이루어지는 3H 교육을 강조하였다. 인간은 영적 · 이성적 · 의지적 · 감성적 · 육체적 존재이다. 18세기에 로크(John Locke)는 건강한 신체에 건강한 정신이 깃든다고 했지만, BC 5세기에 플라톤은 "아름다운 신체가 신체의 아름다움으로 영혼을 선하게 만드는 것이 아니라, 선한 영혼이 영혼의 선함으로 신체를 비로소 아름답게 만든다."[24]라고 했다. 체육은 비록 강제로 가르쳐도 몸에 해롭지 않으나, 노예의 상태로 강제로 주입되는 지식은 결코 정신적 지주로 기능할 수 없다.[25] 그래서 그는 호머 시대의 교육과정인 음악과 체육을 인간교육의 기본적 · 기초적 교육과정으로 강조하면서 먼저 음악을 가르치고 그다음에 체육을 가르치라고 했다. 소피스트들이 백 년 동안이나 유용한 지식을 가르치며 아테네를 지배한 후에 등장한 소크라테스는 잠자는 영혼을 아프게 자극하여 각성시키는 것을 교육으로 생각했다. 그러한 의미에서 그는 그 자신의 고백처럼 아무것도 모르며 지식을 가르친 적이 한 번도 없으나, 인간에 대한 교육적 사랑(eros)에 사로잡혀 끊임없이 질문하는 자가 됨으로써 인류의 위대한 스승이 되었다.

오늘날 과학은 이미 과학이 아니다. 20세기까지만 해도 과학은 이해, 발견, 설명, 관찰, 분석, 인식이었다. 그러나 오늘날의 과학은 현실의 변화를 의미하

---

24) Platon, op. cit., 403d. 플라톤의 문장을 현대적 의미로 풀어 썼다.
25) Ibid., 536e.

게 되었다. 그리하여 결정의 필연성은 항상 인식의 가능성보다 더 앞서가고
있다. 인간은 점점 더 많이 그리고 모르는 상태에서 결정하며 살고 있다. 그리
하여 앎과 삶의 간격은 점점 더 깊고 넓어지고 있으며 결정의 결과는 점점 더
위기로 다가오고 있다. 이 간격을 인류의 지성들은 이미 1970년대 말에 "인
류의 딜레마"[26]로 표현하였다. 과학은 급속하게 발전하는데, 인류의 학습속도
는 이를 따라가지 못한다. 그리하여 학습한 것과 과학이 펼쳐 놓은 것 사이의
간격은 점점 더 벌어지고 있다. 이를 극복하기 위하여 인류는 새로운 학습방
법을 학습하지 않으면 안 된다. 한마디로 선취적이고 참여적인 학습이라 칭할
수 있는 이 학습방법은 모든 형태의 상대적 경쟁과 비자발적 학습과는 아무
런 관계가 없다. 새로운 학습은 전인교육의 마당에서만 효율적으로 이루어질
수 있다.

전인교육으로 이름난 국가와 교육기관은 많다. 이스라엘의 권위 있는 교육
기관인 이스라엘 예술과학 아카데미(Israel Arts and Science Academy: IASA)
는 독특한 '영재교육'으로 유명하다.[27] IASA는 학생을 3단계로 선발한다.
1단계는 관심분야와 여가활동 내용, 2단계는 지적 호기심과 그 집중정도 면
접, 3단계는 3일간의 기숙사 생활을 통한 사회성 평가이다. 학생선발과정에서
학업성취도의 측정·평가는 없다. 고난이도 문제풀이와 선행학습에 매달리는
우리의 영재학교 입시와는 전혀 다르다. 리더십, 사회적 책임감, 민주적 사고,
재능을 발휘할 수 있는 끼 등이 선취적 성취를 예견해 주는 높은 변별력으로
작용한다. 따라서 선발은 간주관적으로 이루어질 수밖에 없으며, 평가는 절대
적일 수밖에 없다. 이미 선발의 형식에서부터 전인교육이 펼쳐지는 것이다.

세계에서 행복지수가 가장 높은 국가인 덴마크의 에프터스콜레(efterskole),
모든 중등교육의 목적을 '일반적 인간도야(Allgemeine Menschenbildung)',

26) Peccei, Aurelio (Hrsg), *Das menschliche Dilemma*. Zukunft und Lernen, Club of Rome. Wien 1979.

27) Israel Arts and Science Academy. Wikipedia.

달리 표현하면 보편적 인성교육에 두고 있는 국가인 독일의 발도르프 학교 (Waldorfschule)나 오덴발트슐레(Odenwaldschule), 그리고 프랑스의 새로운 학교(Ecole nouvelle)는 모두 전인교육을 펼치는 학교들이다. 독일의 게라 시에 있는 자벨 김나지움(Zabel Gymnasium)이 125주년을 맞아 학생들에게 자벨 김나지움 하면 떠오르는 단어가 무엇이냐고 물었다. 그 대답은 마음껏 달리기, 마음으로부터 우러나는 가르침, 공동체적 · 역사적 · 창의적 · 음악적 · 미래지향적임, 자연과학, 유대, 희망, 스포츠, 최고, 관용, 전통, 책임, 협력 작업, 교육의 엘리트, 등 다양했다.

　여기서 우리 교육의 현주소를 생각하게 된다. 우주인식의 오래된 유형 중에 만물이 7원리로 현존하고 있다는 헤르메스의 7대 원리가 있다.[28] 7원리는 다음과 같다. 우주만물은 정신이라는 정신의 원리, 우주와 개인은 구조적으로 아나로기적 관계라는 아나로기의 원리, 만물은 움직인다는 운동의 원리, 만물은 모두 양극으로 이루어져 있다는 양극성의 원리, 만물은 나오고 들어가며 올라가고 내려가며 좌우대칭으로 흐른다는 리듬의 원리, 만물은 운동의 법칙 아래서 현존하기 때문에 원인과 결과의 관계에 있다는 인과성의 원리, 그리고 만물은 양성으로 구성되어 있다는 성의 원리이다. 우리는 학생에게 이 원리를 잘 주입하여 시험치게 할 수 있다. 그러면 학생은 책에 있는 것만을 바른 가르침(orthodoxie)으로 학습하고 그 외의 다른 것은 바르지 못한 가르침으로 전제하고 아예 학습할 생각조차 안 한다. 그러나 양극성의 원리는 모든 진리는 다만 절반의 진리일 뿐이며, 모든 역설은 합일에 도달할 수 있고 모든 극단은 서로 만날 수 있다는 인식을 담고 있기 때문에 7원리 자체가 그러한 학습방법과 인식내용을 거부하고 있다. 또한 학생은 열린 학습을 통하여 이미 제시되어 있는 내용보다 더 깊이 볼 수 있고 더 다르게 나아갈 수 있다. 그리고 그러한 교실에서 창조의 정신이 빛난다.

　여성가족부에 의하면 해마다 약 6만 명의 청소년이 '학교 밖 청소년'이 되

---

28) Osten, Robert B. (Hrsg), Kybalion-Die 7 hermetischen Gesetze. Hamburg 2007.

고 있다. 2015년 현재 학교 밖 청소년 가운데서 약 8만 명이 대안시설에 다니고 있는 것으로 확인되고 있으며, 약 28만 명은 학교 밖에서 무엇을 하고 있는지 그 행태가 전혀 확인되지 않고 있다.[29] 그렇다면 비록 학교 밖 청소년은 되지 않았으나, 학교 안에서 이미 영혼을 잃어버린 청소년들은 몇 명이나 될까? 왜 그들은 그렇게 현존하고 있는가? 이는 한마디로 전인교육이 이루어지지 않기 때문이다. 인간은 영적 존재여서 영적 체험에 동반된 이성의 준동은 지금까지 걸어온 길을 바꾸고 자신의 존재의 집을 새롭게 짓는 의지와 감성으로 표현된다. 그러므로 교실에서 농도 짙은 전인교육이 항상 가능하게 해야 한다.

4. 맺는말

지금까지 우리는 지속 가능한 사회를 위한 교육을 재설계하기 위해서 근본적 전제들로 인간 중심의 국가교육, 절대경쟁의 교육, 교육의 상대적 자율성 보장, 존재의 교육 그리고 전인교육을 살펴보았다. 근본적 전제들의 목록을 더 생각해 볼 수도 있다. 그러나 이 다섯 가지 전제 위에서 우리의 교육의 집을 다시 설계한다면, 현재 안고 있으며 우리의 다음 세대에게도 위기로 작용할 사회적 교육질병들을 근본적으로 치료하고 현재의 세대에게뿐만 아니라 다음 세대에게도 건강하고 행복한 국가를 계속하여 물려줄 수 있는 지속 가능한 사회를 위한 충분히 좋은 교육을 펼쳐갈 수 있을 것이다.

여기서 말을 맺기 전에 나는 어떻게 교육을 펼쳐갈 것인가를 생각해 본다. 우리는 필연적으로 보다 더 잘 교육하기 위하여 근본적 전제들을 비롯하여 여러 가지 교육의 제도, 형식, 틀을 만들고 이를 실천에 옮길 것이다. 그 과정에서 우리는 이것저것을 섞게 된다. 인간 중심의 국가교육과 절대경쟁의 교육

---

29) KBS 1 라디오 〈안녕하십니까 홍지명입니다〉, 2015. 5. 13.

을 섞고, 존재의 교육과 전인교육을 섞게 된다. 그리고 이것들을 모두 교육의 상대적 자율성, 보장의 행정원칙 아래서 펼칠 수 있다. 그러면 교육은 엄청나게 빛날 것이다. 그런데 종래의 저 문제 많은 교육은 도대체 어떤 모양으로 섞여 왔기에 빛나기는커녕 더욱 복잡하고 심하게 썩었는지, 다른 말로 표현하면 패리되었는지 묻게 된다. 두 가지 가능한 경우를 생각해 볼 수 있다.

섞으면 빛난다. 그러면 더욱 빛나기 위하여 더 섞는다. 그리하여 더욱 빛난다. 섞으면 썩는다. 한번 썩으면 더욱 섞게 되고 계속하여 썩는다. 그리하여 썩어 가는 과정을 벗어날 수 있는 능력 자체를 상실하게 된다.

오늘날 우리는 혼융, 융합, 용해의 시대를 살고 있다. 융합은 다만 스마트폰 같은 첨단기기에서 빛을 발할 뿐 아니라 자연과학과 인문학의 섞음 같은 창조적 전문인재 양성의 고등교육에서도 빛을 발하기 때문에, 현대를 융합의 시대라고 하면서 학제에 융합을 도입하고 연구와 교육에서도 이를 활짝 열어 놓는다. 디자인에 철학을 불어넣고 눈으로 듣고 귀로 보며 공간의 트임과 막힘을 열어 놓고 섞어 놓아 생명이 숨 쉬게 한다.

다시 교육으로 돌아가서 섞어서 빛나는 경우와 섞어서 썩는 경우를 살펴보자. 앞에서 거론한 교육을 근본적으로 재설계하기 위한 전제들은 섞으면 섞을수록 더욱더 빛나게 되어 있다. 인간 중심의 교육을 절대적 경쟁과 평가의 형식과 섞으면 빛나게 되어 있다. 그러나 인간 중심의 교육을 한다고 하면서 이를 상대적 경쟁과 평가의 잣대로 섞으면 썩는다. 썩는다는 것은 교육이 패리되고 본래의 목적으로부터 멀어져 버린다는 말이다. 인성교육을 진흥하겠다면서 법제화한 것도 잘못 섞어서 썩도록 하는 경우이다. 인성교육이 썩으면 그 바탕 위에서 이루어지는 모든 교육이 잘 이루어질 수 없게 될 것이므로 법의 발효를 최소화하고 학교를 인성교육이 가능한 마당으로 쇄신하는 것이 국가에 절대적으로 이롭다.

그러면 어떤 경우에 섞으면 빛나고, 어떤 경우에 섞으면 썩는가? 동질적인 것들을 섞으면 빛나나, 이질적인 것들을 섞으면 썩는다. 본래 교육에 속하는 것들, 본질적으로 교육에 처음부터 들어 있던 것들을 섞으면 빛난다. 그러나 교육 외적인 것들, 교육 비본래적인 것들을 교육 본래적인 것들과 섞으면 썩는다. 우리는 이렇게 말할 수 있다. 교육현상에서 보다 더 잘 교육하겠다고 하면서 섞었을 때 썩는다면 이는 잘못 섞었음을 알려 주는 징표이니 즉시 섞기를 멈추어야 한다. 그리고 잘못 섞은 교육 비본래적인 것들을 본래적인 것들로부터 가려내어 제거하고 본래적인 것들로만 다시 섞어야 한다. 그러면 빛날 것이다. 교육의 역사를 돌아보면, 다양한 새로운 교육의 시도들이 빛나는 곳에서 우리는 이러한 사례를 풍부하게 확인할 수 있다. 교육 내재적이고 교육 본래적인 것들을 잘 섞어서 교육을 빛나게 하는 행정은 지속 가능한 사회를 위한 교육의 근본적 재설계의 또 하나의 필수불가결한 전제조건이라 하겠다.

제11장

한국교육의 발전 및 정체에 대한 교육철학적 성찰

1. 들어가는 말

제1회 전국교육철학자대회의 기조강연을 하게 되어 대단히 영광스럽고 기쁘다. 우리나라에 있는 교육철학자들의 대표적인 학회 셋이 함께 학술대회를 열었다. 이는 참으로 의미 있는 연찬이다. 교육철학자대회가 해를 거듭하면서 우리 교육철학의 학문적 수준을 드높이고 우리 교육의 현실을 개선하는 데 크게 기여하게 되기를 희망한다.

대한민국은 인구 오천만 이상의 국가들 가운데서 G7에 속하는 경제대국이다. 그러나 여전히 작은 나라에 속한다. 그런데 이 작은 나라에 세계가 '기적'이라고 말하며 놀라는 현상이 몇 개 있다. 가장 대표적인 현상은 국가의 발전이다. 세계 최빈국에 속했던 대한민국이, 그것도 전쟁으로 인하여 전국이 파괴될 대로 파괴되어 버렸던 나라가 불과 반세기 만에 산업선진국의 대열에 들어섰다. 그것도 철도, 전기, 자동차, 제철, 조선, 컴퓨터, IT 같은 범용기술을 세계에서 최고의 수준으로 뽐내면서 말이다. 그래서 기적의 국가라고 칭하면서 놀라고, 현재 80대의 노년의 삶을 살고 있는 전 세계의 한국전쟁 참전용사들에게 큰 위안과 보람을 안겨 주고 있다. 우리나라는 또한 황폐한 산하를 조림으로, 검푸른 산하로 바꾸어 놓는 데 성공한 세계에서 유일한 국가이다. 이와 더불어 꼭 동반되고 있는 놀라움은 우리의 '교육열'이다. 오바마를 거론하지 않더라도 대한민국은 성공적인 국가개발과 그 원동력이 된 교육으로 세계적 연구의 대상이 되어 버렸다.

　그런데 이렇게나 굉장한 대한민국이 국가발전의 원동력이 된 교육에서 세계는 모르나 우리는 잘 알고 있고 또 느끼고 있는 것이 있으니 그것은 한마디로 패리된 교육이 빚어내는 참상으로 너무나 고통받고 있다는 사실이다. 학부모는 사교육비에 휘둘리고, 학생은 입시지옥 속에서 매일 영혼의 질식을 체험하며 즐거운 교실이 무엇인지 모른 지 오래되었다. 교사는 학생들에게 전인교육을 베풀어 줄 수 없고, 자긍심과 건전한 인성을 길러 줄 수 없는 교육환경 안에서 좋은 교육을 포기하고 있다. 정부는 창의인재 양성을 강조하면서 꿈과 끼를 키워 주는 행복한 교육을 외치고 있으나, 그것이 학생과 학부모에게 와 닿지 않으니 사회적 분위기는 냉담하다. 이렇게 학교교육의 현장이 온갖 문제들로 신음하고 있음에도 불구하고 교육학자들은 엄청난 열정으로 수많은 학회를 만들고, 엄청난 수의 연구논문을 경쟁적으로 쏟아내고 있으면서 현장 괴리적 연구와 교육에 안주하고 있는 현실이다. 우리 교육철학자들도 여기서 예외가 아니다. 그래서 때때로 연구가 가져다주는 위안이 '공허한 위안'으로 느껴지곤 한다.

　우리나라에 교육철학도들의 학회가 셋이나 있다. 아니, 살펴보면 더 있다. 더 살펴보면 충분히 학회가 될 수 있는 모임들이 있다. 이는 무엇을 말하는가? 교육철학이 재미있다는 사실을 말한다. 사실 교육철학을 전공해서 어떻게 밥 먹고 살까 고민해 보지 않은 사람은 없을 것이다. 그러나 재미있기 때문에 그 재미에 빠져서 우리 모두가 교육철학도가 되었다. 그런데 이 재미의 속성을 들여다보면 다분히 지적이고 자아도취적인 성향을 벗어나지 못하고 있다. 다른 말로 표현하면 교육의 본질을 천착하는 주관적 인식관심이 가져다주는 의미해명과 의미만족에 사로잡혀 있다. 게다가 간주관적 의미공유의 지평을 확대하는 일에 대한 관심, 비판적이고 참여적인 관심, 방법론적 다수주의에 입각한 개방적 · 종합적 인식관심 등은 대단히 적었다. 그리고 교육을 소비하는 일반 시민들의 교육이해와 의식을 제고하는 일에는 지극히 소홀해 왔다.

그 결과, 이렇게나 교육철학자들이 많은데도 불구하고 우리 사회의 교육에 대한 인식의 차원은 여전히 일차원적 수준을 벗어나지 못하고 있다. 이제 광복 70주년을 맞이하여 한국의 교육철학자들이 함께 우리 교육의 발전과 정체를 돌아보는 모임을 갖는 것은 교육철학으로 한국의 교육현실을 쇄신할 수 있다고 확신하기 때문이다.

2. 교육철학의 과제

교육철학자는 교육을 철학하는 사람이다. 한국의 교육철학자들은 현대의 교육철학 사상과 이론을 비롯하여 동서고금의 시대와 문화와 인물 등 안 다루어진 대상이 없다 할 정도로 열심히 교육 전반을 철학하여 왔다. 그 내용을 여기서 거론할 필요는 없을 것이다.[1)]

우리는 교육철학의 과제를 크게 셋으로 정리해 볼 수 있다. 첫째로, 교육 자체를 인식하고 교육에 관한 기본개념과 기초지식을 제공하는 과제이다. 둘째로, 현재 이루어지고 있는 교육의 세계를 해명하는 과제이다. 교육철학이 해명한 토대 위에서 교육과 교육학의 모든 영역에서 이론과 방법의 단단한 집이 세워져 갈 때 한 사회와 국가의 교육이 제대로 설 수 있다. 따라서 교육철학이 어떤 해명의 토대와 구조를 제공하는가는 직접적으로 교육과 교육학의 색깔과 형태를 만들어 내고 교육의 질적 수준으로 연결된다. 셋째로, 철학의 본질에 속하는 역사적 인식관심의 과제이다. 종합적으로 교육철학은 교육인식과 교육지식을 획득하는 길을 보여 준다. 삶의 과정을 밝히고 세계관을 제공한다. 인간 개개인과 민족과 국가가 성장, 보존, 발전하면서 사회문화적 삶의 질을 위한 투쟁을 벌이는 전 지평을 조명하고 길을 제시한다.

---

1) 이에 관한 문헌을 범례로 든다면, 한기언의 "한국교육철학의 동향", 교육연구개요지, 한국교육개발원, 1982, 1-22쪽; 오인탁, 김창환, 윤재흥, 한국현대교육철학과 교육사학의 전개-1945년부터 2000년까지-, 서울: 학지사, 2001.

이러한 속성 때문에 교육철학은 독립과학으로서 교육학의 기초학으로, 교사교육의 기본교과로 기능하여 왔다. 그러나 산업사회의 급속한 발전, 고등교육의 지속적 팽창, 교육학의 학문적 분화 등이 함께 연관되어 작용하면서 교육학 전공과 교사양성에서 교육철학은 점점 더 변두리적 교육과정으로 구축되어 갔다. 오늘날 우리는 교육철학이 교육대학과 사범대학의 교직과정에서뿐만 아니라 교육학의 전공교육과정에서도 선택과목으로 쉽게 자리 잡고 있고, 심지어는 교육과정에서 아예 배제되어 있으며, 반면에 응용과 도구적 영역의 과목들이 중심을 이루고 있음을 확인할 수 있다. 교육철학을 전혀 접해보지 못한 채로 교사가 되고 교육학 전공자가 되어 사회에 나가는 학생들이 도처에 있다. 그리하여 오랜 세월 이어져 온 한 사회와 국가의 교육정책에서 결정적으로 작용하여 온 교육철학적 영향력이 배제되었다. 그 결과 우리 사회의 교육현실은 패리되었고, 교육정책은 정치와 경제 같은 교육 외적인 세력들의 이익관심에 의하여 지배받고 있으며, 교육학은 도구적 학문이 되어서 정치와 경제의 시녀로 현존하고 있다.

여기서 자문해 본다. 교육철학은 그 기능을 합당하게 수행하고 있는가? 이를 검증하는 길은 교육철학의 사회적 기능이 어떻게 이루어지고 있는가를 확인하는 것이다. 교육철학의 사회적 기능은 비판이다. 교육철학은 교육의 본래성이 훼손되지 않은 상태에서 교육사회를 비판하는 기능을 수행하여 왔는가? 한국의 교육철학은 우리 사회의 교육현장을 권위 있게 분석, 비판하여 왔는가? 교육철학은 시민의 절대다수가 '그렇다!'고 해도 '아니다!'라고 용기 있게 천명하고 맞서고 있는가? 우리 사회의 맹목적 교육전통, 잘못된 교육이해 그리고 만연한 교육체념에 맞설 수 있는 철학적 용기가 요청된다.

우리는 하나의 큰 강을 이루지 못하고 숱한 작은 개천들로 흐르고 있다. 하나의 조화로운 전체를 이루기를 바라지만, 그리하여 교육철학의 넓은 강 위에서 우리 사회의 교육이 흘러가기를 바라지만, 교육을 철학하는 길은 도처에서 숱한 지류만 만들어 내고 있다. 철학은 언제나 현재의 철학이다. 다시 말하면 오늘날 우리 사회에서 자녀를 교육하는 부모들, 학교에서 가르치고 배우는 선생과 학생들을 그들이 경험하는 현재의 교육상황에서 도와줄 수 있어야 한다. 그럴 수 있기 위하여서는 교육철학이 얼마든지 다양하고 풍부하게 지평을 펼쳐가면서 동시에 하나의 큰 강을 이루어야 한다. 이러한 관점에서 우리는 교육철학의 과제지평을 넓혀 가야 할 것이다.

3. 교육철학의 반성

교육철학하기란 우리 사회에서 주로 논문의 형식을 중심으로 '엄격한 교육철학하기'라고 표현할 수 있는 방향으로 치우쳐 왔다. 형식은 내용을 담아내는 그릇일 뿐이다. 따라서 그릇의 모양을 지나치게 정형화하면 철학하기의 깊이와 넓이를 주관적으로 펼칠 수 있는 자유가 제한된다. 우리는 간주관적으로 일정한 정형화된 형식을 공유할 수는 있다. 그러나 이것이 학회의 차원에서 고집스럽게 이루어지는 것은 문제가 있다. 내용을 우선하며 형식에 구애받지 않는 지평을 열어 놓을 필요가 있다. 포스트모던 철학하기에서도 확인되었듯이, 우리는 포스트모던을 우리의 인식관심을 자극하는 주제로 다양하게 다루었으나 포스트모던을 철학하기가 아닌 이즘(ism)으로 처리하기로 다루는 것에서 그친 감이 있다. 형식을 다양한 내용을 담아내는 그릇의 기능으로만 열어 놓을 때, 포스트모던은 철학하기를 통하여 철학의 정형화된 틀을 열어 놓고 새로운 사유의 지평을 열어 주는, 그리하여 이즘의 영역에서도 도그마(dogma)에 매몰되지 않고 옛 논리와 방법을 '포스트(post)'하여 새로운 논리와 방법으로 재구성하는 차원이 가능하게 된다. 이러한 관점에서 형식의 느슨한 적용, 내용 중심의 글쓰기와 논문 평가하기, 내용의 독창성과 깊이가 확인되는 한 수필의 형식도 논문에 버금가는 연구로 인정하기 등으로 철학하기의 지평을 넓힐 필요가 있다. 그렇게 될 때 현재의 교육철학하기가 먼 훗날 고전이 되어 우리의 후손들의 정신세계를 살찌울 수 있을 것이다.

철학하기는 글쓰기이다. 철학은 대화로부터 시작되었다. 플라톤의 『국가

(Politeia)』나 공자의 『논어(論語)』가 모두 대화의 형식으로 쓰인 것은 지극히 자연스러운 것이었다. 대화를 통하여 무엇이 미(美), 선(善), 정의(正義)인지, 인(仁)이고 덕(德)인지, 교육인지, 그리고 이러한 천착을 통칭하여 왜 철학이라고 하는지 밝혀 가고 있다. 뿐만 아니라 대화는 교육 탄생의 카테고리이다. 아리스토텔레스의 표현을 빌리면, 정신의 영혼을 가진 존재로 태어난 인간은 마치 백지와 같아서 대화를 통하여 비로소 그 자신의 고유한 정신적 존재로 형성되어 간다.[2] 교육적 사랑(eros)으로 철학을 탄생시킨 소크라테스에게서 볼 수 있듯이, 쐐기처럼 '날카롭게 찌르는 말'을 거는 대화는 잠자는 영혼을 눈뜨게 하고 정신의 존재로 자아를 도야하게 한다.

　이렇게 말하여진 말은 글로 쓰일 때 비로소 그 의미가 분명히 밝혀지고, 쓴 사람의 텍스트가 되며, 다른 사람에게 말을 걸어 들어가 텍스트의 의미를 확대 · 심화시켜 간다. 그리하여 한편으로는 대화의 기술에 눈떠서 변증법으로, 다른 한편으로는 글쓰기의 기술에 눈떠서 텍스트 만들기와 만든 텍스트의 의미해석 이론으로 전개되어 왔다. 교육은 이러한 전통을 이어받았으며, 대화의 통로를 갈고닦으며 글쓰기의 형식을 가다듬곤 하였다. 교실에서 자유로운 토론과 표현을 통하여 학생들은 정답을 추구하는 대신에 마음껏 생각과 상상력의 나래를 펼치고 이해가 모아지고 깊어짐을 체험한다. 영혼을 살찌우는 데 이보다 더 즐겁고 유익한 방법은 없다. 그러고는 이렇게 해서 획득한 지식을 다양한 글로 표현한다. 이러한 과정을 통하여 이해는 가슴에 각인된 지식이 되어 삶으로 연결된다.

　생동하는 언어의 교육을 전통적으로 가장 잘 가꾸어 온 민족은 히브리 민족이다. 히브리 민족은 하브루타를 5세 때부터 시작해서 죽을 때까지 그들의 모든 교육의 절대적 형식으로 삼고 있다.[3] 그들의 교실은 시끄럽다. 홀로 조

---

2) Georg Picht, Aristoteles' De anima. Klett-Cotta, Stuttgart 1992. De anima. 정신적 영혼 (Geistseele).

3) 하브루타(havruta)라는 히브리어의 의미는 우정(fellowship)이다. 하브루타는 둘씩 짝을 이루어 큰 소리로 질문, 반박, 토론하며 학습하는 형식이다. 히브리의 랍비들은 하브루타의 기원을 창세기 18장에 나

용히 공부하기란 원칙적으로 없다. 둘 이상이 함께 토론하며 공부하기가 있을 뿐이다. 이는 대학의 도서관이나 공공도서관에서도 마찬가지이다. 여기에는 대화가 내용을 이해하는 가장 좋은 방법이라는 교육원리와 학습한 것을 삶에 적용하는 가장 효율적 방법이라는 생활원리가 함께 자리 잡고 있다. 그래서 유태인이라면 누구나 "나에게 하브루타를 다오. 아니면 죽음을 다오(o havruta o mituta)."라는 경구에 익숙해져 있다. 그들은 사회는 함께 살아가는 삶의 형식이므로 타인에 대한 존경과 둘이 함께 살아가는 형식, 이 둘이 없으면 삶은 무의미해지고 살 가치조차 없어진다고 여긴다. 그래서 우리는 오늘날까지 유태인들이 만든 기업들에서 창업할 때 함께 창업하고 함께 동업하는 미국연방준비제도[4]나 Facebook 같은 세계적 기업들을 도처에서 본다.

하브루타를 설명하는 유명한 예가 있다. 흑인과 백인, 두 굴뚝청소부가 굴뚝에서 나왔다. 누가 더 더러울까? 누가 손을 씻어야 할까? 이 문제를 가지고 30분 이상 토론할 수 있으면 하브루타를 어느 정도 익혔다 하겠다. 여기에는 상대방에 대한 무조건적 절대적 평등권 인정, 나를 너의 눈으로 보기를 배우기, 하나의 척도는 없으므로 가능한 모든 척도를 동원하여 보기를 시도하기, 보편타당한 정답은 없고 현재 정답으로 밝혀진 것이 진리에 가장 가까이 가 있으므로 최종적 정답을 열어 놓기, 나의 생각과 대립적인 생각들에 귀를 기울이기, 부분에 사로잡히지 않고 전체를 함께 보기 등 이해의 기본적 태도가 준동하고 있다. 토론이 글쓰기에도 기본바탕을 만들어 준다는 사실은 전혀 새롭지 않다. 그러나 토론이 우리의 교육계와 학계에서 대단히 실천소외적인 것

오는 아브라함과 하나님 간의 대화에 두고 있다. 하나님이 아브라함에게 "소돔을 떠나라, 소돔의 죄가 하늘을 찔러 유황불로 소돔을 멸하겠다."라고 하셨다. 이에 아브라함이 "의인 50명만 있으면 벌하지 않으시겠느냐."라고 묻는다. 이렇게 시작한 대화는 45명, 40명, 30명, 20명 그리고 10명이 될 때까지 이어진다. 하나님은 의인 10명만 있으면 이 10명으로 인하여 소돔을 멸하지 않겠다고 하셨다. 이러한 대화에서 히브리 민족은 대화하며 신의 뜻을 이해하는 방법을 신이 친히 주시고 보여 주신 공부방법으로 받아들이고, 교육뿐만 아니라 사회생활 전반에서 삶의 기본형식으로 삼고 있다.

4) 연방준비제도(聯邦準備制度, Federal Reserve System, Federal Reserve, Fed)는 미국의 중앙은행으로 기능하고 있으나 사립은행이다. 이런 기업들은 모두 유태인들이 하브루타를 통하여 평생의 친구들이 되어 함께 만들어 내고 가꾸어 가는 기업들이다.

만은 사실이다. 그러므로 충분한 토론이 있는 교실과 학회로 우리의 교육문화를 가꾸어 갈 필요가 있다.

그리고 대단히 조심스럽지만 차제에 언급하고 지나갈 필요가 있다고 생각되는 것이 있다. 그것은 연구문헌 인용과 자기표절이다. 철학하기는 기본적으로 생각의 이어짐을 통하여 전보다 더 깊고 새롭게 인식하기이기 때문에 역사적으로 한 저자의 책이 여러 번에 걸친 수정 · 보완을 통하여 엄청난 분량과 내용으로 증폭될 뿐만 아니라, 동일한 사유의 관점과 단초가 상이한 글쓰기에서 지속적으로 저자를 사로잡아 다양하게 강조되고 풀이되는 것을 본다. 이러한 현상은 그 자체가 철학하는 모습이다. 따라서 자기표절로 저자의 연구내용을 문제 삼는 것은 문제가 있다. 다만 저자 스스로 전에 썼던 글을 밝힐 필요는 있을 것이다.

철학적 글쓰기는 일반적으로 문헌의 해석학적 연구이다. 우리의 교육철학계에는 원전 연구능력을 가진 학회원들이 점점 더 많아지고 있다. 이제는 연구의 질에 있어서 세계와 호흡을 함께한다고 해도 지나치지 않다고 하겠다. 그러나, 아니 그렇기 때문에 문헌연구의 질에 좀 더 신경을 써야 한다고 생각한다. 연구의 대상과 관련하여 이미 이루어진 선행 연구문헌에 대한 해석학적 처리가 없이 이루어지는 연구들, 학연과 지연으로 연결되는 범위 안에서 선행 연구문헌을 인용하는 연구들, 대립적 입장에 선 문헌들을 전부 배제해 버린 연구들을 여전히 종종 접한다.

나는 플라톤의 『국가』를 한 십 년 동안 열 번 이상 읽었다. 정독하고 숙독하였다. 해를 거듭할수록 의미가 새롭게 다가왔다. 그러고는 『파이데이아』를 썼다.[5] 『파이데이아』는 학술원 우수학술도서로 선정되었다. 스스로 냉정하게 평가해서 우리 학계에서 원전과 관련 연구문헌을 충분히 천착하고 저술한 문헌이며, 인용할 의미가 충분히 있는 문헌이라 생각한다. 그래도 플라톤 관련 연구들이 내 책을 전혀 인용하지 않는 것을 본다. 심지어는 심포지엄에서 구

---

5) 오인탁, 파이데이아, 서울: 학지사, 2001.

체적 토론을 충분히 거친 후에도 인쇄된 논문에 전혀 변화가 없음을 본다. 교육철학은 문헌을 매개로 한 교육현상에 대한 철학하기이다. 따라서 문헌연구의 차원을 학연을 벗어나 확대하고 언어의 한계를 극복하여 넓히는 일은 곧 철학하기의 지평의 확대로 확인되는데, 우리 교육철학도들은 학연의 울타리에 스스로를 가두어 두고 그 한계 안에서 문헌을 호흡하기에 만족하고 있지는 않은지 반성해 본다. 반성의 일념으로 서글픈 자화상을 묘사해 보았다. 이는 비단 나만의 경험은 아닐 것이다. 우리의 연구풍토에서 이제는 극복되어야 할 현상이라 하겠다.

4. 교육철학의 유용성

오늘날 우리는 경제가 보편타당한 척도를 이루고 있는 세상을 살고 있다. 그래서 국가는 국가발전의 유용성에 따라서 연구비를 책정하고 지원한다. 다시 말하면 연구비는 경제적 가치와 연동되어 결정된다. 교육학 분야에서 연구비는 주로 HRD, 심리, 측정·평가 같은 교육현상의 단기적·가시적 효과가 확실히 드러나는 과제들에 주어지고 있다. 철학은 국가발전에 직접적으로 영향을 주지 않으며 국민경제에 가시적으로 확인 가능한 이익과 손실을 초래하지 않는다. 그러므로 철학에 연구비를 지원하는 일은 얼마든지 최소화할 수 있다. 재정을 아끼는 것이다. 그러나 장기적으로 보면 교육이 국민경제뿐만 아니라 현대의 정보사회에 주는 경제적 의미가 대단히 크다. 우리 교육철학자들은 정책결정자들이 철학의 의미와 기능에 주목할 수 있도록 글을 쓸 필요가 있다. 이러한 관점에서 나는 다음의 두 가지를 강조하고 싶다.

첫째로, 교육철학은 교육쇄신의 잠재력 자체이다. 교육철학 연구는 근본적이다. 교육의 기초와 본질을 파헤친다. 따라서 연구는 당장에 가시적 효과를 보여 주지는 않으나 장기적으로 국가의 교육을 단단한 반석 위에 세운 집으로 기능하게 한다. 마치 수학과 물리학이 응용과학과 공학에 주는 의미와 같이 교육철학은 교육학 전반에뿐만 아니라 정치, 경제, 사회 전반에 그러한 의미를 준다. 우리가 인류의 역사를 되돌아보면, 교육철학이 민족과 국가를 어떻게 흥성하게도 하고 쇠망하게도 하였는지 얼마든지 확인할 수 있다. 고대 그리스에서 스파르타는 물리적 기예(技藝)를, 아테네는 인문적 기예를 추구하였다. 그 결과로, 스파르타는 역사에서 사라졌으나 아테네는 오늘날까지 코스모폴리스(cosmopolis)로 우뚝 서 있다. 페스탈로치가 '빈자(貧者)에의 교육'을, 루소가 '소극적 교육'을 강조하였을 때 이를 잘 경청하여 삶의 형태와 색깔을 쇄신한 스위스와 프랑스는 오늘날 문화와 경제의 대국이 되었다. 나폴레옹에게 패한 뒤 프러시아의 빌헬름 3세(Friedrich Wilhelm III)는 군사대국에서 문화대국으로 국가의 기본을 전환하는 엄청난 작업을 시작하였다. 황제를 도와서 국어와 애국심을 강조한 피히테의 '독일 국민에게 고함' 같은 강연이나 보편적인 인간도야의 이념을 중심으로 한 훔볼트의 중등교육 개혁은 이를 의미심장하게 경청하고 수용한 정치에 의하여 오늘날 독일이라는 문화경제대국으로 국가가 발전하는 원동력이 되었다.

교육철학은 우리 사회의 교육현장을 애써 외면하고 있지는 않은지 반성한다. 그래서 속수무책의 무능력을 위로하고 보상받는 위안책으로 연구하고 있는 것은 아닌지 반성한다. 순수한 연구도 엄청난 의미와 전혀 예기치 못한 결과를 가져다줄 수는 있다. 라이프니츠(Gottfried W. Leibniz)가 이진법을 발견하였을 때, 그는 다만 세계를 구성하고 있는 심층적 법칙과 구조를 인식하기 위하여 숙고하였다. 그는 만물의 합리적 법칙과 하나님 연관성, 만물 안에서 개인적 존재의 의미, 만물 안에서 조화를 이루고 있는 전체와 개체, 만물의 양적·질적 무한성, 만물의 역동성의 근본 등을 연구하면서 최종적으로 하나님과 나의 관계를 만물을 구성하고 있는 근본구조로 인식하였으며, 그 결과로 이진법을 발견하기에 이르렀다. 그 후에 300년이 흘러 세계는 그가 형이상학적 사변의 바다에 빠져서 우연히 발견한 이진법으로 디지털테크노미디어(digitaltechnomedia)의 시대를 활짝 열었다. 오늘날 우리는 300년을 기다릴 수도, 철학의 삼매경에 빠져서 우연을 기대할 수도 없다. 우리는 현재 전개되고 있는 교육현상에서 부조리와 패리를 냉정하게 철학하여 쇄신의 방향을 제시하지 않으면 안 되는 시점에 서 있다.

둘째로, 교육철학은 교육가능성의 조건이다. 현대는 고도로 숙련된 인력을 필요로 한다. 현대가 요청하는 인적자원의 자질은 일정한 전문적 지식과 기술의 소유에서 확인되는 것이 아니라, 항상 변하는 상황에 적응하고 대처할 수 있는 능력에서, 새로운 정보·이론·기술 등을 빠르게 이해하고 적절히 판단하여 적용할 수 있는 능력에서, 그리고 개인의 능력과 욕망을 생활공동체의 공익을 저해하지 않는 한도 안에서 펼치는 인성에서 확인된다. 이러한 능력과 인성은 전공지식이 아닌 인문지식에 의하여 획득되며, 그 중심에 교육철학이 있다.

교육철학은 이론을 검증할 뿐만 아니라 이론의 타당성 근거를 반성한다. 교육철학의 이러한 메타이론적 반성(meta-reflexion)이 무비판적 교육관행과 도그마적 이론의 횡포를 막아 내고 이론과 실천에 쇄신의 힘이 마비되지 않고 함께 흐르게 하는 바탕을 이룬다. 따라서 교육철학이 생동하지 않는 곳에서 모든 제도와 정책은 종교적 인습성(orthodox)을 띠게 되고 비판을 용납하지 못하는 교본이 되어 그 생명력을 상실하고 화석화된다. 상대평가, 수능시험, 평준화제도, 선행학습금지, 대학입시제도, 반값 등록금 정책 같은 우리 교육의 현실에서 보듯이, 우리는 이를 늘 체험하나 체념하고 있다. 체념은 다만 우리 사회의 공교육 현실에서 끝나지 않는다. 체념은 척도가 될 수 없는 가치를 척도로 삼고 있는 사회현실에 대한 체념이기 때문에 우리 사회를 척도 없는 사회로 만드는 바탕으로 작용하고 있다. 그리하여 구조적 비평화가 만연하게 된다. 그 대표적 범례가 '세월호'이다. 교육철학이 기능을 제대로 발휘하지 못하고 있는 사회에서 교육의 효과는 엄청난 역기능을 발휘하게 되어 행정의 구조적 부패와 대형 선박침몰사고, 사주와 선장의 비도덕적 행위와 어린 학생들을 비롯한 숱한 승객들의 죽음, 유가족의 참척의 아픔과 슬픔 그리고 분노를 볼모로 한 국가공동체 파괴적 인성의 준동으로 이어졌다. 지금도 노란 리본을 가슴에 달고 정치하는 사람들이 있다. 그들은 우리 사회의 잘못된 교육의 범례들이다.

여기서 다시 질문한다. 교육철학은 무엇인가? 이에 대한 일반적 개념 규정은 끊임없이 시도되고 있다. 그러나 결정적 규정은 교육철학이 생동하는 동안에는 불가능하다. 교육철학의 본질에 관한 물음은 교육철학 자체가 스스로 항상 수행하고 있는 자아성찰에 이미 포함되어 있다. 일반적으로 철학하는 사람들은 간주관적·객관적인 철학개념으로부터 시작한다. 이 간주관적·객관적인 철학개념은 철학하기 위하여 동원되는 일종의 실용개념이다. 실용개념은 대체로 다음과 같이 정의될 수 있을 것이다. 철학이란 모든 사람에게 '철학'이라는 개념으로 이미 잠재되어 있는 전 이해의 세계 안에서 주관적·간주관적 인식관심의 대상들에 대한 정신적 유희이다. 철학에서는 그 다양한 색깔에 따라 이 유희를 이해(理解), 반성(反省), 숙고(熟考), 성찰(省察), 고찰(考察), 분석(分析), 종합(綜合) 등으로 부른다.

이러한 철학은 한 걸음 더 깊이 들어간 이해로부터 오는 즐거움, 새로운 인식에 눈뜸의 신선한 놀라움, 진리 추구의 파토스, 지극히 자명한 것으로 여겨지고 있는 일상적인 것들에 대한 비판적 되물음 같은 것들이다. 우리는 해마다 반복되는 수능시험과 변별력 문제를 올해도 아무런 철학적 반성 없이 지극히 자명한 현상인 양 흘려보냈다. 그러나 교육철학의 속성은 이를 일상성으로 지나쳐 버리는 것이 아니라 반성하는 것이다. 변별력은 무엇인가? 학생의 성취능력에 변별력이 과연 어느 정도로 결정적으로 작용하는가? 수학능력시험제도를 대학수학능력이 있다 없다를 판단하는 시험으로 실시하여 점수에 관계없이 합격과 불합격으로 처리하고, 합격한 학생들에게만 대학지원자격을 주는 제도가 오히려 보다 더 합리적이지 않겠는가? 수학능력이 있는 학생에게 대학에서의 학업성취를 결정하는 변인은 변별력으로 확인되는 점수의 차이가 아니라, 학생 개개인의 수학의지, 인생관, 가정의 문화와 경제력, 건강 따위가 아닐까? 실제로 1970년대에 독일 하이델베르크 대학교 의과대학은 15년간의 장기연구를 수행하였는데, 그 결과로 밝혀진 사실은 우수한 아비투어(Abitur) 성적이 학생의 학업성취와 그 후의 의사와 교수로서의 훌륭한 삶을 결정해 주는 변인으로는 '아무런' 의미도 없고, 오히려 가장 의미 있는 변인이 가정문화, 특히 대대로 의사 집안이라는 전통이었으며, 학생 개인의 의지, 인생관, 성품 등이 주요 변인이었다는 사실이다.[6] 수능시험에 대한 교육철학적 반성은 우리의 교육이 변별력을 쓰레기통에 집어넣고 수능시험도 합격 · 불합격 제도로 개선하도록 요청할 것이다.

교육철학은 철저히 "왜?"라고 묻는 행위이다. 현재 이루어지고 있는 교육현상을 관조의 대상으로만 삼지만 않고 현상 너머에 있는 현상 자체를 그렇게 있게 하는, 그리고 현상 전체를 근본적으로 파악 가능하게 하는 근거를 물어 들어가는 일이다. 이렇게 교육현상 전체와 현상 너머에 있는 현상의 근거를 물어 들어가는 데서 교육철학은 교육학의 다른 영역들과 구별된다. 반면에, 교육학의 다른 영역들은 현상 자체만을 탐구의 대상으로 삼고 있다. 그래서 늘 전체가 아닌 일정한 부분을 탐구하게 된다. 탐구의 대상이 된 현상 자체에서는, 그리고 연구의 방법이 제공하는 인식의 카테고리와 논리의 한계 안에서는 정밀한 연구, 사실의 분석, 실험과 검증의 과정을 거친 결과로 확인되지만, 전체와 근거에 대한 메타반성으로부터 이러한 부분적이고 경험적인 연구가 비록 엄밀하고 정확한 접근이라고 하더라도 교육의 본질을 왜곡 내지 패리시키고 있고 참이라고 진술하고 있음을 밝혀내게 된다.

5. 맺는말

우리는 칸트의 유명한 말 "나의 이성의 모든 관심은 다음과 같은 세 가지 질문에서 하나로 모아진다. 나는 무엇을 알 수 있는가? 나는 무엇을 하여야 하는가? 나는 무엇을 희망해도 좋은가?"[7]에 기대서 교육철학의 학문적 책임

---

6) 1983년에 있었던 Max Planck Institut fuer Bildungsforschung Berlin의 소장 헬무트 베커(Hellmut Becker)와의 대화.

7) Kant, Immanuel, *Kritik der reinen Vernunft*. Zweiter Teil. Darmstadt 1968, S.677(B832f).

과 타당성을 살펴봄으로써 맺는말에 가늠하고자 한다.

첫째는 '교육철학은 무엇을 알 수 있는가?'이다. 이는 학문으로서 교육철학의 가능성과 한계에 관한 물음이다. 교육은 철학하기의 시험대이다. 교육철학은 교육세계를 알 수 있는 방법을, 관찰할 수 있는 눈을, 지금까지 한국에서 마치 보편타당한 이치처럼 강조되고 수용되어 온 상대평가와 객관적 학생선발을, 그런 것들의 타당성 근거를 파헤칠 수 있는 능력을 갖고 있는가? 갖고 있다. 다만 보다 적극적으로 우리 사회의 교육현실을 철학하는 인식관심과 용기가 요청된다고 하겠다.

둘째는 '교육철학은 무엇을 하여야 하는가?'이다. 이는 교육철학의 목적, 과제, 책무성에 관한 물음이다. 교육철학은 추상적이고 순수한 이론연구와 같은 비중으로 구체적이고 순수한 실천연구에도 관심을 기울여야 한다. 앞의 '순수'는 연구대상 자체에 대한 인식관심으로부터 이루어지는 연구를 말하고, 뒤의 '순수'는 실천에 대한 인식관심으로부터 이루어지는 연구를 말한다. 교육철학은 순수하게 교육사회의 현상을 연구의 대상으로 삼되, 오직 교육의 본질과 교육의 대상인 인간의 편에 서서 이루어지는 연구를 하여야 한다. 이를 우리는 순수한 교육적 편파성이라고 칭해도 좋을 것이다. 교육철학이 중심을 이탈하지 않으면서 연구의 균형을 유지하면 교육철학은 자연스럽게 현재에 서서 미래를 향하여 과거를 철학하면서 우리 교육이 걸어가야 할 정도를 권위 있게 제시할 수 있을 것이다.

우리 국회에서 2015년 1월 20일에 제정되고 7월 20일부터 발효되기 시작한 「인성교육진흥법」을 예로 들어 보자. 우리 사회의 인성이 얼마나 공동체 파괴적 수준이길래 「인성교육진흥법」이 공동체 파괴적 인성이 뛰어나게 표출되고 엄청나게 요동치는 우리의 국회에서 그렇게나 신속하게, 그것도 만장일치로 의결되었는가! 공동체 생산적인 인성을 결정하는 네 가지 능력을 생각해 볼 수 있다. 이해능력, 감성능력, 직관능력 그리고 상상능력이다. 이 네 가지 능력이 종합하여 발휘되는 능력이 사고력이라 하겠다. 사고력이 합리적으로만 발휘되어도 인성은 자연스럽게 학교와 사회에서 도야되고 형성된다. '합리적'이란 사고력이 감성과 의지를 통제함을 말한다. 그러나 우리 사회는 바로 이 자연스러운 교육이 결핍된 사회이다. 그리하여 사고력은 감성과 의지의 노예가 되어서 공동체 파괴적인 인성을 발휘하게 된다. 학교교육이 인성의 함양에 실패하고 있고, 또 인성교육의 능력이 결여되어 있기 때문에 법으로 인성교육의 진흥을 꾀하게끔 되었다. 그러나 「인성교육진흥법」은 마치 맑은 공기를 마시겠다고 하면서 창문을 꼭꼭 닫아 놓고 공기청정기를 가동하게 하는 법과도 같다. 맑은 공기를 마시려면 창문을 활짝 열어 놓으면 된다. 밖의 공기가 탁하면 맑은 공기가 있는 곳으로 교육의 공간을 옮기면 되는 것이다. 그러므로 차제에 「인성교육진흥법」이 필요 없게 되도록 학교교육을 쇄신하여야 한다. 여기에 교육철학이 해야 할 연구활동의 지평이 있다.

셋째는 '교육철학은 무엇을 희망해도 좋은가?'이다. 교육철학이 교육과 교육학의 든든한 기초를 이루어 우리 사회에서 교육하고 교육받는 의미와 재미가 충일하기를, 학생들이 자기 자신과의 절대적 경쟁을 통하여 각자의 자아실현이 모두 수월의 경지에 이르기를, 좋은 학교교육을 통하여 바람직한 인성의 도야가 자연스럽게 이루어지기를, 우리 사회가 영성의 도야를 장려하는 분위기로 가득 차서 시민 각자가 전체적(holistic, ganzheitlich) 세계관으로 무장한 시민이 되기를 희망한다.

이런 희망은 실제로 오늘날 모든 선진국에서 이루어지고 있는 학교교육일 뿐이다. 그런데 이미 선진국의 대열에 들어선 대한민국이 아직 이러한 당연한 교육에서 멀리 떨어져 있는 이유는 그러한 교육을 실현 불가능하게 만드는 우리의 정치적 비교육구조 때문이다. 그러므로 교육철학은 이를 바로잡는 일을 최대의 과제로 삼고 희망하여야 한다. 이를 보다 구체적인 희망목록으로 만들어 본다.[8] 인간의 교육이라는 바탕 위에서 국가의 발전이 이루어지기를 희망한다. 한국의 모든 공교육이 절대평가를 절대적 척도로 삼는 제도로 평가제도를 쇄신하여 교육이 자기 자신과 절대적 경쟁이 되고, 대학생선발제도도

---

8)　제11장, '지속 가능한 사회를 위한 교육의 근본적 재설계' 참조.

이에 걸맞게 개혁되기를 희망한다. 교육이 정치와 경제로부터 자유로워지기를 희망한다. 교육이 출세와 소유의 수단이 아닌 잠재력 개발과 존재의 예술이 되기를 희망한다. 모든 교육이 전인교육으로 펼쳐지기를 희망한다. 우리는 이런 희망목록을 계속 열거할 수 있다. 그러나 이상의 다섯 가지 전제조건 위에서만이라도 교육이 이루어지면 우리 사회는 다음 세대에도 지속 가능한 발전을 계속하는 사회로 현존할 수 있을 것이며, 대한민국은 교육선진국으로 확실하게 우뚝 설 수 있을 것이다.

홀리즘에 대한 교육철학적 성찰

1. 들어가는 말

홀리즘(Holism)[1]은 이론적으로 아직 성숙하지 않은, 그러나 2000년대로 접어들면서 점점 더 많은 학자의 관심을 끌고 있는 새로운 주제이다. 여기서 '주제'라 표현함은 홀리즘이 사유의 지평을 '홀리스틱(holistic)'하게 열어 주는 논리와 그러한 인식관심 그리고 이를 통하여 정립된 이론을 총칭하는 개념이나 여전히 간주관적 인식의 차원에서 준동하고 있는 개념이기 때문이다. 그럼에도 불구하고, 아니 그렇기 때문에 홀리즘을 교육철학적 관점에서 성찰하는 것은 의미가 있다.

교육학은 교육이라는 현상을 간주관적으로 다루는 학문이다. 그래서 교육의 이론과 실천은 연구의 방법과 논리에 따라서 풍부한 다양성과 상이성을 보여 주어 왔다.[2] 그러한 교육학의 성격과 학문적 전개는 방법론적 단일주의에서 방법론적 다수주의로, 방법론의 상호인정과 보완을 모색하는 메타방법

---

1) 홀리즘(Holism)을 전체주의 또는 전체론으로 표기하는 것을 볼 수 있다. 그러나 그러한 표기는 홀리즘에 담겨 있는 논리적 색깔과 의미를 충분히 담아내지 못한다고 생각한다. 그래서 이 글에서는 그대로 홀리즘으로 표기하였다.

2) 오인탁, "현대 교육학 연구의 좌표-이념과 사상의 측면-", 교육학 연구, 22 (2), 1984, 5-13쪽; 목영해, 후현대주의 교육학, 서울: 교육과학사, 1994; 오인탁 외, 교육학 연구의 논리, 서울: 학지사, 2006.

론으로 전개되었다. 지난 1970년대 말부터 포스트모더니즘을 통하여 교육학 연구의 논리는 근세의 논리주의를 포스트하여 보다 더 개방적이고 창조적인 논리와 사유의 지평을 열어 주었다. 그러나 교육학에서 이러한 노력은 교육의 기초학들인 교육철학, 교육사학, 교육사회학을 넘어서서 교육의 실천학들에 의미 있는 영향을 주는 데까지 이르지는 못하였다. 우리의 교육학은 여전히 방법론적으로 단일논리 지배적인 흐름을 보여 주어 왔다. 이러한 논리인식의 일차원성이 한국의 여러 교육문제를 해결하고 학교교육의 본질적 개혁을 성공적으로 실현하는 데 기본적 한계로 작용하고 있다. 이러한 현실에서 수년 전부터 홀리즘은 교육학 연구와 실천의 논리를 새롭게 확대, 심화시켜 주는 사유의 논리로 학교교육학자를 중심으로 수용되고 있다. 이러한 시점에서 홀리즘의 논리성을 교육철학적 관점에서 성찰해 보는 것은 대단히 의미 있다.

우리가 인류의 정신사를 돌아보면, 위대한 철인들의 인간이해는 항상 홀리스틱하였다. 대표적인 예를 들어 보면, 플라톤과 코메니우스가 있다. 플라톤은 국가와 인간을 동본원적 동구조적으로 인식하고 정의로운 국가를 건설할 수 있는, 또는 국가의 차원에서 인간교육의 정의(正義)를 실현할 수 있는 완벽한 교육설계도를 만들었다. 코메니우스는 인간을 하나님의 형상으로 인식하고 기독교적 리얼리즘의 보편적 범교육(Pampaedia) 이론을 제시하였다. 우리는 위대한 교육사상가들의 철저한 인식관심에서 이러한 홀리스틱한 인간이해를 거듭거듭 확인할 수 있다.

고대는 동서를 막론하고 인간과 국가를 보는 눈이 홀리스틱했다. 고대 그리스와 고대 로마의 문화를 고전고대(古典古代, Klassische Antike)라 부르는 이유가 여기에 있다. 우리나라의 고대문화에서도 이러한 홀리스틱 인간관을 본다. 우리 민족의 단군신화는 신지인(神地人)의 홀리스틱한 인간관을 담고 있다. 홍익인간은 그 이념적 표현이다.[3] 히브리 민족에게서도 유일신 하나님을 믿는 홀리스틱한 종교적 인간관을 본다.

---

3) 오인탁, "건강한 정서형성교육과 홍익인간의 복권", 사회과학연구, 6, 1997, 173-211쪽.

고대의 역사에서 우리는 지혜와 과학의 홀리스틱한 균형과 조화를 발견할 수 있다. 그리고 그러한 조화는 지혜의 바탕 위에 과학을, 신위(神爲)적인 것의 바탕 위에 인위(人爲)적인 것을 구축하는 구조로 되어 있음을 알 수 있다. 그러나 역사는 과학 중심으로 전개되었다. 지혜는 변두리로 밀려나고 홀리스틱한 사유를 가능하게 하는 구조는 전도되었다. 그리하여 인류는 점차로 홀리스틱 시야를 상실해 갔다.

오늘날 우리는 인류의 역사상 그 어느 때보다도 더 철저한 교육과학의 시대를 살고 있다. 이는 다음과 같은 사실을 의미한다. 교육에 관한 부분적 지식의 축적은 가장 많이 이루어졌으며 지속적으로 급속하게 증가하고 있으나, 그 아래서 인간을 전체적으로 교육하는 지혜를 상실하였다. 그래서 교육은 인간과 국가에 대한 전체적 인식관심이 아닌 부분적 인식관심으로부터, 그리고 부분을 전체화하는 논리에 동반되어서 모색되었다. 그리하여 교육의 과학화가 눈부시게 전개되었다. 그러나 그 결과로 학교교육은 다만 지적 영역뿐만 아니라 영적 영역까지 포괄하는 전인적 인간도야의 교육이라는 관점에서 볼 때 점점 더 패리되어 갔다. 이러한 관점에서 교육의 홀리스틱 인식관심이 갖고 있는 의미를 홀리즘에 대한 교육철학적 성찰의 형식으로 반성해 보려고 한다.

2. '전체'의 개념

홀리즘이란 개념은 1926년에 스머츠(Jan C. Smuts)에 의하여 제시되었다.[4] 그는 주장하였다. 모든 존재하는 것의 형식들과 형태들은 전체로 현존하려는 본질을 갖고 있다. 그리고 전체로 현존하는 것은 간단없이 새로운 전체로 진

---

4) Smuts, J. C., *Holism and Evolution*, New York, 1926; 송민영, 홀리스틱 교육사상, 서울: 학지사, 2006, 17쪽.

화한다. 이 새로운 전체는 그 자체 안에 옛 전체를 내포하고 있다. 그러나 본질적으로 옛 전체를 초월하여 새로운 전체를 지향하고 있으며, 그러한 형태로 자신을 구성하고 있으면서 그 바탕 위에서 새로운 전체를 형성해 낸다. 이러한 현상을 스머츠는 "점진적 현현(allmähliches auftauchen, emergence)"이라고 하였다.[5] 이러한 관점으로 보면 인간의 인격은 그가 그의 삶으로부터 구현해 낸 최고의 홀리스틱 현존형식이라 하겠다.

홀리즘은 '전체적' '완전한' 등을 의미하는 그리스어 holos(ὅλος)에서 유래되었다. holos의 명사 to holon(τό ὅλον)은 전체, 국가, 우주를 의미한다. 여기서 우리는 그리스인들이 국가와 우주를 전체의 개념으로 인식하였음을 알 수 있다. '전체'라는 말은 깊이 생각하는 사람들에게 있어서 고대에서 근세로 접어들때까지, 아니 19세기 초에 이르기까지 그들에게 너무나 자명한 사유의 색깔이었기 때문에 강조할 필요가 없었던 단어였다. 그러나 학문의 발전은 논리와 방법과 이론의 정밀성과 과학의 세분화와 더불어 점점 더 부분을 전체화하는 식으로 전개되었다. 그리하여 이미 지나간 세기에 '전체(Ganzheit, wholeness)'가 심리학을 비롯한 인문학의 여러 영역에서 원자론(atomism), 기계론(mechanism), 감각론(sensualism), 주관론(subjectivism)과 같은 부분을 전체화하는 사유형식을 비판하고 대안을 제시하는 투쟁개념이 되었다.

'전체'는 완전을 지향한다. 고대 그리스의 철학에서 아름다움과 선함은 완전함이었다. 완전한 것은 그 자체로 최고의 가치이다. 그래서 아름다운 사람은 완전한 사람이다. 이러한 완전성의 지향에서 우리는 전체의 본질과 만난다. 구조의 완전함은 존재의 전체성이요, 인격의 완전함은 현존의 전체성이다. 다시 말하면, 완전한 구조는 전체로 존재하는 것이요, 완전한 인격은 전체로 현존하는 존재이다. 예술에서도 우리는 이러한 전체적 개념으로 완전성을 추구하는 이상적 창작을 시도하는 것을 볼 수 있다. 예를 들면, 김아타

---

5) Goerdt, W., "Holismus". In: *Historisches Wöerterbuch der Philosophie*. Bd.3. Hrsg. von Joachim Ritter. Darmstadt 1974, S.1167f.

는 '존재하는 것은 모두 사라진다'는 존재에 관한 역설의 미학으로 '축구경기' '최후의 만찬' '세계인' '타임스퀘어' 같은 "온에어 프로젝트"를 만들었다.[6] 클림트(Gustav Klimt)는 19세기 말 서구사회의 격변기에 총체예술(gesamtkunstwerk)로 개념화된 창작활동으로 혼돈과 무질서에 질서와 영감을 불어넣는 작업을 시도하였다.[7] 이러한 노력은 모두 아름다움의 대상을 주관적으로 발견하고 표현하되, 그 수준을 보다 더 완전한 차원으로 끌어올리려는 홀리스틱 주관을 보여 준다. 백남준, 윤이상 등은 모두 일정한 논리와 방법에 얽매이지 않고 그것을 뛰어넘어 세계인식의 능력을, 헤르바르트의 표현을 빌리면[8] 세계에 대한 주관적 미적 묘사능력을 보다 더 완벽하게, 다시 말해 홀리스틱하게 발휘한 결과 아름다움의 세계를 새롭게 보여 준 사람들이다.

우리가 자연을 표현하는 여러 가지 말이 있다. 전체적이다, 둥글다, 흐른다, 순환한다 등등. 그리고 이러한 말들로 묘사되는 인위적 구조들과 개념들이 있다. 이 둘에는 공통성이 있다. 모든 자연에는 생명이 깃들어 있다. 그리고 자연을 닮아 자연스럽고 자연을 떠올리게 하는 인위성에 생명이 깃들어 있다는 묘사를 하면서 그러한 말들을 쓴다. 이렇게 둥근, 흐르는, 그래서 아름다운 자연은 살아 있는 인간까지 포함해서 순환적 구조(holarchie)를 띤다. 이에 반하여 모든 비자연적·비전체적 산물들은 파편화되어 있고 죽어 있다. 이는 일정한 부분적 가치를 전체적 가치의 위치로 절대화하여 이를 통해서 전체적 가치의 체계(hierarchie)를 만들어 내기 때문이다.[9] 이는 우리의 학교교육에서 일반적 현상으로 확인된다. 교육의 결과를 단일척도에 따라 평가하는 논리는 수직적 계층화, 상대적 점수화와 등수화, 그리하여 자족과 자율의 정신을 상실하고 모두가 상대적 열등감, 빈곤감, 상실감, 패배감, 불행감의 포로가 되도

---

6) Kim, Atta, 「On-Air」, Rodin Gallery, 2008.

7) 제인, 캘러어/알프레드, 바이딩거 편, 구스타프 클림트: '토탈아트'를 찾아서, 문화에이치디, 2009, 21쪽.

8) "Über die ästhetische Darstellung der Welt als das Hauptgeschäft der Erziehung"(1804). Walter Asmus (Hrsg.), *Herbart Kleine pädagogische Schriften*. Düsseldorf 1964, S.105ff 참조.

9) Holarchie와 Hierarchie에 대해서는 이상오, 홀로스 사고, 지식마당, 2004 참조.

록 만든다. 학교교육의 비참은 이 바탕 위에 서 있다.

　인간은 본래 생명을 가진 유기체이므로 홀라키 구조를 갖고 있다. 그러나 인간이 전개한 문화와 문명은 하이어라키 구조로 보편화되어 있다. 이는 인간이 이성을 '도구적'으로 사용하면서 전체적 사유와 고찰의 능력을 상실하였기 때문이다. 이러한 도구적 이성에 대하여 호르크하이머(Max Horkheimer), 아도르노(Theodor W. Adorno), 푸코(Michel P. Foucauit) 등 많은 학자가 상이한 관점에서 말하고 있다. 교육은 본질적으로 생명을 살리는 활동인데, 오늘날 국가의 보존과 발전에 유용한 인력자원을 개발하는 수단으로 활용되고 있다. 여기에는 홀리스틱 교육과 교육학이 머물 수 있는 자리는 없다.

　인간은 처음부터 노예가 아닌 자유인으로 창조되었기 때문에 본질에 있어서 노예됨을 거부하는 자유로운 존재이다. 인간의 본래적으로 자유로운 영혼은 외부로부터 가해지는 어떠한 폭력에 의해서도 완전히 제거되지 않는다. 그럼에도 불구하고 "인간으로부터 자유를 빼앗아 버리면 인간의 의지는 낯선 결정에 종속되어 버릴 것이다. 그렇게 되면 의지로부터 비의지(nicht-wollen)가, 인간으로부터 비인간(nicht-mensch)이 빚어지는 결과가 되어 버릴 것이다."[10] 그래서 코메니우스는 인간을 복종하도록 만드는 모든 정치, 교육, 제도, 방법을 철저하게 거부하고 있다. 코메니우스의 범지혜적 슬로건 "만물은 저절로 흐르고, 폭력은 사물로부터 멀리 떨어져 있다."[11]는 오늘날에도 우리에게 홀리스틱하게 볼 수 있는 눈과 생각할 수 있는 머리를 만들어 주는 교두보를 보여 주고 있다.

---

10) Comenius, Johann Amos, *Pampaedia*. Heidelberg 1965, S.61.

11) "Omnia sponte fluant, absit violentia rebus". Comenius, *Opera didactica omnia*. 1657, Bd. I
　책표지의 장식화 문장.

3. 희망의 언어 홀리즘

오늘날 홀리즘이 희망의 언어로 떠오르고 있다. 오늘날 우리는 디지털테크노미디어 시대를 살고 있다. IT, AI, 유비쿼터스 등으로 강조되는 현재의 놀라운 테크노피아는 아무런 전체적 통제 없이 도구적 이성을 극대화하는 길을 달리고 있다. 그래서 삶의 질에 대한 홀리스틱한 이해의 바탕을 확대하고 심화하는 일이 그 어느 때보다도 더 중요해졌다.

오늘날 우리는 인류의 역사상 가장 복잡한 세상을 살고 있다. 복잡성은 급속한 사회변동, 지식의 폭발적 증가, 글로벌 시대의 새로운 삶의 형식들과 질서들, 이에 병행하여 전개되는 복잡한 국제관계, 새로운 국가들의 탄생과 국가의 역할 축소, 후기 정보화사회의 전혀 다른 삶의 형식들과 기능들 등이 함께 빚어내는 것인데, 이것들이 펼쳐 줄 미래사회를 우리는 충분히 학습할 수 있는 시간과 능력을 갖고 있지 않다. 이미 1970년대 말에 로마클럽이 '인류의 딜레마'라고 표현하면서, 학습의 속도와 발전의 속도 사이의 간격이 시간의 경과와 더불어 점점 더 크게 벌어지고 있기 때문에 오는 문제들을 해결할 수 있는 새로운 교육의 길을 찾지 못하면 인류는 멸망의 위기에 직면하게 될 것이라고 경고하였다.[12] 이제 '세상을 이해하라'가 절대적 명제로 새롭게 강조되고 있다. 세상을 어떻게 이해하고 있는가에 따라서 국가와 사회의 정치, 경제, 교육, 종교가, 인간 개개인의 삶이, 지구의 미래가 그렇게 펼쳐지고 결정된다.

미래사회는 새로운 고용구조, 인구구조, 사회구조, 소통구조, 생산구조, 학습구조 등으로 인식되는 '새로운' 사회이다. 현재의 노인문제는 가까운 미래에 전개될 초고령사회에서 전혀 다른 모습을 갖게 될 것이다. 지금은 다문화

---

12) Peccei, Aurelio von (Hrsg), Club of Rome Bericht für die 80. Jahre: *Das menschliche Dilemma*. Zukunft und Lernen. Wien 1979.

가 교육의 과제로 등장하지만, 지나간 1980년대와 1990년대에 컴퓨터 교육이 학교와 학원을 온통 사로잡았던 것처럼, 이민생활에서 지구촌생활로, 지식의 소유에서 검색과 활용으로, 대학교육의 구조도 통섭과 융합 구조로 변화되는 미래사회에서는 다문화가 교육의 과제와 대상이 아니라 호흡하며 살게 될 삶의 바탕이 될 것이다. 그때에는 전체를 보는 눈을 가진 자가 지도자가 될 것이다. 왜냐하면 전체를 보아야 새로움과 다름을 함께 볼 수 있기 때문이다.

이미 언급하였듯이, '새로운' 정신, 사상, 시대, 운동의 역사를 전체적으로 묶어서 개관하면, 거기서 우리는 홀리즘과 만나게 된다. 역사적으로 의미 있는 큰 사례로 '고대'와 플라톤, '근세'와 루소 등을 들 수 있다. 플라톤은 그의 주저 『국가』에서 정의로운 국가를 건설하기 위한 완벽한 설계도를 그렸다. 플라톤의 설계도는 "옛 교육(archaia paideia)"[13]을 '새로운' 교육으로 해체하여 재구성한 것이었다. 다시 말하면, 플라톤은 옛 교육을 개혁한 새 교육으로 의로운 국가를 실현하는 완전한 교육의 길을 제시하였다. 근세(Neuzeit, modern times)[14]는 천 년 동안 지속된 타율의 중세를 지나 자율의 새로운 시대가 도래하였음을 시대 명칭으로 개념화한 것이었다. 여기서 인간과 세계를 보는 모든 척도의 전환을 의미하는 말이 '새로운'이었다. 그래서 새로운 시대라는 의미의 근세가 시대 자체를 지칭하는 말이 되었다. 근세로 접어들면서 인간을 귀족이나 농노 같은 유형으로가 아닌 절대적 인격인 개인으로 보는 시대가 열렸다. 루소는 그의 교육소설 『에밀』에서 "모든 교육 중에서 가장 위대하고 가장 중요하고 가장 유익한 원칙"으로 "시간을 낭비하라(Zeit verlieren)"[15] 같은 명제를 제시하였으며, 이로써 그 시대를 지배하고 있었던 박제된 인문교육의 개념을 자연 중심의 새로운 교육개념으로 뒤흔들어 놓았다. 그리하여 반교

---

13) Platon, *Politeia*, 376ef; Jaeger, Werner, *Paideia*. Berlin 1989, 797ff; 오인탁, 파이데이아, 서울: 학지사, 2001, 62ff쪽.

14) modern은 라틴어 modernus(새로운)에서 유래된 말이다. 근세는 글자 그대로 새로운 시대라는 말이다.

15) 루소, J. J. 저, 오증자 역, 에밀(상). 서울: 박영사, 1980, 139쪽; Rousseau, Jean-Jacques, *Emile oder Über die Erziehung*. Stuttgart: Reclam 1976, S.212.

육학(Antipädagogik)과 대안교육의 아버지가 되었으며, 기존의 교육이 한계를 보이는 곳에서 그것을 간단없이 개혁하는 새로운 교육의 원천이 되었다. "모든 생명체에 대한 사랑으로 가득 차 있고, 돌보고 협력하고 동정하며 기꺼이 '전체'에 봉사할 준비가 되어 있는 새로운 인류의 출현을" 의미하는 개념어인 "호모 노에티쿠스(Homo Noeticus)"[16]에서도 전체적으로 사유한 결과로 갖게 된 인간에 대한 새로운 이해를 본다. 우리는 이러한 목록을 계속 열거할 수 있다. 그러나 여기서 공통적으로 확인할 수 있는 것은 '새로운' 시도를 통하여 '옛' 교육의 한계가 극복되고 인간교육의 지평이 끊임없이 확대·심화되어 왔다는 점이다. 그리고 이러한 역사적 전개가 곧 홀리스틱 정신으로 확인된다는 점이다.

홀리즘은 '철저한'[17] 합리적 사유이다. 합리성을 철저히 고집하면 시대와 문화가 담지하고 있는 삶의 가치들을 부정하고, 전혀 새로운 가치들로 대체하기를 주장하기 때문에 때로는 너무나 과격한 사상으로 오해되어 죽음의 위험을 무릅쓰지 않으면 안 된다. 플라톤은 정의로운 국가실현의 당위성과 필연성에 절대적인 확신을 갖고 있었다. 그래서 그는 성난 시민들이 겉옷을 벗어던지고 돌을 들어 그를 쳐 죽이려고 몰려드는 위험을 감수하더라도 그것이 합리적 명령이기 때문에 정의로운 국가건설을 가능하게 하기 위하여 반드시 실천하지 않으면 안 되는 소위 "세 가지 파도"를 말했다.[18] 플라톤은 여자도 남자와 '같은 천성'을 갖고 있기 때문에 남자와 함께 벌거벗고 체육교육을 받아야 한다는 것, 방위자와 통치자가 국가와 백성을 위하여 그들의 책무를 의롭게 수행할 수 있기 위하여 '여성과 자녀의 공유'를 강조하였고, 철인이 군주

---

16) 트레벨란, 조지 저, 박광순 역, 인간의 마지막 진화, 호모 노에티쿠스, 물병자리, 2000. 노에티쿠스에서 '노에(noe)'는 그리스어 노에오(noeō, νοεω)에서 유래된 말이다. 노에오는 이해하다, 인식하다, 지각하다 등의 의미를 갖고 있으며, 인간의 이성적 존재능력을 강조할 때 사용한다. 정신, 이성을 의미하는 noos 또는 nous와 이해, 오성, 사상을 뜻하는 noema가 같은 어군에 속한다.

17) 여기서 '철저한'이란 표현은 홀리즘이 추구하는 합리성만을 절대적 척도로 삼고 있기 때문에 다른 논리들의 합리성과 타협하지 않는 '과격한(radical)' 사고임을 의도적으로 강조한 표현이다.

18) 오인탁, 파이데이아.

가 되든지 이 세상의 모든 왕이 철인이 되든지 하지 않으면 전쟁이 끊일 날이 없을 것이라고 강조하면서 철인군주 지배체제의 확실한 교육과정을 제시하였다. 그러면서 그는 전승되어 내려온 미련한 "옷 대신에 덕"[19]을 걸치라고 역설하고 있다.

철저한 합리성은 때로는 너무나 보편적이어서 엉뚱하였으며 시대를 너무나 앞서가기 때문에 동시대인의 공감을 전혀 획득하지 못하고 있다. 코메니우스는 기독교 신앙에 기초하여 하나님 중심의 '범교육(pampaedia)'을 전개하였다. 인류가 여전히 종족중심주의에 사로잡혀 있고 국가와 사회가 남성과 신분 중심의 인간관에 의하여 지배받고 있었을 때, 그리하여 여성이 교육의 대상으로 인식되지 못하고 있었던 때, 코메니우스는 인간이 '하나님의 형상'으로 창조되었은즉, 모든 인간은 종족, 성별, 연령, 신분, 정상 · 비정상 등 어떤 제약 때문에도 교육에서 제외되어서는 안 된다고 역설하였다. "하나님이 가름대를 세워 두지 아니한 곳에서 인간이 어떤 가름대도 만들어 놓으면 안 된다."[20] 그는 학교도 태어나기 전의 성숙의 학교, 영유아학교(0~6세), 아동학교(6~12세), 소년학교(12~18세), 청년학교(18~24세), 성인학교(24세~은퇴), 노인학교(은퇴~사망), 죽음의 학교(사망~천국)로 세포생명의 탄생에서 사망 이후에 천국 또는 지옥 같은 사후의 세계에 들어가기까지를 포괄하는 인생 전체를 아우르는, 너무나 전체적으로 철저해서 더 이상 철저할 수 없는 학제를 제시하였다.

홀리즘은 때로는 너무나 합리적이어서 과격사상으로 인식되었으며 공공성의 가치체계를 뒤집어엎는 위험한 생각으로 수용되었다. 그러나 이를 통하여 동시대인의 교육관을 크게 바로잡아 주곤 하였다. 머리(Head), 가슴(Heart), 손(Hand)의 조화를 이룬 교육을 강조한 페스탈로치의 3H교육도 이제는 너무나 보편적 이해가 되어 버렸으나, 당시에는 시대를 앞서가는 새로운 전인교육

---

19) Platon, op. cit., 457a.
20) Comenius, Johann Amos, op. cit., S.31.

사상이었다.[21] 박애주의 교육학자들은 로크, 루소 그리고 페스탈로치의 영향을 받아 학교교육문화를 홀리스틱하게 개혁하는 운동을 벌였다.[22] 이들은 교육이론의 전반적 쇄신, 교과서의 편찬, 교사의 양성, 학교의 신설, 이러한 운동을 뒷받침하기 위한 인쇄소의 설치, 월간지의 발행, 그리고 어린이와 학생들을 위한 청소년도서의 저작 및 출판 등 학교교육을 쇄신하기 위한 전체적 접근을 시도하였다. 그러나 홀리스틱한 사유와 거리가 먼 의식구조에 사로잡혀 있는 인문주의자들과 정치적·종교적 지배세력들의 극심한 비판과 탄압을 받았다.

교육의 역사에서 큰 봉우리들을 이루고 있는 이상의 예들은 모두 교육을 전체적으로 철저히 이해하고 실천하기를 고집한 나머지 시대를 초월하는 홀리스틱한 교육사상을 이룩하였다는 공통점을 갖고 있다. 역사의 흐름은 이러한 선구적 사유들에 힘입어 교육이해와 교육실천의 지평을 간단없이 심화하고 확대하여 왔음을 보여 주고 있다.

4. 홀리즘의 철학

홀리즘은 철학이다. 철학이 무엇인지 정의하기란 쉽지 않다. 그러나 어원으로부터 철학의 본질을 이해하기란 그리 어렵지 않다. 철학(philosophy)은 그리스어 φιλοσοφια에서 온 말이다. 그 뜻은 우리가 잘 아는 대로 지혜(sophia, σοφια)의 벗(phile, φιλη)이다.[23] 프로타고라스(Protagoras, 490~420 BC)가 너무나 뛰어나서 사람들이 그를 지혜자(sophist)라고 칭하며 존경하자, 그는 지혜는 신들의 속성이므로 신들만이 지혜자요, 자신은 다만 신들의 지혜를 사모

---

21) 김정환, 페스탈로찌의 교육철학, 서울: 고려대학교 출판부, 1995.

22) 오인탁, 박애주의 교육사상, 서울: 학지사, 2016; 오인탁 외, 앞의 책.

23) 일반적으로 지혜에 대한 사랑(phila, φιλια)으로 설명하는데, 지혜의 벗과 지혜애라는 두 가지 설명이 다 가능하다. 그러나 프로타고라스가 philosophia란 말을 쓰면서 의미한 바는 지혜의 벗이다.

하는 자일 뿐이라고 했다. 여기서 지혜의 벗이라는 말이 탄생하였다. 그리고 철학은 고전고대에 학문을 통칭하는 말이 되었다.

그리스의 철학에서 '지혜'는 그 의미가 히브리의 '지혜'와 사뭇 다르다. 그러나 고대 그리스와 고대 히브리의 지혜에 대한 이해가 교육학을 포함하여 인문학의 두 원천을 이루고 있으므로 이 둘의 특징적 차이를 일별할 필요가 있다. 그런데 그리스적 지혜는 일반적으로 사물을 그 근본에서 꿰뚫어 '보는 (theoreo)'의 논리로 이해되고 있으며, 이에 대한 폭넓은 이해의 공간을 공유하고 있으므로 여기서는 히브리적 지혜를 간략히 고찰해 보고자 한다.

1) 히브리적 지혜

히브리적 지혜는 유태민족의 삶의 지혜로, 창세기 1장 1절 "태초에 하나님이 천지를 창조하시니라"에서 간단명료하게 살펴볼 수 있다. 천지는 글자 그대로 하늘과 땅을 의미한다. 고대 히브리 민족은 이 말씀의 기초 위에 그들의 고유한 역사를 만들었다. 이 말씀은 심오한 홀리스틱한 의미를 담고 있다. 하늘은 히브리어로 쇠마임(schamaim)이다.[24] 쇠마임은 땅과 바다로부터 구별된 하늘을 칭하는 히브리어이다. 고대 히브리 시대에 사람들은 세계가 위에 있는 하늘, 중간에 있는 땅, 그리고 땅을 둘러싸고 있으며 땅 아래에 있는 물, 즉 바다의 삼중구조로 구성되어 있다고 생각하였다. 하늘은 하나님이 거주하시는 거룩한 공간이다.[25] 그래서 하나님의 대명사로 '하늘'을 뜻하는 쇠마임이 사용되었다. 하나님의 권능은 하늘로부터 내려와서 사람들을 일깨우고 보호하며 인도한다.[26]

쇠마임에는 여러 뜻이 있다. 쇠마임은 '쇰 마임(scham maim)', 즉 '저기

---

24) Soggin, J. A., "samajim Himmel". In: Ernst Jenni(Hrg.), Theologisches Handwörterbuch zum Alten Testament, Band II, München 1976, 965쪽 이하.
25) 신명기서 26장 15절: "주의 거룩한 처소 하늘"
26) 예를 들면, 다니엘서 4장 23절: "한 거룩한 자가 하늘에서 내려와서"

물이 있다'를 의미한다. 하늘은 푸르다. 푸름은 물의 색깔이다. 그리고 '저기'
는 다의미적 표현이다. 무한성과 영원성이 다의미적 '저기'에 담겨 있다. 인간
의 이해가 미치는 곳인 '여기'에 인간이 안주하려고 할 때 다시금 이미 새로
운 미지의 '저기'가 시작되고 있다. 그리하여 시간과 공간이 한없이 존재하고
있음을 깨닫게 한다. 쇠마임은 또한 불(esch)과 물(maim)의 합성어이다. 불과
물은 상극이어서 땅 위에서 동시에 공존할 수 없다. 불은 물을, 물은 불을 없
애 버린다. 그러나 쇠마임에서 이 둘은 동등한 가치로 함께 연관되어 있으며,
상대를 말살하지 않는 관계로 공존하고 있다. 땅 위에서는 불가능한 것이 하
늘에서는 가능하다. 땅 위에서는 대립과 상쟁으로만 여겨지는 것이 하늘에서
는 동반과 조화의 하나가 되어 있다. 쇠마임은 모순을 담고 있는 무제한이요
영원이다.[27)]

　이상의 두 가지 뜻을 함께 살펴보자. 쇠마임은 존재하며 말의 참 뜻에 있어
서 파악 불가능하다. '하늘에 계시는 하나님'은 푸른 하늘에 거하시는 하나님
이 아닌 쇠마임에 거하시는 하나님이다. 다시 말하면 무제한하며 영원하고 알
수 없는 하늘에 계시는 하나님이다. 따라서 쇠마임은 추상적 원리요, 예지적
대상이며, 지혜의 세계이다. 태초에 하나님이 쇠마임을 창조하셨다. 하나님이
만드신 것들 가운데 어떤 것도 쇠마임의 원리가 담겨 있지 않은 것은 없다. 인
간 같은 만물의 영장뿐만 아니라 박테리아 같은 지극히 작은 미물에도 쇠마
임의 원리가 담겨 있다. 생명체뿐만 아니라, 광석 같은 물체에도 쇠마임의 원
리가 담겨 있다. 그러므로 창조세계를 열린 눈으로 홀리스틱하게 바라보는 사
람은 경건해진다.

　하나님은 쇠마임과 에레츠(eretz)를 창조하였다. 에레츠는 하늘에 대한 땅,
물에 대한 뭍, 인간이 서 있는 바탕인 대지, 지리적 지역, 정치적 국가 등을 의
미하였다.[28)] 땅은 만질 수 있다. 유한하고 파악 가능하다. 조형할 수 있다. 우

---

27) 언어의 어원적 이해를 제외하고는 그 말에 담긴 의미의 천착은 저자의 주관적 해석이다.

28) Schmid, H. H., "eretz Erde, Land". In: Ernst Jenni(Hrg.), Theologisches Handwörterbuch zum
　　Alten Testament. Band I, München 1978, 228쪽 이하.

리는 감각기관으로 에레츠를 파악할 수 있다. 볼 수 있고 만질 수 있다. 우리는 물질을 분석하고 실험하며 검증한다. 땅을 경작한다. 땅을 변형한다. 우리는 땅을 재구성의 대상으로 삼는다. 이렇게 우리는 기술공학의 세계를 구축한다. 에레츠는 구체적 원리요, 분석과 종합의 대상이며, 과학과 응용의 세계이다.

에레츠는 하늘과 함께 사용되어 창조세계 전체를 의미한다. '하늘과 땅'은 고대 히브리 민족의 언어에서 세계와 우주를 의미하는 일반적이고 대표적인 표현으로 사용되었다.[29] 하나님은 인간을 유한하고 파악 가능하며 구체적인 흙(adama)으로 빚으시고, 무한하고 파악 불가능하며 추상적인 쇠마임에 숨을 불어넣으시어 생명을 주셨다. 이렇게 인간은 쇠마임과 에레츠를 함께 갖고 있다. 인간은 쇠마임과 에레츠의 연관이다. 인간에게는 하늘과 땅, 추상적인 것과 구체적인 것, 영원과 유한, 지혜와 지식이 함께 담겨 있다. 에레츠의 원리에 쏠릴 때 인간은 이탈하고 타락하며 변질된다. 그러나 쇠마임의 원리에 따라서 현존하며 에레츠의 원리를 그 안에 담을 때 인간은 시대의 변화와 더불어 더욱더 새로워진다. 몸이 아름답다고 뽐내거나 못생겼다고 상심할 필요는 없다. 썩어서 없어질 몸에 영원을 담아야 한다. 쇠마임은 생명이요, 살림이다. 그러므로 쇠마임에 의하여 동반되고 쇠마임의 기초 위에 세워지지 않은 에레츠는, 쇠마임이 없는 에레츠는 그것 자체가 곧 생명이 없는 상태이기 때문에 에레츠가 지배하는 모든 것을 죽인다. 쇠마임 없는 에레츠는 겉으로 보기에는 화려하나, 소유가 절대적 가치와 진리가 되어 버린 인간에 의하여 포장된, 존재가 전혀 없는 무생명이요 죽임일 뿐이다. '천지를 창조하셨다'는 것은 우주 만물을 창조하셨다는 의미만 있는 것이 아니다. 하나님은 쇠마임과 에레츠를 창조의 원리로 삼아서 천지를 창조하셨다. 모든 생명체를 포함하여 인간까지 이러한 창조의 원리로 창조하셨다. 그리고 모든 생명체는 창조된 현상 그대로 이기 때문에 창조의 원리에 따라서 존재하고 소멸하지만, 인간은 하나님의 형

---

29) 창세기 1장 1절: "태초에 하나님이 천지를 창조하셨다", 2장 1절: "천지와 만물", 14장 19절: "천지의 주재" 등

상대로 창조되었기 때문에 쇠마임의 원리 위에 에레츠의 원리를 두고 이 두 원리로 사물을 관리하고 삶을 살아가라는 존재의 원리이다. 그러나 타락한 인간은 이미 패리되었기 때문에 쇠마임과 에레츠의 원리는 창조질서의 보존의 원리이자 인간 구원의 원리가 되어 인류에게 끊임없이 경고하고 있다. 지혜(chockmah)는 하나님의 신적 존재(Kether)와 인간에게 부여하신 이해능력(binah) 사이에서 이 둘의 연결고리를 이루고 있다.[30] 인간은 하나님이 계시하여 주시는 한계 안에서 세계를 이해한다. 유태민족은 오늘날에도 이러한 지혜를 삶의 지혜로 삼고 있다. 여기에 유태인의 탁월성이 근거하고 있다.

2) 철학과 지혜의 연관

고대 그리스의 필로소피아(philosophia)와 고대 히브리의 쇠마임(schamaim)에는 의미의 공통성이 있다. 인간에 의한 사물의 인식은 그 탐구하는 원리와 방법에 따라서 구상과 추상, 표면과 심층, 귀납과 연역, 지식(scientia)과 지혜(sapientia), 플라톤의 표현을 빌리면 의견(doxa, δοξα)과 인식(episteme, επιστήμη) 등으로 구별된다. 땅(eretz)과 같은 대상의 탐구는 주로 감각기관들에 의하여 이루어지며, 이렇게 탐구하여 얻은 지식은 객관적이어서 대상을 지배하는, 다시 말하면 분석하고 응용하는 지식과 기술에 머물기 때문에 필연적으로 파괴적일 수밖에 없다. 이에 반하여 하늘(schamaim)과 같은 대상의 탐구는 이성과 영성에 의하여 이루어지기 때문에 지혜의 차원에 머물러 있다. 지혜는 그 자체가 정의(justice, dikaiosyne, δικαιοσύνη)여서 홀리스틱하며 생산적이다.

여기서 이 둘의 연관을 생각해 볼 수 있다. 우리는 어느 한쪽을 완전히 배제한 채로는 사유할 수 없기 때문에 어느 한쪽에 더 편중하여 사유하게 된다. 그래서 사람들은 본질과 비본질을 따지고, 토대 또는 하부구조와 상부구조를

---

30) Wehr, Gerhard, *KABBALA*. Muenchen 2002 참조.

설정하였으며(Marx), 텍스트의 해석에서 해석학적 순환(Dilthey)을, 영향사(wirkungsgeschichte, gadamer)를 말하고, 인식의 아르키메데스적 기점의 불가능성(Bollnow)을 강조하였다. 이 둘의 연관을 내 나름대로 고찰하면, 지혜의 바탕 위에 지식을 쌓을 때 또는 지혜에 동반되어서 지식이 창출될 때, 그 지식은 비로소 교육학적으로 홀리스틱하다. 그렇지 않은 모든 접근은 홀리스틱하지 않다. 그렇기 때문에 필연적으로 교육을 패리시키게 되어 있다.

부분적 사유들이 한계를 보이는 곳에서 전체적 사유가 막힌 담을 헐고 새로운 지평을 만들어 주며 희망의 길을 닦고 있다. 생각해 보면 인류는 이미 오래전부터, 다시 말하면 인간이 생각하고 사물을 탐구하기 시작하면서부터 홀리스틱 인식의 노력을 기울여 왔다. 이소크라테스는 이미 2,500년 전에 "우리들의 파이데이아에 참여하는 자는 다만 우리와 혈통만 공유하고 있는 자보다 더 높은 의미에 있어서 그리스인이다."[31]라고 했다. 이소크라테스에 의하면 혈통이 아닌 문화가, 종족(race)이 아닌 지성(intelligence)이 그리스인(hellenes)의 정체성을 판단하는 준거이다. 이러한 의미에서 홀리즘은 페인(Thomas Paine)의 말처럼 보편을 지향한다. "나의 조국은 전 세계요, 나의 종교는 선을 행하는 것이다."

우리 교육의 현실을 살펴보자. 시험과 학업성취능력평가의 방법을 홀리스틱 관점에서 보면 너무나 자명하게 현재 보편적으로 이루어지고 있는 상대적 산술적 평가는 절대적 서술적 평가가 담고 있는 내용을 결코 담아낼 수 없을 뿐만 아니라 대체할 수 없음을 알 수 있다. 지식을 기억하는 능력과 창조하는 능력은 전혀 다르다. 백과사전적 지식주입의 교육은 우리가 현재 살고 있는 디지털미디어테크닉의 세상에서 사실상 필요 없다. 이미 언제 어디서나 꺼내어 쓸 수 있도록 처리되어 있는 지식을 사용할 수 있는 능력과 기술을 배양하여 주면 족하다. 문제는 이해, 구성, 창조, 심미 등의 능력을 배양하는 것이다. 대학생 선발의 방법도 이러한 의미에서 근본적 전환이 이루어져야 한다.

---

31) Isocrates, "Panegyricus". In: George Norlin(tr), Isocrates. Vo.I. Cambridge 1966, 149쪽.

교육은 인간의 사회적 상호작용이 복잡하게 일어나는 현상이다. 여기에서 본질적인 것들이 아닌 비본질적인 것들이 상호작용의 중심동인으로 작용할 경우에 교육은 패리되고 변질될 수밖에 없다. 그런데 우리나라의 교육은, 특히 학교교육은 그러한 현상으로 확인되고 있다. 그리하여 많은 문제를 낳고 있고, 문제해결을 위한 개혁은 또 다른 문제를 야기하여 이러한 악순환에서 해방될 수 있는 가능성이 점점 더 멀어지고 있다. 문제는 우리의 교육현상을 홀리스틱하게 고찰하고 본질적인 것들이 교육현상의 중심동인이 되도록 교육의 판을 새로 짜는 데 있다. 다시 말하면 홀리스틱 교육철학의 바탕 위에 교육이론과 실천의 집을 재건축하는 데 있다. 판을 새롭게 짜기 위하여 우리에게 필요한 것은 홀리스틱 사유능력을 갈고닦는 일이다. 이 땅의 교육과 교육학을 홀리즘의 바탕 위에 다시 세우는 일이다. 이러한 관점에서 홀리즘은 우리 교육의 연구와 실천을 근본적으로 혁신할 수 있는 철학으로 드러나고 있다.

5. 홀리즘의 메타이론적 성격

홀리즘은 철저한 합리주의이다. 규범과 전제가 참일 때 이로부터 추론되는 내용도 참일 수 있다. 따라서 인식의 기점으로 작용하는 전제의 진리성을 탐구하는 날카로운 이성과 탐구된 전제가 참임에 대한 철저한 신념, 이에 기초하여 여기에 작용해 들어오는 다른 변인들에 대한 철저한 거부의지가 있어야 한다.

그러나 여기에는 문제가 있다. 고대부터 현대까지 제시된 대부분의 교육사상이 이러한 연역적 이론의 구조로 이루어져 있다. 그래서 규범적이고 배타적이다. 모든 교육사상은 '이론(theorie)'이다. 그러나 홀리즘은 '이론의 이론(Metatheorie)'이다. 플라톤이 이론의 그리스 어원 theoria를 철학적 지식의 개념언어로 사용하였을 때, 그는 theoria에 이미 있는 의미보다 더 깊은 의미를 부여하였다. theoria는 '직시하다' '보다'라는 감각적 시각을 의미하였다.

여기에 플라톤은 정신적이고 영적인 시각의 의미를 부여하였다. Theoria는 사물을 '전체적'으로 봄을 의미하였다. 동굴의 비유에서 '선의 이데아'를 인식하는 눈이 전체적 고찰의 가장 높은 수준인데, 이러한 theoria는 "신적 고찰(theia theoria)"[32]이다. 여기에는 철학적 본질과 비철학적 본질을 가르고 그 차이를 분명히 밝혀 주는 개념이 있다. 비철학적이어서 세속적인 시각의 본질은 좀스러움(smikrologia)이다. 이에 반하여 철학적이어서 사물을 그 본질에 있어서 전체적으로 인식하는 시각의 본질은 신적이고 인간적인 전체를 포괄적으로 고찰하는 영혼이다. 그래서 좀스러운 영혼은 전체적 영혼을 극단적으로 거부하게 되어 있다. 신적 고찰은 불변하는 신적 속성을, 즉 선의 이데아를 고찰하는 것이다. 따라서 신적 고찰이 인식의 원리요, 존재의 원리다.

아리스토텔레스는 theoria의 개념을 과학과 연관시켰다. 그래서 제일철학(prote philosophia)인 형이상학을 이론적 과학(episteme theoretike)이라 칭하였다. 이론은 이성의 활동이다. 인식의 최고 차원일 뿐 아니라 실천의 최고 형식이다. 이론적 삶(bios theoretikos)은 정치적ㆍ실천적 삶(bios politikos)과 향락적 삶(bios apolaustikos)보다 위에 있는 가장 고차원적 삶의 형식이다.

철학이 중세에서 근세로 접어들면서 근본적 전환이 있었다. 이는 중세의 종말과 '근세'의 시작이라는 표현에서 드러나듯이, 한 시대를 새롭게 여는 변화였다. 근세는 17세기에 탄생한 자연과학으로 특징지어진다. 이와 더불어 철학이 제1학문 내지 모든 학문의 총체개념(inbegriff)으로 고대부터 중세까지 누렸던 절대적 위치를 상실하고 경험과학이 계량적ㆍ기술적 기초 위에서 학문으로서의 자율성을 확보하게 되었다. 모든 학문의 총체개념이 아니라, 철학이 모든 학문을 포괄하고 논거하는 학문으로 새롭게 인식되었다. 이는 마치 코페르니쿠스의 지동설에 의하여 종래의 천동설이 폐기되었듯이 철학의 코페르니쿠스적 전환을 이룬 것이었다. 이는 칸트의 표현처럼 인식능력의 비판 자체를 철학의 과제로 삼은 것이었으며, 가다머의 표현처럼 철학이 철학 자체를

---

32) Platon, op. cit., 517d.

스스로 역사적으로 고찰하기 시작한 것이었다.[33]

홀리즘은 깊고 둥근 생각이다. 사물을 표면적으로 보지 않고 본질을 꿰뚫어 보며, 부분이 아닌 전체를 고찰의 대상으로 삼아 둥글게 보는 능력이다. 그리하여 전체를 부분으로 나누기는 하나 부분으로 해체하지는 않으며, 부분들의 합으로 전체를 만들지 않는 능력이다. 부분을 전체 안에서 봄으로써 부분이 합리적으로 전체적으로 기능하게 하며, 전체가 부분의 실체와 현존을 결정하게 하는 능력이다.

홀리즘은 멀리 보는 능력이다. 가시적 성취가 아닌 신뢰를 가지고 10년 또는 20년 후의 모습을 바라보는 능력이요, 아직 이루어지지 않았으나 이미 이루어졌다는 믿음으로 이를 선취하는 능력이다. 자연의 바탕 위에 문화를 쌓아 올리며 절대성과 다양성을 추구하는 능력이다.

홀리즘은 최종적 결론을 제시하지 않고 열어 놓는 능력이다. 아무리 홀리스틱 사유의 결과가 완전하게 보일지라도 예기치 못한 오류와 새로운 이해가 가능하기 때문에 이를 논리적으로 가능하도록 최종적 결론을 항상 열어 놓을 수 있는 능력이다. 이러한 능력은 권위의 철저한 포기를 전제한다. 이는 학문함의 사나이다운 용기이다. 이를 볼르노(Otto F. Bollnow)는 인간학적 연구의 논리에서 "개방적 물음의 원리(prinzip der offenen Frage)"로 개념화했다.[34]

홀리즘은 너의 눈으로 나와 우리를 보는 능력이다. 이러한 능력은 정신의 구심적 추동을 원심적 추동으로 바꾸어 모든 대상을 전체적으로 사유하고 고찰하게 한다.[35] 객체 안에서 객체를 통하여 주체를 인식하도록 하여 주관을 극복하고 주체와 객체의 일치를 지향하게 한다. 동일성 중심으로 정립된 인식과 판단의 구조에 체포되어 있어서 유사성을 상대적 가치로 인식하고, 상이성을 부정적 가치로 처리하는 주관적 이성이 이로부터 해방되어 '너'의 상이성

33) Gadamer, Hans-Georg (Hrsg), *Philosophisches Lesebuch*, Band 2. Fischer. 1990, S.10f.

34) Bollnow, Otto F. 저, 오인탁, 정혜영 공역, 교육의 인간학, 서울: 문음사, 2006, 256쪽.

35) Hegel의 "정신의 원심적 추동"(Zentrifugaltrieb der Seele), Ballauff, Theodor/Schaller, Klaus (Hrsg), *Pädagogik. Eine Geschichte der Bildung und Erziehung*. Bd.II, München 1970, S.525.

으로부터 '나'와 '우리'를 새롭게 인식하게 한다.[36] 그리하여 이성이 도달할 수 있는 최고의 수준을 향하여 간단없이 교육적 관점 아래서 인간과 국가에 대한 이해의 지평을 확대하고 심화하도록 한다.

---

36) 오인탁 외, 앞의 책, 489-513쪽.

제13장

홀리스틱 교육의 본질과 도전

1. 들어가는 말

왜 홀리스틱 교육인가? 우리 사회의 학교가 죽었기 때문이다. 그리고 홀리스틱 교육에서 가장 확실하게 살릴 수 있는 길을 찾았기 때문이다. 우리나라에는 사립학교가 많다. 고등학교의 약 절반이 사립학교이다. 학부모의 교육열이 대단하다. 학부모가 지불하는 공교육비보다 사교육비가 훨씬 더 많으며, 과외학원을 비롯한 사교육기관에 종사하는 교사의 수가 공교육기관에 종사하는 교사의 수보다 훨씬 더 많다. 이러한 지표는 우리 민족의 교육열이 얼마나 뜨거운가를 말해 준다. 그럼에도 불구하고 학교는 죽었다!

우리가 인류의 역사를 살펴보면, 인간은 고대로부터 자아의 성장과 민족과 국가의 보존을 위하여 끊임없이 다양한 교육적 노력을 하여 왔다. 이를 한마디로 표현하면, 교육은 본질적으로 인간과 국가의 삶의 질의 추구였다. 교육은 언제 어디서나 그 시대를 살던 인간들이 공유하고 있는 최고 가치의 실현이요, 이상적 인간상의 구현이었다. 고대 그리스의 교육이념 미선성(美善性, kalokagathia), 즉 체육으로 신체를 아름답게 단련하고 음악으로 영혼을 선하게 도야하는 교육이념은 오늘날까지 교육이 있는 곳에서는 어디서든지 확인되고 있다. 비록 오늘날 교육이 대단히 복잡한 현상이 되었다고는 해도, 어느 사회를 막론하고 교육은 여전히 기성세대가 추구하는 최고 가치를 성장세대에게 물려주려는 노력으로 확인되고 있다. 이러한 의미에서 교육은 진리를 깨닫게 하고 이 깨달음 위에 삶의 질을 구축하게 하는 활동이다.

그래서 교육은 자녀를 양육하는 가정의 관심사일 뿐만 아니라, 민족과 국가의 주업(主業)이다. 좋은 교육은 청소년을 행복한 삶을 영위하는 인격인으로 형성한다. 좋은 교육은 학문과 예술을, 정치와 경제를, 종교와 문화를 잘 보존하고 가꾸어 간다. 좋은 교육은 민족을 흥성하게 하며 국가를 정의롭게 한다. 그러므로 우리는 교육의 중요성을 아무리 강조해도 지나치지 않다. 그런데 우리의 학교는 인간을 양성한다고 하면서 점수벌레를 배양하는 일에 전력투구하여 왔다. 그 결과로 성장세대의 인성교육이 실종되었으며 우리 사회의 공동체적 기반이 다중적으로 흔들리고 있다.

그러면 어떻게 교육하여야 하겠는가? 극단적 대조를 이루고 있는 고전적 범례를 살펴보자. 고대 그리스의 폴리스(polis) 가운데서 최강국이요, 종주국으로 이름을 떨쳤던 스파르타는 지금은 그 유적(遺跡)만이 남아 있다. 그러나 한때 스파르타에게 패하여 군대가 해산되고 성곽과 요새의 주춧돌까지 훼파(毁破)되었던 아테네는 오늘날 문화의 원천이요, 인류의 '어머니 도시(metropolis)'로 여전히 우뚝 서 있다!

우리는 이렇게 말할 수 있다. 한 민족과 국가의 교육이 잘못되고 있는 곳에는 그 민족과 국가의 모든 것이 사라진다. 사라진다는 것은 잘못된 교육이 거두어들이는 비참한 열매 이외에 아무것도 아니다. 만약에 우리가 성장세대를 계속하여 잘못 교육한다면, 국가의 경제가 중국과 일본 같은 경제강국에 정복되고 말뿐만 아니라, 언어와 문화를 비롯한 모든 것이 사라지고 말 것이다. 이미 우리의 전통적 도덕과 가치가, 풍속과 예절이 사라져 가고 있다. 우리의 조상들이 귀중하게 가꾸어 온 많은 언어가 사라져 가고 있다. 우리가 귀중하게 가꾸어 온 신앙과 생활의 공동체가 사라져 가고 있다.

우리는 이러한 사라짐의 물결을 직시하여야 한다. 학교가 도대체 무엇을 어떻게 교육하고 있기에 학교의 건물과 시설은 나날이 좋아지고 있는데 그렇게나 오랜 세월 보존하여 온 문화의 귀중한 무형적 유산들은 그렇게 엄청난 속도로 사라져 가고 있는가! 이러한 속도와 범위로 사라짐이 계속되다가는 우리 겨레의 고유한 얼과 숨결까지 사라져 버리지 않겠는가? 우리는 이미 미인의 척도를 서양의 아름다움의 척도에서 찾으며, 생활의 수준도 서양의 주거 양식과 척도로 재고 있다. 이러한 형태로 사라짐이 계속되다가는 종국에는 우리가 물려받고 가꾸어 온 우리의 고유한 것들을 모두 잃어버리거나 남의 것들의 바탕 위에서, 남의 것들의 표현과 형식으로 우리의 것을 표현하고 사용하게 될 것이다.

인류의 역사를 돌이켜 보면, 어떤 민족이나 국가를 막론하고 흥망성쇠의 곡선을 그리고 있었으며 거기에는 교육이 있었다. 민족과 국가가 기상을 떨치고 일어나서 흥성의 상향곡선을 그리고 있었을 때, 그 민족과 국가의 기성세대는 성장세대를 잘 교육하고 있었다. 그러나 민족과 국가가 쇠망의 하향곡선을 그리고 있었을 때, 그 민족과 국가의 기성세대는 성장세대를 잘못 교육하고 있었다. 좋은 교육은 교사와 학생을 행복하게 할 뿐만 아니라 민족과 국가를 흥하게 하나, 나쁜 교육은 교사와 학생을 불행하게 만들 뿐만 아니라 국가와 민족을 쇠하게 한다. 이를 깊이 통찰한 플라톤은 조국 아테네를 다시금 부하고 강한 국가로 발전시키기 위하여 인류가 추구하고 실현할 수 있는 가장 이상적인 교육국가를 설계하였다. 그는 인간 속에서 국가를 발견하였으며, 인간 개개인의 최적적 자아실현이 모여 전체를 이룬 것이 국가의 이상적 모습이 되도록 하였다. 그는 정치와 철학의 다이내믹이 함께 만나서 조화로운 꽃을 피운 것을 좋은, 이상적인, 정의로운 교육으로 보았다. 그리고 그러한 현상을 가능하게 하는 덕을 절제, 용기, 지혜, 정의로 보았다. 그중에서도 정의를 세 가지 덕이 덕으로 확인되도록 하는 덕으로, 다시 말하면 덕들의 전체적 균형과 조화를 관리하고 판단하는 '홀리스틱' 덕으로 보았다. 이렇게 하여 그의 위대한 책 『국가』가 탄생하였다. 플라톤이 정의로운 교육으로 본 것을 오늘에 가져와 표현하면 곧 '홀리스틱' 교육이다. 이러한 의미에서 플라톤은 우리가 오늘 다루는 홀리스틱 교육의 가장 고전적인 범례를 제시하였다 하겠다.

2. '홀리스틱'이란 무엇인가

'한국 홀리스틱 교육학회'나 '일본 홀리스틱 교육연구회'를 비롯하여 홀리스틱 교육이론의 대표적 학자인 밀러(John P. Miller)의 저서는 모두 '홀리스틱'을 특별한 의미를 담고 있는 개념언어로 사용하고 있다. '홀리스틱'이란 말 대신에 '전체적' 또는 '완전한'이란 말을 사용하여 '한국 완전한 교육학회'로 학회명을 개칭하면, 사람들은 '완전한'이란 말 아래서 '홀리스틱'이란 말이 지닌 의미와 색깔을 떠올릴 수 있을까? 여기서 우리는 학회가 '홀리스틱'이란 말에 특별한 의미를 부여하여 일정한 관점과 사유의 형식을 가진 개념언어로 사용하고 있다는 사실을 알 수 있다. 그래서 필자는 학회원들에게 이미 잘 알려져 있는 개념언어를 다시 한 번 따져 보고, 이 개념언어가 어떠한 관점과 사유의 형식을 요청하고 있는지 확인해 보고자 한다.

'홀리스틱'은 '모두' '완전한' '전체적' 등의 의미를 가진 그리스어 holos(ὅλος)에서 온 말이다.[1] 명사는 to holon(τὸ ὅλον)으로 '전체' '세계' 등을 뜻한다. 이 말은 그리스어 pas(πας)의 뜻과 유사하다. 그러나 pas는 '모든' '누구든지' '모든 종류의' 등의 뜻을 가졌으며, 부사 pan(παν)으로 우리에게 더 친숙하다. 범신론, 범세계적, 범아관광 등에서의 범(凡)이란 말이 pan에 해당한다. 신약에는 holos가 개념언어로는 등장하지 않는다. 그러나 pas, pan이란 단어는 중요한 개념언어로 여러 번 등장한다.[2] 'pan'은 하나님의 속성을

---

1) 『홀리스틱 교육의 이해』의 23쪽에서는 holos의 뜻으로 '건강' '낫다' '신성한' 등을 들었다. 그러나 이러한 뜻은 '전체적' '완전한' '모든' 등의 뜻으로부터 파생된 메타포적 의미로 수용할 수는 있겠으나, 단어의 본래적 의미는 아니다. 홀리스틱의 의미를 담고 있는 말들로 된 문장을 필자 나름대로 하나 만들어서 살펴보면, '전(체적)' 세계의 '모든' 생명체를 빠짐없이 수록한 '완전한' 목록은 없다. 여기서 '전' '모든' '완전한'이 모두 holos의 뜻이다. Langenscheidts Taschenwörterbuch Altgriechisch-Deutsch. 1986 참조.

2) 대표적 성구를 예로 들면, 고린도전서 8장 6절: "우리에게는 아버지가 되시는 하나님 한 분이 계실 뿐입니다. 만물이 그분에게서 생겼고, 우리는 그분을 위해서 있습니다. 또한 한 분 주님이신 예수 그리스도가 계시니, 만물이 그로 말미암아 있고, 우리도 그로 말미암아 있습니다." 여기서 '만물이'가 panta의 번

설명하는 말들인 '무소부재' '전지전능' 같은 표현에서 알 수 있듯이 어떤 색
깔이나 속성이 넓게 퍼져 있어서 글자 그대로 보편함을 의미한다. 그리하여
서구에서 기원과 목적, 규범과 가치, 과정과 형식 등을 추론하는 연역적 사고
의 규범적 카테고리로 작용하여 왔다. 그러나 'holos'는 어떤 사물을 파악할
때 부분으로 전체를 규정하거나, 부분만 파악의 대상으로 삼고 그 외의 것들
은 배제하거나, 전체를 구성하고 있는 부분들의 단순한 종합으로 전체를 파악
하도록 하지 아니하고, 전체를 파악의 대상으로 삼도록 하여 전체 안에서 부
분과 부분의 관계를 통하여 부분을 파악하고 전체를 파악하여 전체의 부분
통합적이고, 부분 초월적인 성격에 인식관심을 갖도록 하는 개념언어이다.

좀 더 예를 들어 살펴보자. 범논리주의(panlogism)로 불리는, 이성을 절대
적 실재로 보고 세계를 이성의 실현으로 파악하는 헤겔의 철학에서 볼 수 있
듯이, pan은 이성이 우주에 편재하여(omnipresent) 우주를 우주로 존재하
게 하는, 이성이 없는 우주는 없는, 우주적 이성의 본질을 묘사하는 말로 사
용되고 있다. 성경에 쓰여 있는 풀 한 포기, 꽃 한 송이도 하나님의 뜻이 아
니면 그렇게 있을 수 없다는 말에서도 우리는 'pan'의 속성을 확인할 수 있
다. 이를 절대적으로 개념화한 결과로 형성된 사상이 만유재신론(萬有在神論,
panentheism)이다. 이에 따르면, 우주는 하나님 안에 있으며, 세계는 하나님
의 현현상태이다. 우주의 어떤 현상이나 대상도, 아무리 크거나 아무리 작은
것이라고 하더라도, 하나님 안에서 일어나거나 존재하지 않는 현상이나 대상

역으로, 두 번 나온다. 모든 것이 하나님으로부터 오며 하나님에게로 돌아간다. 하나님은 시작과 종말이
며, 원천과 목표이다. 하나님으로부터 그의 아들 예수가 있다. 그러므로 예수의 그리스도 됨은 기원과
목적에 대한 물음 앞에서 불확실한 것이 아니라 확실하고 명료하다. 이러한 세계관에서 panta는 중요
한 의미언어로 기능하고 있다. 로마서 11장 36절: "만물이(τὰ πάντα) 그에게서 왔고, 그로 말미암아 있
고, 그를 위하여 있습니다." 여기서 '그에게서(von ihm)' '그로 말미암아(durch ihn)' '그를 위하여(zu
ihm)'의 구조는 인간을 포함한 우주와 창조주 하나님과의 관계를 설명하며 마땅히 그렇게 살아야 하는
존재의 목적과 형식과 내용을 설명하는 것으로, 신학뿐만 아니라 철학과 교육학에 절대적으로 작용하
여 왔다. 이를 코메니우스에게서도 확인할 수 있다. 성경전서 표준새번역, 대한 성서공회, 1993; Novum
testamentum Graece et Germanice. Hrsg. von Eberhard Nestle. Stuttgart: Württembergische
Bibelanstalt 1973.

은 없다. 이 세계의 모든 것은 하나님이 자기 자신을 나타낸 모양이다.

　'holos'는 철학사에서 '전체(holon)'에서 온 사상, '전체론(holism)'으로 잘 알려져 있다. 전체론은 이미 아리스토텔레스, 토마스 아퀴나스(Thomas Aquinas), 라이프니츠, 셸링(Schelling), 헤겔 등에 의하여 주장된 바 있다. 그러나 홀리즘이란 말은 우리가 잘 아는 대로 스머츠의 책『전체론과 진화(Holism and Evolution)』(1926)를 통해 널리 퍼졌다. 그 후에 홀리즘은 영국의 홀데인(Jone S. Haldane)의『생물학의 철학적 기초(The Philosophical Basis of Biology)』(1931), 독일의 마이어–아비히(Adolf Meyer-Abich)의『생물학적 인식의 이념들과 이상들(Ideen und Ideale der Biologischen Erkenntnis)』(1933)과『새로운 길 위에서는 자연철학(Naturphilosophie auf neuen Wegen)』(1948) 등으로 이어졌다.

　철학에서 일원론(monism)이 실재하는 모든 것의 표면적 상이성에도 불구하고 그것들은 원칙적으로 형이상학적으로 같은 모양(꼴)을 이루고 있다고 주장하고, 다원론(pluralism)이 실재하는 모든 것의 본질적 상이성을 주장하고 있음에 반하여, 전체론은 물질이나 유기체나 정신이나 영적 실재까지 포함하여 실재하는 모든 것은 그것들의 원칙적 상이성 내지 다양성에도 불구하고 다만 단계적으로 다양하게 드러날 뿐 전체적으로 '하나의 참된 전체성(eine echte ganzheit)'[3]을 이루고 있다는 입장을 취한다. 홀데인은 주장한다. "모든 현존형식은…… 전체로 존재하기를 추구하고 있다. …… 새로운 전체는 낡은 전체를 포함하고 있으나, 그 자체는 본질적으로 새로우며, 그 자체의 뿌리인 물질이나 부분을 초월하고 있다."[4] 이렇게 인간을 포함하여 모든 생명체와 생명을 배태시키는 힘을 가지고 있는 세계는 거기서부터 그것들이 나온 부분과 물질을 초월하여 새로운 전체적 존재를 이루어 간다. 이러한 '점차적인 출현(allmähliches auftauchen, emergence)'의 현상이 담고 있고 드러내는 생명

---

3) Schischkoff, Georgi (Hrsg.), *Philosophisches Wörterbuch*. Stuttgart 1965, S.248.

4) Haldane, J. S., Die Philosohie eines Biologen. 1936. Historisches Wörterbuch der Philosophie. Band 3, Darmstadt 1974, Sp.1167에서 재인용.

의 힘, 파괴하지 않고 건설하는 힘, 창조적 비약, 신명으로 가득 찬 기운과 정신의 비등, 안으로부터 자발적으로 자유롭게 솟아 나오는 삶의 행복한 표현을 볼 수 있는 눈은 '홀리스틱'이다. 그리고 인간의 인격은 이와 같은 수많은 전체적 생명의 바다에서 최고의 구체적 전체를 이루고 있다.

그래서 홀리즘은 변증법적 사고의 구조를 가지고 있을 뿐만 아니라, 그 자체가 변증법(Dialektik)이다. 두 개의 서로 반명제적으로(antithetisch) 대립하고 있는 오래된 생명과 낡은 형식의 형이상학적 에네르기아와 시스템들이 벌이는 변증법이다. 모든 시기와 모든 세대는 간단없이 이와 같은 변증법을 언제나 새롭게 반복하여 수행하고 있으며, 그렇게 함으로써 살아 있다. 그러므로 생장(生長)하는 모든 것은 이러한 홀리즘을 언제나 새롭게 반복하여 수행하지 않으면 안 되며 또 수행하고 있는 것이다.

여기서 우리는 이렇게 말할 수 있다. 실재하는 모든 것은 그 영역에서 자신의 고유한(eigen) 단계를 형성하고 있다. 예를 들면, 인간의 발달단계인 영유아기, 아동기, 소년기, 청년기, 성인기, 노년기 등은 각 단계가 다음 단계를 위한 준비이기 이전에 그 자체의 고유한 전체성을 지닌 단계이다. 이러한 의미에서 루소는 그의 교육소설 『에밀』의 제2부 소년기 또는 아동기의 교육에서 "시간을 낭비하라."라고 했으며, 이것이 "모든 교육 중에서 가장 위대하고 가장 중요하고 가장 유익한 원칙"이라고 했다.[5] 이러한 관점에서 루소는 교육적 전체론(educational holism)의 길을 이미 열었으며, 홀리스틱 관점과 이념을 제시하였다.

홀리즘은 인간, 생물, 환경, 지구, 우주의 "상호연관성과 근원적인 통일성"[6]을 전제하고 있다. 소크라테스의 내면의 소리(daimonion), 에머슨(Ralph W. Emerson)의 위대한 영혼, 하이젠베르크(Werner K. Heisenberg)의 불확정성의 원리, 간디(Mahatima Gandhi)의 영혼의 힘(satyagraha), 그리고 장회익의 온

---

5) 루소, J. J. 저, 오증자 역, 에밀(상), 서울: 박영사, 1980, 138-139쪽; 오인탁, "루소", 연세대학교 교육철학연구회 편, 위대한 교육사상가들 II, 교육과학사, 1998, 189-244쪽 참조.

6) Miller, John P., 송민영 역, 홀리스틱 교육과정, 책사랑, 2000, 56쪽.

생명[7] 등은 모두 홀리스틱 사유의 열매들이다. 홀리스틱 사유는 관념 속에서 침몰하지 않는다. 소크라테스는 내면의 소리에 귀를 기울인 결과 '무지의 지'와 '아레테(arete)'의 인식에 이르렀으며, 결코 가르치지 않음으로써 위대한 스승이 되었다. 간디는 '비폭력(ahimsa)'의 정치를 실천하였으며, 장회익은 종말론적 개인 구원에 안주하지 않고 "생태적 삶을 추구하는 (기독교적) 영성"[8]을 강조하였다.

교육의 영역에서도 많은 홀리스틱 사유의 열매를 볼 수 있다. 앞에서 언급한 플라톤을 차치한다 해도, 다음에서 언급할 코메니우스와 헤르바르트뿐만 아니라 슐라이어마허와 루소의 교육사상들이 모두 홀리스틱하다. 현대로 접어들어서 학교교육에 많은 영향을 준 닐(Alexander S. Neil), 슈타이너(Rudolf Steiner), 일리치(Ivan Illich) 등과 그들의 비권위주의 교육, 유리드미(eurythmie), 탈학교 등 세계적으로 이름난 대안적이고 자유로운 학교교육뿐 아니라, 우리나라의 다양한 대안적 학교교육인 풀무학교의 "더불어 사는 평민"[9] 교육, 성지학교의 '꼴봐주기' 교육, 윤구병의 "건강한 파괴자"[10] 교육 등에서 우리는 인간과 교육에 대한 홀리스틱 접근을 본다. 인간과 교육에 대한 깊은 이해는 홀리스틱하다. 눈으로 보고 귀로 듣는다고만 생각하고 가르칠 때, 거기에는 홀리스틱이 없다. 그러나 눈으로 듣고 귀로 보며, "볼 수 있는 언어, 볼 수 있는 노래"[11]를 춤출 때, 거기에는 홀리스틱 교육이 있다.

이러한 홀리스틱 이해는 작은 수정을 불가피하게 만든다. 밀러(Miller)는 감성과 오성과 이성에 대한 바렛(Barrett)의 도식과 이성의 큰 원이 "감성이나 오성의 안쪽의 원을 포함하면서 꿰뚫고 있다."[12]라는 바렛의 말을 인용하여

---

7) 장회익, 삶과 온생명: 새 과학문화의 모색, 서울: 솔, 1998.

8) 장회익 외, 생태적 삶을 추구하는 영성, 인천: 내일을 여는 책, 2000.

9) 김조년, "학교교육을 통한 지역사회공동체 형성에 대한 기초연구-홍성 풀무학원과 홍동지역사회를 중심으로-", 충청문화연구 제5집, 1997, 27-86쪽.

10) 윤구병, "아이들을 건강한 파괴자로 길러야 한다", 작은 학교가 아름답다, 보리, 1997, 202-213쪽.

11) *Erziehung zur Freiheit*. Die Pädagogik Rudolf Steiners. Bilder und Berichte aus der internationalen Waldorfschulbewegung. Stuttgart 1972, S.55.

직관을 설명하였다. 맞는 말이다. 이성은 감성의 막연한 느낌이나 오성의 맹목적 지각을 꿰뚫어 깨우치게 하고 알게 한다. 그러나 이성과 오성은 감성의 큰 원 안에서, 이성은 오성의 원 안에서 준동하고 있다. 이성은 감성의 시녀이기를 즐기나, 감성은 이성의 시녀이기를 끈질기게 거부하고 있다. 오성과 이성은 감성이 만들어 놓은 색깔을 설명하고, 그린 그림을 해석하며, 거기에 이념과 가치를 부여한다. 그러므로 교육에서 지성의 개발은 우선순위에서 뒤에 있어야 하며, 방법에서 감성에 의하여 동반되어야 의미가 있다.

3. '홀리스틱'의 두 범례: 코메니우스와 헤르바르트

앞에서 우리는 '홀리스틱'의 개념을 살펴보았다. 우리는 이렇게 말할 수 있다. '홀리스틱'이란 말을 교육의 중심개념으로 발견하고 이 개념을 중심으로 교육의 이론과 실천을 재구성하려 시도한 것은 최근의 일이나, 홀리스틱의 개념으로 인간과 교육을 이해하고 이론과 실천의 정립을 시도한 사례는 대단히 많으며 역사적으로도 오래전부터 있어 왔다. 교육학에서 역사적으로 '홀리스틱'은 크게 의미의 차원과 방법의 차원의 두 차원으로 천착되어 왔다. 고전적 범례를 들어 보면, 의미의 차원에서 코메니우스를, 방법의 차원에서는 헤르바르트를 들 수 있다.

코메니우스는 『대교수학(Didactica Magna)』을 훨씬 뛰어넘는 그의 원숙한 교육철학적 저서 『범교육(Pampaedia)』에서 교육을 앞에서 다룬 'pan'이라는 개념을 중심으로 전개하고 있다. 그래서 pan이라는 전체(universalitas)에 관련된 교육적 관점으로부터 그는 "모든 인류에게 전체를 철저히"[13] 가르치는 일을 과제로 삼았다. 그는 이 책의 표지에 이렇게 썼다. "인간 사물의 개선에

---

12) Miller, John P., 앞의 책, 64쪽 이하.

13) Comenius, Johann Amos, *Pampaedia*. Lateinischer Text und deutsche Übersetzung. Hrsg. von

관한 일반담론. 제4권 범교육론. 이 부분에서 우리는 전체에 관련된 인간 본
성의 완전성으로 인도하는 인간의 교육에 관하여 담론하려 한다. 뿐만 아니라
인간이 평생 동안 성취하도록 위임받은 이 과제들을 모든 연령기에 적절하게
수행하도록 확정하여 개개인의 정신이 기쁨의 정원이 될 수 있게 하여야 한
다. 동시에 여기서 다루는 내용의 성공사례들을 소개하려 한다. 아가서 4장 16
절, "북풍아, 일어나라. 남풍아, 오라. 나의 동산에 불어라. 그리하여 향기를 가
득 채워라."[14] 코메니우스는 'holos'의 관점으로 하나님과 인간과 세계를 하
나로 묶어 'pan'의 교육으로 고찰하고 있다. 그는 모태에서의 세포생명의 탄
생으로부터 죽음에 이르기까지 인간의 일생을 8개의 학교로 나누어, 전체적
학교(panscholia), 전체적 교재(panbiblia), 전체적 교사(pandidascalia)의 교육
이론을 전개하고 있다.

    헤르바르트는 일반적으로 교육학의 역사에서 독립과학으로서의 교육
학이 탄생하였다는 평가를 받고 있는 그의 주저 『일반교육학(Allgemeine
Pädagogik)』에서 수업의 형태론을 '홀리스틱'하게 전개하고 있다. 일반적으
로 사람들이 헤르바르트를 잘못 이해하여 '형식적 단계론'으로 단정하고 있
는 수업의 이론은 정확하게 말하면 "논리적 조합이론적 형태론"이다.[15] 헤르
바르트는 수업을 전체적으로 보았다. 수업은 교사가 학생들에게 일정한 지
식, 기술, 가치, 행동을 매개하는 대단히 복잡한 현상이다. 그는 수업을 지식
을 매개하는 방법에 따라서 (A) 분석적(analytisch), (B) 종합적(synthetisch)
으로, 수업의 대상에 따라서 (a) 인식(erkenntnis), (b) 참여(teilnahme)로, 설
명하는 성격에 따라서 (ㄱ) 경험적(empirisch), (ㄴ) 사변적(spekulativ), (ㄷ)
심미적(ästhetisch), (ㄹ) 동정적(sympathetisch), (ㅁ) 사회적(sozial), (ㅂ) 종

Dmitrij Tschizewskij. Heidelberg 1965, S.15: "dem ganzen Menschengeschlechts, das Ganze,
gründlich - pantes, panta, pantos (πάντες, πάντα, πάντως) - Omnes, Omnia, omnino."

14) Comenius, op. cit., 7쪽.

15) Blass, Josef Leonhard, *Herbarts pädagogische Denkform oder Allgemeine Pädagogik und
Topik*, Wuppertal: Henn, 1969, S.53ff.

교적(religiös)으로 정리하고, 이해의 수준에 따른 수업의 단계를 (α) 명징 (klarheit), (β) 연합(assoziation), (γ) 조직(system), (δ) 방법(methode)으로 분절하고, 이를 논리적으로 조합하여 형태화하였다. 이에 따라 우리는 예를 들어, 수학의 기초적 기술인 가감승제(加減乘除)를 Aaㄱα(분석적-인식-경험적-명료)의 형태로, 또는 Bbㅁδ(종합적-참여-사회적-방법)의 형태로 가르칠 수 있다. Aaㄱα는 1+1=2라는 지극히 기초적인 지식의 단편을 아주 분명하고 명료하게 가르치는 수업의 형태이며, Bbㅁδ는 이러한 수업을 통하여 학생들이 더하기, 빼기를 어느 정도로 할 수 있게 되었을 때 학생들과 함께 시장에 가서 실제로 그들이 사과나 과자 같은 물건을 사는 경험을 하면서 학습한 지식을 실생활에 응용해 보도록 하는 수업의 형태이다. 이러한 수업의 형태론을 통하여 헤르바르트는 가르쳐야 할 지식을 그 지식의 성격에 따라서 배워야 할 학생이 교실에 함께 가지고 들어오는 학습의 전제조건들과 가르쳐야 할 교사가 역시 교실에 함께 가지고 들어오는 교수의 전제조건들을 최적적으로 고려하여 합리적으로 효과 있게 철저히 가르칠 수 있는 수업의 형태를, 현대적 표현으로 교수-학습 방법론을 제시하였다. 그는 이를 형식적 단계론처럼 규범적으로 제시한 것이 아니라, 글자 그대로 논리적 방법론적으로 열어 놓았다. 수업은 아무리 복잡한 지식이라고 하더라도 어떤 수준의 학생에게든지 전체적으로 접근하는 교사에 의하여 용이하게 철저히 이해될 수 있도록 재구성되어 매개될 수 있고 또 매개되어야 하는 것이다. '홀리스틱' 수업은 예술이다. 헤르바르트가 제시한 수업의 조합론은 범례적일 뿐, 무한히 다양한 수업의 형태를 향하여 열려 있다.

정리해 보자. 교육에 대한 '전체적(holistic)' 접근은 앞에서 두 범례를 통하여 살펴본 바와 같이 크게 교육의 이해를 심화하고 확대하는 차원과 교육의 방법을 아름답고 지혜롭게 개발하는 차원의 두 차원으로 전개되어 왔다. 이둘은 서로 연관되어 있다. 이해의 심화는 방법의 쇄신을 가져다준다. 그럼에도 불구하고 이 둘은 학자에 따라서 두 중심의 조화와 균형을 이룬 타원형의 모습으로보다는 어느 한 중심으로 치우친 모습으로 나타나서 교육학의 이론과 실천에 큰 물결을 일으키곤 하였다. 이를 다음에서 자세히 살펴보고, 여기서부터 '홀리스틱' 교육이 우리의 교육현실에 던지는 의미와 도전을 전망해 보기로 한다.

4. '홀리스틱' 인식의 도전

　교육의 역사는 인식의 심화와 확대의 역사이다. 교육은 인간과 국가에 대한 인식에 따라서 이루어져 왔다. 그래서 처음에는 자유시민 남성만 교육의 대상이었다. 플라톤이 여성도 남성과 똑같이 교육을 받아야 한다는 주장을 폈으나, 시대적 공감을 얻지 못하였다. 이처럼 여성이 교육의 대상으로 인식되기 시작한 지는 대단히 오래되었으나, 실제로 학교가 여성을 학생으로 받아들인 역사는 전 지구적으로 이제 겨우 한 세기가 조금 넘었을 뿐이다. 양반과 상놈을 구별하지 않고 계층적 차이를 넘어서서 학교가 한 교실에서 모든 학생을 교육하기 시작한 지도 얼마되지 않았다. 비정상적 신체와 정신을 가진 인간을 교육의 대상으로 삼은 지도 얼마되지 않았다. 우리의 학교교육은 비록 이해는 하고 있으나, 여전히 지적 성취로 학생을 평가하고 선발하여 학생이 잠재능력을 계발하고 발휘할 수 있는 길을 열어 주는 데 있어 제도적 한계를 극복하지 못하고 있다. 이렇게 교육은 여전히 인식의 심화와 확대의 길을 걷고 있다. 이를 중점적으로 한번 짚어 보자.

　교육은 처음에는 지혜(sapientia)였다. 그러나 교육은 과학화의 길을 걸으면서 지식(scientia)과 기술(ars)이 되어 갔으며, 지혜는 점점 더 변두리로 밀려났다. 지혜는 깊은 생각이고, 둥글게 멀리 보는 것이며, 전체적인 사고이고, 확신을 가지고 자족적으로 살아가는 능력이다. 반면에, 지식은 얕은 생각이고, 모나게 짧게 보는 것이며, 부분적인 사고이고, 조바심하며 상대적 가치를 추구하는 능력이다. 사물의 본질을 꿰뚫어 보는 것은 지혜이나 사물의 표면을 쪼개 보는 것은 지식이다. 계량과 평가가 지배하는 곳에서 지혜가 서 있을 공간은 없다. 지혜의 호수 위에 지식의 배가 떠 있으면 그 지식은 빛난다. 그러나 지식은 호수가 될 수 없기 때문에 지혜의 배를 띄울 수조차 없다. 교육은 과학화의 이데올로기에 사로잡혀 있는 한 홀리스틱으로부터 점점 더 멀어질 수밖에 없다.

인간은 자아 중심, 종족 중심, 인간 중심의 길을 걸어왔다. 알렉산더가 스승 아리스토텔레스의 종족 중심적(ethnocentric) 세계관을 거부하고 문화혼융정책을 펴서 헬레니즘 문화의 꽃을 피운 후에 인류는 아직까지 헬레니즘을 넘어서는 인간 중심적(anthropocentric) 문화를 실현하지 못하고 있다. 여전히 종족중심주의가 지구를 지배하고 있다. 심지어 종교조차도 종족 중심적으로 기능하고 있다. 교육은 종족 중심적이며 아직도 인간 중심적이 아니다. 모든 인간은 종족적 특성을 넘어서서 동본원성, 동구조성, 상호연관성, 통일성 같은 속성을 공유하고 있다. 여기에 눈뜨고 관심을 집중하면 우리는 감성의 바다에 오성과 이성이 떠 있음을 깨닫고, 나 중심적 가치관에서 너 중심적 가치관으로 나갈 수 있다. 나 중심적 가치관은 나, 가족, 우리, 동창, 학연, 지연, 혈연, 종파, 당파 등 동질성을, 즉 '같음'을 긍정하고 수용하며 '다름'을 부정하고 거부하는 구조이다. 반면에, 너 중심적 가치관은 너, 이웃, 능력 등 이질성을, 즉 '다름'을 다름 그 자체에 있어서 긍정하고 변증법적으로 수용하는 구조요, 균형, 조화, 나눔의 관계를 여는 구조이고, 다원성 안에서 일원성을 보는 구조이며, 개방과 변화의 구조이다. 인간 중심적 인식관심은 정신의 원심적 추동에 의하여 인도되어서 영원을 철학하고 진리와 자유를 추구한다.

교육이 종족 중심에서 인간 중심으로 나아가기는 대단히 어렵다. 그러나 '홀리스틱' 교육관은 교육이 인간 중심에서 머물러 있어서도 안 되며, 생명 중심(biocentric)으로 나아가고, 생명 중심에서 다시 지구 중심(globalcentric)으로 나아가기를 강요하고 있다.

교육과 교육학은 지금 인간 중심으로의 전환을 인식하고 있다. 여기서 우리는 '홀리스틱은 한계 내 홀리스틱인가 아니면 이제 '인간 중심'이라는 한계를 무너뜨리고 열어 놓아야 하는가'라는 문제를 제기하게 된다. 한번 생각해 보자. 인간은 많은 생명체 가운데 한 생명체일 뿐이기 때문에 다른 생명체들과의 공존과 균형 관계를 깨뜨리면 결국에는 인류의 위기에 직면하게 된다. 그리고 지구는 너무나 생명체적이기 때문에 생명체가 아니라고 할 수가 없다. 인간은 착취와 오염으로 생태계를 파괴하여 왔다. 이제 인간은 지구가 가지고 있는 생명력을 더 이상 고갈시켜서는 안 된다. '홀리스틱' 교육은 우리에게 환경과 생태를 교육의 직접적 대상으로 삼고 지속 가능한 지식, 기술, 지혜를 도야하도록 강요하고 있다.

나는 지금까지 '홀리스틱' 교육이 가져다주는 인식의 전환을 살펴보았다. 여기서 우리는 '홀리스틱' 사유가 우리의 교육현실에 어떤 도전을 가져다주는지 생각해 볼 수 있다.

- 학생을 '함께' 달리도록 도와주는 곳에서 홀리스틱은 약동하고 있다.
- 하나의 척도가 아닌 여러 척도로 평가하며 각자가 모두 참 자기다움의 실현에서 탁월할 수 있도록 절대적으로 인정하고 지원하는 곳에서 홀리스틱은 약동하고 있다.
- '천천히' '시간은 얼마든지 있다'가 강조되는 교육현장에서 홀리스틱은 약동하고 있다.
- 나와 너를 비롯하여 모든 인간의 생명을 위한 교육이 시도되는 곳에서 홀리스틱은 약동하고 있다.
- 인간을 포함하여 식물과 동물, 모든 생명을 살리는 교육이 시도되는 곳에서 홀리스틱은 약동하고 있다.
- 지구와 우주, 온생명, 모든 생명의 바탕이요 원천인 지구 안에서 나를 발견하기가 강조되는 곳에서 홀리스틱은 약동하고 있다.
- 상대평가가 아닌 절대평가가 강조되는 곳에서, 그리하여 상대적 경쟁이 아닌 절대적 경쟁이 이루어지는 곳에서, 나를 나 자신의 아직 이루어지지 아니한, 그러나 언제나 이미 이루어진 모습을 확신하며 이 모습과 경쟁하는(이러한 경쟁을 '거룩한' 경쟁이라 할 수 있다) 곳에서 홀리스틱은 약동하

고 있다.

'홀리스틱' 사유는 온 생명의 바다에서 교사와 학생이 나 중심의 기술관심, 지배관심, 소유관심, 이용관심 등을 나와 너를 포함한 모든 생명 중심의 공존관심, 상생관심, 균형과 조화의 관계실현 관심으로 전환하지 않을 수 없게 만들고 있다. 홀리스틱은 생명 중심으로 교육의 이론과 실천이 전환되기를 강조하고 있다.

5. '홀리스틱' 방법의 도전

기독교는 초기에 엄청나게 적대적인 타 종교들에 둘러싸여서 생존과 성장의 투쟁을 벌이면서 '벌의 비유'로 유명한 다음과 같은 바른 사용(chresis)의 이론을 폈다.[16] 벌은 모든 꽃으로부터 꿀을 빨아들인다. 이와 같이 기독교인도 모든 이방인의 책들로부터 지식을 빨아들인다. 벌은 꽃을 선택한다. 그런데 선택한 꽃들로부터 다 취하는 것은 아니다. 유용한 것들만 취해서 벌집으로 가져가 꿀로 만든다. 교부들은 이 비유에서 세 가지 방법적 본질 특성을 강조하였다. 첫째는 기독교적 보편적 사용의 원리이다. 기독교적 사용은 만물을 다 대상으로 삼는다. 인류의 위대한 유산인 고대의 정신이 만발한 초원에서 어떤 꽃도 소홀히 다루고 간과해서는 안 된다. 둘째는 세심한 구별의 원리이다. 꽃들 가운데서 쓸모 있는 것을 선별하여 모아야 한다. 셋째는 선별한 것의 처리 원리이다. 선별한 것은 해체하여 새롭게 재구성함으로써 전혀 새로운 것으로 만든다. 숱한 이질적 다양성으로부터 새로운 일원적 지식을 생산한다.

이러한 비유는 우리에게 홀리스틱 교육의 방법적 원리에 대하여 생각하게

---

16) Paul, Eugen, *Geschichte der Christlichen Erziehung*. Band 1: Antike und Mittelalter. Freiburg: Herder 1993, S.19f.

한다. 교육은 인간 중심이다. 만물은 사용의 대상으로만 가치가 있을 뿐이다. 그래서 인간은 만물을 탐구하고 지식과 기술을 창출하여 이를 지배한다. 만물은 그대로 사용할 수 없기 때문에 사용 가능하도록 취사선택하고 가공하여야 할 대상이다. 만물은 지식의 재구성, 교육과정의 개발, 선별과 구별의 대상, 분리와 취사선택의 원리, 그리하여 해체와 재구성의 대상이다. 인간 중심으로 쓸모 있게 만드는 것이 오늘날의 문화와 문명을 이룩하였다.

교육은 문화를 보존하고 발전시키는 과제를 최우선적 과제로 삼아 왔다. 이로부터 교육은 처음에는 단순한 행동과 기술의 연습과 훈련이 3R로 약칭되는 읽기, 쓰기, 셈하기라는 '문화기술(kulturtechnik)'들이 강조되고 점차적으로 복잡한 지식과 기술의 전달, 헤르바르트가 교육의 주업(主業)으로 강조한 '세계에 대한 주관적 미적 묘사능력'에로의 교육 같은 교육의 다양한 수준과 방법으로 전개되었다.

이러한 다양한 수준의 교육에서 '홀리스틱'은 무엇인가? 지식의 전달에서 홀리스틱은 어떤 방법을 개발하여야 하겠는가? 지식과 가치의 연관에서 가치로 인식된 지식만이 홀리스틱하다면, 앎과 삶의 연관에서 앎과 삶이 일치하고 하나로 확인되는 삶으로 표현되는 앎만이 홀리스틱하다면, 학습의 차원에서 머리에서 인식된 것이 가슴에 담겨져 느껴지며 손으로 나와서 함께 조화를 이루어야 홀리스틱 학습이라고 한다면, 우리의 학교교육은 철저히 바뀌어야 한다.

우리의 학교교육은 너무나 홀리스틱하지 않다. 우리는 다음과 같은 홀리스틱이 사라지는 교육방법들을 열거해 볼 수 있다.

- 학생을 '홀로' 공부하도록 강요하는 곳에서 홀리스틱은 사라지고 있다.
- 현 단계의 교육에 충실하지 않고 다음 단계의 교육을 받기 위한 준비에 충실하기 위하여 현 단계의 교육을 희생시키고 있는 곳에서 홀리스틱은 사라지고 있다.
- 하나의 척도로 평가하고, 일등에서 꼴등까지 등수를 매기며 학생들을 상

대적 평가구조로 묶어 놓는 곳에서 홀리스틱은 사라지고 있다.

- 교육의 현상을 경험적으로 분석하고 응용하는 것을 교육의 본질로 보고 안주하는 곳에서 홀리스틱은 사라지고 있다.
- '성적'이 교육을 지배하고 있는 곳에서 홀리스틱은 사라지고 있다.
- '대학입학'이 교육의 최우선적 관심이 되고 있는 곳에서 홀리스틱은 사라지고 있다. 대학입학시험이 아닌 대학입학 자체가 교육의 잘못된 주제이다.
- 출세가 교육의 목표가 되고 있는 곳에서 홀리스틱은 사라지고 있다.

우리는 홀리스틱하지 않은 교육의 목록들을 얼마든지 열거할 수 있다. 그러나 일단 여기서 멈추고 돌아보면, 홀리스틱이 우리에게 던지는 교훈과 도전은 분명하다.

- 먼저 교실을 살리라. 그러면 교사와 학생은 살아날 것이다. 꿈과 끼가 있는 교육이 저절로 펼쳐질 것이다.
- 먼저 인간을 교육하라. 그러면 국가와 민족은 흥성할 것이다.
- 먼저 생명을 살리라. 그러면 인간도 함께 살 것이다.
- 먼저 지구와 우주를 고찰하라. 그러면 그 안에 함께 있는 모든 생명이 균형과 조화의 삶을 향유할 수 있는 지혜와 지식과 기술이 창출될 것이다.
- 일정한 대상을 절대화하기를 중지하고, 이로부터 교육의 이론과 실천을 꾀하는 모든 시도에서 벗어나자. 지식, 점수, 학생 개개인의 성장·발달에 대한 어떤 설명과 측정의 형식 따위를 절대화하기에서 벗어나자.

6. 맺는말

만약에 교사가 학생에게 던지는 말, 적어 주는 글이 '주문(呪文)'과 같은 힘을 가져서 학생으로 하여금 '나는 변해야 한다'는 깨달음에 이르게 하였다면 이는 성공적인 교육이다. 잠자는 영혼이 눈뜨는 체험, 각성, 깨우침의 경험, 자신을 돌아보고 추스려 새롭게 일어서서 시작하게 하는 힘을, 그렇게 학생의 영혼 안으로 힘 있게 간섭해 들어가서 변하도록 하는 엄청난 영향력을 발휘할 수 있다면 그러한 교육은 만능이라 하겠다. 우리는 예수, 소크라테스, 석가 같은 인류의 위대한 스승들에게서 그러한 교육을 본다. 거기에는 교사의 교사 됨의 본래적 모습이 있었고, 교육의 모험적 성격이 있었다. 거기에는 교사와 학생의 '전체적(holistic)' 만남이 있었다. 교육은 이렇게 말을 거는 것을 통하여 만나고, 만나서 학생과 선생이 되고, 책과 만나고, 하나님과 만나서 그로 하여금 그가 되도록 한다. 이러한 만남은 예측 불가능하고 계획 불가능하다. 만남은 일회적이어서 반복되지 않는다. 그러나 이러한 만남은 학생을 사로잡아서 일으키며 변화하게 하는 절대적 힘을 가지고 있다. 그래서 만남은 숙명적이다. 이러한 만남이 일어나는 교실에서 학생은 행복하고 선생은 신이 난다. 학교는 영원한 나의 마음의 고향이 된다. 그리고 교육은 여기서 완성된다.

성경을 인용하여 이 글을 맺으려고 한다. 참된 학교에는 시험이 없다. 끊임없이 시험 치면서 가르치는 교사들에게 하나님은 말씀하셨다.

화 있을진저, 너희가 어찌하여 내 백성의 영혼을 사냥하면서 자기를 위하여 영혼을 살리려 하느냐?(겔 13:18)

제14장

꿈과 끼를 살리는 새로운 학교교육문화

1. 들어가는 말

'꿈과 끼를 살리는 교육', 참 좋은 말이다. 교육자와 교육학자에게는 너무나 자명해서 설명이 필요가 없는 말이다. 교육은 본래 성장하는 청소년을 꿈꾸게 하고 끼를 키워 주고 가꿔 주는 활동이다. 그런데 어쩌다가 우리의 교육은 교육본래적 활동으로부터 먼, 청소년들이 꿈꿀 시간을 빼앗고 끼를 억압하는 활동이 되어 버렸고, 학교는 그러한 행태로 유지되는 거대한 괴물이 되어 버렸다. 그래서 '꿈과 끼를 살리는 교육'이라는 말이 새삼스러워졌다. 너무나 새삼스러워져서 기존 교육세력을 뒤집어 엎으려는 힘으로 작용하는 말이라는 오해와 편견까지 받게 되었다.

대한민국은 세계가 인정하는 교육강국이다. 지극히 가난한 저개발국에서 불과 60년 동안에 인구 5천만 명 이상의 국가들 가운데서 주요 7개국(G7)에 속하는 경제대국으로 발돋움했다. 그래서 세계는 한국을 '기적의 국가'라고 칭송하고 있다. 그리고 그 동력으로 교육을 꼽고 있다. 이는 틀린 말은 아니다. 그러나 우리는 너무나 국가발전을 위한 인력개발과 조달에 집중한 나머지 인간자원개발(HRD)이라는 국가 중심의 큰 교육투자의 마당을 만들어 냈다. 그리고 이를 수행하는 초 · 중 · 고등교육기관은 모두 상대적 경쟁과 평가와 선발의 구조 아래서 인력을 양성하여 왔다. 그리하여 국가발전에 유용한 인력은 그런대로 충분히 양성할 수 있었으나, 일차원적 인간교육의 틀 안에서 창조적 인간, 전인적 인격의 다차원적 인간을 배양하는 일에는 실패하였다. 그리하여 PISA에서 범례적으로 보듯이, 학업성취능력에서는 처음부터 지금까지 최상위권을 유지하고 있으나, 학업성취동기와 학창생활을 포함한 삶의 행복감에서는 최하위권에 머물러 있고, 자살율에서는 최상위권이란 서로 모순·대립되는 현상의 병존(ambivalence)을 만들어 냈다. 이를 함께 묶어 교육의 관점에서 진단하면, 대한민국은 표면적으로는 교육강국(教育强國)으로 보이나 심층적으로는 교육병국(教育病國)으로 확인된다. 따라서 꿈과 끼를 살리는 새로운 학교교육문화를 모색하는 일은 국가의 교육병을 근본적으로 치료하고, 이로써 교육하는 교사뿐만 아니라 교육받는 학생이 교수–학습을 즐기면서 꿈과 끼를 발휘하게 하는 일이라 하겠다.

끼는 생명의 약동하는 힘이요, 잠재적 능력이며, 낯선 세상을 향한 모험심이다. 끼를 북돋아 주며 마음껏 발휘하도록 잘 가꾸어 주기만 해도 교육은 이루어진다. 사실 따지고 보면 모든 교사는 학생들의 꿈과 끼를 살리는 교육을 하고 싶어 하고 또 할 수 있다. 그러나 교육의 여건이 이를 허락하지 않을 때에는 그러한 교육을 하지 않으면 못 견디는 교사를 제외하고는 모든 교사는 꿈과 끼를 살리는 교육을 하고 싶은 마음과 하려는 꿈을 접어 버린다. 그러므로 근본적 문제는 꿈과 끼를 살리는 교육을 할 수 있는 조건의 회복이다. 그래서 이 글에서는 그러한 조건을 갖춘 교육을 '새로운 학교교육문화'로 칭하고 이를 발제의 중심주제로 다루려고 한다.

2. 학교교육문화의 역사적 전개에서 드러나는 홀리스틱의 역행들

전통적으로 동서양을 막론하고 학교교육문화는 조직적(systematisch), 장기적(langfristig), 축적적(kumulativ) 구조를 보여 준다.[1] 서당, 서원, 사학, 성균관이라는 우리의 전통적 학교교육도 그러한 구조적 특성을 보여 준다. 그런데 우리가 알고 있다시피 이러한 구조적 특성은 역사적 전개와 더불어 다중적으로 홀리스틱 인간교육을 축소시키고 변질시키는, 다른 말로 표현하면 자유로운 교육문화를 점점 더 변두리로 몰아내는 지도를 그려 왔다. 그리하여 끊임없이 전인교육을 축소시키고 그르쳐 왔다.

이미 고대 그리스에서 호머의 체육과 음악에서 드러나는 음악은 감성, 의지, 지성, 영성을 아우르는 홀리스틱 인성교육이었는데, 소피스트들에 의하여 문법, 수사학, 변증법 그리고 음악으로 나누어지고, 플라톤에 의하여 언어적 도야과목들인 문법과 수사학; 수학적 도야과목들인 산수, 기하1, 기하2, 천문학 그리고 화성학; 철학적 도야과목인 변증법으로 정리되면서 음악과 체육이 정규 교과과정에서 제외되어 버렸다. 그 후 2,300여 년이 흐른 다음에 라틴어와 그리스어 같은 고전어 중심의 인문교육에 반기를 들고 전인적 생활교육의 실현을 시도한 박애주의학교(Philanthropin)에서 음악과 체육이 비로소 '새로운' 교과로 등장하게 된다. 우리나라에서도 신라의 화랑교육은 고대 그리스적 음악과 체육의 홀리스틱한 혼융교육에 버금가는 교육이었는데, 그 후에 고려와 조선으로 이어 오면서 사서오경(四書五經)의 인문교육으로 굳어졌다. 이처럼 지식의 증가와 인간이해의 심화는 한편으로는 교육과정의 세분화를 낳았으나 다른 한편으로는 홀리스틱한 인간교육의 지속적 축소와 배제 그리고 교육과정의 정경화로 이어져 내려왔다. 그리하여 학교교육은 비인본성의 구조적 강화라는 색깔을 갖게 되었다. 이렇게 하여 전반적으로 학교에서 삶(life)이 불가능하게 되었다. 앞으로 올 낯선 삶의 성공적인 준비를 위하여 현재의 삶을 희생하는, 또는 주관적·능동적 삶을 객관적·수동적 삶으로 대체하는 생활이 교육이 되었다.

이러한 역사적 전개는 교육이 지식의 옷을 입으면서 지혜를 교육학의 변두리로 구축한 현상으로 확인된다. 이를 오늘의 주제로 표현하면, 학교교육은

---

1) 오인탁, "새 학교교육문화운동의 국제적 비교연구", 새로운 학교교육문화운동, 서울: 학지사, 2006, 28쪽.

교육과학의 옷을 입으면서 꿈과 끼를 살리는 교육을 교육의 주업으로 할 수 있는 능력을 상실하였다. 때때로 이에 관심을 갖고 이를 꾀한 교육도 교육의 중심으로 들어와 자리 잡지 못하고 시간의 경과와 더불어 변두리로 밀려났다. 예를 들면, 지극히 가난하고 불안했던 1950년대와 1960년대에 그렇게 강조되었던 생활중심 교육과정, 그래서 홈룸(homeroom)을 비롯하여 취미 · 동아리 활동이 활발하였던 중고등학교 생활은 시험의 덫에 체포되어 가두어졌으며 종국에는 사라졌다.

우리의 학교교육의 현실이 꿈과 끼를 살리는 교육을 하겠다고 하면서 현재의 학교교육 체제를 그대로 유지하면서 다양한 프로그램을 개발하고 수행하는 차원에 머무른다면 잠시적 효과 이상을 기대할 수는 없을 것이다. 따라서 학교교육에 대한 근본적 반성과 이에 따른 제도와 체제의 개혁이 요청된다.

3. 학교교육에 대한 근본적 반성 하나: 참된 학교는 시험 치지 않는다

시험은 학생을 보다 더 잘 지도하고 교육하기 위한 도구일 뿐인데, 우리의 학교에서는 시험이 주인이 되어 교육을 지배하고 있다. 교육의 모든 문제가 이 시험으로부터 기인하고 있다. 우리는 이렇게 말할 수 있다. 대한민국의 학교교육에서 시험은 근본악이다. 시험을 없애라. 없애지 못한다면 현재 시행되고 있는 계량적 · 상대적 시험을 폐지하고 서술적 · 주관적 시험으로 바꿔라. 그러면 교육은 달라질 것이며, 어린이와 청소년은 전인적 인격인으로 성장할 것이다.

우리나라 교육학계의 제1세대로 미군정기에 국가의 학교교육의 기본틀을 만들고 1960년에 문교부 장관을 역임한 오천석 박사(1901~1987)는 이미 1975년에 한국의 교육이 "입학시험을 위한 준비교육"밖에 없다고 하면서 "이 얼마나 슬픈 일인가?"라고 통탄하였다.[2] 이 통탄에는 미군정기로부터 30년 동안 전개되어 온 한국교육에 대한 회한이 담겨 있다.

온갖 시험의 폐해에도 불구하고 시험은 유치원에서부터 대학까지 공고히 자리 잡고 우리 교육을 패리로 몰아가고 있다. 객관식 문제와 상대적 평가로 학생의 학업성취를 평가하기 때문에 감성, 의지, 가치, 신념 등 계량화할 수 없는 영역은 평가할 수 없다. 그리하여 헤르바르트가 교육의 주업(主業)으로 강조한 '세계에 대한 미적 표현능력'[3) 자체가 주관적 인식능력으로 객관적으로 평가 불가능한 영역들이기 때문에 교육에서 소외되었다. 학생을 전인적으로 교육할 수 없을 뿐만 아니라 학생과 학생, 선생과 학생 간의 밀도 있는 사귐이 교육마당에서 사라졌다. 또한 빙산의 일각처럼 가시적인 것을 가지고 학생을 평가하여 진로를 지도하고 선발을 결정하기 때문에 성장하는 어린이들 각자가 그로부터 되고 싶고 이루어 내고 싶은 자아를 실현하도록 도와주어야 하는 교육이 오히려 그들의 진로를 차단하고 억제하는 엄청난 오류를 범하고 있다. 이는 다음과 같은 사실을 의미한다.

학교에서 배운 것을 다 잊어버린 다음에도 유일하게 남아 있는 것, 이것이 교육이다. 세월과 더불어 잊어버리는 것은 지식과 기술이다. 반면에, 남아 있는 것은 가치와 신념이다. 머리에 기록된 것들은 잊어버리게 되나, 가슴에 새겨진 것은 여전히 남아 있어서 일상생활을 지배하며 우리의 삶을 만들어 간다. 체험이 되어 버린 것들, 격려와 위로, 충고와 각성, 감격과 회심, 만남의 경험 같은 것들이 나를 깨어나게 하고 바로 서게 하였을 뿐만 아니라, 지금도 여전히 나를 오늘의 나로 살아가게 한다. 이러한 교육이 나의 인격, 성격, 인생관과 세계관, 종교적 심성과 철학이 되어서 나의 삶을 평생 지배하게 된다. 학교는 바로 이러한 교육을 펼쳐야 한다. 이러한 교육의 바탕 위에서 세월과 더불어 잊어버릴 수 있고 잊어버리게 되는 지식과 기술을 함께 가르쳐야 한다. 그럴 때에 학교에서 배운 지식과 기술을 사회에 나가서 더불어 사는 이웃과

---

2) 오천석, 민주교육의 본질, 교육과학사, 2001, 372쪽.

3) Asmus, Walter (Hrsg), *Herbart kleinere paedagogische Schriften*. Duesseldorf und Muenchen 1984, S.105.

사회를 위하여 유용하게 사용하게 될 뿐만 아니라 지식과 기술의 힘을 깊이 깨달아 더욱 정진하는 생활을 하게 될 수 있다. 그런데 우리의 학교에서 이러한 교육은 불가능하게 되어 버렸다.

시험 없는 교육의 사례를 셋만 들어 본다. 미국의 대학입학전형제도엔 입시가 없다. 하버드 대학교를 예로 들면, 하버드의 입학전형제도는 학구능력, 과외활동 실적, 스포츠 실력, 성격의 네 가지 특성을 종합적으로 평가하는 것으로 구성되어 있다. "우리는 숫자놀음은 안 한다."라고 하버드 대학교 입학지원 설명서에 적혀 있다.[4] 이는 하버드만 그런 것이 아니다. 미국 육군사관학교의 입학전형제도도 이와 유사하다. 학구능력, 사회봉사활동, 스포츠 실력 그리고 국회의원 추천서의 네 가지를 종합적으로 평가하여 학생을 선발한다. 그리고 모든 평가는 절대적이지, 상대적이 아니다. 따라서 석차의 개념이 없다.

예외적 소수민족으로 유명한 유태인의 교육에도 시험은 없다. 현재 전 세계에 약 1,400만 명이 있다고 추산되는 유태인은 어떤 민족이나 국가보다 더 많은 노벨상 수상자를 배출하였다. 뿐만 아니라 경제, 학문, 종교, 예술, 건축 등 각 분야에서 세계 최고로 부각되는 경제인들, 학자들, 예술가들, 종교인들을 꾸준히 배출하고있다. 그들은 그들의 성장세대를 어떻게 교육하고 있기에 디아스포라[5]의 삶을 살고 있으면서도 그런 놀라운 성과를 거두고 있는가? 이는 그들이 우리보다 더 우수하기 때문이 아니라 우리와는 근본적으로 다르게 성장세대를 교육하고 있기 때문이다. 모세 시대부터 현재까지 유태인의 교육에서 중심을 차지하고 있는 방법에 하브루타라는 것이 있다. 하브루타는 우정 또는 교제라는 뜻의 히브리어로, 어린이가 5세가 되면 토라를 공부하기 시작하는데, 어른이 되어 직장생활을 할 때까지 유태인들은 교실에서 둘씩 짝을 이루어 서로 큰 소리로 질문하고 토론하며 논쟁을 즐기는 하브루타 교육

---

4) 정범모, 그래, 이름은 뭔고? 회상과 수상, 나남, 2007, 204쪽.
5) 디아스포라($\delta\iota\alpha\sigma\pi o\rho\acute{\alpha}$, diaspora)는 이산(離散)을 뜻하는 그리스어로, 유태민족이 나라를 잃고 세계 방방곡곡으로 흩어져 살고 있는 현상을 칭하는 말이다. 다시 말하면, 유태민족은 수천년간 나라 없이 살아온 이산의 민족이다.

을 받는다. 이러한 방법으로 둘은 잠재능력을 최대한으로 발휘하고 상상력과 창의력, 자기표현능력과 관찰력을 도야하며 함께 인성과 인격을 키워 간다. 교실의 책상과 걸상도 학생들이 둘씩 마주보고 앉도록 배치되어 있다. 그래서 유태인의 교실은 항상 시끄럽다. 유태인들은 직장에서도 하브루타 방법을 최대한 활용하고 있다. 중요한 일일수록 혼자 결정하지 않는다. 경청하고 주장하며 수렴한다. 이러한 전통 아래서 성장한 하버드 대학교의 두 유태인 친구인 저커버그와 모스코비츠는 함께 페이스북(Facebook)을 만들었다. 친구들을 연결시켜 주는 열린 사이버공간이 기능을 하는 페이스북은 그저 우연히 만들어진 것이 아니다.

　독일에서 설립되어 세계로 퍼진 유명한 대안교육기관인 발도르프 학교는 시험이 없다. 성적표도 없다. 12년 학제인 발도르프 학교에 입학하면 1학년부터 8학년까지는 한 선생이 같은 학생들의 담임이 되어 교육한다. 매 학년이 끝나면 선생은 학생들에게 성적표 대신 소감과 칭찬과 기대를 담은 편지를 나누어 준다. 이것이 성적표이다. 독일의 초·중등학제는 모두 13년 학제이다. 대학에 입학하려는 학생은 아비투어라는 졸업시험을 치른다. 일회적인 이 시험으로 대학입학 자격을 획득하며 각자의 성적에 따라 종합대학에 진학한다. 그러나 성적이 낮아서 가고자 하는 대학에 가지 못하는 학생들은 전문대학이나 직업학교로 진학하거나 취직을 하여 열심히 생활하면 일년 후엔 가산점이 붙고, 그래도 성적이 못 미쳐 원하는 학과에 입학할 수 없는 경우 다시 일년을 열심히 생활하면 그 위에 가산점이 더 붙어, 대체로 졸업 후 3년이면 거의 모든 학생이 원하는 전공학과에 입학할 수 있다. 그래서 독일엔 석차나 재수라는 개념이 없다. 그리고 아비투어에 합격하기가 어렵기 때문에 매년 지역신문에 각 학교의 합격생 명단이 발표된다. 그런데 발도르프 학생들은 졸업 후에 자체적으로 아비투어 준비를 하고 학교는 공부의 편의만 제공해 줄 뿐임에도 해마다 가장 많은 합격생을 배출하고 있다.

4. 학교교육에 대한 근본적 반성 둘: 참된 교사는 가르치지 않는다

뛰어난 교사는 많다. 그러나 참된 교사는 귀하다. 꿈과 끼를 살리는 교육을 하는 교사는 어떤 전문적 자질을 소유한 자여야 할까? 여기서 교사의 전문성에 관한 물음은 교육의 본질에 관한 물음과 만난다. 교육이 지식의 전달이요 기술의 숙련이라면 교사의 전문성은 지식에 대한 해박한 이해와 가르치는 방법에 대한 빼어난 솜씨일 것이다. 그러나 교육이 깨우침이요 정신적 각성이며 영혼의 눈뜸이라면, 그래서 참 자기다움을 획득하고 정립하는 정신적·영적 투쟁에서 학생을 도와주는 일이라면, 해박한 지식과 빼어난 솜씨는 다만 이차적인 의미만 있을 뿐 본질적인 것이 아니다. 왜냐하면 그러한 것들은 교사가 학생의 잠자는 영혼을 눈뜨게 하고 방황하는 영혼을 돌아서게 하는 힘을 가지고 있을 때 비로소 의미 있게 작용할 수 있기 때문이다.

여기서 우리는 이렇게 말해야 한다. 교사의 전문성은 학력이나 업적과 경력으로 확인되는 것이 아니라, '그는 좋은 교사인가?'라는 물음에 대한 대답에서 확인되는 것이다. 좋은 교사란 학생을 시험을 잘 치는 학생으로 만드는 교사가 아니라, 훌륭한 인격인으로 기르는 교사이다. 우리는 꿈과 끼를 살리는 교육을 하는 교사의 자질을 세 가지로 정리해 볼 수 있다. 프뢰벨의 묘비는 공과 원통과 육면체로 구성되어 있다. 육면체 위에 원통이 놓여 있고 그 위에 공이 놓여 있다. 따라서 멀리서 보면 맨 위에 있는 공이 보인다. 가까이 다가서면 원통이 보이고, 아주 가까이 다가서면 공과 원통을 받치고 있는 육면체가 보인다. 이 묘비는 교사의 자질에 관한 좋은 설명모델이다. 이에 따라 교사의 자질을 거론하면 지식, 학생애, 소명의식이 될 것이다.

지식은 좋은 교사의 첫째 자질이다. 교사를 양성하는 교육대학과 사범대학의 교육과정은 크게 내용지식과 방법지식으로 정리할 수 있다. 내용지식은 가르칠 전공을, 방법지식은 학생이해와 교육방법을 포괄하고 있다. 좋은 교사가 되기 위하여 지식의 획득은 대단히 중요하다. 잘 가르치는 교사, 전문성이 뛰어난 교사는 대접을 받는다. 그는 짧은 시간에 슈퍼스타가 되고, 고액과외를 통하여 엄청난 부를 축적할 수 있고, 명성을 드높일 수 있다. 그런데 그는 성공한 교사인가?

좋은 교사의 둘째 자질은 학생애(學生愛)이다. 교사는 학생의 현재와 미래를 사랑하는 자이다. 학생이 지금은 어리고 아무것도 모르나 무엇이든 될 수 있는 가능성이 있기 때문에, 앞으로 될 성숙한 인간의 모습을 함께 그려 보면서 유보 없이 현재의 그를 사랑하는 자이다. 교사의 학생애는 현재의 모습에 대한 무조건적 사랑과 미래의 모습에 대한 선취적 사랑 사이에 있다. 학생이 그의 현재로부터 마땅히 그렇게 자아를 실현하지 않으면 안 되며 실현할 수 있음에도 불구하고 나태하거나 일탈하면 교사는 선취적 사랑으로부터 학생을 엄하게 꾸짖고 벌하지 않을 수 없다. 여기에 교사의 학생애의 양면성이 자리 잡고 있다. 학생을 사랑하는 교사는 자신의 안위와 영달을 위하여 학생을 결코 이용하지 않는다. 오로지 학생의 최적적 자아실현을 위하여 그가 할 수 있는 모든 노력을 경주할 뿐이다. 그러고는 교사는 참고 기다린다. 그래서 스승 됨의 중요한 덕목들인 인내, 신뢰, 충고, 포용 등이 모두 선취적 사랑을 중심으로 있는 것이다. 공자가 말하는 인사(人師)가 학생애로 무장한 교사라면, 경사(經師)는 지식으로만 무장한 교사이다. 인사는 장기적·전체적으로 학생을 평가하나 경사는 단기적·부분적으로 학생을 평가한다.

좋은 교사의 셋째 자질은 소명의식이다. 지식과 학생애로 무장한 교사는 꿈과 끼를 살리는 교육을 할 수 있는 훌륭한 교사이다. 그러나 그에게는 훌륭한 교사가 되기 위하여 부족한 조건이 하나 더 있다. 이 조건이 소명의식이다. 학생애로 가득 찬 교사라고 하더라도 그에게 교사 됨의 소명의식이 없다면, 그리고 그의 소명의식이 시대를 초월한 높은 철학과 신앙으로부터 형성된 것이 아니라면, 그는 아직 참된 교사가 아니다. 소명의식이 결여된 교사는 그가 살고 있는 시간과 공간의 한계 안에서 학생을 교육할 뿐이기 때문이다. 학생들 개개인이 그의 소질과 관심과 성취에 따라서 이 시대와 사회와 문화에서 성공적인 삶을 살아가는 직업인이 되도록 학생을 선도할 수 있을 뿐, 시대를 초월하여 학생의 꿈과 끼를 살려주지는 않기 때문이다.

시대를 초월하여 학생을 교육한다는 것은 무엇인가? 출중한 지식과 학생애로 무장한 교사는 학생을 시대와 사회의 총아로 교육한다. 그리고 그 척도는 정치경제적이다. 그러나 소명의식으로 무장한 교사는 시대와 사회를 초월하여 학생을 그의 잠재력으로부터, 이를 종교적으로 표현하면 신이 그의 삶을 통하여 이룩하고자 하는 어떤 뜻이 있어서 그에게 선물한 은사로부터 최대한으로 자아를 모험하고 개발하게 하여, 다른 말로 표현하면 수월의 경지에 이르기까지 자아실현을 하도록 교육하여 그로부터 그가 될 수 있는 최고의 인간이 되도록 교육한다. 그리고 자아실현의 결과는 지복성(至福性)과 유용성(有用性)의 절대가치로 그의 삶을 가득 채워 준다. 예를 들면, 1885년 조선에 와서 5년 동안 이 땅에서 새로운 의술을 펼치다가 이질에 걸려 짧은 삶을 마감한 의사 헤론(John W. Heron)은 뉴욕 의대를 수석으로 졸업한 재원이다. 그러나 그의 영혼은 그를 당시에 희망이라곤 보이지 않는 황무지 같은 땅 조선으로 인도하였다. 빌 게이츠는 세계에 디지털테크노미디어의 문명이 활짝 열리도록 하였으며 이로써 세계 최고 갑부가 되었다. 김아타는 '움직이는 모든 것은 사라진다'는 명제로 사진을 철학과 만나게 하였으며 사진술의 신세계를 열었다. 이것이 교육이다.

꿈과 끼를 살리는 교사의 자질을 지식과 학생애와 소명의식으로 정리해 보았다. 이 중에서 보다 더 근본적이고 우선되어야 할 자질은 무엇일까? 지식이 아닌 것만은 분명하다. 소크라테스를 언급하지 않더라도 "참된 교사는 가르치지 않는다."[6] 경사는 삯꾼이다. 인사도 학교의 교육문화가 꿈과 끼를 살리는 교육을 허용하지 않을 경우에 삯꾼으로 현존할 수밖에 없다. 그러나 학생애 또는 소명의식으로 그리고 이 둘 모두로 균형 있게 무장한 교사는 그렇게 교

---

6) 바브, 비노바 저, 보리 편집부 엮음, "참다운 교사는 가르치지 않는다". 작은 학교가 아름답다, 보리, 1997, 23-43쪽.

육하지 않고는 못 견딘다. 그래서 교육적으로 준동한다. 페스탈로치처럼 평생 준교사의 대우를 받으면서도 묵묵히 참된 교사의 길을 걷는다. 닐(Alexander S. Neill)처럼 섬머힐학교(Summerhill School)를 열어 비권위주의 교육을 실천한다. 프레네(Célestin Freinet)처럼 현대학교(Ecole moderne)를 열고 신교육(Education nouvelle)의 깃발을 높이 들어 올린다. 게헤프(Paul Geheeb)처럼 자연 속의 작은 마을에서 제도권 학교가 아닌 형태로 학교교육을 실험한다. 김교신처럼 지리 과목을 가르치며 학생들에게 호랑이의 영감을 불어넣어준다.

좋은 교사는 가르치지 않는다. 소명의식에 기초하여 학생애로 가득 차서 학생과 더불어 지식을 모험한다. 이렇게 본질적인 것들을 섞으면 빛난다. 그는 학생의 꿈과 끼를 살리며 사회를 향기롭게 만든다. 그러한 교사로부터 나라를 빛내고 인류의 삶을 더욱 복되게 만들 숱한 인물들이 쏟아져 나올 것이다. 그러나 그렇지 않은 교사는 경사의 수준에 머물며 본질적인 것에 비본질적인 것들을 섞는다. 이렇게 섞으면 썩는다. 그에게 교직의 보람은 다만 소유의 내용에 있기 때문에, 이내 공허한 존재가 되어 학생을 오도하고 사회를 악취 나게 할 것이다. 따라서 교사양성제도의 근본적 쇄신이 필요하다.

5. 학교교육에 대한 근본적 반성 셋: 교육은 존재의 예술이다

학교교육에 대한 이론적 접근에는 크게 예술과 기술의 두 방향이 있다. 한국의 교육학계와 교육계를 지배하고 있는 이론적 접근은 교육은 기술이라는 수공업적 개념이다. 교육학은 과학이다. 따라서 재료로서의 학생을 잘 알고 가르칠 내용을 잘 포장하여 과학적으로 완벽한 방법으로 교육하면, 교육자는 학생을 자신이 원하는 행동, 의식, 기술, 능력 등을 가진 인간으로 만들 수 있다. 이러한 기술공학적 교육관에서는 교육받을 인간이 공정과정에 투입되는 재료일 뿐이며, 만들어져 나올 상품에 대한 표준 규격이 있어서 그에 따라 상품의 질은 평가되고 분류될 뿐이다. 이러한 교육관이 지배하는 사회에서는 학력(學力)이 그를 결정할 것 같으나, 오히려 학력(學歷)이 그를 결정한다. 왜냐하면 모든 것을 계량화하여 측정·평가하고 분석하며 통계하기 때문이다. 그리하여 학생을 존재하는 인격으로 교육하지 못하고 상대적 가치에 사로잡혀 소유하는 삶을 사는 소시민으로 교육하게 된다. 그러한 교육 아래서는 존재가 아닌 소유가 삶의 목표가 될 수밖에 없다. 그리고 계량화된 학교에서 교육은 패리(悖理)된다.

그러나 인간은 옹알거리는 갓난쟁이로부터 삶을 마무리하는 늙은이에 이르기까지, 부와 권력의 정점에 있는 사람으로부터 초근목피로 연명하는 빈자에 이르기까지 모두가 각자의 고유하고 독특한 일회적 삶을 살아가고 있는 존재이다. 따라서 존재의 일회성은 마치 지문(指紋)처럼 서로 다르기 때문에, 아무리 측정도구를 잘 개발한다고 해도 충분히 완전하게 파악할 수 없을 뿐만 아니라 측정도구의 개발 자체가 파악 가능한 현상을 제약하는 것이다. 더구나 성장·발달의 과정에 있는 존재의 경우에 그 존재가 아직 미완성이고 지금 완성되어 가는 과정에 있으므로, 삶의 체험이 그의 영혼을 어디로 끌고 갈지 전혀 예측할 수 없기 때문에 그를 강제로 이리저리 끌고 다녀선 안 된다. 그런데도 불구하고 과학의 이름으로 끊임없이 시험하고 측정하고 분석하고 평가함으로써 자아실현의 환경을 일정하게 규격화해서 교육의 과정을 통제하고 있다. 여기에 우리 교육이 이치에 어긋나게 실천되고 있는 현주소가 있다.

존재의 전제조건은 자유이다. 인간의 영혼은 자유의 공기를 마시며 생동한다. 자유는 독자성, 비의존성, 자발성이다. 자기 자신의 비판적 이성을 사용할 수 있는 능력이요 사용하는 활동이다. 칸트가 계몽을 스스로 초래한 미성숙성으로부터의 출구(Ausgang)라고 하면서 강조한 것은 자기 자신의 이성을 사용하고 남의 이성에 종 노릇하지 않을 수 있는 주관적 성숙성이었다. 학교에서 이성을 바르게 사용할 수 있는 능력을 도야하는 것이 곧 교육이다.

자유에 이어서 오는 존재의 전제조건은 자율이다. 자율이란 자족성이다. 자기 자신의 척도를 갖고 있어서 남이 제시한 어떤 객관적 척도로 자신을 평가하지 않는 능력이다. 주관적 척도로 자신을 평가할 수 있는 능력을 도야하는 교육을 할 때, 우리는 학생을 스스로 쇄신하며 성장하기, 사랑하기, 관심을 갖고 귀를 기울이기, 춤추고 노래하기, 말하고 껴안기, 갖고 있는 것을 나누고 주기, 낯선 세계를 모험하기, 자기 자신의 고유한 세계를 창출하기 등의 세계 속에서 학창시절을 밀도 있게 즐기도록 안내할 수 있다. 이를 통하여 학생들은 평생 그들의 삶을 질적 행복으로 가득찬 삶으로 만들어 가는 인성을 형성하게 된다. 상대적 빈곤감, 박탈감, 소외감에 사로잡혀서 삶을 낭비하지 않게 된다. 오히려 나물 먹고 물 마시는 호연지기(浩然之氣)에 젖어 가진 자를 배려하고 위로하게 된다.

교육은 처음부터 소유와 존재 둘 중 어떤 것을 중심으로 삼느냐의 갈등을 빚어 왔다. 교육이 지식을 학습하고 기술을 연마하여 출세하는 기능과 과정으로, 다시 말하면 실용적 가치로 이해되고 수용되는 곳에서 교육은 소유 중심의 길을 걸었다. 이와 반대로 교육이 잠자는 영혼을 깨우고 성장세대를 전인적으로 양육하여 그가 그로부터 될 수 있는 최고의 자아를 실현하도록 도와주는 활동으로 이해되고 수용되는 곳에서 교육은 존재 중심의 길을 걸었다. 이를 우리는 고대 그리스의 소피스트와 소크라테스의 교육관의 차이에서 보며, 공자의 경사와 인사의 구별에서 본다. 그래서 교육은 처음엔 지혜 위에 지식을 쌓는 구조를 갖고 있었다. 그러나 교육이 직업이 되고 제도화와 과학화의 길을 걸어가면서, 교육에서 지혜는 점점 더 변두리로 내몰리게 되었다. 오늘날 과학의 옷을 입은 교육학은 철학적 기초마저 쫓아내고 있다. 그리하여 철학의 기초가 결여된 교육과학은 정치의 시녀가 되어 멀리 보지 못하고 짧게 보며, 전체를 염려하지 않고 자신과 가족만 염려하며, 교육받은 결과의 경제적 가치만 따지는, 전혀 성숙하지 못한 교육관으로 무장한 시민들의 천박한 교육관심에 끌려다니고 있다.

소유는 사물과 관련이 있다. 우리는 사물을 소유한다. 사물은 구체적이어서 서술 가능하다. 측정하고, 계량하며, 비교하고, 평가한다. 어떤 척도를 만들어 표준화할 수 있다. 보다 더 좋은 제품과 그렇지 않은 제품으로 상대화할 수 있다. 사람도 객관적 도구로 처리 가능하게 만들면 이미 소유의 대상이 된다.

그러나 존재는 체험과 관련이 있다. 우리는 체험하고, 이에 의미를 부여하며 표현한다. 체험은 주관적이어서 객관적으로 서술 불가능하다. 계량화할 수 없다. 절대적이기 때문에 하나의 척도로 상대화할 수 없고 평가할 수 없다. 체험의 의미를 이해하고 이를 통하여 영혼이 눈뜨고 잠재가능성을 계발하는 학생을 보며 경탄하고 칭찬하며 격려할 수 있다. 이는 학생과 교사 모두에게 주관적이기 때문에 객관적으로 평가 불가능하다. 다만 간주관적으로 이해하고 공감할 수 있을 뿐이다.

유리의 색깔이 파란 것은 그 유리가 푸름을 소유하고 있지 않기 때문이다.[7] 다시 말하면, 유리의 색깔은 유리에게 있는 색깔이 아닌 없는 색깔이다. 이처럼 우리의 삶도 소유하면 없게 되고, 소유하지 않고 나누어 주면 있게 된다. 달리 말해, 존재는 소유가 없는 상태이다. 소유하고 있으나 나를 위하여가 아니라 남을 위하여 소유한 것을 사용하는 상태이다. 그래서 존재에는 처음부터 이기심과 욕심 따위는 없다. 존재하는 자는 자신을 가난하게 만들고 비운다. "가난한 사람은 복이 있나니 하늘이 저희 것이다, 자신의 목숨을 버리면 많은 열매를 맺는다" 같은 우리에게 너무나 익숙한 말씀들은 동시에 학교교육이 소유 중심이 아닌 존재 중심으로 이루어지는 방법의 원리가 될 수 있다. 소질은 나누어 줌으로써 빛난다. 신약성경 마태복음 25장 14-30절에 나오는 달란트의 비유에서 한 달란트를 받은 사람이 그것을 땅에 파묻어 두었다가 주인에게 돌려주었는데, 주인이 이를 고마워하지 않고 은행에 맡겨 이자라도 받게 하지 않았다며 그를 꾸짖더니 내쳤다. 이는 최소한의 신선도를 유지하는 노력조차도 하지 않았다는 말이다. 나누어 주고 비우지 않으면 썩는다. 나의 소질을 계발한다는 말은 소질을 끊임없이 사용한다, 갈고닦는다는 말인데, 이는 존재적 언어로 표현하면 소질을 꺼내어 사용한다, 나누어 준다, 비운다는 말이다. 그

---

7) Fromm, Erich, *Haben oder Sein*, München: dtv, 1979 참조.

러면 그럴수록 소질은 커지고, 사용하지 않고 놔두면 줄어들고 종국에는 사라진다는 말이다. 우리의 학교교육이 이를 소홀히 하고 있는 동안에 정치적 이데올로기 위에서 교육을 인식하는 관심에 사로잡혀 있는 사람들과 단체들이 겉으로는 교육의 본질에 비추어 타당한 것처럼 보이나 조금만 심사숙고해 보면 교육을 상품화, 소유화, 도구화하는 정책들로 학교교육을 흔들고 있다.

존재는 측정·평가할 수 없다. 그러나 소유는 그 본질에 있어서 측정·평가의 대상으로 있다. 인간은 존재이고, 따라서 학교는 존재의 교육을 하여야 마땅한 곳인데, 이제는 인간이 소유화되고 학교는 기성세대의 소유관심이 지배하는, 그래서 성장세대에게는 낯설고 죽을 만큼 괴로운 생활공간이 되어 버렸다. 이렇게 소유화되어 버린, 철학이 없고 지혜가 구축되어 버린 우리의 학교교육은 다만 기성세대가 펼쳐 놓은 입시준비, 취업준비, 국가의 보존과 발전에 필요한 인력양성 등을 위한 교육으로서만 의미 있을 뿐, 학생에게는 의미가 없다. 그래서 우리의 교육현실에서는 성장세대가 자아실현에의 주체적 관심을 포기하고 자신을 전적으로 기성세대가 만들어 놓은 성장의 과정과 형식에 내던져서 자신을 외화시켜야 비로소 학교교육이 의미가 있게 된다. 자신을 외화시킨 인간은 자기 자신의 인격을 포기하고 그 자리를 이미 소유화되어 버린 사회적 가치로 채워서 그러한 가치들이 인격이 되어 버린 인간이다. 외화된 학생은 주체적 자아의 자리를 객관적 성적, 학력(學歷), 직업 따위로 포장한다. 그리하여 삶을 주관적 행복으로 가득 채울 수 있는 능력을 아예 포기하고 만다. 그리고 그렇게 인간을 외화시키는 교육은 교육의 개념 자체를 새롭게 정립하기 전에는 자체적 개선과 개혁의 노력을 아무리 기울여도 점점 더 패리되어 갈 수밖에 없다.

교육은 교육학자, 교육행정가, 교육자들을 포함하여 교육에 관심을 갖고 있는 모든 시민의 소유물이 아니다. 우리는 교육을 소유하려 하지 말고 다만 관리하려 해야 한다. 교육 안에 우리 기성세대와 성장세대가 함께 들어와 있다. 교육이 전체이고 우리는 교육현상을 함께 만들어 가는 부분들로 있다. 우리가 교육을 성취해 내고 있는 것이 아니라 교육이 우리 앞에서 펼쳐지고 있는 것이 되어야 한다. 교육이 성취의 대상으로만 기능하게 되어서는 안 된다. 교육은 도야와 배양이며, 학습과 훈련이며, 성장과 발달이며, 이 모든 것을 종합한 생활이다. 지금의 교육을 보는 시각과 의식을 바꾸지 않는 한 교육은 앞으로도 지속적으로 축소, 변형, 패리되어 갈 것이다. 우리는 교육에 대한 소유 중심적 시각을 전체적으로 존재 중심적 시각으로 바꿔야 한다.

6. 맺는말

지금까지 우리의 학교교육문화에서 교육에 대한 근본적으로 잘못된 이해와 관행을 꿈과 끼를 살리는 새로운 학교교육문화의 관점에서 살펴보았다. 앞에서 살펴본 내용들은 여전히 우리 사회를 사로잡고 있는 숱한 교육문제들을 해결하기 위한 접근으로부터는 너무나 동떨어진 것처럼 보인다. 그러나 냉정히 돌아보면 꿈과 끼를 살리고 키워 줄 수 있는 교육은 근본적 인식의 전환을 통한 새로운 학교교육문화의 창조를 통하여서만 가능하다는 사실을 인정하지 않을 수 없다.

학교교육이 이루어지고 있는 우리 사회는 현재 디지털테크노미디어, 스마트, 유비쿼터스, 융합, 인공지능 등으로 강조되는 21세기적 지식과 기술이 다중적으로 폭증하는 세계 속에 있다. 성장하는 청소년들과 젊은 직장인들은 이 세계를 호흡하면서 민족의 역사상 그 어느 때보다도 더 심각하게 사회적 응집력이 약화된 상태로 상호무관심의 일차원적이고 단독자적인 삶을 살고 있다. 학교교육도 구조적으로 다르지 않게 전개되고 있다. 그리하여 어린이가 입학 초기에 보여 주었던 반짝거림, 상상력으로 가득 찬 질문과 대답, 적극적 자아표현과 모험 등이 학년을 올라가면서 급속하게 소멸하여 버린다. 만약에 학교를 졸업할 때에도 창의력이 계속하여 빛나고 있다면 꿈과 끼를 살리는 교육으로 우리의 학교교육의 패러다임이 바뀌었음을 실감하게 될 것이다. 이를 꿈꾸면서 패러다임 전환의 몇 가지 내용을 범례적으로 언급하며 이 글을 맺으려고 한다.

교육의 본질적 대상은 인간이다. 그러므로 인간 중심으로 교육의 둥근 원을 그려 나가야 한다. 이는 수신제가치국평천하(修身齊家治國平天下)의 구조이다. 범례적으로 표현하면, 우리는 성장하는 청소년들이 그들의 삶을 살고, 즐기고, 느끼며, 미래의 삶을 준비하도록 학교교육문화를 만들어 가야 한다. 국가발전을 위한 인력의 양성은 학생 개개인의 바람직한 성장·발달을 저해하지 않는 범위 내에서 모색되어야 한다.

근본악은 제거의 대상이지 공존의 대상이 아니다. 시험이, 특히 객관적 시험과 상대적 평가가 꿈과 끼를 살리는 학교교육을 저해하는 근본악이라면 이를 학교교육에서 제거하거나 절대적·간주관적 학습성취의 평가구조 안에서 보조적 기능을 수행하도록 평가제도와 선발제도를 전반적으로 개선하여야 한다.

철학의 기초 위에 교육의 집을 지어야 한다. 그리하여 과학과 예술이 철학에 의하여 동반되어서, 성장하는 어린이 개개인이 자신에게 최적적인 자아실현을 이루도록 기능할 수 있어야 한다. 왜냐하면 이것이 존재 중심의 교육이어서 교육이 예술이 되기 때문이다. 그렇지 않을 경우에는 철학이 빈곤한 지식과 기술, 철학이 없는 지식과 기술로 이루어진 교육의 집을 짓게 된다. 이렇게 지은 집은 표면적으로는 객관적 이론과 방법으로 견고하게 지어진 거대한 집으로 보이지만, 심층적으로는 소유 중심의 교육으로 기능하면서 그 안으로 들어오는 모든 사람을 소유와 지배의 대상으로 삼게 된다.

학교교육이 존재의 예술이 되어서 이 바탕 위에서 기술이 기능하도록 하여야 한다. 다시 말하면 존재의 바탕 위에서 소유적 관심이 포용되도록 하여야 한다. 그리하여 절대적이고 긍정적인 평가문화 아래서 모든 학생이 칭찬과 격려의 대상이 되어야 한다. 서술과 종합적 이해가 계량과 분석적 평가를 수용하며, 대학입시의 변별력과 타당성 대신에 대학생 선발의 다양성과 자율성이 강조되는 새로운 학교교육문화를 만들어 가야 한다. 그럴 수 있고 또 그렇게 할 때 꿈과 끼를 마음껏 발휘하게 하는 학교교육문화 아래서 우리의 다음 세대들이 그들의 잠재능력을 넓고 깊게 펼쳐갈 수 있을 것이다.

인성교육의 오래된 새로운 지평, 아동숲교육

1. 들어가는 말

'자연과 숲, 인성과의 만남'을 주제로 한 한국아동숲교육학회의 창립대회를 축하한다. 그리고 그 기조강연을 하게 된 것이 큰 기쁨이요 영광이다.

왜 숲교육학회의 창립대회 주제를 '인성'으로 정했는지 생각해 본다. 오늘날 인성의 파괴가 전 지구적으로 진행되고 있다. 이미 20세기 말에 세계의 지성들뿐만 아니라 생각하는 시민들의 절대다수가 과학과 기술의 급속하고 한계를 모르는 발전이 인류의 미래를 위기로 몰아넣을 수 있다는 불안에 젖어 있었다. 그래서 노벨상 수상자들을 중심으로 세계적 석학들이 모여 1968년에 만든 로마클럽(Club of Rome)은 이미 1970년대에 『성장의 한계』,[1] 『전환점에 선 인류』,[2] 『인류의 딜레마』[3] 등의 책을 통하여 이에 대처할 것을 경고·권고하였으며, 프랑스는 1989년에 프랑스혁명(1789) 200주년 기념물로 라 데팡스 지역에 인간성의 회복을 상징하는 '대문(Grande Arche)'을 세웠다. 이는 20세기가 과학과 기술의 세기가 될 것을 전망하면서 1889년에 프랑스혁명 100주년을 기념하여 에펠탑을 세웠던 것과 대비된다. 프랑스의 지성들이 예견했던

---

1) Meadows, Dennis, *Die Grenzen des Wachstums*. Stuttgart 1972.
2) Mesarovic, Mihailo, & Pestel, Eduard, *Menschheit am Wendepunkt*. Stuttgart 1974.
3) Peccei, Aurelio (Hrg), *Das menschliche Dilemma*. Wien 1979.

대로 20세기는 과학과 기술의 세기가 되었으나, 문명의 눈부신 발전은 인간성의 파괴와 고갈로 이어졌다. 그리하여 21세기가 인류가 인간성을 다시 회복하는 세기가 되기를 소망하며 그랑다르슈를 세웠던 것이다.

불행하게도 이러한 예견은 21세기로 접어들어 그대로 우리 앞에 전 지구적으로 펼쳐지고 있다. 파괴되고 패리된 인성은 일반적 범죄의 차원을 훌쩍 넘어섰으며, 종교적 신념을 패악무도의 교리로 변질시켰고, 범죄의 형태는 패륜의 극치를 달리고 있다. 파괴된 인성의 현상은 다만 개인에서뿐만 아니라 집단과 조직의 차원에서 폭넓게 전개되고 있다. 마치 문명 자체가 인성을 파괴하고 패리시키는 괴물인 것처럼 우리 앞에 전개되고 있다. 그래서 샤토브리앙(Francois Auguste Rene de Chateaubriand, 1768~1848)은 "문명 앞에 사막이 있고, 문명 뒤에 숲이 있다."[4)라고 말했나 싶다. 시야를 대한민국으로 좁히면, 우리 사회의 인성의 현주소가 얼마나 추락하였는가는 국가발전을 위한 모든 정책에는 정파의 이익과 관심에 따라 그렇게 이전투구의 양상을 보여 주기만 하던 국회가 2015년 1월 20일에 「인성교육진흥법」의 제정을 그렇게나 신속하게, 그것도 만장일치로 처리한 데서 명확하게 드러난다.

이와 같은 인간성 추락의 역사와 아동숲교육의 역사는 맥을 같이하고 있다. 숲유치원(Waldkindergarten)은 스칸디나비아에서 시작되었다. 덴마크에서 플라타우(Ella Flatau)가 1952년에 자신의 네 자녀와 이웃 유아들을 낮에 숲에서 돌보았다.[5) 이를 시작으로 글자 그대로 숲을 교육의 장으로 삼아 3세에서 6세의 어린이들을 교육, 양육, 돌보는 새로운 형태의 유치원에 유아교육학자와 학자들이 눈뜨게 되었다. 이렇게 숲유치원은 시작되었다. 독일에서는 1968년에 비스바덴에서 수베(Ursula Sube)가 사설 숲유치원을 설립하였으나, 인정받지 못하였다. 그러다가 1990년대로 접어들어 큰 사회적 호응을 받

---

4)　곽노의, "숲유치원에서의 인성", 자연주의 교육과 체험 교육의 기본요소들, 자연주의 유아교육 춘계 국제세미나, 서울교대 아동교육연구소 2013. 5. 4. 자료집, 3-17쪽, 인용은 5쪽.

5)　Schaffert, Sandra, *Der Waldkindergarten*. Das Kita-Handbuch. aus Google Deutschland.

기 시작하였으며, 1993년에 설립된 플렌스부르크 숲유치원(Waldkindergarten Flensburg e.V.)이 독일의 첫 숲유치원으로 공인되었다. 2012년 현재 독일에 약 천 개의 숲유치원이 있다.[6] 숲유치원의 모든 교육활동은 밖에서, 숲, 들, 개천, 정원, 풀밭에서 이루어진다. 상품화된 장난감을 교구로 사용하지 않고 자연에서 얻을 수 있는 물과 바람, 돌멩이와 흙, 모래, 풀과 꽃, 나무의 잎과 줄기, 막대기와 둥치, 밧줄 등을 장난감으로 갖고 논다. 날씨가 몹시 춥거나 나쁠 때에는 천막, 오두막, 또는 이동가옥에서 이야기 듣기, 노래 부르기, 그림 그리기, 공작하기, 음식 먹기 등을 하며 보낸다.

개관해 보면, 아동숲교육에 대한 생각은 서구에서 1950년대에 그 싹을 보였으나, 1970년대로 접어들어 그 필요성을 깊이 인식하기 시작하였으며, 1980년대와 1990년대에 괄목할 만한 성장을 해서 2000년대로 접어들어 전체적 형태를 갖추었다 하겠다. 이는 앞에서 언급한 로마클럽을 비롯하여 지속가능사회를 위한 UN의 노력[7] 등 인류의 미래를 걱정하며 그에 대응하기 위한 다양한 학문적·정치적 노력들과 맥을 같이하고 있다. 분명한 것은 이러한 노력에도 불구하고 인간성의 파괴과정은 기술과 과학의 발전과 더불어 전체를 개관하기 불가능할 정도로 지속적으로 확대, 심화되어 왔다는 것이다. 그리고 이와 더불어 인성교육을 염려하는 교육자와 교육학자의 관심은 필연적으로 숲교육으로 향하게 되었다는 것이다.

아동교육의 역사를 돌아보면 19세기 초에, 정신사적 표현으로 계몽시대 말엽에 프뢰벨이 『인간의 교육』[8]으로 유치원 교육의 시대를 열었고, 케이(Ellen Key)가 20세기의 첫해에 어린이의 권리를 강조하며 『어린이의 세기』[9]를 예고하였다. 그 이후에 오늘에 이르기까지 전 지구적으로 유아와 아동의 교육은

---

6) Waldkindergarten. Wikipedia.
7) Hauff, Volker (Hrsg): *Unsere gemeinsame Zukunft*. Der Brundtland-Bericht der Weltkommission für Umwelt und Entwicklung. Eggenkamp Verlag, Greven 1987.
8) Froebel, Friedrich, *Die Menschenerziehung*. Keilhau 1826.
9) Key, Ellen, *Das Jahrhundert des Kindes*. Weinheim und Basel 1992; 케이 엘렌 저, 정혜영 역, 어린이의 세기, 지식을 만드는 지식, 2009.

이론과 실천에 있어서 지속적으로 성장과 확대의 길을 걸어왔다. 오늘날 유아교육은 의무교육의 차원에서 이루어지고 있다. 우리가 여기서 유아교육의 의미와 문제를 논할 필요는 없을 것이다. 다만 보편적으로 유아교육의 중요성은 아무리 강조해도 지나칠 수 없으며, 특수적으로 인성의 도야는 유아기에 기초가 바르게 정립되어야 함을 강조하지 않을 수 없다. 이러한 차원에서 아동숲교육은 유아교육학자와 교육자에게 너무나 당연한 과제이다. 더구나 오늘날처럼 인성의 파괴가 범지구적으로 문제시된 시대에 숲을 중심개념으로 한 교육이 인성의 도야뿐만 아니라 아동교육의 새로운 지평으로 떠오르고 있는 것은 설명이 필요 없는 자명한 현상이다.

2. 인성이란 무엇인가

문화에 따라 인성의 형태와 색깔이 다르다. 우리는 서양의 인성을 칼리그라피(kalligraphie)에,[10] 동양의 인성을 서예(書藝)에 비유할 수 있다. 서예는 규범의 바탕 위에서 개성의 발휘를, 의미와 규범의 글자세계에 대한 주관적 미적 표현을 즐기는 글쓰기이다. 반면에, 칼리그라피는 글자의 의미 그대로 아름답게 글쓰기이다. 칼리그라피에서는 글자의 기초와 기본을 훼파하지 않는 최소한의 규범적 바탕 위에서 최대한의 개성을 발휘할 수 있는 자유와 의미가 주어진다. 서예가 글에 몸을 맞추는 예술이라 한다면, 칼리그라피는 몸에 글을 맞추는 예술이라 하겠다. 칼리그라피에서 글자는 가치의 결정체(ergon)가 아니라 여전히 변화의 가능성을 열어 놓고 준동하는 힘(energia)으로 흐르고 있다. 그래서 힘으로 흐르는 글자의 특성을 익히고 이를 자신의 몸으로 표현하기를 연습하고, 개성 있고 고유한 글쓰기에 아름다움의 가치를 집

---

10) 독한사전에서는 Kalligraphie를 능서(能書)로 번역하고 있다. 그러나 그리스어의 어원적 의미에서 Kalligraphie는 Kallos(아름다움)+graphe(쓰기)의 합성어로, 미서(美書)가 된다. 그래서 이 글에서는 그냥 칼리그라피로 표기하기로 하였다.

어넣은 것을 가치 있다고 본다. 그리하여 서양은 서명(署名)과 능서(能書)의, 동양은 도장(圖章)과 서예의 문자문화를 만들어 내었다.

1) 인성은 식물성과 동물성으로부터 구별되는 인간의 본성이다

인성은 글자 그대로 인간의 본성을, 다시 말하면 이 세상의 모든 생명체로부터 사람을 구별하는 특성을 일컫는 말이다. 아리스토텔레스는 엔텔레히(entelechie)[11]라는 개념으로 식물성, 동물성, 인간성의 특성들을 설명하였다. 모든 생명체는 그 생명체의 고유한 본성으로 엔텔레히를 지니고 있다. 식물에는 자아보존과 종족보존의 엔텔레히가 있으며, 이를 anima vegetativa라 했다. 동물에는 식물의 엔텔레히에 더하여 감각능력과 운동능력의 엔텔레히가 있으며, 이를 anima sensitiva라 했다. 인간에게는 식물과 동물의 엔텔레히에 이성의 능력이 더 주어져 있다. 이를 anima rationalis라 했다. 따라서 인간은 모든 생명체와 구별될 뿐만 아니라, 그 본능의 차원이 동식물을 초월하고 있으며, 모든 생명체의 정점에 있는 존재이다. 이러한 아리스토텔레스의 인간관은 서구에서 오늘에 이르기까지 인간을 인식하는 범주를 이루면서 이에 크게 벗어나지 않고 수용되어 왔으며 다양하게 해석되어 왔다.

인성의 일차적 정의에서 이미 인간은 우주 안에서 특별한 위치를 향유하고 있음이 확인된다.[12] 식물과 동물로부터 구별된 인간의 특성에 있어서 인간은 특별하다. 이를 교육적 관점 아래서 조명해 보면 인간은 몸, 감성, 의지, 지성, 영성의 엔텔레히를 가졌으며, 이에 따라 교육의 과정에서 다섯 번 탄생하면서 자아를 실현해 가는 존재이다. 매 단계의 탄생이 자발적·절대적으로 이루어지면 존재하는 인간으로, 수동적·상대적으로 이루어지면 소유하는 인간으

---

11) entelechie는 en(안에)+telos(목적)+echein(갖고 있다)의 합성어로, 생명체가 안에 본래부터 지니고 있는 본능을 말한다. 마땅한 번역어가 없어 원어를 그대로 사용한다.

12) 철학사에 길이 남는 이에 관한 연구는 1927년에 발표한 막스 쉘러(Max Scheller)의 논문, "Die Stellung des Menschen im Kosmos"이다.

로 자아를 실현하게 된다. 그리고 교육은 영성의 탄생에서 완성된다. 바른 인성은 오로지 자발적 · 절대적 교육의 통로를 통하여만 형성될 수 있다. 그리고 그 전체적이고 완전한 교육의 장은 자연이다.

2) 인성은 시대와 문화에 따라 다양하게 이해되고 강조되었다

보편타당한 인성은 없다. 인성은 민족에 따라, 시대와 문화에 따라 다양하게 이해되고 강조되었다. 고대 그리스 민족은 인간 중심의 인성을, 고대 히브리 민족은 신 중심의 인성을 갈고닦았다. 반면에, 우리 민족은 생활공동체 중심의 윤리적 인성을 갈고닦았다. 이를 전체적으로 개관하면, 인성은 각 민족이 그 시대에 추구하였던 인간이해에 기초한 최고 가치들의 내면화로 드러난다. 고대 그리스의 이상적 인간상은 몸의 아름다움과 마음의 선함이 전체적으로 조화를 이룬 무사와 영웅이었다. 이에 따라 인성의 형태와 내용도 결정되었다. 고대 히브리의 이상적 인간상은 하나님의 뜻에 따른 삶을 사는 신앙인이었다. 이에 따라 하브루타라는 대화와 토론을 교육과 생활의 방법으로 정형화하였다. 신라는 세속오계(世俗五戒)를 기본으로 한 화랑도교육으로 절개 있는 풍류적 인성을 도야하였다.

3. 인성의 고전적 범례들

1) 고대 그리스의 인성교육

고대 그리스의 인성교육은 영웅과 무사에로의 교육이었다. 영웅은 체육으로 몸을 아름답게 단련하고 음악으로 영혼을 선하게 도야하여 자아를 최적적으로 실현한 시민이었다. 체육은 맨몸으로 하는 달리기, 넓이뛰기, 높이뛰기, 수영하기, 씨름하기와 무기를 들고 하는 칼싸움하기, 창던지기, 활쏘기, 돌멩이(원반)던지기, 말타기로 이루어졌다. 이를 합하면 10종경기가 된다. 10종경기의 우승자에게는 월계관을 씌워 주고 엄청난 상금, 평생 세금면제, 신부선택권 등 최고의 부와 권력과 명예를 부여하였다. 음악은 가사, 멜로디, 박자, 악기, 춤으로 구성되어 있었다. 현대적으로 표현하면, 음악은 인문과 예술의 종합적 도야였다. 이렇게 체육과 음악으로 도야된 인성을 가진 이는 전체를 위하여 개인을 희생함을 영광으로 여기고 죽음을 정면으로 맞으며 정의로운 시민생활을 추구하였다. 그런데 역사는 스파르타와 아테네라는 두 극단적 흐름을 범례적으로 보여 주고 있다. 체육만을 강조한 스파르타의 시민은 여가시간에 경기장으로, 음악의 바탕 위에서 체육을 함께 도야한 아테네의 시민은 극장으로 달려갔다. 스파르타의 경기는 아곤(Agon)이라는 죽음에까지 이르는 격투에서 극치를 이루었다. 그리하여 스파르타는 한때 최강의 군대를 자랑하는 군사대국으로 우뚝 섰다. 하지만 결국에는 망했으며, 오늘날 유적조차 찾아볼 수 없다. 반면에, 아테네는 오늘날에도 메트로폴리스로 우뚝 서 있다. 여기서 우리는 음악의 기초 위에 체육이 조화롭게 이루어진 인성의 도야가 빛남을 본다. 그래서 플라톤은 아름다운 신체가 신체의 아름다움으로 영혼을 선하게 도야하는 것이 아니라, 선한 영혼이 영혼의 선함으로 신체를 비로소 아름답게 도야한다고 했다.[13]

2) 고대 히브리의 인성교육

고대 히브리의 인성교육은 야훼 하나님 중심의 신앙인 양성이었다. 인성은 가정에서 어머니 중심의 생활교육으로 다져졌으며, 그 중심에 하브루타(havruta)가 있다. 하브루타는 우정(fellowship) 또는 교제(company)라는 뜻을 가진 히브리어이다. 이 평범한 언어가 히브리 민족에게는 구약시대로부터 오늘날에 이르기까지 어떤 역경과 시련 가운데서도 하나님 중심의 생활을 지

13) Platon, *Politeia*, 403d; 오인탁, 파이데이아, 서울: 학지사, 2001, 280-302쪽 참조.

속할 수 있게 하는 인성을 배양하는 중심언어로 자리 잡았다.[14]

하브루타는 둘씩 짝을 이루어 큰 소리로 질문하고 토론하며 학습하는 형식을 통칭하는 말이다. 히브리의 랍비들은 하브루타의 기원을 창세기 18장 16~33절에 나오는 아브라함과 하나님 간의 대화에 두고 있다. 하나님이 아브라함에게 소돔을 떠나라, 소돔의 죄가 하늘을 찔러 유황불로 소돔을 멸하겠다고 하셨다. 이에 아브라함이 "주께서 의인을 악인과 함께 멸하려 하시나이까"(창 18:23)라고 말하며, "만약에 소돔에 의인 50명이 있어도 멸하시겠느냐?"라고 묻는다. 이렇게 시작한 아브라함과 하나님의 대화는 45명, 40명, 30명, 20명 그리고 10명의 순으로 이어진다. 하나님은 의인 10명만 있으면 그들로 인하여 소돔을 멸하지 않겠다고 하신다. 이러한 대화에서 히브리 민족은 이처럼 대화하며 하나님의 뜻을 이해하는 방법을 하나님이 인간에게 친히 주시고 보여 주신 공부방법으로 받아들이고 교육뿐만 아니라 사회생활 전반에서 삶의 기본형식으로 삼고 있다.

유태민족은 바빌론으로 포로로 잡혀가기 전까지 학교를 만들지 않았다. 모든 교육은 가정에서 이루어졌다. 부모와 자식 간에 하브루타가 항상 있었다. 구약 시대의 유일한 학교였던 선지자 학교의 공부방법도 하브루타였다. 선생과 제자가 그리고 학생들이 둘씩 짝을 이루어 큰 소리로 묻고 답하고 반박하고 논쟁한다. 그래서 교실은 항상 시끄러웠다. 그들의 교실은 지금도 시끄럽다. 도서관도 시끄럽다. 조용한 도서관은 이스라엘에는 없다. 랍비들은 말한다. 옆에서 아무리 큰 소리가 나도 그 소리가 아무런 방해가 되지 않을 정도로 둘이 묻고 답하며 앎에 몰입하고 있어야 비로소 하브루타를 한다고 할 수 있다는 것이다.

하브루타를 설명하는 유명한 예가 있다. 흑인과 백인, 두 굴뚝청소부가 굴뚝에서 나왔다. 누가 더 더러울까? 누가 먼저 손을 씻어야 할까? 이 문제를 가지고 30분 이상 토론할 수 있으면 하브루타를 어느 정도 익혔다 하겠다. 여기

---

14) Lau, Israel M., *Wie Juden leben*, Guetersloh 1988.

에는 상대방에 대한 무조건적 절대적 평등권 인정, 나를 너의 눈으로 보기를 배우기, 하나의 척도는 없으므로 가능한 모든 척도를 동원하여 보기를 시도하기, 보편타당한 정답은 없고 현재 정답으로 밝혀진 것이 진리에 가장 가까이가 있으므로 최종적 정답을 열어 놓기, 나의 생각과 대립적인 생각들에 귀를 기울이기, 부분에 사로잡히지 않고 전체를 함께 보기 등 이해의 기본적 태도가 준동하고 있다.

하브루타의 전제조건은 시험 치지 않는 교육이다. 유태인의 교육에는 시험이 없다. 현재 전 세계에 약 1,400만 명이 있다고 추산되는 유태인은 어떤 민족이나 국가보다 더 많은 노벨상 수상자를 배출하였다. 뿐만 아니라 경제, 학문, 종교, 예술, 건축 등 각 분야에서 세계 최고로 부각되는 인물들을 꾸준히 배출하고 있다. 이는 그들이 우리보다 더 우수하기 때문이 아니라 우리와는 근본적으로 다르게 성장세대를 교육하고 있기 때문이다. 어린이가 5세가 되면 토라를 공부하기 시작하는데, 어른이 되어 사회생활을 하다가 죽을 때까지 유태인들은 둘씩 짝을 이루어 서로 큰 소리로 질문하고 토론하며 논쟁을 즐기는 하브루타 교육을 한다. 이러한 방법으로 둘은 잠재능력을 최대한으로 발휘하고 상상력과 창의력, 자기표현능력과 관찰력을 도야하며 함께 인성과 인격을 키워 간다. 교실의 책상과 걸상도 학생들이 둘씩 마주보고 앉도록 배치되어 있다. 그래서 유태인의 교실은 항상 시끄럽다. 유태인들은 직장에서도 하브루타 방법을 최대한 활용하고 있다. 중요한 일일수록 혼자 결정하지 않는다. 경청하고 주장하며 수렴한다.

여기에는 대화가 내용을 이해하는 가장 좋은 방법이라는 교육원리와 학습한 것을 삶에 적용하는 가장 효율적 방법이라는 생활원리가 함께 자리 잡고 있다. 그래서 유태인이라면 누구나 "나에게 하브루타를 다오. 아니면 죽음을 다오(o havruta o mituta)."라는 경구에 익숙해져 있다. 그들은 사회는 함께 살아가는 삶의 형식이므로 타인에 대한 존경과 둘이 함께 살아가는 형식, 이 둘이 없으면 삶은 무의미해지고 살 가치조차 없어진다고 여긴다. 그 자연스러운 결과를 우리는 오늘날까지 유태인들이 만든 세계적 기업들에서 손쉽게 볼 수 있다. 그들은 하브루타를 하면서 쌓은 우정과 창의력을 기업의 창업으로 발전시키고 계속 함께 동업한다. 미국연방준비제도나 Facebook 같은 세계적 기업들이 그 좋은 예이다. 우리의 교육현실에서 시험 하나만 없애고 그 자리에 하브루타를 놓을 수 있다면 우리 민족의 우수성이 세계를 찬란히 빛낼 수 있는 훌륭한 인성을 지닌 인물을 숱하게 배출할 수 있을 것이다.

3) 신라의 인성교육

신라의 인성교육은 화랑도(花郞徒)였다. 화랑도는 젊은이들이 화랑을 중심으로 무리를 이루어 지인용(智仁勇)의 삼덕(三德)을 기본이념으로 내면화하고, 원광법사의 세속오계(世俗五戒)를 수신계(修身戒)로 준수하며 자연 속에서 기개를 마음껏 발휘하는 생활교육이었다. 세속오계는 잘 알려져 있다. 사군이충(事君以忠: 충성으로써 임금을 섬기어야 한다), 사친이효(事親以孝: 효로써 부모를 섬기어야 한다), 교우이신(交友以信: 믿음으로써 벗을 사귀어야 한다), 임전무퇴(臨戰無退: 싸움에 나가서 물러남이 없어야 한다), 살생유택(殺生有擇: 살아 있는 것을 죽일 때에는 가림이 있어야 한다)이 그것이다. 화랑도는 가무를 익히고 기개를 겨루며 개인의 기량을 마음껏 발휘하기를 즐기는 가운데 국가와 민족을 위하여 생사(生死)를 다하는 인성을 도야하는 생활교육이었다.

4. 인성교육의 특성

앞에서 범례적으로 언급한 인성의 세 유형을 전체적으로 살펴보면 다음과 같은 몇 가지 특징이 있다. 인성은 공동선의 바탕 위에서 의미 있게 도야되고 형성되었다. 그리하여 개인의 특수한 잠재능력의 개발과 주관적 관심의 추구는 공동체 전체의 유익의 한계 안에서 이루어졌다. 개인의 삶의 행복추구가 공동체 전체의 이익을 저해하지 않아야 한다는 인식은 일반적 교양에 속했다.

지복성(至福性)은 공익성(公益性)의 하위개념으로 공익성과 조화를 이루어 추구되었다. 그리고 민족과 국가 같은 전체를 말하는 공익성의 인식은 시대와 더불어 변천되어 왔다.

　교육은 존재의 예술이다. 소유의 기술은 존재의 바탕 위에서 참될 수 있다. 교육은 영혼의 자유로운 호흡이 보장되고 장려되는 곳에서 존재의 예술이 된다. 고대 그리스와 히브리와 신라에서 교육이 그러하였다. 그리하여 각자가 개성 있고 애국적인 시민으로 자아를 실현할 수 있었다. 교육은 문명의 발전과 더불어 점점 더 소유의 기술이 되어 가는 역사를 보여 주었다. 그리하여 오늘날 존재의 예술이라는 말조차 낯설게 되었다. 그러나 교육의 역사는 루소와 페스탈로치에서, 프뢰벨과 몬테소리(Maria Montessori)에서 교육이 언제나 다시금 존재의 예술이 되도록 하여, 거기서 교육받은 인성들이 시대를 초월하여 반짝거리며 민족과 국가를 빛내고 있음을 보여 주고 있다.

　오늘날 인성의 배양은 존재와 소유의 긴장관계 아래서 이루어지고 있다. 과학과 기술의 세계는 인간을 포함하여 모든 사물을 분석과 종합, 구성과 개발, 측정과 평가, 응용과 융합 등의 대상으로 삼으면서 소유화하고 지배화하고 있다. 교육도 이러한 추세에서 벗어나지 못하고 있다. 교육이 소유와 지배의 도구가 된 지 오래되었으며 교육 자체가 소유화되었다. 소유화된 교육은 학생의 성장·발달과 학업성취를 모두 계량화한다. 유아교육도 여기서 예외가 아니다. 그리하여 루소가 그렇게나 부르짖고 프뢰벨이 그렇게나 강조한 성장·발달의 매 단계의 온전한 실현 자체가 교육의 목적이어야 하기 때문에 교육은 그 외의 다른 어떤 목적도 두어서는 안 된다는 메시지가 설 자리가 없다.

　이러한 교육사회에서 전개되는 유치원교육과 그 이후의 교육에서 우리는 다음과 같은 비교육적 가치를 발견하게 된다. '섞으면 빛난다. 계속 섞으라.' 이게 무슨 말인가? '섞으면 썩는다. 그러니 절대로 섞지 말라'라고 해야 하지 않는가? 우선 우리의 교육에서 섞는 현상을 살펴보자. 아직 우리말도 제대로 하지 못하는 어린이에게 영어를 가르친다. 초등학교에 입학하기 전에 선행학습을 시킨다. 담임선생님에게 봉투를 건넨다. …… 이런 것들이 모두 섞는 행위이다. 좀 더 프뢰벨의 입장에서 말하면 아동의 관심과 자유를 부모의 관심과 강요로 대체한다. 아동 스스로 자기 자신이 아닌 옆집 아동과 경쟁하도록 하여 어릴 때부터 일찍이 석차에 눈뜨게 하고 상대적 열등감과 빈곤감에 사로잡히게 한다. 이런 것들이 모두 섞는 행위이다. 여기에는 교육과 비교육의 섞임이 있다. 그리고 이러한 섞음은 아동의 영혼을 시들게 하고 가정과 사회를 썩게 만든다.

그러면 교육을 어떻게 섞으면 빛날까? 긴 이야기를 줄이면, 동질적인 것들의 경우 교육에 교육을 섞으면 빛나나, 이질적인 것들의 경우 교육에 비교육을 섞으면 썩는다. 한번 썩으면 계속 섞기 때문에 더욱더 썩는다. 같은 교육들을 섞으면 빛난다. 자발성을 모험심과 섞고, 그리기를 쓰기와 섞으며, 그림 읽기를 글 읽기와 섞으면 흥미가 제 발로 걸어 들어와 학습의 재미가 섞인다. 그러나 순수한 학습의 즐거움을 석차와 섞고, 절대적 학습성취 결과를 상대적 성적으로 버무리면 교육은 그 순간부터 패러되기 시작하고, 아동의 영혼은 반짝거리기를 멈추고 만다. 이런 잘못된 섞음은 소유적 인간을 길러 내는 확실한 길이다. 그리고 소유의 바탕 위에서 존재의 인성은 결코 함양되지 않는다. 그러므로 존재의 바탕 위에서 소유능력을 의미 있게 발휘할 수 있는 인성을 길러 주어야 할 것이다.

바르게 도야된 인성은 영혼의 고향이 되어서 지친 자아를 다시금 회복하게 하고 잘못된 길을 걷다가도 돌아와 자아를 회복하게 하는 힘이다. 고향이 있는 사람은 결코 일탈하지 않는다. 일탈해도 다시 돌아온다. 나의 고향은 나의 영혼이 거기서 언제나 아늑한 쉼을 가질 수 있는 공간, 거기 있으면 지친 영혼을 감싸 주고 안아 주는 것과 같은 효과를 갖게 하는 장소이다. 인간은 성장하면서 자연과의 교호작용을 통하여 이러한 공간을 갖게 된다. 고향은 단순한 기능적 교호작용이 아닌 긍정적이고 농도 짙은 관계형성을 통하여 만들어진다. 내가 이 공간 안에서 태어나고 자란 곳, 생활언어인 사투리를 하면서 순이와 철수와 사회화의 다양한 체험을 주고받은 곳, 그리하여 나의 정체성, 성질과 성격, 생활습관, 입맛, 인생관과 세계관 등을 형성하게 된 곳이 고향이다.

우리는 이렇게 말할 수 있다. 너의 고향을 알면 너를 아는 것이다. 숲은 자연스럽게 고향을 만들어 준다. 자유로운 교육이 펼쳐지는 숲 속의 학교는 그대로 훌륭한 인성교육의 장이 되어 거기서 성장한 모든 아동에게 평생을 함께하는 농도 짙은 고향이 되어 줄 것이다.

5. 아동숲교육의 원천 카일하우 숲 속의 학교

1816년에 프뢰벨이 그리스하임에 '일반 독일 교육원(die Allgemeine Deutsche Erziehungsanstalt)'을 세웠을 때 이 학교는 이미 아동을 자연 속에서 사랑과 배려와 자유의 분위기 안에서 교육하는 아동숲교육 학교였다. 프뢰벨은 아동 몇 명을 데리고 일반 독일 교육원을 마치 오늘날의 대안교육 홈스테이처럼 시작하였다. 그러나 프뢰벨은 이 학교를 그리스하임에서는 도저히 지속할 수가 없어서 1년 후에 카일하우로 옮겼다. 카일하우는 지금도 한적한 산골이다. 그러니 지금부터 200년 전에는 글자 그대로 첩첩산중의 한적한 골짜기였을 것이다. 1817년에 35세가 된 프뢰벨은 대학에서 슐라이어마허에게 동문 수학한 23세의 미텐도르프(Wilhelm Middendorf), 25세의 뛰어난 젊은 학자 랑게탈(Chr. Ed. Langethal) 그리고 자신의 형수와 그들의 자녀 8명의 무리를 거느리고 이 산골짜기로 왔다.[15] 카일하우는 그리스하임의 목사였던 프뢰벨의 형이 죽자 그의 형수가 세 자녀와 살기 위하여 마련한 땅이었다. 이렇게 숲 속의 학교는 시작되었다. 그러나 8명의 어린이로 시작된 이 학교는 재학중에는 학교요 집이었으며, 졸업 후에는 고향이 되어 이곳을 다녀간 학생들의 삶을 동반해 주었다. 그리하여 20년이 안 되어 학생이 50명으로 늘어났다. 카일하우의 학교는 지금도 '자유 프뢰벨학교 카일하우(Freie Froebelschule Keilhau)'로 건재하고 있다. 2017년에는 자유 프뢰벨 학교가 설립 200주년을

---

15) A. E., Die Schule auf dem Wald, in: *Die Gartenlaube*, Heft 37, 1867, S.580-583.

맞이한다.

　카일하우 숲 속의 학교가 처음부터 시도한 교육의 성격은 다음과 같다. 개인의 고유한 잠재능력과 호기심에 기초하여 교육한다.[16] 어린이는 학교에서 학습벌레로 길들여져서는 안 되며 다만 교육되어야 한다. 우리가 다 아는 대로 프뢰벨은 이베르돈에 다년간 머물면서 페스탈로치로부터 이러한 교육방법을 교육의 제일원리로 터득하였으며, 더 발전시켜 자신의 평생의 교육원리로 삼았다. 프뢰벨의 학교는 처음부터 자유를 교육의 이념으로 삼았다. 학교는 어린이를 '교육'할 뿐이다. 그러나 여기서 의미하는 교육은 당시에 일반적인 학교에서 이루어지는 교육과는 다른, 그들의 표현으로 '가족-교육원(familien-erziehungsanstalt)' 교육이다. 이 학교는 신선하고 힘 있고 독자적인 가족공동체 정신으로 모두를 감싸고 있다. 그래서 표면적으로 확인되는 아동의 성장과 발달만이 아니라 교사와 학생 모두의 몸과 마음에 내재되어 있는 잠재능력이 함께 조화롭게 계발(啓發)되도록 하는 교육이었다.

　8세에서 17세 사이의 학생들은 주로 중부와 북부 독일에서 온, 처음부터 상이한 신분과 지역의 아동들이었는데, 귀족, 농부, 수공업자의 자녀들 모두에게 신분과 지역의 차이 없이 동일한 교육적 배려를 하였다. 교실에서는 다만 능력있는 학생이 높게 평가받았다. 나이 든 학생들은 나이 어린 학생들이 신체적·정신적으로 조화롭게 성장하도록 교사를 도왔다. 이 학교를 방문하고 관찰하는 사람들은 모두가 학교 전체에 흐르고 있는 "애국적이고 가족적인 정신(ein patriarchalisch familienhafter Geist)"[17]을 느낄 수 있었다.

　학생의 입장에서 교육은 이런 활동이었다. 우리는 우리가 알아채지 못하는 가운데 언제나 이미 교육받고 있었다. 모든 학교가 그러하듯이, 카일하우의 학교도 훌륭한 학칙과 규율이 있었다. 그러나 그것은 강조할 필요도 없이 저절로 준수되었다. 학생들에게 엄청나게 많은 자유가 주어져 있었지만, 그들이

---

16) op. cit., S.582.
17) Ibid., S.582.

자유를 오용하는 일은 거의 없었다. 학교가 가꾸어 내려온 좋은 전통들이 학교 밖에서 들어오는 나쁜 자극들로부터 아동들을 보호하는 넉넉한 보호막이 되어 주었다. 학교의 명예를 더럽히는 자타가 공인하지 않을 수 없는 분명한 잘못을 저지른 학생에게는 엄격한 처벌과 훈육이 주어졌다. 그러나 이러한 처벌과 훈육은 교육가족 모두가 모인 자리에서 공개적으로 그리고 축제를 벌이듯이 이루어졌다. 그리하여 모두가 그 학생이 어떠한 행위를 하였으며, 그 행위가 학교의 명예와 그 자신의 인격을 어떻게 훼손하였는지 분명히 체험하도록 하였다.

학생들은 어떤 가공적 도구도 사용하지 않고 다만 자연 속에서 지극히 단순한 생활을 하면서 신체적으로 혹독하게 단련되었다. 이는 다음의 생활신조 아래서 이루어졌다. 나는 나 자신을 어렸을 때부터 스스로 돌보고 섬긴다. 학생들은 심고 지으며 뒹굴고 기어오르며 놀았다. 여름과 겨울에는 물속과 눈 위에서 하는 체조와 놀이를 즐겼다. 자연 속에서 자유롭게 뛰어놀았으며 여름에는 매일 찬물에 목욕했다. 병이란 걸 몰랐다. 개개 학생들의 개별적 능력을 배려하는 원칙, 다양한 정신적 능력들을 가능한 한 균형 있게 개발하는 원칙, 결론을 전체적으로 심도 있게 내리게 하는 사고훈련의 원칙이 고수되었다.[18]

6. 인성교육의 오래된 새로운 지평

지금까지 카일하우에서 이루어졌던 교육을 간략히 살펴보았다. 여기서 우리가 확인할 수 있는 것은 카일하우 교육이 이미 아동숲교육이었다는 사실이다. 교육의 역사를 전체적으로 돌아보면 교육의 시초에 우리는 자연 속에서 교육이 일어나고 이루어졌음을 볼 수 있다. 교육은 본래적으로 숲교육 또는 자연교육이었다. 그리고 이러한 교육에서 추구되었던 것은 이상적 인간상의

---

18) op. cit., S.583.

구현이었고, 이상적 인간상은 그 시대와 문화가 공유하고 있었던 이상적 가치들을 자기 자신의 인성으로 실현한 인물이었다. 그러므로 우리는 이렇게 말할 수 있다. 아동숲교육이란 인성교육의 오래된 새로운 지평이다. 교육의 처음부터 지금까지 언제나 있어 왔기에 오래된 지평이요, 시대의 변화와 더불어 변질되고 구축되어 버렸기에 다시 회복되지 않으면 안 되는 새로운 지평이다.

이러한 의미에서 아동숲교육은 대안교육의 새로운 개념이다. 대안교육은 일반교육이 교육의 본질을 벗어난 곳에서 처음에 있었던 교육으로 돌아가서 본질로부터 교육을 새롭게 하여 지금 놓치고 있고 패리되어 있는 교육을 바로 세우자는 운동이다. 이러한 대안교육의 중심에는 대안교육의 기본개념, 목표, 이념과 동력으로 기능한 '자연'이 있었다. 코메니우스가 17세기에 『대 교수학(Didactica magna)』과 『범교육(Pampaedia)』에서 범교육(Pan-paideia) 사상을 펼쳤을 때,[19] Rousseau가 『에밀(Émile ou De l'éducation)』에서 문화의 대립개념으로 자연을 강조하며 새로운 교육 이야기를 풀어 놓았을 때,[20] 페스탈로치가 숱한 글과 활동으로 머리, 가슴, 손이 하나로 융합되어 드러나는 3H 교육을 농장과 학교에서 보여 주었을 때,[21] 박애주의 교육자들이 데사우에서 '새로운' 학교교육운동을 벌였을 때,[22] 그리고 여기서 우리가 다루는 아동숲교육의 시조 프뢰벨이 카일하우의 숲 속에서 인간교육의 학교를 열었을 때 그러하였다. 이렇게 자연은 문화 안에서 교육이 변질의 과정을 밟아서 패리된 결과로 전개될 참상이 너무나 분명하기 때문에 더 이상 그대로 방치해서는 안 되겠다는 의식이 준동하는 곳에서 혁신의 중심개념이자, 투쟁언어로 등장하여 왔다. 이는 20세기에 전개된 개혁교육학(reformpaedagogik) 운

---

19) Comenius, Johann Amos, *Didactica magna* 1627. Grosse Didaktik. Hrsg. von Andreas Flitner. Stuttgart: Klett-Catta 1982; Comenius, Johann Amos, Pampaedia, :ateinischer Text und deutsche Ubersetzung. Hrsg. von Dmitrij Tschizewskij. Heidelberg 1965.

20) Rousseau, Jean-Jacques, *Émile ou De l'éducation*. Amsterdam, 1762.

21) 김정환, "페스탈로찌", 연세교육철학연구회편, 위대한 교육사상가들 III, 서울: 교육과학사, 1999, 87-139쪽.

22) 오인탁, 박애주의 교육사상, 서울: 학지사, 2016.

동들, 슈타이너의 발도르프 학교, 닐의 서머힐학교, 프레네의 신교육운동, 게 헤브의 오덴발트 학교 등 대표적 대안교육들에서도 잘 드러난다.[23]

7. 교육의 대안이요 원천인 자연

18세기는 이론과 실천에 있어서 아동숲교육의 기초를 다져 준 시대이다. 18세기 하면 계몽시대, 산업혁명, 박애주의 같은 말들이 떠오른다. 이성에 한 없는 신뢰를 부여하였던 시대, 산업화의 길을 걸으면서 도시화와 더불어 새 로운 노동계층의 등장과 교육에서 제외된 어린이들의 문제 등 대립적 관점과 가치들이 만들어 내는 많은 사건으로 가득 찬 시대, 이 시대에 프랑스혁명, 박 애주의학교, 인간교육학교와 유치원 등이 일어났고, 짧은 활동기간을 거쳐서 많은 정신적 충격과 각성을 주었다.

이 시대에 한편으로 신인문주의에 의하여 고전어 공부와 일반적 인간도야 가 중등교육의 목표로 강조되었다. 다른 한편으로는 이에 대한 반동으로 계몽 의 정신에 편승하여 신분과 계층을 초월한 평등한 교육의 실현, 현대 외국어 의 강조, 뜨개질과 산업 같은 과목들을 포함한 실과, 국어, 체육, 음악 같은 새 로운 교과목의 개설, 그리고 교육의 실용적 가치에 눈뜬 새로운 교육이 등장 하였다. 그리하여 고전어 대 현대 외국어, 보편적 인성의 도야 대 실용적 가치 와 윤리로 무장한 시민의 양성, 이러한 서로 대립적인 두 교육 사이에서 소위 "박애주의와 인문주의 간의 싸움"[24]이 벌어졌다. 이러한 역사적 갈등은 언제 나 그러하듯이 표면적으로는 정치적 · 종교적 권력과 부(富)를 쥐고 있는 신분 계층의 승리로 일단락되었으나, 역사는 이면적으로 그 정신이 내면화되어 학

---

23) 오인탁 외, 새로운 학교교육문화운동, 서울: 학지사, 2006.

24) Niethammer, Friedirch I., *Der Streit des Philanthropismus und Humanismus in der Theorie des Erziehungs-Unterrichts unserer Zeit.* Jena 1808.

교교육의 개혁으로 이어졌음을 보여 주고 있다. 이러한 역사적 전개과정에서도 자연은 인문주의적 계몽정신과 기술과학적 · 경제적 산업정신 사이에서 감성과 의지와 정신 같은 인간 내면성의 전체적이고 조화로운 도야를 강조하는 투쟁적 개념언어로 기능하였다.

자연은 다른 한편으로 서구의 문화사에서 중세를 거쳐 근세에 이르기까지 인간의 적으로 간주되었다. 자연은 미지와 위험의 세계였기에 공포와 불안의 대상이요, 사탄과 악마의 활동무대로 간주되었다. 그래서 문명과 떨어져 자연 속에서 생활하고 성장한 사람은 경원시되었다. 과학이 자연을 충분히 탐구해 내고 재구성하기까지 인간을 지배하여 온, 일반적으로 사회를 지배하고 있던 이러한 자연부정적 잠재의식은 프뢰벨이 유치원을 시작하였을 때에도 여전히 당대의 지배계층에서 준동하고 있었다. 그리하여 유치원이 새로운 교육기관으로 자연스럽게 자연 속에서 학교교육의 감독을 벗어나 시작하려고 하였을 때 '위험한 교육시설'로 의심받고 정치적 억압을 받았다. 그리하여 설립과 개원이 오래도록 이루어지지 못했다. 그러나 유치원이 교육의 본질을 바로 보고 영역을 확대, 심화시킨 새로운 차원의 학교임이 널리 이해되고 지배계층의 편견과 몰이해가 가져온 울타리가 거두어지자 유치원은 우후죽순처럼 온 세상으로 퍼져 나갔다.

자연은 인류의 정신사에서 교육의 원천으로 본질, 내적 원리, 원래성의 상징이었다. 인간 개인으로부터 우주(kosmos)에 이르기까지 이들은 모두 잘 짜인 세계요 질서 있는 전체(ganze)로 자연이었다. 자연은 모든 존재하는 것들의 규정이요 목적이었다. 자연에 내재하고 있는 힘(energeia, dynamis)은 자아를 실현하게 하는 바탕과 과정일 뿐만 아니라 실현한 결과였다. 이러한 자연관은 자연스럽게 인간의 개성 있는 자아실현을 일정하게 규제, 통제, 지도, 감독하려는 행정, 제도, 규칙들을 모두 합하여 법(nomos)으로 포장한 국가 중심의 교육관과 대립하게 되었다. 그래서 제도적 교육을 자연적 교육을 패리시키는 기능을 가진 것으로 인식하게 되었으며, 교육이 문제시되는 곳에서 문제를 극복하고 본래적 교육으로 돌아가는 대안으로 강조되어 왔다. 그러므로 자연은 학교와 교육이 간단없이 쇄신의 걸음을 걷게 하는 바탕이자 이념이라 하겠다.

8. 아동숲교육의 의미

이 글을 맺으면서 아동숲교육의 의미를 종합적으로 정리해 본다. 숲은 글자 그대로 어린이가 어린이로 있을 수 있고 또 있게 하는 공간, 자유롭게 움직이고 웃고 울고 춤추며 뛰어놀게 하는 공간, 어린이의 운동본능이 아무런 방해 없이 발휘되게 하는 공간, 어린이의 잠재능력을 자연스럽게 자극하는 공간이다. 숲이 주는 환경은 어린이의 신체와 영혼을 치유하고 건강을 증진시킨다. 바람과 비, 신선한 공기가 면역체계를 강화한다. 어린이는 숲에서 홀로 그리고 더불어 놀며 자신의 몸과 가슴을 모험하며, 자아신뢰감과 자신감을 키우고, 놀이 친구의 상이성을 인정, 수용, 존중하기를 배운다. 이와 더불어 함께 놀며 공부하기의 즐거움은 배가된다. 자연 안에서 모든 자연을 가지고 자유롭게 놀면서 상상력을 키우고, 소원과 욕구를 표현하고 또 충족시키며, 내적 잠재력과 체력을 모험하면서 한계경험을 한다. 자연 속에서 자연이 주는 밥상에서 맛과 건강을 함께 챙긴다. 자연에서는 큰 소리와 고함이 시끄러움이 아니라는 경험을 하며 집중력을 키운다. 자연 속에서 자연이 텍스트가 되어 자연스럽게 생명의 질서와 원리, 아름다움의 조화와 균형 등을 깨우친다.

전체적으로 숲은 자연이다. 숲은 단순히 아동교육의 새로운 마당일 뿐만 아니라 과정이요 교사이다. 숲이 교육한다. 치유하고 계발한다. 숲은 안정(geborgenheit)과 영감(inspiration)의 장소이다. 이 장소에서 아동은 자연과 만나고 선생과 만나며 친구와 만난다. 그리하여 자연스럽게 학습이 이루어진다. 그리고 만남과 학습, 이 둘이 함께 이루어지면서 평생을 몰입하게 되는 만남의 학습이 일어난다. 이렇게 볼 때 아동숲교육은 다만 보완적이고 대안적인 교육에서 그치지 않고 이 시대를 살아가는 어린이 모두의 성장·발달에서 이상적이고 최적적인 동반자라 하겠다.

　오늘날 우리가 살고 있는 도시화·산업화된 생활세계는 그 속에서 태어나고 자라는 모든 아동이 자연을 직접 경험할 수 있는 기회를 박탈하고 있다. 유아교육도 교육의 제도, 시설, 과정과 교구 등이 전체적으로 비(非)자연적·역(逆)자연적 구조로 되어 있다. 따라서 유치원에서부터 원아들에게 자연직접적 활동경험을 매개해 주는 일은 인성을 비롯하여 아동의 모든 영역의 조화로운 성장과 발달을 위한 본질조건이라 하겠다. 다행스럽게도 대한민국은 식목과 조림으로 자연환경의 복원에 성공한, UN이 인정한 유일한 국가이다. 그래서 한 걸음만 나오고 조금만 시야를 넓히면 도처에 풍부한 자연이 우리를 반겨 준다. 한국아동숲교육학회가 이를 주목하고 다양한 숲교육 프로젝트를 개발하여 우리의 유아교육의 질적 차원을 한층 더 높이 끌어올릴 것으로 기대한다. 다시 한 번 아동숲교육학회의 출범을 기뻐하며 축하한다.

참고문헌

고춘섭 편, 연동교회 애국지사 16인 열전. 서울: 연동교회, 2009.

김양선, "일의 역사적 대한범죄". 한국기독공보, 1982.

김정환, 페스탈로찌의 교육철학, 서울: 고려대학교 출판부, 1995.

김조년, "학교교육을 통한 지역사회공동체 형성에 대한 기초연구-홍성 풀무학원과 홍동
　　　지역사회를 중심으로-", 충청문화연구, 제5집, 1997, 27-86.

나딩스, 넬, 연세기독교교육학포럼 역, 세계시민의식과 글로벌 교육, 서울: 학이당, 2009.

루소, J. J., 오증자 역, 에밀 (상), 서울: 박영사, 1980.

목영해, 후 현대주의 교육학, 서울: 교육과학사, 1994.

민주화운동기념사업회 독일연수단 엮음, 독일 정치교육의 현장을 가다, 서울: 민주화운동
　　　기념사업회, 2008.

민주화운동기념사업회, 나침판 Compass. 유럽평의회, 청소년인권교육지침서, 2009.

민주화운동기념사업회, 주요 외국 학교 시민교육 내용 연구: 미국, 영국, 프랑스, 독일, 스웨
　　　덴을 대상으로, 2006.

민주화운동기념사업회, 협동사회는 어떻게 만들어지는가, 2013.

박용옥, 김마리아: 나는 대한의 독립과 결혼하였다, 서울: 홍성사, 2003.

박재창, 젤리거, B. J. 공편, 민주시민교육의 전략과 과제, 서울: 오름, 2007.

박종대 역, 우쯔, 아르투어 프리돌린, 정치윤리학, 서울: 서강대학교 출판부, 2016.

백낙준, 한국개신교사 1832-1910, 서울: 연세대학교 출판부, 1973.

보리 편집부, 작은 학교가 아름답다, 경기: 보리, 1997.

서정민, 한일 기독교 관계사 연구, 서울: 대한기독교서회, 2002.

성경전서 표준새번역, 대한 성서공회, 1993.

송민영, 홀리스틱 교육사상, 서울: 학지사, 2006.

신두철, 허영식, 민주시민교육의 정석, 서울: 오름, 2008.

아펜셀러 편집 및 발행, 조선 그리스도인 회보, 제18호(1897. 6. 2.).

안영로, 한국교회의 선구자 언더우드, 서울: 쿰란, 2002.

연세의 발전과 한국사회 편찬위원회, 창립 120주년 기념 연세의 발전과 한국사회, 서울: 연세대학교 출판부, 2005.

오인탁 외, 교육학 연구의 논리, 서울: 학지사, 2006.

오인탁, "'포스트모던'의 교육학", 교육철학, 14(2), 1996, 9-28.

오인탁, "건강한 정서형성교육과 홍익인간의 복권", 사회과학연구, 6, 1997, 173-211.

오인탁, "공학의 역사와 정신", 연세논총, 23, 1987, 65-85.

오인탁, "대학의 정신과 이념 회복", 대학교육, 127(2004, 1/2), 9-22.

오인탁, "루소", 연세대학교 교육철학연구회 편, 위대한 교육사상가들 II, 서울: 교육과학사, 1998, 189-244.

오인탁, "일제하 민족교육과 종교교육의 갈등", 근대 민족교육의 전개와 갈등, 경기: 한국정신문화연구원, 1982, 185-268.

오인탁, "현대 교육학 연구의 좌표-이념과 사상의 측면", 교육학 연구, 22(2), 1984, 5-13.

오인탁, 박애주의 교육사상, 서울: 학지사, 2016.

오인탁, 파이데이아, 서울: 학지사, 2001.

오인탁, 김창환, 윤재홍, 한국현대교육철학과 교육사학의 전개-1945년부터 2000년까지-, 서울: 학지사, 2001.

오인탁, 양은주, 황성원, 최재정, 박용석, 윤재홍, 대안교육의 뿌리를 찾아서. 새로운 학교교육문화운동, 서울: 학지사, 2006.

오인탁, 최종욱 편, 해석학과 정신과학적 교육학, 서울: 사회평론, 1976.

오천석, 민주교육의 본질(초판), 1975, 서울: 교육과학사, 2001.

월남 이상재 선생 동상건립위원회 편, 월남 이상재 연구, 서울: 로출판, 1986.

유네스코, 유네스코 아시아태평양 국제이해교육원 역, 글로벌시민교육. 21세기 새로운 인재 기르기, 유네스코, 2014.

이규영, "독일의 정치교육과 민주시민교육", 국제지역연구, 제9권, 3호, 2005, 157-186.

이만열, 한말 기독교와 민족운동, 서울: 평민사, 1982.

이만열, 옥성득 편역, 언더우드 자료집 II, 서울: 연세대학교 출판부, 2006.

이만열, 옥성득 편역, 언더우드 자료집 III, 서울: 연세대학교 출판부, 2007.

이만열, 옥성득 편역, 언더우드 자료집 V, 서울: 연세대학교 출판부, 2010.

이상오, 홀로스 사고, 서울: 지식마당, 2004.

장규식, 일제하 한국 기독교민족주의 연구, 서울: 혜안, 2001.

장회익 외, 생태적 삶을 추구하는 영성, 인천: 내일을 여는 책, 2000.

장회익, 삶과 온생명: 새 과학문화의 모색, 서울: 솔, 1998.

전미혜 역, 독일 시민교육 지침서[*Anforderungen an Nationale Bildungsstandards fuer den Fachunterricht in der politischen Bildung an Schulen*], 서울: 민주화 기념사업회, 발행연도 미기재.

정범모, 교육의 향방, 경기: 교육과학사, 2009.

정범모, 그래, 이름은 뭐고? 회상과 수상, 서울: 나남, 2007.

정범모, 한국의 교육세력, 서울: 나남, 2000.

조지훈, 한국민족운동사, 서울: 나남, 1993.

주선애, 장로교 여성사, 서울: 대한예수교장로회 여전도회전국연합회, 1978.

차재명 편, 조선 예수교장로회 사기, 창문사, 1928.

캘리어, 제인/바이딩거, 알프레드 편, 구스타프 클림트 "토탈아트"를 찾아서(뮌헨: 프레스텔), 서울: 문화에이치디, 2009.

트레벨란, 조지, 박광순 역, 인간의 마지막 진화, 호모 노에티쿠스, 서울: 물병자리, 2000.

한국주민운동공보교육원 편, 주민의 가능성을 보는 눈. CO교육학, 서울: 제정구 기념사업회, 2009.

한기언, "한국교육철학의 동향", 교육연구개요지, 한국교육개발원, 1982, 1-22.

한병철 저, 김태환 역, Müdigkeitsgesellschaft 피로사회, 서울: 문학과 지성사, 2012.

홍윤기 외, 민주청서 21, 민주화운동기념사업회, 서울: 518기념재단, 2009.

"Methoden der Politischen Bildung". 「Polis aktuell」 bm:uk, Nr.9, 2007, 2-15.

10 Thesen zur Zukunft der politischen Bildung. 2016. bpb.de.

A. E., "Die Schule auf dem Wald". Die Gartenlaube. Heft 37(1867), S.580-583.

Aristoteles, Poetik. in: Wilhelm Nestle(Hrsg), Aristoteles Hauptwerke. Leipzig 1934.

Aufgaben und Ziele politischer Bildung. wikipedia.

Becker, Hellmut, Qualität und Quantität. Grundfragen der Bildungspolitik. Freiburg i.B. 1968.

Beutelsbacher Konsens. wikipedia.

Bischoff, Erich, Wunder der Kabbalah. Die okkulte Praxis der Kabbalisten. Im

Anhang: Sepher Jesirah (Das Buch der Schöpfung). Wuppertal 1999.

Blass, Josef Leonhard, *Herbarts pädagogische Denkform oder Allgemeine Pädagogik und Topik*. Wuppertal: Henn 1969.

Bollnow, Otto Friedrich, 오인탁·정혜영 공역, 교육의 인간학, 문음사, 2006.

Buber, Martin, Die Jude und sein Judentum. Lambert Schneider 1993.

Comenius, Johann Amos, Didactica magna 1627. Grosse Didaktik. Hrsg. von Andreas Flitner. Stuttgart: Klett-Cotta 1982.

Comenius, Johann Amos, Pampaedia. Lateinischer Text und deutsche Übersetzung. Hrsg. von Dmitrij Tschizewskij. Heidelberg 1965.

Demokratisierung. wikipedia.

Detjen, Joachim, Die Demokratiekompetenz der Buerger. Herausforderung fuer die politische Bildung. bpb mobil.

Die Mischna ins Deutsch übertragen, mit einer Einleitung und Anmerkungen von Dietrich Correns(2005). Das grundlegende enzyklopädische Regelwerk rabbinischer Tradition. Wiesbaden: Marix.

Die Mischna ins Deutsch übertragen, mit einer Einleitung und Anmerkungen von Dietrich Correns. Das grundlegende enzyklopädische Regelwerk rabbinischer Tradition. Wiesbaden: Marix 2005.

Erziehung zur Freiheit. Die Pädagogik Rudolf Steiners. Bilder und Berichte aus der internationalen Waldorfschulbewegung. Stuttgart 1972.

Fichte, Johann Gottlieb, Reden an die deutsche Nation. 1808. Hamburg 1978. (Philosophische Bibliothek. Band 204).

Flitner, Andreas/Klaus Giel(Hrsg), von Wilhelm Humboldt Werke Bd.IV: Schriften zur Politik und zum Bildugnswesen. Darmstadt 1969.

Froebel, Friedrich, Die Menschenerziehung. Keilhau 1826.

Fromm, Erich, Haben oder Sein. München: dtv 1979.

Gadamer, Hans-Georg(Hrsg), *Philosophisches Lesebuch*. Band 2. Fischer 1990.

Gadamer, Hans-Georg, 손승남 역, 교육은 자기 교육이다, 동문선, 2004.

Goerdt, W., "Holismus". In: *Historisches Wörterbuch der Philosophie*. Bd.3. Hrsg. von Joachim Ritter, Darmstadt 1974, sp. 1167-1170.

Gordis, Daniel, *Becoming a Jewish Parent: How to explore spirituality and tradition with your children*. New York: Harmony 1999.

Hamman, Adabert, Die Ersten Christen. Stuttgart: Reclam 1985.

Hartmann, Werner, Computer, Internet und Schulen in 20 Jahren. google.de.

Hauff, Volker(Hrsg), Unsere gemeinsame Zukunft. Der Brundtland-Bericht der Weltkommission für Umwelt und Entwicklung. Eggenkamp Verlag, Greven 1987.

Herbart kleinere paedagogische Schriften. Hrsg. von Walter Asmus. Duesseldorf und Muenchen 1984.

Herrmann, Ulrich(Hrsg), Paul Geheeb Die Odenwaldschule 1909 – 1934. Jena 2010.

Historisches Wörterbuch der Philosophie. Hrsg. von Joachim Ritter. Band 3, Darmstadt 1974.

Isocrates, "Panegyricus". In: George Norlin(tr), *Isocrates*. Vo.I. Cambridge 1966, P.116-241.

Jaeger, Werner, *Paideia*. Berlin: de Gruyter 1989.

Kant, Immanuel, Beantwortung der Frage: Was ist Aufklärung? Schriften zur Anthropologie Geschichtsphilosophie Politik und Pädagogik. Erster Teil. Darmstadt 1971. Kant Werke Band 9.

Kant, Immanuel, Grundlegung zur Metaphysik der Sitten. Kritik der praktischen Vernunft. Schriften zur Ethik und Religionsphilosophie. Erster Teil. Darmstadt 1968. Kant Werke Band 6.

Kant, Immanuel, Kritik der reinen Vernunft. Zweiter Teil. Darmstadt 1968.

Kaufmann, Margarita/Alexander Priebe(Hrsg), 100 Jahre Odenwaldschule. Der wechselvolle Weg einer Reformschule. Berlin-Brandenburg 2010.

Key, Ellen, Das Jahrhundert des Kindes. Weinheim und Basel 1992.

Key, Ellen, 정혜영 역, 어린이의 세기, 지식을 만드는 지식, 2009.

Kim Atta, *On-Air*. Rodin Gallery 2008.

Knödler-Pasch, Margarete(Hrsg), Zeit. Ein Geheimnis wird hinterfragt. Klett: Leipzig 2001.

Krammer, Reinhard, Kompetenzen durch Politische Bildung. Ein Kompetenz-Strukturmodell. in: Kompetenzorientierte Politische Bildung. hrsg. von

Forum Politische Bildung. Informationen zur Politischen Bildung. Bd.29, Innsbruck-Bozen-Wien 2008, 5-14.

Lau, Israel M., Wie Juden leben. Glaube Alltag Feste. Aus dem hebräischen übertragen von Miriam Magall. Gütersloh 1988.

Leitner, Domonik, Was ist Politische Bildung / LTDP. 2015. google.de.

Lichtenstein, Ernst(Hrsg), F. E. D. Schleiermacher Ausgewählte pädagogische Schriften. Paderborn 1959.

Maier, Johann, Judentum von A bis Z. Glauben, Geschichte, Kultur. Freiburg: Herder 2001.

Marks, Wolfgang, Nachhaltige Entwicklungsziele (SDGs): Umbruch der Entwicklungszusammenarbeit? 2015. google.de.

Maur, Karin von, 『Vom Klang der Bilder』 Muenchen 1999.

Meadows, Dennis, Die Grenzen des Wachstums. Bericht des Club of Rome zur Lage der Menschheit. Aus dem Amerikanischen von Hans-Dieter Heck. Deutsche Verlags-Anstalt, Stuttgart 1972.

Mesarovic, Mihailo/ Eduard Pestel, Menschheit am Wendepunkt. Zweiter Bericht an den Club of Rome zur Weltlage. Deutsche Verlags-Anstalt, Stuttgart 1974.

Miller, John P., 송민영 역, 홀리스틱 교육과정, 책사랑, 2000.

Möbius, Paul Julius, Über den physiologischen Schwachsinn des Weibes. Erstdruck 1900, 9. Auflage 1908.

Modena, Leon, Juedische Ritten, Sitten und Gebraeuche. Venedig 1638. Herausgegeben, uebersetzt und kommentiert von Rafael Arnold. Wiesbaden: Marix 2007.

Muendigkeit. Wikipedia.

Nestle, Wilhelm(Hrsg), Aristoteles Hauptwerke. Leipzig 1934.

Niethammer, Friedirch I., Der Streit des Philanthropismus und Humanismus in der Theorie des Erziehungs-Unterrichts unserer Zeit. Jena 1808.

Novum Testamentum Graece et Germanice. hrsg. von Eberhard Nestle. Stuttgart: Württembergische Bibelanstalt 1973.

Osten, Robert B.(Hrsg), Kybalion - Die 7 hermetischen Gesetze. Hamburg 2007.

Paul, Eugen, Geschichte der Christlichen Erziehung. Band 1: Antike und Mittelalter. Freiburg: Herder 1993.

Peccei, Aurelio(Hrg), *Club of Rome Bericht für die 80. Jahre: Das menschliche Dilemma. Zukunft und Lernen*. Wien 1979.

Picht, Georg, Aristoteles' De anima. Klett-Cotta, Stuttgart 1992.

Platon, ΠΟΛΙΤΕΙΑ Der Staat. Uebersetzt von Friedrich Schleiermacher. Bearbeitet von Dietrich Kurz. Darmstadt 1971.

Politische Bildung in den Schulen. Grundsatzerlass zum Unterrichtsprinzip. google.de.

Politische Bildung. wikipedia.

Rasmussen, Poul Nyrup, Zehn Thesen zur Zukunft der Sozialdemokratie in Europa. Friedrich Ebert Stiftung, Okt. 2010.

Ritter, Joachim(Hrsg.), Historisches Wörterbuch der Philosophie. Band 3. Darmstadt 1974.

Rousseau, Jean-Jacques, *Emile oder Über die Erziehung*. Stuttgart: Reclam 1976.

Sander, Wolfgang, "Theorie der politischen Bildung: Geschichte - didiaktische Konzeptionen-aktuelle Tendenzen und Probleme". S.13-47. google.de.

Schaffert, Sandra, Der Waldkindergarten. Das Kita-Handbuch. google.de.

Scheller, Max, Die Stellung des Menschen im Kosmos. Bern 1978.

Schiele, Siegried, Der Beutelsbacher Konsens kommt in die Jahre. google.de.

Schiller, Friedrich, Briefe über die ästhetische Erziehung des Menschen. Hrsg. von Albert Reble. Bad Heilbrunn 1960

Schischkoff, Georgi(Hg), Philosophisches Wörterbuch. Stuttgart 1965.

Schmid, H. H., "eretz Erde, Land". In: Ernst Jenni(Hrg.), *Theologisches Handwörterbuch zum Alten Testament*. Band I, München 1978, S.228ff.

Schumacher, Irina, Was ist Beutelsbacher Konsens? 2007. google.de.

Seliger, Bernhard, Politische Bildung in Deutschland im wiederaufbau und der Wiedervereinigung-Gibt es Lehren fuer Korea? Politische Bildung in Deutschland-. IPA September 2008. wikipedia.

Smuts, J. C., *Holism and Evolution*. New York 1926.

Soggin, J. A., "samajim Himmel". In: Ernst Jenni(Hrg.), *Theologisches*

Handwörterbuch zum Alten Testament. Band II, München 1976, S.965ff.

Spranger, Eduard, 『Hochschule und Gesellschaft』 (Eduard Spranger Gesammelte Schriften, Band 10). Hrsg. von Walter Sachs, Heidelberg 1973.

Stemberger, Günter, *Das klassische Judentum*. Kultur und Geschichte der rabbinischen Zeit. München 1979.

Stemberger, Günter, *Der Talmud* Einfuerung Texte Erlaeuterungen. Muenchen 1994.

Was hat die Paedagogik in den letzten 100 Jahren geleistet? Bremer Studentenblog. Google.de.

Wehr, Gerhard, KABBALA. Muenchen 2002.

Weißeno, Georg, Standards für die politische Bildung. bpb mobil.

World Education Forum 2015. Incheon Declaration. UNESCO 2015.

http://www.excellence.org.il/eng/Index.asp?CategoryID=154.

찾아보기

| 인명 |

| 내용 |

저자 소개

오인탁(Intahk, Oh)

숭실대학교, 연세대학교, 독일 Tübingen 대학교에서 기독교교육학과 교육철학을 전공하고, 1776년 3월에 박사학위(Dr. rer. soc.)를 받았다. 그 후에 장로회신학대학교 기독교교육학과에서 4년간 근무하였고, 1981년부터 연세대학교 교육과학대학 교육학과 부교수와 교수를 거쳐 현재 명예교수로 재직하고 있다. 한국기독교교육학회, 한국교육철학학회, 한국기독자교수협의회 회장을 역임하였으며, 한독교육학회를 창립하고 초대회장을 역임했다. 주요 연구영역은 고대 그리스의 교육사상, 히브리 민족의 교육사상, 근대와 현대 독일 교육철학이다.

〈저서〉
현대 교육철학의 전망(교육과학사, 1982), 기독교 교육(종로서적, 1984), 현대교육철학(서광사, 1990), 고대 그리스의 교육사상(종로서적, 1994), 파이데이아(학지사, 2001), 한국 현대 교육철학과 교육사학의 전개(학지사, 2001), 한국 기독교교육학 문헌목록 1945-2005(기독한교, 2008), 박애주의 교육사상(학지사, 2016).

〈편지 및 공지〉

위대한 교육사상가들(VII권, 교육과학사, 1997~2008), 기독교교육학 개론(기독한
교, 2005), 교육의 역사 철학적 지평(연세대학교 출판부, 2006), 교육학 연구의 논리
(학지사, 2006), 대학교육개혁의 철학과 각국의 동향(서현사, 2006), 새로운 학교교육
문화운동(학지사, 2006), 기독교교육사(기독한교, 2008), 기독교학교교육(기독한교,
2014).

〈편집서〉

단계 이규호 전집(9권, 2005, 연세대학교 출판부), 기독교교육학 기본교재 총서(26권,
기독한교), 교육의 역사와 철학(20권, 2006, 학지사).

〈주요 논문〉

슐라이에르막허의 교육철학(1978), 코메니우스의 Pampaedia 이론(1980), 교육철학
방법론(1981), 민족교육과 종교교육의 갈등(1983), 평화교육의 이념과 내용(1988),
대학과 생명교육(1995), 통일교육의 방향(1997), 대학교육발전과 기여우대제(2001),
한국 기독교교육학 연구사(2003), 포스트모더니즘과 아동교육(2007).

우리교육의 잃어버린 차원들
The Lost Dimension of Our Pedagogy

2017년 5월 15일 1판 1쇄 발행
2018년 1월 25일 1판 2쇄 발행

지은이 • 오 인 탁
펴낸이 • 김 진 환
펴낸곳 • (주) **학지사**
　　　　04031 서울특별시 마포구 양화로 15길 20 마인드월드빌딩 5층
대표전화 • 02) 330-5114　　　팩스 • 02) 324-2345
등록번호 • 제313-2006-000265호

홈페이지 • http://www.hakjisa.co.kr
페이스북 • https://www.facebook.com/hakjisabook

ISBN 978-89-997-1245-7 03370

정가 17,000원

이 도서의 국립중앙도서관 출판시도서목록(CIP)은 서지정보유통지원시스템
홈페이지(http://seoji.nl.go.kr)와 국가자료공동목록시스템(http://www.nl.go.kr/kolisnet)
에서 이용하실 수 있습니다.
(CIP제어번호: CIP2017009386)

교육문화출판미디어그룹 **학지사**

학술논문서비스 **뉴논문** www.newnonmun.com
심리검사연구소 **인싸이트** www.inpsyt.co.kr
원격교육연수원 **카운피아** www.counpia.com
간호보건의학출판 **정담미디어** www.jdmpub.com